LES ORIGINES

DU

DROIT INTERNATIONAL

PAR

ERNEST NYS

PROFESSEUR A L'UNIVERSITÉ DE BRUXELLES
JUGE AU TRIBUNAL DE PREMIÈRE INSTANCE
MEMBRE DE L'INSTITUT DE DROIT INTERNATIONAL

BRUXELLES
ALFRED CASTAIGNE
28, rue de Berlaimont

PARIS
THORIN & FILS
4, rue Le Goff

1894

LES ORIGINES

DU

DROIT INTERNATIONAL

PRINCIPALES PUBLICATIONS DU MÊME AUTEUR.

The Papacy considered in relation to International Law. *Traduction par le* Rév. PONSONBY A. LYONS. *Londres, 1879.*

La guerre maritime. Étude de droit international. *Bruxelles, 1881.*

Le droit de la guerre et les précurseurs de Grotius. *Bruxelles, 1882.*

L'Arbre des batailles d'HONORÉ BONET. *Bruxelles, 1883.*

Les commencements de la diplomatie. *Bruxelles, 1884.*

Principes de droit international, par J. LORIMER. *Traduit de l'anglais. Bruxelles, 1885.*

François Laurent, sa vie, ses œuvres. *Bruxelles, 1887.*

Notes inédites de Bentham. *Bruxelles, 1887.*

Notes sur l'histoire dogmatique et littéraire du droit international en Angleterre. *Bruxelles, 1888.*

Thomas Campanella. *Bruxelles, 1889.*

Les droits des Indiens et les publicistes espagnols. *Bruxelles, 1890.*

L'esclavage noir devant les jurisconsultes et les cours de justice. *Bruxelles, 1890.*

Les initiateurs du droit public moderne. *Bruxelles, 1890.*

Principes de droit naturel, par J. LORIMER. *Traduit de l'anglais. 2 volumes. Paris, 1890.*

Les théories politiques et le droit international en France jusqu'au XVIIIᵉ siècle. *Paris, 1891.*

Les Bentham papers du British Museum. *Bruxelles, 1891.*

Les théories politiques en Angleterre. *Bruxelles, 1892.*

LES ORIGINES

DU

DROIT INTERNATIONAL

PAR

ERNEST NYS

PROFESSEUR A L'UNIVERSITÉ DE BRUXELLES
JUGE AU TRIBUNAL DE PREMIÈRE INSTANCE
MEMBRE DE L'INSTITUT DE DROIT INTERNATIONAL

BRUXELLES

ALFRED CASTAIGNE
28, rue de Berlaimont

PARIS

THORIN & FILS
4, rue Le Goff

1894

A

L'IMPÉRISSABLE MÉMOIRE

DE

JAMES LORIMER

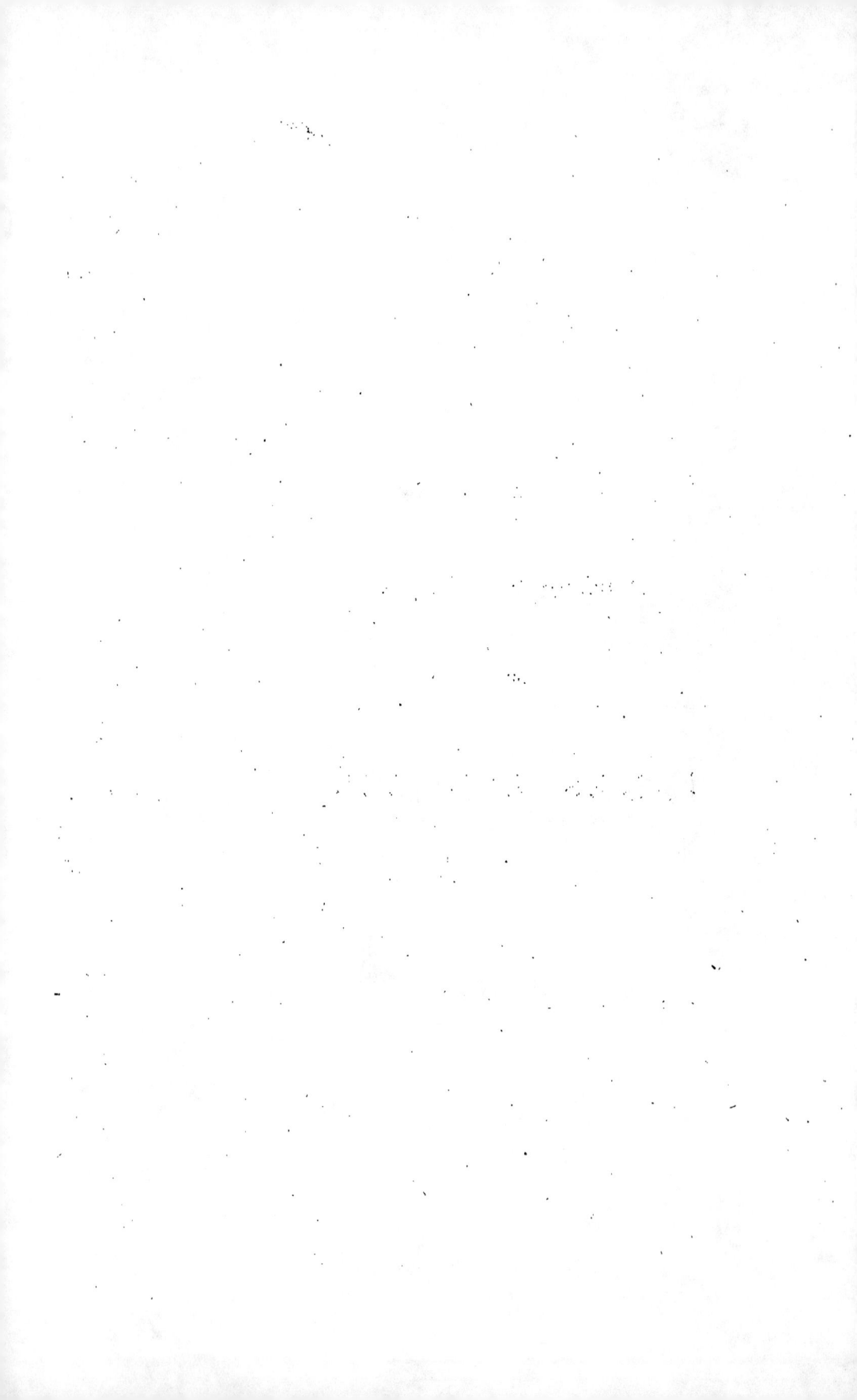

INTRODUCTION.

La question de savoir si le droit des gens, ou, pour employer la terminologie introduite par Jérémie Bentham, le droit international, est ou n'est point un droit véritable, ne doit plus être discutée de nos jours. L'étroite notion que les disciples de l'illustre Anglais s'étaient faite du droit, avait donné à la solution négative du problème un appui considérable. Dans le terme *Law*, loi, droit, ils distinguaient trois idées principales, celle du commandement, celle de la sanction et celle de l'autorité d'où procède le commandement. Ils exigeaient un pouvoir capable d'infliger une peine. Ils voyaient dans l'application de cette peine la sanction indispensable. Or, en droit des gens, ils ne rencontraient ni véritable commandement, puisque les nations sont censées indépendantes, ni réelle sanction, puisque seules, disaient-ils, l'approbation et la désapprobation de l'opinion humaine viennent éventuellement apporter la louange ou le blâme.

Sans doute, en droit international il n'existe point encore de pouvoir chargé de formuler les règles ; mais, ne l'oublions point, le droit privé lui-même a attendu longtemps que le législateur vint le définir d'une manière précise. La codification est postérieure à la coutume et la coutume ne fait que succéder aux sentences judiciaires des anciens de la tribu.

Sans doute, en droit international, il n'est point encore d'autorité judiciaire établie de manière stable ; mais en droit privé, l'intervention du pouvoir chargé d'appliquer la loi est l'exception, non la norme.

L'existence même du droit est indépendante de l'application de la peine. Personne peut-être n'a fouillé ce point délicat du droit des gens avec autant de soin que Jérémie Bentham. Dans les dernières années de sa noble existence, il y a consacré des pages importantes et sa conclusion a été de rejeter, en droit international, une autorité impérative quelconque, fût-ce celle du congrès des délégués des nations, congrès dont il suggérait la réunion, mais auquel il n'attribuait que des fonctions purement judiciaires.

Nous le répétons, le droit international a un caractère juridique ; il n'est point simplement une morale des États.

Ce droit s'affirme d'ailleurs de plus en plus. Longtemps, il est resté confiné au droit de la guerre qui en est véritablement le noyau. Puis est venue l'organisation de la diplomatie. Dans la régularisation de la guerre, il a été procédé par négation et par prohibition ; la légitimité de pratiques cruelles a été niée ; puis, leur emploi a été formellement condamné. L'établissement d'ambassades permanentes a ouvert la période constructive du droit des gens. De nos jours même, de nombreuses institutions se forment et se développent, attestant les immenses progrès de l'administration internationale.

Dans toute œuvre humaine, il est deux parts : la part des contemporains et la part de ceux qui les ont précédés dans la lutte de tous les instants qui est le lot de l'humanité. Cela est vrai en droit des gens. Il est essentiellement le produit du génie humain. C'est l'homme qui le formule, comme il formule le droit privé, comme il formule le droit politique. Les générations qui se succèdent dans le cours des âges ont leur rôle dans cette œuvre immense ; toutes viennent enrichir le trésor commun.

Faut-il des exemples ? C'est à la Phénicie que nous devons en réalité notre droit maritime. De nos jours encore, la philosophie grecque exerce sa puissante action. Le génie politique et juridique de Rome vivifie le monde moderne, comme il a vivifié le moyen âge. L'époque médiévale, elle aussi, a apporté son tribut.

La civilisation antique disparaît au VIe siècle. La naissance du génie européen se place au XIIe et au XIIIe siècle. Dans la période intermédiaire, la tradition de l'esprit humain se fait par ce que l'on

est convenu d'appeler la science arabe. Le christianisme, à son tour,
règne triomphant pendant trois siècles. Puis, paraît cette admirable
Renaissance qui met le monde occidental en contact direct avec
l'antiquité classique.

Une histoire du droit des gens pourrait embrasser l'histoire
de l'humanité toute entière. Un écrivain français le constatait
récemment avec infiniment de raison : « Il suffit que deux sociétés
coexistent pour qu'elles aient des intérêts à régler ; elles font la guerre,
par conséquent la paix, et même les institutions internationales repré-
sentent, malgré leurs fragilités apparentes, ce qu'il y a de moins
variable et de plus indélébile. (1) » On verra fréquemment, dans les
pages qui suivent, la participation directe ou indirecte des grands
éléments qui constituent la société actuelle. Toutefois, il est une
époque qui doit être étudiée plus que les autres et cette époque, c'est
précisément celle qui vit naître notre civilisation moderne.

Importantes sont les institutions du droit des gens qui surgissent
dans les derniers siècles du moyen âge ; intéressantes sont les théories.
Le moyen âge est, plus qu'on ne pense, une époque de discussions. Il
apparait à première vue, comme l'époque de l'inflexible discipline des
esprits ; il semble que quelques notions très hautes, l'idée de chrétienté, la théorie de la Papauté et de l'Empire, le régime féodal,
enserrent littéralement l'homme. (2) A examiner les choses de plus
près, on constate cependant que telle n'est pas toujours la réalité.
En ce qui concerne plus particulièrement les matières relevant du
droit des gens, les écrivains médiévaux ont fréquemment déployé une
admirable audace d'esprit. Nous ne parlons pas seulement des questions de la Papauté et de l'Empire dans lesquelles rentre le grand
problème de l'indépendance de la société civile, mais des questions de
tout genre que soulevaient les rapports belliqueux ou pacifiques des
peuples. La légitimité de la guerre fut mise en question, les causes du
juste recours aux armes furent étudiées et scrutées comme elles ne le
furent plus jamais depuis. Des institutions telles que la guerre privée
et les représailles, qui, ne l'oublions pas, furent longtemps des institu-

(1) R. DE MAULDE-LA-CLAVIÈRE, La diplomatie au temps de Machiavel, t. I. Avant-propos, p. 1.
(2) E. GEBHART, La renaissance italienne et la philosophie de l'histoire, p. 6.

tions juridiques, se virent critiquées, combattues-et finalement rejetées au nombre des institutions mortes du droit. Les guerres contre les infidèles soulevèrent de vives polémiques et ici encore, on entendit la voix de nobles penseurs « vivant avant le temps, citoyens des siècles à venir, » proclamer la nécessité de la tolérance. La médiation, l'arbitrage furent prônés et appliqués. L'appel à l'opinion publique se pratiqua comme il ne se pratique même plus à la fin de notre XIXe siècle. La théorie de l'équilibre européen fut édifiée. Les grandes découvertes du XVe siècle soulevèrent le problème de l'acquisition territoriale et peu après celui de la liberté des mers. Ce n'est pas tout ; à côté des hommes positifs, jugeant froidement les événements, apparurent des esprits enthousiastes, avides d'idées et rêvant le doux rêve de la paix perpétuelle.

L'histoire du monde apparaît belle quand on examine le rôle des différents peuples dans ce que Michelet appelle si bien le grand mystère de l'humanité. Alors surtout elle remplit le but que lui assignait d'Argenson, alors surtout elle est la peinture mouvante de la politique et de la morale. Instructive à ce point de vue est l'étude des origines du droit international : chaque peuple a sa mission, chaque siècle sa destinée. L'Italie avec ses juristes et ses diplomates, l'Espagne avec ses grands scolastiques et ses fonctionnaires de la puissante monarchie de Charles-Quint, la France avec ses nobles initiateurs qui ont nom Honoré Bonet et Christine de Pisan, l'Angleterre avec ses légistes de la couronne fondent véritablement le droit des gens moderne. Et, en effet, il faut se garder de le dater de Grotius. Sans doute, la publication de son livre *De jure belli ac pacis* fait époque dans l'histoire. Quand la force semblait dominer le monde, l'illustre écrivain néerlandais rappela aux nations les règles qui président à leurs rapports. Mais avant lui, le sujet avait été traité, souvent de manière fragmentaire, il est vrai, mais toujours avec un talent incontestable, avec une vigueur indéniable, et presque généralement avec un amour de l'humanité qui n'anima point quelques-uns de ses successeurs.

Consolante, du reste, est l'histoire du droit des gens. De grands génies ont opposé à la mesquine théorie pessimiste leur foi absolue en la perfectibilité. La croyance dans le progrès s'affirme et se fortifie à l'étude du droit international. Ici surtout apparaissent les irrésistibles aspirations de l'humanité vers le mieux-être. Les luttes sont dures, elles sont longues, mais elles aboutissent à la victoire et, chaque fois, cette victoire est due à la raison et à la volonté de l'homme.

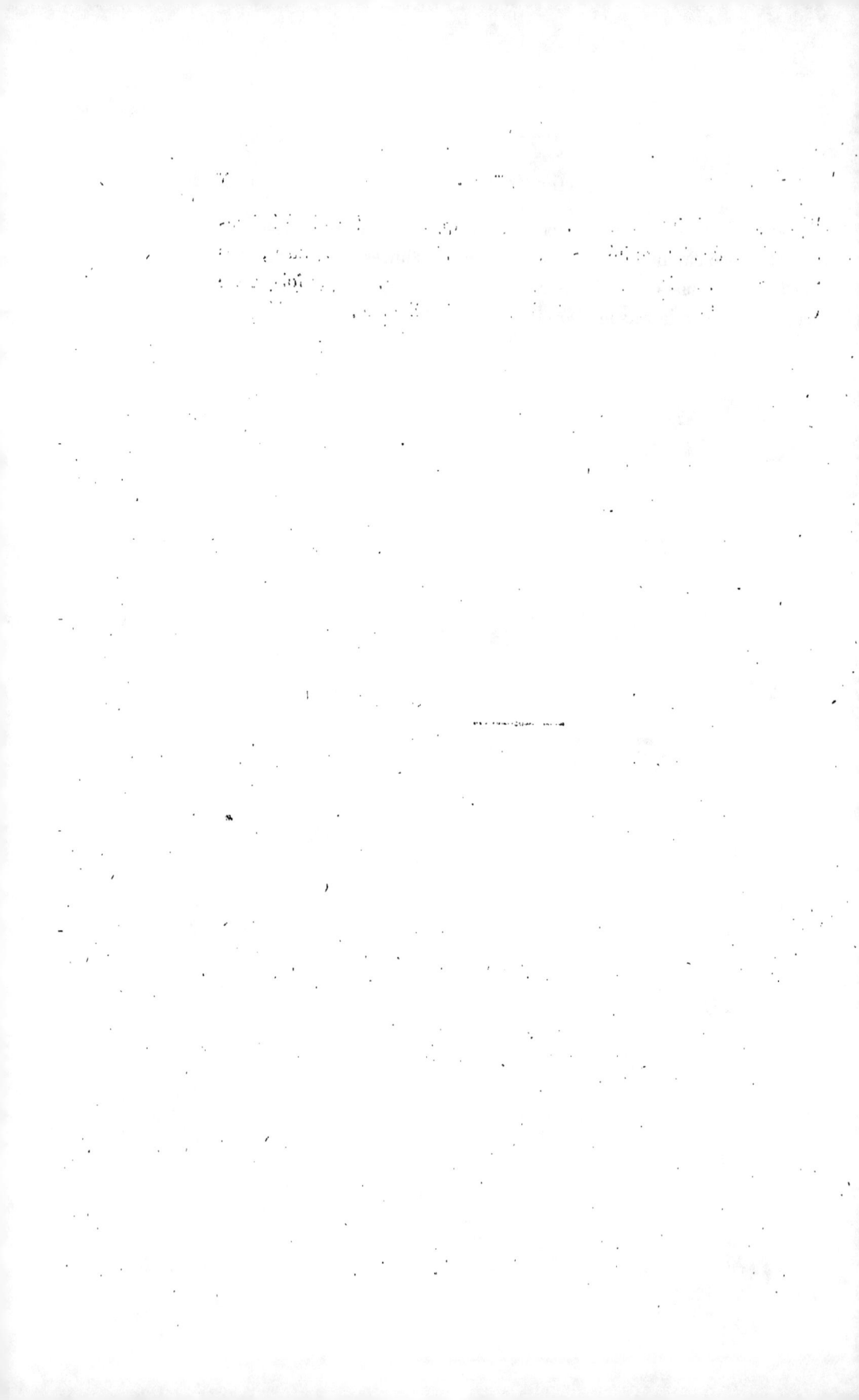

CHAPITRE I.

LA NOTION ET LA SCIENCE
DU DROIT INTERNATIONAL AU MOYEN AGE.

L'exacte notion du droit international ne se rencontre pas dans les écrits des auteurs du moyen âge proprement dit. Ceux-ci reprennent avec une ardeur nouvelle l'étude du droit romain ; ils créent la science du droit canonique ; ils édifient le droit coutumier ; ils scrutent sous l'influence surtout d'Aristote, les problèmes du droit politique : le droit international comme ensemble échappe à leur examen ; enchevêtré dans le droit naturel, il demeure confondu en même temps que lui dans le droit canonique et dans le droit romain.

Peu à peu, le droit naturel se dégage ; on l'étudie timidement à l'occasion de tels ou tels titres des compilations de Justinien, de telles ou telles règles édictées par les conciles ou inscrites dans les constitutions des papes. Peu à peu, le droit de la guerre fait l'objet de discussions à l'occasion des mêmes titres et des mêmes règles. Peu à peu aussi, le droit d'ambassade est expliqué et développé. Certaines questions suggérées par l'étude du droit de la guerre ou du droit d'ambassade prennent même de l'ampleur ; elles se partagent l'opinion de la chrétienté ; telle, par exemple, la question des droits des infidèles. Sans doute, dans toutes ces spéculations il n'est point encore de

1

perception d'ensemble; mais un fait est certain, là doit être cherchée l'origine, la naissance de deux branches nouvelles de la science juridique, le droit naturel et le droit international.

Il est même à remarquer que l'influence du droit naturel sur le droit international demeura longtemps prépondérante. La juxtaposition d'États indépendants ouvre, en effet, cette alternative qu'on peut les considérer comme n'étant soumis à aucune loi et qu'on peut aussi les envisager comme sujets du droit naturel. Or, notons-le bien, les théories de l'égalité naturelle et d'un état de nature ont rempli dans l'histoire de l'humanité un rôle bienfaisant, car c'est en leur nom que presque tous les anciens abus ont été dénoncés, attaqués, détruits.

Longtemps toute terminologie exacte fait défaut pour le droit international. La fameuse définition du droit introduite par Ulpien est généralement admise : le droit se distingue en *jus naturale, jus gentium* et *jus civile.* Le droit naturel est la loi des êtres animés; l'expression « droit des gens » est vague et indéterminée. Les écrivains médiévaux s'étendent à perte de vue sur la mutabilité ou l'immutabilité de ce droit des gens; ils le séparent avec soin du droit naturel, ou bien encore, ils font ressortir les affinités de l'un et de l'autre; mais ils ne s'avisent point d'admettre dans une classification du droit le droit des gens dans son acception moderne, le *jus inter gentes,* comme dira François de Vitoria, plagié en cela par Richard Zouch, le droit entre nations, comme dira l'abbé de Saint-Pierre. Chez certains auteurs romains, la terminologie *jus gentium* avait servi à désigner, en ce qui concernait les sujets du droit, ce que les mots *jus belli, lex belli, jus belli ac pacis, lex belli atque imperatorium jus, lex belli ac jus victoriæ,* servaient à indiquer, en ce qui concernait l'objet même du droit. Si Platon et Aristote s'étaient arrêtés à l'idée de la patrie grecque, Cicéron, lui, avait affirmé que dans une juste guerre, le droit fétial et beaucoup d'autres droits étaient communs aux Romains et à leurs ennemis. Mais cette conception s'était obscurcie chez les auteurs de la majeure partie du moyen âge.

Phénomène curieux, à une époque où la science du droit international n'était point formée, une définition — une description serait le terme exact — avait paru qui se rapproche beaucoup de la conception moderne. Dans le cinquième livre de ses *Etymologiæ*, véritable encyclopédie où est résumée toute la science de l'époque, Isidore de Séville qui écrivait au commencement du VIIᵉ siècle, divise le droit en *jus naturale*, *jus civile* et *jus gentium*. Pour lui, le droit naturel est le droit commun de toutes les nations, le droit qui est observé partout, non en vertu d'une loi quelconque, mais de par l'instinct même de la nature (1). Il range sous cette rubrique le mariage, la procréation et l'éducation des enfants. Quant au *jus gentium*, il le fait correspondre en quelque sorte à notre droit international (2). Bien plus, en dehors de cette classification, il admet un *jus militare*, dont la définition semble comporter l'énumération des entêtes de chapitre d'un ouvrage sur le droit de la guerre (3). Ce qu'il y a de remarquable, c'est que les dernières indications d'Isidore de Séville sont, en réalité, empruntées également à Ulpien qui, dans le premier livre de ses Institutes, avait traité du *jus militare* en même temps que du *jus gentium* et qui doit avoir employé le terme de *jus gentium* à la fois dans une signification étroite et dans une signification large (4).

Le fait de l'insertion des définitions d'Ulpien dans le recueil d'Isidore de Séville mérite déjà d'être signalé. Mais il y a plus. Ces mêmes définitions reçurent la plus haute consécration qu'il leur fût donné d'obtenir à l'époque médiévale ; elles furent transportées du traité des *Etymologiæ* dans le Décret de Gratien.

On connaît le caractère et la nature de cet ouvrage. En présence des contradictions sans nombre renfermées dans les éléments littéraires du droit canonique qui s'étaient si prodigieusement accrus dans la première moitié du XIIᵉ siècle, Gratien, qui professait, croit-on, à

(1) « Jus commune omnium nationum, et quod ubique instinctu naturæ, non constitutione aliqua habeatur. » ISIDORE DE SÉVILLE, *Etymologiæ*, L. V, Ch. IV à VII.

(2) « Jus gentium est sedium occupatio, ædificatio, munitio, bella, captivitates, servitutes, postliminia, fœdera, paces, induciæ, legatorum non violandorum religio, connubia inter alienigenas prohibita. »

(3) « Jus militare est belli inferendi solemnitas, fœderis faciendi nexus, signo dato egressio in hostem, vel pugnæ commissio. Item signo dato receptio ; item flagitii militaris disciplina, si locus deseratur ; item stipendiorum modus ; dignitatum gradus ; præmiorum honor, veluti cum corona vel torques donantur. Item prædæ decisio et pro personarum qualitatibus et laboribus justa divisio ; item principis portio. »

(4) H. E. DIRKSEN, *Hinterlassene Schriften zur Kritik und Auslegung der Quellen römischer Rechtsgeschichte und Alterthumskunde*, t. I, p. 195. — A. RIVIER, *Note sur la littérature du droit des gens avant Grotius*.

Bologne, dans le monastère de Saint-Félix, tenta de rédiger une collection qui fit disparaître toutes les antinomies. L'entreprise était toute privée; l'auteur n'occupait aucune situation officielle, mais le livre acquit bientôt une importance énorme. La *Concordia canonum discordantium*, comme Gratien avait intitulé son œuvre, le Décret, comme on l'appela, devint l'objet d'études approfondies. Le livre servit de base à l'enseignemement ; il eut ses glossateurs et ses commentateurs. On crut longtemps qu'Eugène III l'avait confirmé et la circonstance que des papes invoquèrent cette fable et en admirent la véracité, en dit assez sur la vénération dont on entourait le *Décret d'or du seigneur et maître Gratien,* pour employer l'expression imagée de l'époque.

Insérées dans le Décret de Gratien, les définitions traversèrent la seconde moitié du moyen âge, faisant l'objet de multiples explications, et cependant, même à la veille de l'époque moderne, les auteurs ne mirent point à profit la terminologie rationnelle qu'elles offraient.

Au point de vue de l'histoire des idées, certains faits sont assez remarquables. Les *Siete Partidas,* important monument législatif, sont achevées en 1265. Des jurisconsultes instruits, Jacques Ruiz, Fernand Martinez et Roldan, avaient assisté Alphonse X de Castille dans l'élaboration de son œuvre. Ayant sous les yeux à la fois les définitions reprises dans le Digeste et celles qui se trouvaient dans les *Etymologiæ* d'Isidore de Séville, ils ont copié les premières. Pour eux, le droit naturel est le droit de tous les êtres animés, tandis que le droit des gens est le droit commun à tous les hommes. Par contre, à la même époque, un dominicain empruntait à Isidore de Séville sa description du droit des gens. C'est Vincent de Beauvais, l'auteur du *Speculum majus*, vaste encyclopédie, se subdivisant en *speculum naturale, speculum doctrinale* et *speculum historiale*. De son côté, Henri de Bracton, qui compose entre 1256 et 1259 le traité *De legibus ac consuetudinibus Angliæ*, et qui procède de la Somme d'Azon et des Institutes de Justinien, définit le droit des gens le droit dont usent les nations et qui dérive du droit naturel.

Les vagues notions sur l'ensemble de la matière semblent suffire aux écrivains des deux siècles suivants, qui s'occupent cependant avec un intérêt marqué de points spéciaux, comme le droit de la guerre et ses institutions diverses, et comme le droit de légation. Au XVIᵉ siècle, des auteurs protestants, Jean Oldendorp en tête, scrutent le droit naturel. Mais eux non plus n'ont la perception exacte du droit international (1). C'est un Espagnol qui définit celui-ci.

François de Vitoria dit que le droit des gens est le droit que la raison naturelle a établi entre toutes les nations. « *Quod naturalis ratio* inter *omnes* gentes *constituit vocatur jus gentium.* » Dans son système, ce droit est un droit véritable qui se base sur la sociabilité, car il y a une société naturelle, il y a des rapports mutuels, une communion, un lien entre les peuples. Une nation a si bien le droit d'entrer en relation avec une autre nation, que la négation de l'exercice de ce droit justifie la guerre. En d'autres mots, François de Vitoria a la vision claire et nette de l'interdépendance des États, de leurs droits et de leurs devoirs réciproques. Le point est important. Il se ramène, en effet, au point de savoir si, en droit des gens, on se trouve devant une obligation juridique ou bien devant un simple détail d'étiquette ou de courtoisie internationale. Y répondre comme le faisait le professeur de Salamanque, c'était trancher d'avance une discussion qui devait, des siècles durant, continuer à préoccuper les publicistes (2).

Albéric Gentil, dont les mérites sont considérables, manque ici de clarté et de précision. Il voit dans le droit des gens le résultat d'un accord des peuples, accord qui apparaît surtout par le long usage.

A François Suarez revient l'honneur d'exposer des vues absolument définies touchant l'existence de règles juridiques obligeant les nations. « Le genre humain, dit-il, quoique partagé en peuples et en royaumes divers, n'en a pas moins une unité non seulement spécifique, mais pour ainsi dire politique et morale. Cette unité est indiquée par le précepte naturel de l'amour mutuel et de la miséricorde, précepte qui

---

(1) C. VON KALTENBORN, *Die Vorläufer des Hugo Grotius auf dem Gebiete des Jus naturæ et gentium sowie der Politik im Reformationszeitalter*, p. 233.

(2) Richard Zouch a employé la terminologie *jus inter gentes*, et passe chez tous les auteurs pour l'avoir créée. Il l'a simplement empruntée à François de Vitoria, dont il cite du reste les *Relectiones theologicæ* non pour reconnaître en lui l'inventeur du terme, mais pour combattre les prétentions de l'empereur à la suprématie sur les rois et les princes.

s'étend à tous, même aux étrangers, de quelque nation qu'ils soient. Tout État, — république ou royaume, — complet en soi, n'en est pas moins un membre de ce grand tout qui forme le genre humain. Jamais aucun État ne peut se suffire à lui-même au point de n'avoir besoin d'aucun appui réciproque, d'association, de rapports mutuels dans un but d'utilité ou de nécessité. Il faut donc aux États un droit qui les dirige et les gouverne dans ce genre de communication et de société. Sans doute, à ce point de vue, la raison naturelle fait beaucoup, mais cette raison naturelle ne suffit pas; elle ne satisfait point tous les besoins. Des droits spéciaux ont pu s'introduire ainsi par la coutume (1). »

---

(1) « Humanum genus quantumvis in varios populos et regna divisum, semper habet aliquam unitatem non solum specificam, sed etiam quasi politicam et moralem quam indicat naturale præceptum mutui amoris et misericordiæ, quod ad omnes extenditur, etiam extraneos et cujuscunque nationis. Quapropter, licet unaquæque civitas perfecta, respublica aut regnum, sit in se communitas perfecta et suis membris constans, nihilominus quælibet illarum est etiam membrum aliquo modo hujus universi, prout ad genus humanum spectat; nunquam enim illæ communitates adeo sunt sibi sufficientes sigillatim, quin indigeant aliquo mutuo juvamine et societate ac communicatione, interdum ad melius esse majoremque utilitatem, interdum vero etiam ob moralem necessitatem et indigentiam, ut ex ipso usu constat. Hac ergo ratione indigent aliquo jure, quo dirigantur et recte ordinentur in hoc genere communicationis et societatis. Et quamvis magna ex parte hoc fiat per rationem naturalem, non tamen sufficienter et immediate quoad omnia; ideoque aliqua specialia jura potuerunt usu earundem gentium introduci. Nam sicut in una civitate, vel provincia consuetudo introducit jus, ita in universo humano genere potuerunt jura gentium moribus introduci. Eo vel maxime quod ea quæ ad hoc jus pertinent et pauca sunt et juri naturali valde propinqua, et quæ facillimam habent ab illo deductionem adeoque utilem et consentaneam ipsi naturæ, ut licet non sit evidens deductio tamquam de se omnino necessaria ad honestatem morum, sit tamen valde conveniens naturæ et de se acceptabilis ab omnibus ». FRANÇOIS SUAREZ, *Tractatus de legibus ac Deo legislatore*, L. II, c. 19, n° 9.

CHAPITRE II.

LA PAPAUTÉ ET L'EMPIRE.

L'empire d'Occident était frappé à mort ; à mesure que les Barbares s'avançaient et fondaient leurs royaumes, ce qui restait de la domination romaine se concentrait en Italie et ce pays même se trouva bientôt à la merci de l'ennemi.

En 476, sur l'ordre d'Odoacre, Romulus Augustule, le dernier des empereurs d'Occident, annonça sa démission au Sénat et une députation de l'assemblée se rendit à la cour de l'empereur d'Orient, Zénon, pour lui dire qu'elle n'entendait pas continuer davantage la succession impériale en Italie, puisque la majesté d'un seul monarque suffisait pour défendre l'Orient et l'Occident.

Trois siècles s'écoulèrent. Puis, Charlemagne essaya d'établir l'unité dans l'Europe occidentale. Quand l'œuvre échoua sous les successeurs du grand roi franc, le morcellement de toute souveraineté se produisit.

Ce morcellement est le trait caractéristique du moyen âge. La conception hellénique de l'État, que les Romains avaient développée avec tant de force, ne pouvait être favorablement accueillie par les Germains. Individualistes à l'excès, ceux-ci étaient nécessairement hostiles à l'organisation gouvernementale de l'antiquité ; ils n'avaient pour elle aucune aptitude et l'émiettement de la puissance centrale semblait devoir remplacer à jamais l'unité. Mille souverainetés particulières s'établirent ; le régime féodal s'organisa partout. Pour employer l'image de Michelet, « la division se subdivisa, le grain de sable aspira à l'atome. Chacun se fixa en s'isolant. Celui-ci percha avec l'aigle, l'autre se retrancha derrière le torrent. L'homme ne sut bientôt plus s'il existait un monde au-delà de son canton, de sa vallée. Il prit racine, il s'incorpora à la terre. » (1)

La tendance vers l'unité se manifesta cependant sous une double forme. Chez les divers peuples s'organisa le pouvoir central ; sur un terrain plus vaste, dans le domaine international, sommes-nous tenté de dire, se développèrent les théories de la toute puissance papale et de la toute puissance impériale.

Réalisée, l'idée de la monarchie universelle, soit impériale, soit papale, aurait empêché le droit international de se former. Restreinte au domaine de la théorie pure, elle exerça fréquemment une influence bienfaisante et plus d'un principe nouveau, plus d'une conquête de la justice sur la force brutale sont dus à l'hypothèse de l'unité dans la domination spirituelle et temporelle.

La conception d'une Église extérieure n'était point une conception vraiment chrétienne ; elle était une déviation de l'esprit évangélique ; elle constituait un retour au judaïsme (2). Moïse avait organisé un sacerdoce appelé à faire les sacrifices, à servir d'intermédiaire entre l'homme et Dieu. Jésus rétablit la communion directe entre la créature et le Créateur. Sans doute, dans ce système, tous les chrétiens n'étaient pas doués des mêmes dons, mais celui qui était appelé à enseigner la foi n'était pas le supérieur de ceux à qui il l'enseignait.

La notion de l'unité des esprits, plus vraie et plus haute que celle de l'unité extérieure, ne prévalut point. Une organisation, démocratique, il est vrai, s'établit : les communautés se gouvernèrent par des chefs librement choisis parmi les plus dignes. Puis, à l'organisation démocratique succéda l'aristocratie épiscopale. Les évêques prétendirent que leur pouvoir était d'origine divine, et si, dans cette sphère plus large, l'égalité continuait de subsister, il n'en était pas moins vrai

---

1) MICHELET, *Histoire de France*, L. II, ch. III.
(2) NEANDER, *Geschichte der christlichen Religion*, p. 396 et suivantes.

que l'idée du pouvoir spirituel avait pris corps. A son tour, l'aristocratie épiscopale disparut ; trop faible pour résister à la dissolution sociale à laquelle le monde était en proie, elle fut remplacée par la Papauté : en celle-ci se concentra la puissance de l'Église, conquise dorénavant aux idées monarchiques traditionnelles et au ritualisme systématique.

Les évêques de Rome avaient de bonne heure réclamé la suprématie sur les évêques des autres communautés chrétiennes. Dans l'Église primitive déjà, on voit le pape Victor déclarer les chrétiens de l'Asie Mineure séparés de sa communion ; au IIIe siècle, le pape Étienne prétend imposer aux églises d'Afrique et d'Asie la tradition romaine touchant la validité du baptême. Le mouvement qui se produisit vers la fin du IIe siècle devait favoriser ces prétentions.

L'institution des synodes provinciaux en fut le point de départ. Le synode se tenait dans la ville principale de la province ; l'évêque de cette ville, le métropolitain, le présidait. De là, pour ce dernier, un certain prestige. Le mouvement s'accentua ; les associations s'étendirent et embrassèrent des territoires plus vastes. Ce fut un motif de déférence pour quelques cités épiscopales. Rome avait été considérée comme la métropole ecclésiastique de l'Italie. Bientôt, elle partagea avec Alexandrie et Antioche l'honneur d'être un des sièges les plus importants de la chrétienté. Diverses circonstances contribuèrent à augmenter son autorité. La tradition de la venue de saint Pierre dans la capitale de l'Empire trouva généralement créance ; Rome fut considérée comme le seul siège épiscopal fondé en Occident par un apôtre et le *primatus honoris* donné à saint Pierre rejaillit sur ses prétendus successeurs. Le concile de Sardique consacra cette prééminence en permettant aux évêques condamnés d'en appeler à Rome et un édit de Valentinien III reconnut la primauté de Léon le Grand.

Il ne faut pas perdre de vue que lorsque, par calcul politique, Constantin fit du christianisme la religion de l'Empire, il s'immisça dans les affaires religieuses en vertu d'un droit qu'il tirait de ses fonctions de souverain pontife ; il ne faut non plus perdre de vue que les empereurs chrétiens prirent le titre de *pontifex maximus* et que Gratien fut le premier à le refuser en 383.

Après la chute de l'Empire romain, les princes ostrogoths laissèrent, en général, à la hiérarchie occidentale, une liberté dont les Églises d'Orient étaient privées. Tandis que les empereurs de Constantinople faisaient les lois ecclésiastiques tout comme ils faisaient les lois civiles, se contentant d'envoyer les premières aux patriarches comme ils adressaient les secondes aux préfets du prétoire, on vit Théodoric permettre à un synode de déclarer illicite et inadmissible l'immixtion des laïques dans les affaires spirituelles. Sans doute, une égale tolérance ne fut pas toujours observée. Le pape Jean I mourut en prison et son successeur, Félix III, fut imposé par le roi au choix du sénat, du clergé et du peuple romain. Mais ni ces faits, ni même la conquête de l'Italie par les empereurs grecs ne purent empêcher la marche ascendante de l'institution papale.

Les prétentions de la Papauté soulevèrent des protestations sans nombre. L'Orient ne les admit jamais ; les patriarches d'Alexandrie et d'Antioche refusèrent de s'incliner ; le patriarche de Constantinople s'appuya sur l'autorité du concile de Chalcédoine pour soutenir qu'il avait des droits égaux à ceux de Rome. Celle-ci, cependant, tint bon. Elle avait le génie de l'unité et ce n'était point l'Orient, déchiré par l'esprit de division inhérent à la race grecque, qui pouvait l'arrêter.

En face du pouvoir civil, la Papauté continua d'occuper une position subalterne. Justinien réunit en ses mains la puissance spirituelle et la puissance temporelle. Il combla Rome d'honneurs, mais n'en maintint pas moins sa propre suprématie. Il fit nommer papes deux de ses créatures et la lettre si humble de Grégoire-le-Grand à l'empereur Maurice montre mieux que n'importe quoi quelle était la situation respective de la Papauté et de l'Empire.

Malgré l'affaiblissement de la puissance impériale en Italie, malgré les invasions des Lombards, Rome continua de dépendre des empereurs de Constantinople ; les souverains pontifes tenaient de ceux-ci ou des exarques de Ravenne, leurs représentants, la confirmation de leur élection et étaient soumis au paiement de taxes. Les Carlovingiens même ne firent que suivre la tradition byzantine. Tout en délivrant les papes des Lombards et des Grecs, ils les mirent presque sur la même ligne que les évêques de leur vaste empire.

Du couronnement de Charlemagne par Léon III datait théoriquement le transfert de l'Empire. L'impératrice d'Orient, Irène, venait de déposer son fils Constantin et une élection avait, à Rome, la même validité qu'à Constantinople. Le pape agit non point comme pontife, mais comme organe du peuple romain ; ce fut aux acclamations de celui-ci qu'il posa sur la tête du roi franc le diadème d'or. En réalité, toutefois, le Saint Empire romain germanique, —si on prend le terme dans le sens qu'il eut plus tard, de souveraineté de l'Allemagne et de l'Italie dévolue à un prince germanique, — fut la création d'Othon le Grand.

L'anarchie était à son comble en Italie. Là aussi, la féodalité s'était implantée et les ducs, les marquis, les comtes des grands fiefs d'Ivrée, de Suse, du Frioul, de Spolète et de Toscane se disputaient l'hégémonie. Sur le siége de saint Pierre se trouvèrent successivement d'indignes pontifes. Répondant à l'appel du pape, Othon descendit les Alpes à la tête de forces imposantes et fut reconnu roi d'Italie à Pavie. Après avoir juré de protéger le Saint-Siége et de respecter les libertés de la cité, il se dirigea sur Rome. Il y fut couronné par Jean XII, le 2 février 962. Le consentement du peuple romain fut regardé comme une partie essentielle de la cérémonie ; le pape se reconnut même le sujet d'Othon, auquel les citoyens jurèrent de n'élever à l'avenir aucun pontife sans son assentiment (1).

Au siècle suivant, l'Empire parvint au point culminant de sa puissance sous Henri III. En Allemagne, le pouvoir de ce dernier était incontesté ; en Italie même, il jouissait d'une puissance telle qu'il déposa trois prétendants qui se disputaient le Saint-Siége, et qu'il se fit attribuer par le synode le droit d'élire le souverain pontife (1).

Dans sa forme idéale, la double notion de l'Empire et de la Papauté ne se réalisa jamais complètement ; mais on y toucha sous Charlemagne, sous Othon le Grand et sous Henri III.

L'idée théocratique remplit le moyen âge. Saint Augustin avait décrit la Cité « aux bases jetées par Dieu lui-même ». Saint Thomas

(1) JAMES BRYCE, *Le Saint Empire romain germanique et l'Empire actuel d'Allemagne*, ch. VIII. Traduction d'EMILE DOMERGUE.

d'Aquin, Egidio Colonna, Dante, Nicolas de Cues défendirent le principe de l'unité que saint Augustin avait affirmé : l'humanité apparaissait comme un tout fondé par Dieu et monarchiquement gouverné ; elle était un corps mystique ; elle était un peuple, un royaume.

L'unité était l'idéal et même, au milieu du XVᵉ siècle, Pierre d'Andlaw la défendra en disant que c'est avec raison qu'Aristote, le philosophe suprême, celui qu'Averroès a pu appeler la règle donnée à la nature, a dit que la pluralité des chefs était un mal, qu'il ne fallait qu'un seul prince.

Cependant, dans la conception modérée, dans la notion moyenne, Dieu, maître du ciel, était représenté par le pape ; Dieu, maître de la terre, était représenté par l'empereur ; l'un et l'autre étaient les vicaires du Christ ; l'un était le chef spirituel, l'autre le chef temporel. En d'autres termes, l'Église et le Saint Empire romain était une seule et même chose, vue par ses deux faces (1).

Longtemps même, dans la théorie de l'empire la plus exagérée, les prétentions du pouvoir spirituel sont respectées. Une lettre de Frédéric Barberousse au sujet des prétentions émises par Adrien IV invoque le passage où l'évangéliste Luc rapporte le mot du Christ : « Et les disciples dirent : *Seigneur, voici deux glaives. Et Jésus leur dit : Cela suffit.* » L'image des deux glaives est recueillie par le *Miroir de Saxe* : « Dieu, y lit-on, a placé deux glaives pour la protection de la chrétienté. Le glaive spirituel est confié au pape ; le glaive temporel à l'empereur. »

La théorie papale fut développée par Grégoire VII. Simple moine, Hildebrand avait inspiré le Saint-Siège ; successivement, il avait poussé quatre papes à travailler à la régénération de l'Église et à assurer à la Papauté la puissance spirituelle. Pape, il continua cette entreprise et se donna même une tâche plus gigantesque : la domination sur la puissance civile. Avec lui prévalut dans l'Église occidentale l'esprit monacal. En Orient, le même esprit, commun en réalité au gnosticisme et au manichéisme, voyant comme eux dans le corps de l'homme une prison, dans la société civile une entrave, avait abouti à l'ascétisme. En Occident, sous l'influence du génie romain, il

_____

(1) Ibid., p. 134.

devait avoir un but pratique et ce but n'était autre que la conquête du monde par l'autorité spirituelle (1).

Deux vices infectaient la chrétienté : la simonie et la corruption du clergé. Grégoire VII les combattit pendant toute sa vie (2). Ses prédécesseurs avaient lutté contre l'épiscopat; il lutta contre le clergé tout entier. Cette partie de son œuvre fut couronnée de succès. L'unité de l'Église fut assurée et son pouvoir spirituel fut reconnu. Mais ce triomphe ne suffisait pas. La Cité de Dieu de saint Augustin, Grégoire VII la voulait réaliser, non dans la forme aristocratique qu'avait rêvée l'évêque d'Hippone, mais dans une forme monarchique; non avec le Christ comme Chef Invisible, mais avec un pape qui serait le César de la monarchie spirituelle. De là de nouvelles luttes et de là les théories arrogantes de la Papauté médiévale, théories qui ne visaient à rien moins qu'à établir la théocratie la plus absolue.

On connaît les guerres terribles que Grégoire VII soutint contre l'Empire. Ce n'est point en Allemagne seulement qu'il affirma l'autorité suprême de l'Église et de son chef. Il écrivait à ses légats en France qu'il fallait « enjoindre à tous les Français et leur ordonner par vraie obéissance que chaque maison payât au moins un denier par an ». « Votre royaume depuis longtemps est une propriété de saint Pierre », disait-il aux princes d'Espagne. « Prêtez le serment de vassal », écrivait-il à Guillaume le Conquérant. Aux Corses, aux Sardes, aux Hongrois, il tenait un langage identique. Mais c'est dans sa lutte contre Henri IV d'Allemagne que nous le voyons déployer le plus d'audace. La guerre, dont la scène de Canossa est le plus mémorable épisode, fut véritablement une guerre pour l'empire du monde. Elle éclata à l'occasion de la simonie. Henri IV venait de monter sur le trône; il refusa de se soumettre aux exigences de Rome. Sûr de rencontrer parmi les princes de l'Empire un appui sérieux, le pape n'hésita pas à le citer devant le concile. L'Allemagne protesta et ses évêques répondirent au défi de Grégoire en le déposant lui-même dans le concile de Worms. Le pape excommunia l'empereur et délia

(1) H. H. MILMAN, *History of Latin Christianity*, t. IV, p. 139.
(2) LAURENT, *Études sur l'histoire de l'humanité*, t. VI. *La Papauté et l'Empire*, p. 192 et suivantes.

ses sujets du serment de fidélité : « Je défends à Henri, dit la bulle pontificale, de gouverner le royaume teutonique et l'Italie, j'absous tous les chrétiens du serment qu'ils lui ont fait ou qu'ils lui feront, et je défends à tous de le servir comme roi. »

La lutte fut formidable. Elle eut des alternatives de succès et de revers. Vaincu une première fois, l'empereur vint implorer à Canossa la clémence de Grégoire VII. Bientôt, il reprit les armes et resta indomptable ; ni soixante-cinq batailles, ni la calomnie, ni la trahison ne purent briser son courage. Seule, la perfidie d'un fils en eut raison. Mais les successeurs de Grégoire VII virent se dresser devant eux l'héroïque race des Hohenstaufen, et quand la hache du bourreau eut fait rouler sur l'échafaud la tête du dernier représentant de la glorieuse famille, la résistance avait été assez longue pour rendre à jamais impossible l'établissement de la monarchie universelle des papes (1).

Un annaliste appelle Grégoire VII *præceptor impossibilium*. Le grand pontife a pu constater lui-même ce que ses desseins avaient d'irréalisable. Sans doute, il avait vu un empereur implorer, trois jours durant, le pardon de ses fautes, mais à son tour il succomba et ce fut loin de la ville éternelle, renié par ses sujets et abandonné par les siens, qu'il rendit le dernier soupir. Henri IV venait de prendre sa revanche de Canossa : il avait fait déposer de nouveau Grégoire VII, avait conduit à Rome l'antipape Clément III et s'était fait sacrer roi d'Italie.

Grégoire VII personnifie la Papauté et les paroles effrayantes par lesquelles il excita son clergé à la lutte : « *Maledictus homo qui prohibet gladium suum a sanguine* » furent comme la devise qu'il légua à ses successeurs. Il y a de l'utilité à examiner ses doctrines de plus près.

On en connaît l'idée primordiale. Selon la conception catholique monacale, il y a en l'homme deux éléments distincts et hostiles, l'âme et le corps. Or, dans l'organisation de la société, qui représente l'âme ?

---

(1) LAURENT, Ibid.

L'Église. Et qui représente le corps ? La société laïque. La vie de la
société laïque, l'État, n'est pas la vie véritable ; l'humanité ne peut
faire son salut qu'en se soumettant à la direction de l'Église.

La manière dont Grégoire VII expose sa théorie est intéressante à
plus d'un titre. Ses bulles, ses lettres, son *Dictatus* nous montrent
comment il entendait sa distinction des deux pouvoirs (1). « Le nom
du pape est unique dans le monde, lit-on dans le *Dictatus*. Il peut
déposer les empereurs, il peut délier les sujets de leur serment de
fidélité ». Les lettres de Grégoire VII sont tout aussi catégoriques :
Le Siége de saint Pierre a le droit de lier et de délier les choses
spirituelles : à bien plus forte raison a-t-il pouvoir sur les choses
temporelles ». C'est un pouvoir direct que le pape prétend exercer,
c'est un pouvoir absolu que, selon ses propres déclarations, il possède.

Les idées de Grégoire VII sur la situation respective des deux
pouvoirs sont également formelles. Une de ses lettres nous les fait
connaître d'une manière saisissante. « Les rois, dit le pape, ont leur
origine dans des hommes qui, inspirés par le démon, cherchèrent à
dominer sur leurs semblables. Ils y sont poussés par une ambition
aveugle et une intolérable présomption. Les moyens par lesquels ils
poursuivent leur but sont la rapine, la perfidie, l'homicide et tous les
crimes imaginables. Et ce sont ces hommes souillés qui prétendent
abaisser à leurs pieds les oints du Seigneur ! Cette prétention rappelle
le prince des anges déchus, Satan, qui tenta le fils de Dieu en lui
promettant les royaumes de la terre : *Je te donnerai toutes ces choses
si tu m'adores.* Une dignité inventée par des hommes qui ignorent
Dieu, ne doit-elle pas être soumise à une dignité que la Providence a
créée pour son honneur et qu'elle a donnée au monde dans sa miséricorde ? » Ainsi le pouvoir temporel procède de Satan, le pouvoir
spirituel procède de Dieu ; la puissance civile dérive de l'enfer, la
puissance ecclésiastique est d'origine céleste. Il y a plus. Même dans
l'Église, Grégoire VII introduisit une fatale séparation : les fidèles
furent complètement séparés du clergé; les gouvernés furent privés
de toute action sur les gouvernants (2).

---

(1) GIESELER, *Kirchengeschichte*, t.-II, 1re partie, § 23 et 2e partie § 47.
(2) GREGOROVIUS, *Geschichte der Stadt Rom in Mittelalter*, t. IV, 25.

Les faits donnèrent un démenti éclatant à Grégoire VII en ce qui concerne ses prétentions à la domination sur l'autorité civile. Nous l'avons vu échouer dans sa lutte contre Henri IV. Guillaume le Conquérant avait dédaigneusement repoussé ses exigences. Ailleurs aussi l'insuccès répondit à ses efforts. Néanmoins, il faut le reconnaître, quelque violentes, quelque hautaines qu'elles fussent, ses prétentions pénétrèrent dans la conscience générale de l'humanité. Comme Bluntschli l'a fait observer, à partir de Grégoire VII, le pape prit le rang suprême. Dans le sentiment de la chrétienté il se plaça au-dessus du pouvoir impérial. La résistance de l'Allemagne avait pu empêcher la formation d'une monarchie ecclésiastique universelle, mais la juridiction des empereurs sur les papes n'avait pu être maintenue. L'opinion se forma que le pape était le premier souverain de la chrétienté et que les autres souverains lui devaient hommage.

Quelques propositions résument la hautaine politique que suivirent au XIII° siècle les grands papes et les grands juristes qui ont nom Innocent III, Grégoire IX et Innocent IV. Les voici : l'Église s'est réservé le patrimoine de saint Pierre comme signe visible de la domination universelle qui lui appartient ; l'empereur n'est que son délégué pour le reste ; l'Empire qui est l'expression la plus haute du pouvoir temporel dépend du Saint-Siége ; le pape, supérieur au chef de l'Empire, est le monarque des monarques (1).

Les canonistes prêtaient aux prétentions du Saint-Siége l'appui que les civilistes prêtaient aux théories impériales. Ils faisaient valoir que la raison d'être de la juridiction papale l'emportait sur la raison d'être de la juridiction impériale ; la glose canonique alla jusqu'à dire que l'empereur pouvait être déposé par le pape pour n'importe quel péché : « *Pro quo peccato potest imperator deponi ? Pro quolibet: unde deponitur si est incorrigibiles, si est minus utilis.* »

Le langage des souverains pontifes est significatif. Rappelons quelques manifestations de leurs orgueilleuses revendications.

Évoquant à son tribunal les prétentions rivales de Philippe de Souabe, d'Othon de Brunswick et de Frédéric II à la couronne impé-

_____

(1) HUILLARD-BREHOLLES, *Opera diplomatica Frederici II*, t. 1, Introduction, p. CDXXVIII.

riale, Innocent III établit comme axiome que l'Empire appartient au Saint-Siége en principe et en définitive ; que c'est du pape seul que l'empereur reçoit avec bénédiction la couronne et l'investiture. Du droit de nommer un empereur, il fait dériver le droit de le remplacer.

Dans une de ses décrétales, il montre dans les deux glaives de saint Luc le symbole du pouvoir spirituel et temporel : tous deux appartiennent au pape ; l'un est manié par le pape en personne, l'autre par les princes, mais pour l'Église et sous la direction du pape.

Grégoire IX va plus loin : il proclame que le pape est à proprement parler le maitre souverain du monde entier, des choses aussi bien que des personnes.

On connait la donation de Constantin. Le document fut forgé dans la seconde moitié du VIIIe siècle. Il s'appuie sur la prétendue guérison de la lèpre de Constantin et sur son baptème par le pape Sylvestre. Mû par la reconnaissance, l'empereur faisait don au pape, de Rome, de l'Italie, des provinces occidentales, c'est-à-dire la Lombardie, la Vénétie et l'Istrie, et des îles. Voici en quels termes Grégoire IX commente le célèbre document : « C'est un fait notoire et manifeste, écrit-il à Frédéric II, que ce Constantin qui possédait la monarchie universelle a voulu, du consentement non seulement du peuple de Rome mais de l'Empire romain en général, que le vicaire du prince des apôtres qui avait l'empire du sacerdoce et des âmes dans le monde entier, eût aussi le gouvernement des choses et des corps dans tout l'univers, pensant que celui-là devait régir les choses terrestres à qui Dieu avait confié sur la terre le soin des choses célestes. C'est pour cela qu'il a remis à perpétuité au pontife romain le sceptre et les insignes impériaux, avec Rome et tout son duché et l'Empire même, considérant comme infâme que là où le chef de la religion chrétienne est institué par l'empereur céleste, un empereur terrestre pût exercer aucun pouvoir. Abandonnant donc l'Italie au Siège apostolique, il s'est choisi en Grèce une nouvelle demeure ; et depuis que l'Église, imposant le joug à Charlemagne, a transféré le siège de l'Empire en Germanie, quand elle a appelé tes prédécesseurs et toi à siéger sur le trône impérial, quand elle t'a concédé le jour de ton couronnement la puissance de glaive, elle n'a entendu diminuer en rien la substance de sa juridiction (1). »

Innocent IV prononçant la déposition de l'empereur Frédéric. Il délivre les sujets de leur fidélité, excommuniant ceux qui prétendaient rester fidèles à leur souverain et fondant son droit sur les paroles mêmes du Christ : « *Quodcumque ligaveris super terram, ligatum erit et in cœlis.* »

La notion de l'Empire fut surtout développée par les civilistes. Admirateurs passionnés de la législation romaine, les glossateurs essayèrent dès le XII⁰ siècle de transplanter en pleine féodalité ses doctrines absolutistes.

Une anecdote se rattache à la diète tenue, en 1158, dans la plaine de Roncaglia, où Frédéric Barberousse obtint des quatre docteurs de Bologne, Bulgare, Martin Gosia, Jacques et Hugues de Porta Ravennate, assistés des délégués des villes lombardes, la célèbre sentence qui reconnaissait la plénitude de ses droits régaliens dans l'importante question des rapports des vassaux et des républiques avec l'Empire. L'empereur, dit-on, se promenant un jour avec Martin et Bulgare, leur demanda s'ils pensaient qu'il fut le maitre du monde. Martin répondit affirmativement ; Bulgare fit une restriction : il concéda la jouissance, non la propriété. Frédéric fit don au premier d'un cheval. « *Amisi equum*, dit Bulgare, *quia dixi œquum, quod non fuit œquum.* »

Authentique ou non, l'anecdote peint très bien les sentiments de l'École à l'égard des empereurs dont les prétentions les plus hautaines trouvèrent des défenseurs parmi les jurisconsultes. Sans doute, dans le fait, les exigences et les revendications des Césars germaniques ne constituèrent jamais un danger bien réel pour l'humanité. Les *dominateurs de l'univers*, comme ils s'intitulaient, n'étaient souvent pas en situation de régner paisiblement en Allemagne ; des princes qui s'arrogeaient le droit de créer et de déposer les rois, tremblaient fréquemment devant leurs puissants feudataires. La haute idée que les interprètes du droit romain se firent de l'Empire, la vénération

---

(1) Ibid. p. CDXXX.

dont ils l'entourèrent, les privilèges qu'ils lui reconnurent n'en sont
que chose plus frappante. Le besoin d'unité devait être grand, puisque
le désir de la réaliser menait à de semblables exagérations de vigoureux
esprits. Fait saisissant, on peut dire que plus l'Empire devint réellement faible, plus pompeuses furent les affirmations au sujet du rang
qu'il occupait dans l'organisation politique du monde.

Étonnantes sont les velléités de réforme qui apparaissent dans la
politique de Frédéric II. Il veut réunir l'Allemagne et l'Italie sous une
même domination et refouler le pape dans le domaine purement
spirituel ; puis, au milieu de la terrible mêlée, on le voit modifier ses
projets primitifs, rêver la destruction de la puissance pontificale par
l'attribution de ses prérogatives à la dignité impériale elle-même.
L'empereur se déclare supérieur au pape en sainteté, il se proclame
plus apte que lui à remplir les fonctions de vicaire de Jésus-Christ (1).
Dans l'entourage impérial, ces idées trouvent leur expression exagérée.
L'empereur est honoré comme l'incarnation du Dieu vivant et son
principal ministre, Pierre de la Vigne, est considéré, — un contemporain le fait entendre, — comme la pierre angulaire de la nouvelle
Église.

Frédéric II échoua ; ses descendants disparurent dans la tourmente ;
mais la lutte laissa dans les esprits une trace ineffaçable. Longtemps,
les Hohenstaufen excommuniés par l'Église furent considérés comme
des saints par les défenseurs de l'autorité civile. On prétendit que
Frédéric II n'avait pu mourir, parce qu'il avait pour mission de chasser
les prêtres. On prophétisa, — un écrivain de l'époque le rapporte —
qu'il s'élèverait de ses cendres un vengeur, un Frédéric III, qui
renverserait le pape et son clergé. D'après un chroniqueur suisse,
Jean de Winterthur, à la mort de Louis le Bavarois, un grand nombre
d'hommes de races diverses ou plutôt d'hommes de toutes les races
déclaraient ouvertement que l'empereur Frédéric II allait revenir
plus puissant que jamais pour réformer l'Église tombée dans une
complète corruption. « Il est nécessaire qu'il vienne, disaient ceux
qui professaient cette opinion, même quand il aurait été coupé en

---

(1) Ibid. p. CDXCVII et suivantes.

mille morceaux, même quand il aurait été réduit en cendres par les flammes d'un bûcher. C'est un décret de la Providence qu'il en soit ainsi et ce décret est inviolable ».

Le principe de l'unité avait séduit Dante. Il y voyait la source de tout bien. « *Maximè ens est maximè unum et maximè unum est maximè bonum* ». Ces mots résument sa théorie. Il reconnaissait en la monarchie la seule forme de gouvernement pouvant assurer le bien suprême, la paix universelle : des esprits moins élevés, tel son contemporain Cino, tel plus tard Bartole, partageaient sa croyance.

On n'est point d'accord sur la date de la composition du traité *De Monarchia*. Fut-il composé vers 1300, Dante l'écrivit-il dans le camp même de Henri VII venant affirmer sa puissance impériale dans cette Italie où ses aïeux avaient lutté si longtemps, ou bien le rédigea-t-il après la mort de Henri VII ? On ne le sait. Quant au livre même, il est à remarquer que la Papauté n'y est l'objet d'aucune attaque. Henri VII n'était point en guerre avec Clément V. Dante prétend uniquement établir que l'empereur, héritier des Césars, a droit à la monarchie universelle ; il veut examiner si la monarchie est nécessaire au bien du monde, si le peuple romain s'est à bon droit attribué la monarchie, si l'autorité du monarque dépend immédiatement de Dieu ou bien médiatement, par le moyen d'un ministre ou d'un vicaire de Dieu.

« Fatigué des luttes qui recommençaient sans cesse entre les princes et les cités, dit M. Bryce, et de celles qui déchiraient les fractions dans le sein de ces dernières, voyant la liberté municipale, le seul remède à cet état de désordre, supplantée par l'établissement de tyrans domestiques, Dante adresse un appel passionné à la seule puissance capable d'apaiser la tourmente, non pour détruire la liberté ou supprimer les autonomies locales, mais pour les redresser et les tempérer, pour rendre l'unité et la paix à la malheureuse Italie. Il raisonne d'un bout à l'autre à l'aide d'un étroit enchaînement de syllogismes; tour à tour juriste, théologien, métaphysicien, scolastique, le poète de la *Divine Comédie* ne se trahit que par l'énergique concision du style, par ce clair regard qui plonge dans l'invisible, rarement par quelque métaphore éclatante » (1).

---

(1) JAMES BRYCE. *Le Saint Empire romain germanique et l'Empire actuel d'Allemagne*, p. 345. Traduction d'EMILE DOMERGUE.

L'Empire, selon Dante, assurera la paix universelle, et celle-ci est le plus grand, le meilleur des biens : « *Pax universalis est optimum eorum quœ ad nostram beatitudinem ordinantur.* » Dans son système, la monarchie n'entraîne cependant pas l'uniformité des lois, les peuples ont leur législation respective, mais ils ont aussi des intérêts communs et ces intérêts, l'empereur les doit régler en vue de la paix.

L'Empire n'est pas seulement la paix, il est aussi la liberté; le genre humain n'est bien que lorsqu'il peut se servir du principe de liberté; or, c'est sous un monarque qu'il est le plus libre.

Dante veut établir que l'empereur est indépendant du pape : « L'homme a une double fin, il lui faut une double direction : d'un côté, il y a la vie éternelle ; là est institué comme guide le souverain pontife ; d'un autre côté, il y a la félicité temporelle ; là est institué comme guide l'empereur. Dieu choisit l'empereur, Dieu seul le confirme ; les électeurs ne font que déclarer la volonté divine ; mais l'empereur, souverain dans le domaine séculier, dépend en certain points du pape, car le bonheur terrestre est d'un ordre inférieur au bonheur du ciel, et César doit ainsi montrer à Pierre le respect que le premier-né doit montrer à son père. » En réalité, il n'y a aucune hardiesse dans les conceptions politiques de l'illustre poète. Autrement audacieux, autrement innovateurs seront les prêtres révoltés prenant fait et cause pour Louis le Bavarois.

Cino Sinibuldi de Pistoie, juriste et poète, qui, lui aussi, défendit Henri VII, ne va point au-delà de la combinaison médiévale : l'édifice symbolique, les deux autorités représentant également Dieu.

Dans leurs écrits politiques, les juristes italiens ne se contentèrent pas des enseignements d'Aristote ; sans doute, ils utilisèrent ce dernier, comme saint Thomas d'Aquin l'avait utilisé ; mais ils suivirent, en outre, le droit romain ; seulement sur ce terrain, ils se gardèrent bien d'aller jusqu'au bout.

Dans la conception romaine, l'empereur avait un caractère religieux ; il était *Pontifex maximus*, et comme nous l'avons vu, cette notion subsistait encore sous les premiers empereurs chrétiens. Cette idée, les jurisconsultes n'osent pas la défendre ; Cino, par exemple, dit que les deux puissances, papale et impériale, ont la même dignité.

D'après lui, toutes deux dérivent également de Dieu, mais sont distinctes dans leur sphère d'action ; leurs conflits dépendent plus de l'erreur des hommes que de la nature des choses ; l'Église n'est pas supérieure à l'Empire ; l'empereur non plus ne doit pas commander au pape ; les décrétales n'ont pas force de loi dans l'État ; de même, les lois qui violent la liberté de l'Église ne doivent pas être observées. Cino se prononce contre la puissance temporelle du pape ; le couronnement par le pape ne donne pas la dignité impériale ; l'empereur est empereur en vertu de l'élection ; il n'a pas plus de supérieur que le pape ; il tient l'Empire de Dieu (1).

M. Bryce remarque qu'avec Henri VII, l'histoire de l'Empire en Italie est close : « Le livre de Dante, dit-il, est une épitaphe, non une prophétie (2). » Cela s'applique avec plus de raison encore aux écrits des jurisconsultes italiens du milieu du XIV⁰ siècle.

En 1354, Charles IV fait sa ridicule expédition en Italie. « On le voit, dit un chroniqueur, traverser l'Italie sur un roussin, au milieu de gens désarmés, comme un marchand pressé d'arriver à la foire. »

Bartole le défend ; mais quelles pitoyables théories !

Bartole admet complaisamment la validité de la donation de Constantin ; il a peur du Saint-Siége ; gibelin par intérêt, il n'ose attaquer les Guelfes, il se justifie en affirmant que les mots ont perdu leur signification, que les partis se sont modifiés, qu'il ne s'agit plus que d'étiquettes. Il déclare hérétique celui qui n'admet pas que l'empereur est le maître du monde ; il proclame que le successeur des Césars est au-dessus des lois, *legibus solutus*. Ce langage ne l'empêche nullement d'ajouter que la Papauté est supérieure à l'Empire, que l'Empire dépend d'elle. L'élection ne suffit pas, dit-il ; elle constitue l'élu maître et seigneur général, non empereur. « *Dominus generalis, non imperator.* » Il y a plus ; en cas de vacance de l'Empire, l'Église exerce l'administration. C'était là, en effet, une prétention papale. Bartole la sanctionne de son immense réputation, comme il sanctionne les prétentions impériales. Il voit Charles IV à l'œuvre ; il constate

---

(1) L. CHIAPPELLI, *Vita e opere giuridiche di Cino da Pistoja*, p. 58 et suivantes.
(2) JAMES BRYCE, p. 345. *Le Saint Empire romain germanique et l'Empire actuel d'Allemagne*, p. 345. Traduction d'EMILE DOMERGUE.

l'impuissance dans laquelle il est d'agir en n'importe quel sens ; et il n'en signe pas moins son acte de foi en l'omnipotence impériale ; pour lui, le roi de France est sujet de l'empereur : « *Credo regem Galliæ subjectum esse imperio* (1). »

Le mobile secret de l'appui que Bartole et beaucoup de juristes italiens donnent à la théorie de l'Empire se trouve en partie dans un intérêt pratique. Le célèbre juriste le proclame : « Aussi longtemps que l'Empire est demeuré debout, le monde entier a joui de la paix comme au temps d'Auguste, mais quand l'Empire est tombé, de cruelles tyrannies se sont dressées partout. » Il faut un remède au mal qu'il signale par le cri plein d'angoisse : « *Italia hodie est tota plena tyrannis.* » Semblables considérations doivent avoir inspiré les légistes des autres pays dans leur travail d'unification, souvent néfaste pour l'autonomie locale, bien qu'il soit tout d'abord dirigé contre la féodalité inférieure, si tracassière, si odieuse. Le but suprême du droit n'est-il pas la réalisation de la liberté par l'ordre et les hommes de loi ne sont-ils pas fatalement conduits à vouloir maintenir l'ordre, quel que soit le moyen ?

Vers le milieu du XVIIe siècle, Arthur Duck traitait la question de la justice des Romains dans leurs guerres et dans leurs lois ; il affirmait que les peuples opprimés par les Romains peuvent, après mille ans, secouer le joug, et il croyait devoir dire que ceux-là se sont lourdement trompés qui ont pensé que les empereurs d'Allemagne pouvaient avec justice demander la restitution des provinces démembrées.

Pareille thèse, en effet, avait été soutenue. Mais elle ne répondait pas aux faits.

Othon-le-Grand est le dernier empereur dont les rois de France aient admis la suzeraineté.

En Angleterre, la théorie impériale passa pour ainsi dire inaperçue et si, dans la pratique, apparaissent quelques faits qui semblent impliquer une certaine soumission à l'Empire, cette soumission

---

(1) L. CHIAPELLI, *Le idee politiche del Bartolo*, dans l'*Archivio giuridico*, 1881, vol. XXVII.

constitue une simple formule diplomatique. Jamais la fière déclaration d'Édouard II ne fut démentie : « *Regnum Angliæ ab omni subjectione imperii esse liberrimum.* »

Les *Siete Partidas* d'Alphonse X de Castille avaient émis des affirmations semblables. Lui-même avait brigué la dignité impériale. « L'empereur n'est tenu d'obéir à personne, si ce n'est au pape pour les choses temporelles », disent le proème et la loi I du titre I de la deuxième *Partida.* La loi 5 ajoute que les rois sont les vicaires de Dieu pour les choses temporelles dans le royaume, comme l'empereur l'est dans son Empire. « Le roi, en effet, est monarque dans son royaume », dit la glose. Dans le système d'Alphonse X, les rois ont les mêmes pouvoirs que les empereurs ; ils en ont même de plus grands, car ils sont rois par droit de succession, tandis que l'empereur n'est empereur que par élection : le roi peut donner des châteaux, l'empereur ne le saurait faire parce qu'il doit agrandir l'Empire, non le diminuer : « *porque es tenudo de acrescentar su imperio e nunca menguarlo.* »

« Le roi d'Espagne, dira plus tard un jurisconsulte espagnol, est monarque en son royaume ; il réunit tout en lui. » « *Rex Hispaniæ est monarcha et totum continens in suo regno.* »

A la fin du XIVe siècle, un Augustin, Honoré Bonet, examine longuement le point de savoir « comment on peut soutenir que le royaume de France ne soit subject à l'empereur. » Un des arguments qu'il invoque est l'intérêt de l'Église ; il y a eu plusieurs schismes, il y a eu vingt-deux antipapes contre le vrai pape, et souvent le vrai pape a dû chercher refuge en France. Jamais un roi de France n'a soutenu l'hérésie ou le schisme, « mais, dit Bonet, se j'ay sceu entendre les escriptures, je afferme de bonne foy avoir veu les histoires de plus de douze empereurs qui ont esté herites et scismatiques ». L'auteur de l'*Arbre des batailles* s'occupe de la situation de l'Angleterre et de l'Espagne vis-à-vis de l'Empire. En ce qui concerne le premier de ces pays, il invoque le témoignage du dominicain Tolomeo de Lucques. Celui-ci, qui écrivit probablement la dernière partie du *De Regimine principum* de saint Thomas d'Aquin, et qui composa l'*Historia ecclesiastica nova* et les *Annales*, prétend que l'Angleterre est soumise à l'Église; selon Bonet, elle échapperait ainsi à l'Empire. Pour l'Espagne, Bonet n'ose pas se prononcer. (1)

Du reste, au commencement de ce même XIVe siècle, un juriste, Pierre du Bois, qui fut successivement au service d'Édouard Ier et de Philippe le Bel, avait soutenu une thèse orgueilleuse, celle de l'Empire irrévocablement uni à la couronne de France. Il prétendait que tout le monde était d'accord pour désirer que l'univers fût soumis au roi de France et pour arriver à la réalisation de son programme, à la subordination de tous les autres gouvernements, il n'hésitait pas à se servir de la Papauté. Vers la même époque, Ockam écrivait que la France est indépendante de l'Empire. Un de ses arguments était que le partage avait été fait cinq cents ans auparavant ; un autre était que si l'empereur peut faire des lois dans son empire, le roi de France en peut faire dans son royaume. « Et, en effet, dit-il, comment pourrait-il en être autrement ? S'il faut, comme cela arrive, faire des édits nouveaux pour des cas nouveaux, qui donc les pourra faire, si le roi, chef suprême, ne le peut ? »

Une notion prévalut dans les grands pays, c'est que la couronne était impériale. En droit public anglais notamment, le royaume est déclaré être un Empire, la couronne est déclarée être impériale, par divers actes du parlement, et particulièrement par les statuts 24 Henri VIII, c. 12 et 25 Henri VIII, c. 28, qui déclarent en même temps que le roi est le chef suprême du royaume, en matière tant civile qu'ecclésiastique, et par conséquent sans supérieur sur la terre, ne dépendant d'aucun homme, ne devant compte à aucun. « Le but des dispositions législatives qui se servent des termes d'Empire et d'impérial, dit Blackstone, est seulement d'affirmer que le roi n'est pas moins indépendant et souverain dans ses états, qu'aucun empereur dans son empire. »

Dans certains pays, des auteurs s'ingénient même à montrer dans le titre de roi quelque chose de supérieur au titre d'empereur. Dans un traité consacré à la *Majesté des princes*, Jean Redin écrit qu'il n'est rien de plus élevé au monde, rien de plus sublime qu'un roi dans son royaume. « Le Christ, notre Dieu béni, écrit-il, ne s'est jamais fait appeler empereur, mais bien roi. »

---

(1) HONORÉ BONET, *L'Arbre des batailles*, chapitre 83.

Les orgueilleuses affirmations des papes rencontrèrent également une inflexible opposition. Écrire l'histoire des luttes de la puissance civile et de la puissance religieuse obligerait à faire l'histoire de tous les États pendant les derniers siècles du moyen âge. (1) Quelques indications cependant sont nécessaires.

En Angleterre, nous l'avons vu déjà, Guillaume le Conquérant refusa de se soumettre aux prétentions pontificales. Le pape Alexandre II lui avait prêté l'appui de son influence, il lui avait permis d'entrer en Angleterre pour ramener ce royaume sous l'obéissance du Saint-Siége ; mais lorsque Grégoire VII, qui avait pris part aux négociations de son prédécesseur, exigea du nouveau roi le serment de vassal, celui-ci refusa et, se défiant de l'esprit clérical, il défendit aux évêques de visiter Rome.

A la suite des démêlés nés à l'occasion de l'élection de l'archevêque de Cantorbéry, Innocent III frappa l'Angleterre d'interdit, excommunia le roi, délia les sujets de leur serment de fidélité, déclara Jean sans Terre déchu du trône et donna sa couronne à Philippe-Auguste. Jean eut peur ; dans une charte adressée à tous les fidèles, il déclara qu'il « cédait le royaume d'Angleterre au pape avec tous ses droits et dépendances, qu'il le tiendrait désormais comme feudataire de l'Église romaine, qu'il prêterait hommage-lige à Innocent et à ses successeurs, et que, comme marque de perpétuel vasselage, il payerait un tribut annuel. » Le pape le rétablit et voulut le défendre contre les barons qui exigeaient, les armes à la main, la reconnaissance des libertés nationales. Une leçon résulta des événements, c'est que la noblesse anglaise, pas plus que le clergé anglais, ne voulait de l'abjecte soumission du roi.

Sous le règne suivant, le Saint-Siége considéra l'Angleterre comme une province papale ; ses légats prétendaient y exercer la suprématie, et il levait sur le pays d'onéreux tributs. Mais les exactions romaines soulevèrent une opposition générale et Édouard Ier trouva dans son parlement un solide appui pour résister à Boniface VIII, qui voulait l'obliger à faire connaître au pape ses titres sur l'Écosse. Sous

---

(1) E. FRIEDBERG, *Die Grenzen zwischen Staat und Kirche und die Garantieen gegen deren Verletzung*, 1872.

Édouard II, Rome fit une dernière tentative heureuse ; l'obligation du tribut fut reconnue par le roi ; mais quand, en 1365, Urbain V osa réclamer trente-trois annuités qui n'avaient point été payées, Édouard III refusa de se soumettre ; et ici encore il se conformait aux sentiments de la nation.

Un écrivain français a montré les traits caractéristiques du gallicanisme juridique ou parlementaire, du gallicanisme épiscopal et du gallicanisme royal. Le gallicanisme juridique ou parlementaire ne veut plus de justice ecclésiastique ou civile, plus d'appel à Rome ; autre est le gallicanisme épiscopal ; autre encore est le gallicanisme royal. Celui-ci a une portée élevée ; l'État maître chez lui, tel est le premier mot de sa doctrine ; l'État se personnifiant dans le roi, tel est son second terme. (1) Le droit absolu du roi est affirmé dans une triple direction : au point de vue politique, le régime intérieur se réduit à l'absolutisme le plus exagéré ; au point de vue des rapports de l'Église et de l'État, les droits de la couronne sont défendus avec acharnement ; au point de vue des relations avec les autres États, fréquemment à force de vouloir créer au roi de France une haute situation, les auteurs aboutissent à la négation du droit international.

Les démêlés de Boniface VIII et de Philippe le Bel suscitent la première grande discussion scientifique sur les rapports de l'Église et de l'État. Avant, il y a des publications fragmentaires. Ici, nous sommes en présence d'écrits complets, ne se bornant plus à reproduire les théories connues, mais exposant des thèses nouvelles. La lutte entre la royauté française et la Papauté se termine au profit de la première, sous Benoît XI et surtout sous Clément V ; la Papauté est assujettie pendant soixante-dix ans à la couronne de France. La lutte a même des effets plus durables ; elle sert à la consolidation de l'unité française ; lorsque, le 10 avril 1302, les États-Généraux se réunissent à Notre-Dame de Paris, et qu'ils appuient les justes revendications du roi, la France a pour la première fois peut-être une pensée commune, une pensée nationale.

---

(1) *Recueil des instructions données aux ambassadeurs et aux ministres de France, depuis les traités de Westphalie jusqu'à la Révolution française. Rome.* Avec une introduction et des notes par Gabriel Hanotaux, 1888, p. 4.

De cette époque datent différents écrits politiques. L'un d'eux est l'œuvre d'un membre illustre de l'ordre de saint François, de William Ockam. Il avait été, dit-on, l'élève du célèbre réaliste Duns Scot, dont il attaqua, plus tard, toutes les théories avec la plus grande vigueur. Il professa très probablement à Paris ; c'est dans cette ville qu'il écrivit la *Disputatio super potestate prælatis Ecclesiæ atque principibus terrarum commissa sub forma dialogi inter clericum et militem*, dans laquelle il défend avec une étonnante verve la suprématie du pouvoir civil sur le pouvoir ecclésiastique.

Comme le titre l'indique, la *Disputatio* a lieu entre un clerc et un chevalier. Écoutons le langage catégorique que le grand franciscain met dans la bouche du chevalier : « L'Église n'a point à juger les affaires temporelles, et si elle poursuit la réalisation d'une aberration condamnée par les Écritures saintes, un fait est certain, c'est qu'un juste châtiment la frappera. »

La prédiction se réalisa. A Anagni se passa la scène tragique dans laquelle Sciarra Colonna et Nogaret humilièrent Boniface VIII, et dans laquelle, dit-on, le violent condottière frappa de son gantelet de fer le vicaire du Christ.

Wadding, l'historien de l'ordre des franciscains, parlant d'Ockam, dit que c'était un homme d'une intelligence vive, mais nullement tempérée. « Il voulait savoir plus qu'il ne convenait. Il ne craignit pas de braver le ciel, d'amoindrir la dignité pontificale et d'exalter trop la dignité impériale. » Grande, en effet, est la hardiesse des théories d'Ockam ; il réduit la mission du Christ aux intérêts spirituels de l'humanité. « Jamais, écrit-il, le Christ n'a été institué juge et censeur des rois ; il faut chasser de l'Église les fauteurs de l'omnipotence papale. »

A l'époque où Ockam publie sa *Disputatio*, apparaît un traité de Jean de Paris, docteur en théologie, également membre de l'ordre de saint François. Jean de Paris enseignait à la Sorbonne. Comme Ockam, il défend l'indépendance de la monarchie, et l'on peut remarquer à ce sujet que l'ordre des franciscains se montra presque toujours l'adversaire de la Papauté, tandis que l'ordre des dominicains la défendait partout et dans toutes les occasions.

Jean de Paris ne plaide pas seulement la cause de la monarchie, il combat la donation de Constantin. Nous avons parlé de ce document, témoignage remarquable du respect apparent du droit que l'on rencontre dans toute l'histoire du moyen âge et qui fait que l'on forge des pièces, que l'on commet des faux, pour colorer les prétentions que l'on émet.

Déjà avant Jean de Paris, la donation de Constantin avait été attaquée. En 999, Othon III avait dénoncé la supercherie. Au XIIe siècle, Godefroid de Viterbe, chapelain impérial, avait rapporté qu'elle était l'objet de critiques, parce que l'Écriture sainte s'opposait à ce que l'Église exerçât la souveraineté, et que Jésus-Christ avait dit à ses disciples : « Rendez à César ce qui appartient à César. » Jean de Paris ne conteste pas l'authenticité de l'acte, mais il prétend prouver qu'il est dépourvu de toute validité. Deux arguments sont typiques : « Comme le dit la glose, l'empereur est appelé Auguste parce que son rôle est d'agrandir, non de diminuer l'État ; ensuite, l'empereur est un simple administrateur de l'Empire. » « *Imperator ideo dicitur semper augustus, quia ejus est augere rempublicam et non minuere* (1). » Wycliffe, aussi, maudira la donation de Constantin ; il affirmera que c'est un poison pour l'Église, parce que les richesses du clergé sont la source de sa corruption. « Les barons, écrira-t-il, ont le droit et même le devoir d'enlever aux clercs des richesses dont ils abusent (2). » Passant au XVe siècle, nous verrons Lorenzo della Valla rédiger, en 1443, la *De falsò credita et ementita Constantini donatione declamatio* et prouver que la donation était chimérique et insoutenable. Valla, il est vrai, ne recourt point à des arguments critiques ; il relève uniquement l'invraisemblance. Mais au XVIe siècle, on démontrera le caractère apocryphe de l'acte par d'irréfutables arguments.

La logique devait amener les publicistes réformateurs à attaquer la donation de Constantin. En réalité, la situation qu'elle impliquait faisait dévier l'Église du christianisme primitif ; elle en était le complet renversement. Laurent l'a fort bien montré : les sectes hérétiques du moyen âge étaient une réaction contre l'Église extérieure. « Les

---

(1) Le traité se trouve dans GOLDAST, *Monarchia sancti romani imperii*.
(2) LAURENT, *L'Église et l'État*, t.1. p. 417.

hérétiques croyaient avec saint Paul que tout chrétien est prêtre ; en repoussant la distinction des laïques et des clercs, ils attaquaient la puissance de l'Église dans son fondement religieux. S'il n'y a pas de différence entre la vie laïque et la vie cléricale, il n'y en a pas davantage entre l'ordre temporel et l'ordre spirituel ; il n'y a qu'une seule société, un seul pouvoir, un seul droit. Ainsi s'écroulait tout l'édifice de l'Église, sa liberté et ses immunités, ses privilèges et sa domination (1) » La Papauté vit le danger : elle frappa durement ses adversaires ; elle les mit au ban de l'Église. Hérétiques étaient Ockam et Jean de Paris ; hérétiques devaient être Marsile de Padoue, Jean de Jandun, et plus tard Wycliffe, revendiquant eux aussi la souveraineté de la société laïque, soutenant que la liberté de l'Église est une usurpation et écrivant des propositions comme celle-ci : « Il est impossible qu'il y ait un État, si dans son sein il existe un corps puissant qui soit en dehors et au-dessus de ses lois. »

On ne saurait assez le dire, Ockam, Marsile de Padoue, Jean de Jandun, les écrivains qui se rangèrent à leur suite, ont frayé la voie aux rénovateurs modernes. Ils ont prêché et préparé la sécularisation du droit, l'élimination de toute idée religieuse des institutions juridiques, ils ont affirmé que « le royaume du droit est uniquement de ce monde. » La réalisation de leurs théories devait aboutir à la tolérance civile.

Leurs idées se propagèrent. En France, apparaît à la fin du XIVe siècle le *Songe du Vergier* ; il exerce longtemps une grande influence ; les gallicans voient en lui un monument précieux, le témoignage de la légitimité de leurs réclamations, la consécration de leurs *libertés*. Or, dans les points importants et surtout dans la question des rapports de l'Église et de l'État, il n'est que le développement et souvent la traduction quasi-littérale des écrits d'Ockam et du *Defensor pacis* ; dans la forme même il atténue les écrits des vigoureux protagonistes de la société laïque.

Sous l'empereur Louis le Bavarois, la question de la suprématie papale fut vigoureusement discutée. L'empereur était en lutte avec Jean XXII et avait comme alliés les franciscains.

---

(1) LAURENT, *Droit civil international*, t. I, p. 206.

Des deux grands ordres mendiants fondés au début du XIIIᵉ siécle, l'ordre des dominicains s'était lancé dans les missions et avait combattu les hérétiques ; l'ordre des franciscains s'était adonné de préférence à la prédication et à l'enseignement. Agrégés de bonne heure aux grandes universités, surtout à Paris et à Oxford, les frères des deux ordres figurent parmi les sommités scientifiques de l'époque médiévale. Albert le Grand, Vincent de Beauvais, Henri de Suse, Thomas d'Aquin sont la gloire de l'ordre de saint Dominique ; Roger Bacon, Duns Scot, Ockam honorent la bannière du Séraphique.

Au commencement du XIVᵉ siècle, la croyance en la nécessité de la pauvreté absolue, de « la pauvreté de Jésus-Christ » avait gagné l'ordre des franciscains presque tout entier. La Papauté se prononça contre cette doctrine ; elle fit instruire le procès de nombreux moines suspects d'hérésie, et les disciples de François d'Assise furent ainsi amenés à se ranger autour de l'adversaire du Saint-Siége.

En 1323 ou 1324, des frères mineurs apparaissent à la cour de Louis le Bavarois. Parmi eux figurait probablement François de Lucques ; peut-être bien aussi Ubertino de Casale, passé depuis peu de l'ordre de saint François à celui de saint Benoît. Plus tard arrivèrent des publicistes importants, Jean de Jandun et Marsile de Padoue ; plus tard encore, Michel de Césène, William Ockam et Buonagrazia de Bergame.

Jean de Jandun avait reçu la prêtrise, mais il ne faisait point partie de l'ordre des franciscains. Il fut l'élève de Duns Scot et professa avec éclat à l'université de Paris. Par la méthode et les habitudes de son enseignement, il était averroïste. Marsile appartenait à la famille des Raimondini de Padoue. Il étudia la philosophie dans sa ville natale et devint prêtre. Suivit-il plus tard les cours de droit à l'université d'Orléans ? Le point n'est pas élucidé, mais il fut nommé, en 1312, recteur de l'université de Paris. Il enseignait la théologie, le droit canonique et la médecine. On ne croit généralement pas qu'il soit entré dans l'ordre de saint François, mais il subit l'influence de plusieurs de ses illustres membres. Ockam notamment exerça sur son esprit un véritable ascendant.

Lorsqu'éclatèrent les démêlés de Louis le Bavarois et de Jean XXII,

l'attention d'hommes éminents comme ceux que nous venons de
nommer, devait naturellement être attirée sur la grande question
des rapports de l'Église et de l'État; Ockam, du reste, rappelons-le,.
avait pris part à la lutte entre Philippe le Bel et Boniface VIII, et
l'Université était encore imbue des idées qui, en 1303, l'avaient portée
à se joindre au roi appelant des sentences papales au concile général.

Marsile composa avec Jean de Jandun, le *Defensor pacis* (1).

Les deux auteurs procèdent de l'antiquité grecque ; ils ne sont.
chrétiens que de nom. Laurent en a fait l'observation en ce qui
concerne Marsile, et déjà le caractère hellénique du vaillant lutteur et sa
parenté intellectuelle avec Aristote frappaient un publiciste catholique
du XVI° siècle, le Hollandais Albert Pigghe : « *Fuit homo aristotelicus
magis quam christianus* », écrit-il. Jean de Jandun, à qui l'école
décerna le titre pompeux de *monarque de la philosophie* et de *prince
des philosophes*, avait écrit des *Quœstiones* et des *Commentaria* sur le
Stagirite.

Le point de départ du *Defensor pacis* est que la paix et l'unité sont
le plus grand trésor de la société humaine et de chaque communauté
en particulier, et que cette paix et cette unité ont de nombreux
ennemis dont le plus grand de tous est la Papauté.

L'ouvrage comprend trois parties. La première s'occupe de l'essence,
de l'origine, du but de la constitution de l'État ; la deuxième
traite des rapports de l'Église et de l'État ; la troisième résume les
deux premières en quarante-deux propositions.

Marsile et Jean de Jandun établissent le principe de la souveraineté
du peuple. Le vrai législateur, le souverain, est le peuple, c'est-à-dire
l'universalité des citoyens ou une partie d'entre eux élue par tous.
L'État est une société d'hommes libres, et dès lors il n'est pas possible
qu'un seul ou quelques-uns fassent des lois de leur autorité privée,
sinon ils seraient les maîtres de tous les autres. Les hommes sont
réunis en société civile pour y trouver leur avantage, obtenir ce qui
est nécessaire à leur subsistance, éviter ce qui leur est contraire.

Le peuple ne se dépossède jamais de la souveraineté. Bien plus, de
lui dépend le pouvoir exécutif, il a le choix de l'autorité chargée de

---

(1) L'ouvrage se trouve dans le recueil cité de GOLDAST, t. II, p. 154 et suivantes.

réaliser la loi et, dès lors, il peut aussi juger, changer, déposer les agents qui ont manqué à leur devoir (1).

La théorie de la souveraineté exposée par Marsile et par Jean de Jandun est celle de l'antiquité grecque. « Il n'y a, il ne peut y avoir dans chaque État qu'un seul pouvoir souverain ; s'il y en avait plusieurs, il n'y aurait ni lois possibles, ni gouvernement, ni justice. Donnez la souveraineté à deux personnes ou à deux corps, ce que l'un voudra, l'autre ne le voudra pas ; auquel des deux les citoyens obéiront-ils ? Si leurs lois sont contraires, laquelle l'emportera ? Si chacun a le droit de juridiction, un citoyen pourra être cité devant deux tribunaux différents pour la même cause, à la même heure. Devant quel tribunal comparaîtra-t-il ? Devant les deux ou devant aucun ? Absurdité en théorie, anarchie en fait, dissolution de la société ! (2) »

Ils vont plus loin : la religion est en contradiction avec la notion du pouvoir. « En effet, le pouvoir implique la coercition ; or, religion et force sont deux idées qui s'excluent l'une et l'autre... Le pouvoir de coaction, la puissance de punir, la *potestas coactiva* n'appartient qu'à l'État ; quand même il voudrait le déléguer à l'Église, elle ne pourrait pas s'en servir, puisqu'elle ne peut agir par la force. Il y a plus : l'Église n'a pas un véritable pouvoir temporel. L'Évangile est un enseignement. Le médecin a-t-il puissance sur la vie et la mort parce qu'il enseigne comment on conserve la santé et comment on la recouvre ? Le prêtre, qui est médecin de l'âme, n'a pas davantage un pouvoir sur la mort et la vie éternelle ! »

Les auteurs du *Defensor pacis* ne veulent point de la contrainte matérielle pour les affaires de foi ; ils aboutissent ainsi à la tolérance civile. Les hérétiques et les infidèles ne répondent que devant Dieu, dans la vie future ; le prêtre a uniquement le droit de les avertir, de leur pronostiquer leur sort. « Si la loi civile était toujours conforme à la raison, il n'y aurait jamais de peines matérielles pour l'hérésie et l'infidélité ; il n'en est malheureusement pas ainsi et il arrive que la

---

(1) PAUL JANET, *Histoire de la philosophie morale et politique*, t. I, p. 404 et suivantes.
(2) LAURENT, *Etudes sur l'histoire de l'humanité*, t. VI, *La Papauté et l'Empire*, p. 411 et suivantes. Le même, *L'Église et l'État*, t. I, p. 427.

loi civile interdit aux infidèles le séjour du pays ; mais, dans ce cas, le prêtre n'a rien à y voir ; le juge civil punit parce qu'il y a violation d'une loi de l'État. »

Marsile et Jean de Jandun nient le droit divin des papes ; ils contestent la primauté de saint Pierre. « On ne saurait, disent-ils, prouver qu'il ait été à Rome. » D'après eux, la prééminence qu'on reconnaissait au prince des apôtres était basée sur son âge et sur la supériorité de sa foi. L'Église, disent encore les auteurs du *Defensor pacis*, n'a pas pour mission de régler les choses de ce monde ; elle ne doit s'occuper que de la vie éternelle ; la vie présente est du domaine de l'État ; le prêtre, quel qu'il soit, qui s'arroge le pouvoir de délier du serment de fidélité, contrevient à la foi prêchée par le Christ ; il se rend coupable d'hérésie. Au législateur temporel appartient le droit d'instituer les évêques et de désigner le pape, de juger les évêques comme Pilate a jugé Jésus-Christ, de les déposer, de convoquer les conciles, de les présider et de régler les délibérations ; les évêques sont égaux ; l'empereur peut en élever un au-dessus des autres, mais cette préséance est révocable.

« Nous pouvons affirmer, dit Clément VI dans un discours prononcé le 10 avril 1343, que jamais nous n'avons lu d'hérétique plus mauvais que Marsile. » C'était reconnaître combien les coups portés par les auteurs du *Defensor pacis* avaient de force. Rarement la puissance de l'Église avait été niée d'une façon aussi formelle, rarement argumentation plus serrée avait démontré l'inanité des prétentions sacerdotales. L'ouvrage eut une influence énorme sur l'opinion publique. Déjà à l'époque de sa publication, apparaît une version française ; encore en 1376, une enquête est ouverte à Paris pour découvrir l'auteur d'une traduction, mais le nom du coupable, qui était certainement un membre de l'Université, est resté inconnu (1). Longtemps après, en 1535, s'imprime à Londres *The defence of Peace, translated out of Latin into English by Wyllyam Marshall* ; et, en 1545, paraît en Allemagne un abrégé en langue vulgaire. La curie cependant avait tout mis en œuvre pour détruire les manuscrits d'un

---

(1) VICTOR LE CLERC, *Discours sur l'histoire littéraire du XIV⁰ siècle*, t. I p. 507.

traité dont une bulle excommunia les auteurs et déclara hérétiques les propositions.

Ockam, à son tour, prit la défense du pouvoir civil. Les écrits de cette période de sa vie sont nombreux et importants. Les uns sont dirigés contre Jean XXII, Benoît XII et Clément VI ; les autres sont destinés à élucider la question des rapports de l'Église et de l'État. Tels sont l'*Opus nonaginta dierum contra errores Johannis XXII*, le *Compendium errorum Johannis XXII*, l'*Epistola defensoria*, les *Decisiones octo quæstionum*, enfin le colossal ouvrage, *Dialogus in tres partes distinctus, quarum prima de hæreticis, secunda de erroribus Johannis XXII, tertia de potestate papæ, conciliorum et imperatoris*.

Ce dernier travail est immense, et cependant plusieurs de ses parties relatives surtout à la question de la puissance du pape, des conciles et de l'empereur, sont perdues. Il fut probablement rédigé en 1342 et 1343, à la demande de l'empereur. (1)

Nous avons vu que Marsile de Padoue avait subi l'influence de William Ockam. Ajoutons que les idées de ce dernier sur les rapports de l'Église et de l'État ne sont pas moins audacieuses que celles qui sont exposées dans le *Defensor pacis*. Ockam combat pour la suprématie de l'autorité impériale et attaque les prétentions papales. Selon lui, il ne faut obéir au pape que dans les choses qui sont nécessaires au salut de la congrégation des fidèles et c'est le simple bon sens qui permet de dire quelles sont ces choses ; il appartient à tous ceux qui sont instruits dans la loi divine d'en juger, qu'ils soient riches ou pauvres, prêtres ou laïques. Le pape peut errer, et lorsqu'il erre, les sages doivent résister selon leur état : autre doit être la résistance des savants, autre celle des prélats, autre celle des rois, autre celle des simples. Le jugement du pape ne lie point ; on peut appeler de ses sentences et lui-même peut être mis en jugement. S'il est hérétique, les évêques doivent le mettre en accusation ; s'ils ne le font pas, les autres catholiques et surtout l'empereur sont obligés de le faire. S'il a commis un crime notoire, il doit être cité devant le tribunal des Romains, dont il est l'évêque, et, à leur défaut, tout catholique peut le

---

(1) PAUL JANET, ouvrage cité, t. I, p. 390. — HERZOG, PLITT et HAUCK, *Real-Encyclopædie für protestantische Theologie und Kirche*, v° Ockam.

juger quand il est assez puissant pour le contenir par la force temporelle.
Si le pape envahit ou détient injustement les droits et les biens des
fidèles, il doit également être poursuivi. Ockam va plus loin. Le concile
œcuménique peut errer, il peut même arriver que la majorité des
membres de l'Église erre et que les faibles et les illettrés seuls conservent
la vraie foi. Il soutient aussi, nous l'avons déjà vu, que l'Église
romaine n'est point identique avec le corps mystique du Christ et que
chaque Église particulière est un membre de l'Église universelle :
celle-ci n'a point de chef et la Papauté n'est pas d'institution divine.
« Si le pape, écrit-il, avait la plénitude de la puissance, la loi de
l'Évangile serait une loi de servitude plus dure que la loi de servitude
mosaïque ; tous seraient esclaves du pape ; or, la loi évangélique est
une loi de liberté. *Lex evangelica autem est lex libertatis.* »

Les idées d'Ockam, de Marsile et des autres grands initiateurs ne
disparurent point avec eux. Dans le monde immatériel de la pensée,
rien ne meurt ; la germination est continuelle. Ce que les penseurs
dont nous venons de parler ne purent réaliser définitivement, devint
le programme de l'avenir. Les réformes qu'ils avaient rêvées furent
menées à bonne fin ; la société laïque se dégagea de plus en plus des
chaines dont l'Église avait voulu la charger ; l'État moderne se
constitua en dehors et au-dessus des confessions religieuses.

Il y a plus. Avec Ockam, avec Marsile, était apparue une idée
nouvelle, juste, féconde, celle de l'autonomie de l'État. Par cela même
qu'ils l'affirmaient, ils arrivaient à la coexistence d'unités autonomes ;
ils se trouvaient devant la notion de droits et de devoirs réciproques
entre ces États, droits et devoirs dans lesquels n'entrait plus aucune
idée religieuse ; ils s'élevaient à la conception d'un droit international,
soustrait, aussi bien que le droit national, à la puissance sacerdotale.

Au milieu du XVᵉ siècle, un esprit fin et distingué, Æneas Sylvius,
qui devait ceindre la tiare sous le nom de Pie II, composa son livre
De ortu et auctoritate imperii romani. Il est partisan de l'unité dans le
commandement ; il n'admet pas qu'à côté de l'empereur il y ait des
souverainetés particulières ; les rois, selon lui, doivent être soumis au
monarque suprême, comme les patriarches, les archevêques et les

évêques au pape. Mais dans un autre de ses ouvrages, Æneas Sylvius
nous montre ce que sont devenus en réalité l'empereur et le pape.
« La puissance de l'empereur est nulle, dit-il, en s'adressant aux
princes allemands, vous ne lui obéissez qu'autant que vous le voulez
et vous le voulez le moins possible.... La chrétienté est un corps sans
tête, une république privée de lois et de magistrats. Il reste au pape
et à l'empereur l'éclat que donnent les hautes dignités ; ce sont des
fantômes éblouissants, mais ils sont hors d'état de commander et il ne
se trouve personne pour les écouter. » La toute-puissance papale
avait, en effet, rejoint l'Empire ; les deux géants étaient couchés dans
la poussière. Et cependant longtemps encore l'idée de la domination
impériale hanta les esprits. Curieux à ce point de vue est l'écrit de
l'ami d'Érasme, de Jacques Antonii, professeur de droit canonique,
vicaire général de l'évêque de Cambrai. (1) En 1502, il défendait avec
énergie contre les attaques de quelques auteurs italiens la prééminence
impériale ; il proclamait que l'empereur dominait toutes les terres
aussi bien que les iles de l'océan et qu'il devait exercer à perpétuité la
juridiction temporelle !

---

(1) *Elegans libellus ac nunc primum impressus de præcellentia potestatis imperatoris.... con-
scriptus a viro undecumque doctissimo Jacobo Middelburghensi juris pontificii professore.*
Hantvuerpiæ in officina optimi chalcographi Theodorici cognomine Mertens, A° 1502.

CHAPITRE III.

LE CHRISTIANISME ET LA GUERRE.

La doctrine de Jésus était essentiellement pacifique ; à la vérité, l'Évangile ne condamnait pas la guerre d'une manière absolue, mais l'enseignement chrétien était instinctivement contraire à l'emploi de la force et, dans les premiers siècles, la guerre trouva dans les Pères de l'Église de rudes adversaires. Il ne pouvait en être autrement. Les préceptes de renoncement prêchés par le Christ avaient été exagérés ; non seulement il avait été défendu aux fidèles de se protéger par la force, mais ils ne pouvaient même réclamer le plus légitime des appuis, ils ne pouvaient invoquer la loi de l'État.

Clément d'Alexandrie, Tertullien, Origène, Lactance, d'autres encore déclarèrent injuste tout recours aux armes. Pour eux, la paix était un fait divin, la guerre un fait diabolique. La paix annoncée par les prophètes fut même envisagée dans un sens mystique. Jésus n'avait-il pas dit qu'il donne non la paix comme le monde la donne, mais la paix de Dieu ?

« Chez les païens, dit Eusèbe, des démons excitaient des dissensions continuelles. Jésus a mis fin à leur domination et a ainsi pacifié le monde. » Lactance trouve des accents superbes pour maudire l'esprit de conquête et les conquérants. « C'est donc là, s'écrie-t-il, votre chemin vers l'immortalité ! Détruire les cités, dévaster les territoires, exterminer les peuples libres ou les asservir. Plus ils ont ruiné, pillé, tué d'hommes, plus ils se croient nobles et illustres ; ils parent leurs crimes du nom de vertu. Celui qui donne la mort à une seule personne est flétri comme un criminel. Massacrez des milliers d'hommes, inondez la terre de sang, infectez les fleuves de cadavres, on vous donne une place dans l'Olympe. »

Origène affirme le caractère pacifique de sa religion : « Nous ne portons les armes contre aucune nation, nous n'apprenons pas à faire la guerre, car nous sommes les enfants de la paix par Jésus-Christ. »

Sous les empereurs païens, des chrétiens se refusèrent au service militaire. L'avènement de Constantin le Grand et la transformation radicale qu'il amena dans les rapports de l'Église et de l'État provoquèrent une réaction contre ce sentiment absolu. Jusqu'alors le fidèle s'était vu enseigner que la guerre était une œuvre maudite ; le nouvel empereur avait tâché de sanctifier la vie des camps ; mais le soldat n'en devait pas moins répandre le sang.

La profession militaire était-elle licite ? La question se posait tout naturellement. L'Église répondit affirmativement. L'édit de Constantin et de Licinius en faveur des chrétiens est de l'an 313 ; dès l'année suivante, anathème fut prononcé contre ceux qui par motifs religieux, abandonnaient les drapeaux (1). Des considérations d'un ordre élevé justifiaient la solution. L'Église naissante avait accepté comme nécessité sociale l'esclavage qu'elle réprouvait en principe ; elle pouvait tolérer le métier des armes tout en combattant la guerre (2). Un Père de l'Église, saint Athanase, écrivit que dans une guerre juste il est permis et même glorieux de donner la mort.

Saint Augustin surtout fit prévaloir l'idée de la légitimité de la guerre. Ce n'est pas que le grand penseur n'avoue et ne déplore les effrayantes calamités de la guerre ; ce n'est pas qu'il ne prêche la modération dans les combats ; mais l'esprit positif l'emporte en lui sur le sentiment et il admet que le recours aux armes peut être juste. Au tribun Flavius Marcellin demandant si le droit de la guerre ne

---

(1) E. LE BLANT, *Inscriptions chrétiennes de la Gaule antérieures au VIII° siècle*, t. I, préface, p. LXXXI. — (2) Ibid. t. I, p. 86.

permettra plus, aux termes de la doctrine chrétienne, de se livrer à des représailles contre les Barbares envahissant l'Empire, il répond : « Si la loi chrétienne blâmait toutes les guerres, il eût été dit aux soldats qui, dans l'Évangile, demandent la voie du salut, de jeter les armes et d'abandonner la milice. Il leur a été dit seulement : Abstenez-vous de toute violence et de toute fraude et contentez-vous de votre paye. Que ceux qui croient le christianisme contraire à l'État forment une armée de soldats tels que les veut notre doctrine et qu'ils osent dire qu'elle est ennemie de la république, ou plutôt qu'ils avouent que, bien obéie, elle est le salut. » (1)

Manès avait tenté de fondre en un seul système religieux la doctrine de Zoroastre, le bouddhisme et le christianisme. Il aboutissait fatalement au panthéisme : les hommes étaient de la substance de Dieu, ils étaient une partie de la divinité ; les animaux, les plantes, les pierres étaient identifiés avec l'être universel. L'esprit pacifique pénétrait ainsi nécessairement ses enseignements ; le manichéisme considérait comme un crime le fait de détruire une plante ou un animal et enseignait que l'homme n'a jamais le droit d'ôter la vie à un autre homme. Saint Augustin lutta surtout contre la théorie manichéenne qui plaçait l'origine du mal dans un principe indépendant de l'homme et de Dieu ; mais il dénonça également avec une rare vigueur la doctrine manichéenne touchant le droit de la guerre.

Durant le moyen âge, par une réaction inévitable, en face de la féodalité avide de luttes, de destruction, de combats, l'Église se montra de nouveau absolument hostile à la guerre, bien entendu à la guerre entre fidèles. Il avait été interdit aux clercs de verser le sang ; il leur avait été interdit de porter des sentences de mort. Aux laïques qui s'étaient servi des armes, il fut ordonné de faire pénitence, comme s'ils étaient des êtres souillés. Un concile imposa aux compagnons de Guillaume le Conquérant une pénitence d'un an pour chacun de ceux qu'ils avaient tués, de quarante jours pour ceux qu'ils avaient blessés, de trois jours pour avoir voulu blesser (2).

---

(1) LAURENT, Études sur l'histoire de l'humanité, t. IV, Le Christianisme, p. 224 et suivantes.— LECKY, History of European Morals, t. II, p. 248 et suivantes. — HERZOG, Real-Encyclopadie für protestantische Theologie und Kirche, V° Krieg.
(2) LAURENT, Études sur l'histoire de l'humanité, t. VII, La féodalité et l'Église, p. 234.

La guerre injuste fut même envisagée comme un châtiment imposé par Dieu. A la fin du XIVe et au commencement du XVe siècle, Honoré Bonet et Christine de Pisan admettent la légimité intrinsèque de la guerre. « Et n'est autre chose guerre et bataille qui est faite à juste querelle ne mais la droite exécution de justice pour rendre le droit là où il appartient. » Ainsi s'exprime Christine. Bonet distingue la guerre juste et la guerre injuste. Il indique comme cause des guerres injustes les péchés des hommes ; il y voit l'expiation de fautes ; il disserte sur le point de savoir « lesquels sont les plus fors en bataille ou les justes ou les pécheurs. » A ses yeux, la mission des gens de guerre est tout indiquée : « Et sont les gens d'armes le flaicl de Dieu, lesquels par sa permission font pugnition sur les pecheurs et les pechiés et font excitation contre eulx en cestui monde ains comme en l'aultre font les dyables d'enfer. » Ailleurs, il examine si la guerre est condamnée par le droit divin : « Il est vérité, dit-il, que bataille n'est une male chose ainçois est bonne et vertueuse, car bataille ne regarde autre chose selon sa droite nature que retourner tort à droit et faire retourner dissension à paix, selon le contenu de l'Escripture. Et se en bataille se font plusieurs maulx, ce n'est mie selon la nature de la bataille, mais est faulx usaige. » L'auteur de l'*Arbre des batailles* rappelle que le juge doit faire justice. « Si ung juge faisoit tort, dirons-nous que juridiction feust mauvaise chose ? Certes nennil, car faire tort ne vient mie de la juridiction mais vient de faux usaiges et de mauvais juges, car tous biens et toutes vertus viennent de Dieu. » Il enseigne aussi que la bataille vient également du droit des gens, du droit canonique, du droit civil et du droit de nature.

La légimité intrinsèque de la guerre conserva ses partisans, comme nous aurons l'occasion de le constater. Elle ne fut même sérieusement menacée que par un des plus audacieux génies du moyen âge, par Wycliffe, qui avait si noblement continué la série des réformateurs anglais du moyen âge, les Grosse-Teste et les Bradwardine. Le coup fut violent, et plus de deux siècles plus tard, Suarez crut devoir réfuter les arguments du grand scolastique.

A la mort de Grégoire XI, deux papes, Urbain VI et Clément VII, se disputèrent le Saint-Siége. Wycliffe finit par se prononcer contre les deux prétendants et quand Urbain VI fit prêcher, en Angleterre, une croisade contre les partisans de Clément VII, il se jeta dans la mêlée et dénonça en de nombreux écrits la coupable entreprise. De là, son écrit *Cruciata seu bellum clericorum* ; de là le *Trialogus*. Toute guerre était proclamée illicite en soi ; il était affirmé que le pape, en ordonnant la guerre, agissait contrairement à l'esprit de charité. L'Ancien Testament ne pouvait être invoqué, disait Wycliffe, car alors les hommes se battaient pour venger les injures faites à Dieu ; d'autre part, si le Seigneur a permis de défendre la loi nouvelle par la force, il n'a point donné la permission de tuer. « Le droit de conquête est le vol sur une vaste échelle ; quand le Tout-Puissant donne l'ordre de conquérir, la conquête peut être valable ; elle ne saurait l'être autrement. » « Seigneur, s'écrie le réformateur, quel honneur y a-t-il pour un chevalier de tuer un grand nombre d'hommes ? Le bourreau en tue plus et à un titre bien plus fondé. Mieux vaudrait être le boucher de bêtes que le boucher de ses frères, car ce serait moins contraire à la nature ! »

Le lollardisme dérive de Wycliffe et l'horreur que l'on constate chez ce dernier se retrouve chez les lollards. Eux aussi proclament illicite tout recours aux armes ; eux aussi défendent de verser le sang et parmi les théories qu'on leur attribue figure même, rédigée en un latin incorrect mais expressif, la condamnation de la peine capitale, qu'ils déclarent contraire au Nouveau Testament : « *Quod homicidium per bellum vel prœtensam legem justiciœ pro temporali causa, sive spirituali revelatione est expresse contraria Novo Testamento, quod quidem est lex gratiœ et plena misericordiœ.* (1) »

Il y a plus. A la fin du XVᵉ et au commencement du XVIᵉ siècle, il se trouva en Angleterre un groupe d'esprits généreux et loyaux, John Colet, Thomas More et Érasme, qui furent autant de partisans passionnés de la paix. C'est à l'influence de Colet que sont dues les idées pacifiques de More et d'Érasme et pour retrouver la filiation des idées de Colet, il suffit de remonter à Wycliffe.

---

(1) *Fasciculi Zizaniorum magistri Johannis Wycliff,* publié par W. W. SHIRLEY, p. 366.

CHAPITRE IV.

LE RÈGLEMENT DES DIFFÉRENDS INTERNATIONAUX.

Au degré de développement auquel l'humanité est parvenue de nos jours, la plus haute expression de la souveraineté réside dans l'État. Ni en dehors, ni au-dessus de lui, il n'y a de puissance capable d'édicter des lois et de faire régner le droit. En principe, le recours aux armes est légitime parce qu'il n'existe aucun pouvoir imposant d'une manière normale sa volonté aux États, qui sont autant de personnalités juridiques. Dans chaque cas déterminé, l'emploi de la force n'est licite qu'à la condition d'être nécessaire. La guerre est un mode d'aplanir les conflits, mais un mode extrême dont on ne peut se servir que lorsqu'il y a impossibilité complète de trancher autrement les contestations. « *Pacem debet habere voluntas, bellum necessitas* », dit saint Augustin. Cette maxime qui fut insérée dans la compilation de Gratien et textuellement reprise par la plupart des auteurs du moyen âge, résume la question. Le souverain doit maintenir la paix par inclination et par volonté ; il ne peut faire la guerre que par absolue nécessité.

On peut diviser les modes d'aplanir les différends, sans le recours à

4

la guerre, en tentatives amiables et en voies de fait. Examinons quels moyens étaient plus spécialement usités à l'époque médiévale.

SECTION I.

Les tentatives amiables.

Grotius indique trois modes d'éviter la guerre qui se rangent parmi les tentatives amiables. Ce sont la conférence amiable entre les parties qui ont quelque démêlé, le compromis entre les mains d'arbitres et le sort (1).

Nous nous occuperons des deux premiers modes en faisant observer au sujet du sort qu'il a été employé, à diverses reprises, notamment dans des contestations surgies à l'occasion de partages ou de questions de préséance. Cela se voit notamment en 1608, quand l'empereur recommande à la Diète impériale de recourir au sort pour décider touchant le rang des princes qui sont en conflit de précédence, et en 1709, quand, lors d'un voyage à Berlin, roi de Danemark et roi de Pologne tirent au sort pour savoir qui aura la préséance la première fois, sauf à alterner.

Les conférences amiables dont parle Grotius ne sont pas inconnues au moyen âge ; mais les entrevues sont entourées de tant de précautions, la défiance est si grande que l'on ne saurait voir dans la conférence amiable un mode normal de régler les différends. Elles renferment un élément d'insécurité d'autant plus grand que, dans le système de l'époque, monarchique ou féodal, la possession de la personne du prince sur qui tout repose présente beaucoup d'importance (2). Aussi voit-on les princes demander formellement un sauf-conduit, ou bien encore prendre les précautions les plus minutieuses. Un écrivain en a fait l'observation. L'attentat tragique du pont de Montereau, l'assassinat de Jean sans Peur, avait surtout laissé un

---

(1) GROTIUS, *De jure belli ac pacis libri tres*. L. II, ch. XXIII, nᵒˢ 7, 8 et 9.
(2) R. DE MAULDE-LA-CLAVIÈRE, *La diplomatie au temps de Machiavel*, t. I, p. 258.

souvenir terrible qui plane sur toute la diplomatie du XVᵉ siècle (1). Du reste, en fait, les résultats des entrevues étaient généralement nuls et le sceptique Commines, qui parlait en connaissance de cause, a consacré de longues pages à démontrer que « quand deux grands princes s'entrevoyent pour cuider appaiser différends, telle venue est plus dommageable que profitable (2). »

Il en est tout autrement du *compromissum*, compromis, terme par lequel Grotius désigne à la fois l'interposition des bons offices, la médiation et le compromis proprement dit (3).

L'interposition spontanée des bons offices se change en médiation lorsque les adversaires acceptent l'intervention conciliatrice. Au milieu du XVIIᵉ siècle, la doctrine établit une distinction entre l'un et l'autre mode. On appela *interpositeurs* ou *pacificateurs*, les tiers qui s'interposaient sans que leur intervention eût été admise expressément par toutes les parties intéressées ; on réserva la qualification de *médiateurs* à ceux qui avaient reçu un véritable mandat (4).

Les cas dans lesquels des souverains interposent leurs bons offices ou font accepter leur médiation en vue de prévenir une rupture ou de rétablir l'entente sont assez fréquents.

Le pape est le pacificateur par excellence. Nous reviendrons sur ce point quand nous nous occuperons du rétablissement de la paix et des traités de paix ; contentons-nous de dire que souvent les souverains pontifes interposèrent leurs bons offices, que souvent aussi leurs efforts furent couronnés de succès.

Le rôle de pacificateur n'est pas l'apanage exclusif du chef de l'Église ; les rois et les princes l'ont assumé ; mais l'événement ne répondait pas toujours à leur attente, et, dans son récit des querelles de Louis XI et de Charles le Téméraire, Commines raille « ce pauvre roy de Portugal qui estant très bon et juste mit en son imagination qu'il iroit devers le duc de Bourgogne qui estoit son cousin germain et qu'il pacifieroit tout ce différend du roy et du duc. (5). »

---

(1) Ibid. p. 259.
(2) PHILIPPE DE COMMINES, *Mémoires*, L. II, ch. VIII.
(3) GROTIUS, *De jure belli ac pacis libri tres*, L. III, ch. XX, nᵒˢ 46 et 47.
(4) HENRI DE COCCEJI, *Commentarii in tres libros de jure belli ac pacis*, t. IV, p. 372, édition de Lausanne, 1751. — SAMUEL DE COCCEJI, *Introductio ad Grotium illustratum*, t. V, p. 648, même édition. — RÉAL DE CURBAN, *La science du Gouvernement*, t. V, p. 656
(5) PHILIPPE DE COMMINES, *Mémoires*, L. I, ch. VII.

Le compromis proprement dit se rencontre plus fréquemment que la médiation et il est plus usité au moyen âge qu'il ne le sera à partir du XVIe siècle (1). Un beau passage du *Consulat de la mer* reflète à ce sujet les idées de l'époque. Traitant du navire pris et recouvré, ces vieilles coutumes disposent que, s'ils ne peuvent s'accorder, les marins doivent laisser la fixation du litige à l'arbitrage de prud'hommes. « Il est juste, disent-elles, que personne n'use de la rigueur de son droit envers un autre, parce que personne ne sait, ni ne peut savoir, ni n'est sûr de n'être jamais, à son tour, exposé à quelque dommage. Pour cela, chacun doit soumettre la contestation à la connaissance de prud'hommes, afin que ni Dieu ni les hommes n'aient sujet de le blâmer. »

Signalons quelques faits. En 1176, les rois d'Aragon et de Navarre soumettent à l'appréciation du roi d'Angleterre une contestation qui vient de surgir entre eux. Les deux adversaires remettent comme gage de leur soumission à la sentence arbitrale quatre châteaux-forts, et des plénipotentiaires sont chargés de se rendre auprès du monarque anglais pour prendre connaissance de sa décision ; trente jours sont accordés aux parties pour comparaître ; le délai écoulé, le défaillant sera dépouillé des citadelles engagées ; la mort de l'arbitre est même prévue ; dans ce cas, le roi de France est substitué au roi d'Angleterre.

Lors de la lutte que Simon de Montfort, à la tête des barons anglais, mena si vigoureusement contre Henri III, les deux parties établirent saint Louis juge de leurs prétentions réciproques. Le roi convoqua les adversaires à Amiens et là, les délégués de Henri III et des barons plaidèrent leur cause. Le 23 janvier 1264, saint Louis donna, par la fameuse *Mise* d'Amiens, pleinement raison au souverain. La sentence, il faut le dire, n'était point équitable : on ne s'y soumit point. Dans le cours des événements, qui se succédèrent rapidement, Simon de Montfort convoqua le célèbre parlement de 1265 ; puis les hostilités éclatèrent et l'héroïque défenseur des libertés anglaises alla mourir sur le champ de bataille d'Evesham.

---

(1) CHRISTOPHE DE SCHLEINITZ, *Commentatio de negotio pacificationis inter gentes qua jura et officia pararit pacis ex actis publicis gentium et legatorum commentariis penitius discipiuntur.* Helmstadt, 1731.

A la mort d'Alexandre III, Édouard Ier fut appelé à trancher la question de savoir lequel des treize compétiteurs avait droit au trône d'Écosse.

Un arbitrage important se produit à la fin du XIIIe siècle. Boniface VIII était intervenu dans les démêlés d'Édouard Ier et de Philippe le Bel. En 1296, il avait même cité les deux monarques devant son tribunal suprême, mais en Angleterre comme en France ses prétentions avaient échoué devant une insurmontable opposition ; elles avaient provoqué en même temps une violente querelle au sujet des droits du pouvoir civil. En 1298, rois et pape parurent réconciliés et les deux princes tombèrent d'accord pour soumettre leur différend à l'arbitrage de Boniface VIII. Prenant leurs précautions, ils déclarèrent qu'il devenait leur arbitre non par aucun droit attaché à sa dignité, mais par leur choix et comme l'aurait pu être toute autre personne. La sentence arbitrale fut rendue le 27 juin 1298. Elle portait que les deux rois avaient choisi Boniface VIII comme personne privée, que c'était donc de Benoît Gaetani et non de Boniface VIII qu'émanait la décision. Mais l'arbitre excéda ses pouvoirs. En effet, la sentence arbitrale fut prononcée en plein consistoire ; peu de jours après, une bulle fut donnée sur cette sentence et l'envoyé du roi d'Angleterre, l'évêque de Durham, fut chargé de la remettre au roi de France.

En 1317, les rois d'Angleterre, de Castille, d'Aragon et de Portugal amenèrent le roi de France et les Flamands à accepter l'arbitrage du pape Jean XXII, avec la réserve que les communes flamandes et le roi ne devraient s'y conformer que, « selon ce qui sera leur pure et franche volonté. »

Philippe de Valois prononça, en 1334, dans une contestation qui avait surgi entre le roi de Bohême et plusieurs princes allemands, d'un côté, et le duc de Brabant, de l'autre. Il se déclara dans la sentence « nommé et élu juge, traicteur et amiable compositeur entre hauts hommes nos chiers amis...... »

Au XIVe siècle, le roi de Danemark et les comtes de Holstein soumirent à l'empereur Sigismond un différend né dans le Schleswig.

Louis XI fut saisi des démêlés des rois de Castille et d'Aragon et de la querelle de Sigismond d'Autriche et des Suisses.

Louis XII fut nommé seul arbitre par les ducs de Gueldre et de Juliers ; le parlement, consulté par le roi, émit l'avis qu'il pouvait appeler au jugement tel conseiller qu'il voudrait parce que « c'est le vrai office d'un prince et lui est comme un devoir naturel de ne rien faire et ordonner sans conseil. »

Un fait intéressant se passe au XVIᵉ siècle. Dans le traité du 8 juin 1546, conclu avec la France, se trouve une clause relative à une somme de plus de 512,000 écus d'or, que le roi d'Angleterre prétendait lui être due ; il est convenu que la question sera déférée à deux commissaires désignés par les contractants, et qu'à défaut par les commissaires de statuer dans les trois mois, les princes choisiront chacun deux jurisconsultes, sujets d'un prince étranger, dont la décision les liera, eux et leurs successeurs.

Dans les *Dicœarchiæ Henri regis christianissimi progymnasmata*, publiés fort probablement en 1556, figurent plus de trois cents arrêts que l'auteur, Raoul Spifame attribue au roi Henri II (1). Là se rencontrent des idées originales que l'avenir devait réaliser ; là aussi se trouvent d'étranges dispositions, produit évidemment d'un esprit malade. Spifame, avocat au parlement de Paris, s'occupe en l'arrêt 259 de la réforme de ce grand corps et rappelle qu'auparavant, il a été « tant sainct et tant sincèrement gouverné que les princes estrangiers y sont venus demander grâce de justice pour tomber en accordz et appoinctement raisonnables, n'ayant pu trouver ailleurs tel port de justice et salut ». La même remarque avait été faite un siècle auparavant par un poète, Antoine d'Asti, ami ·fidèle de Charles d'Orléans, dont il traduisit en latin les œuvres. Célébrant dans un poème adressé au marquis de Montferrat la gloire de Paris, il a soin de mentionner comme l'une de ses merveilles le parlement « dont la réputation d'équité est si grande que les étrangers, les païens même, lui soumettent quelquefois leurs causes. »

De fait, une note au recueil de Papon cite plusieurs cas où l'arbitrage

---

(1) E. NYS, *Raoul Spifame, avocat au Parlement de Paris. Revue de droit international et de législation comparée*, 1890.

du parlement de Paris est invoqué : « Le comte de Namur ayant différend avec Charles de Valois, Philippe de Trente avec le duc de Bourgogne, le duc de Lorraine avec Guy de Châtillon, le duc de Savoie avec le dauphin, le roi de Castille avec le roi de Portugal se sont remis et rapporté au parlement de Paris, ce qui montre assez l'ancienne majesté de cette cour, puisque les roys et princes étrangers la choisissaient arbitre de leurs différends. (I) »

Le parlement de Grenoble, qui avait des attributions politiques étendues et qui participait à l'administration du pays, fut choisi sous François Ier pour juger les prétentions de deux princes sur une terre du Milanais.

En 1570, un conseiller du parlement de Dijon fut désigné par le roi d'Espagne et les Suisses pour décider de leurs contestations sur les limites de la Franche-Comté.

En 1613 et en 1614, le parlement de Grenoble rendit deux sentences dans un arbitrage dont il avait été chargé par les archiducs d'Autriche et de Wurtemberg au sujet du comté de Montbelliard.

Pufendorf, notons-le, croit devoir insister sur les devoirs de l'arbitre qui doit sur toutes choses ne rien donner ni à la faveur, ni à la haine et prononcer uniquement selon le droit et l'équité. Son traducteur Barbeyrac cite à cet égard Francesco Guicciardini qui, dans son *Histoire d'Italie de l'année 1492 à l'année 1532*, avait rapporté un bien joli cas. En 1512, à la suite de la victoire de ses troupes à Vicence, l'empereur Maximilien avait paru plus disposé à faire la paix avec les Vénitiens. Celle-ci se négociait toujours à Rome. Finalement, les ambassadeurs de Venise remirent, de concert avec l'évêque de Gurk, lieutenant général de l'empereur en Italie, tous les différends de leur république avec Maximilien à la décision de Léon X. La démarche n'était pas sincère : ni l'évêque, ni les ambassadeurs, qui craignaient également de remettre une affaire si importante à un arbitrage suspect, ne voulurent signer le compromis qu'après que le pape eut donné secrètement parole à chacun d'eux séparément de ne rien décider que de leur consentement.

---

(1) PAPON, *Recueil d'arrêts notables des cours souveraines de France*, L. IV, tit. VI, arrêt 14.

Dans le même ordre d'idées que le compromis, on note souvent l'intervention du suzerain. Un exemple s'en trouve au XIVᵉ siècle. En vue de gagner les nobles des Pays-Bas et des provinces du Rhin qui, ayant des fiefs en France, ne voulaient se prononcer contre Philippe de Valois que si l'empereur le leur ordonnait, Édouard III s'adressa à Louis le Bavarois. L'empereur tint une diète à Coblentz, le 3 septembre 1338. Édouard III se présenta devant lui et le pria ainsi que les princes du Saint Empire romain de l'aider à avoir justice contre Philippe de Valois, qui « détenait injustement et les anciennes possessions des Plantagenets et la couronne de France ». Louis accueillit la demande d'Édouard comme un suzerain et accusa lui-même Philippe de félonie parce qu'il avait refusé l'hommage des fiefs qu'il tenait de l'Empire. De l'aveu des grands vassaux, l'empereur déclara Philippe « déchu de tout droit à la protection de l'Empire » et conféra à Édouard III le titre de vicaire de l'Empire pour sept années dans toutes les provinces de la rive gauche du Rhin, l'investissant ainsi du commandement militaire et de tous les droits de la souveraineté. Dans une autre assemblée qui eut lieu à Herck, dans le Limbourg, Édouard III, assis sur un trône et la couronne sur la tête, reçut « féauté et hommage » des feudataires impériaux.

Le soin extrême que les souverains médiévaux mettaient à établir le bien-fondé de leurs réclamations, ne fût-ce que pour s'attribuer une apparence de justice, se manifeste dans leurs appels à l'opinion publique.

Au fort de sa lutte contre le pape, Frédéric II en appela successivement aux cardinaux, au peuple romain, aux princes de la chrétienté. Dans une lettre adressée à un de ces derniers, il dénonça les prétentions de ce pouvoir ecclésiastique qui devait sa grandeur à la munificence de l'autorité laïque, qui tournait contre elle les bienfaits qu'il en avait reçus et qui voulait fouler l'Empire aux pieds après avoir réduit au rôle de vassaux le roi d'Angleterre et d'autres princes.

Un cas assez important, bien que l'appel soit indirect et même déguisé, se voit sous le règne d'Édouard Iᵉʳ. Après avoir vainement adressé au roi des conseils et des admonestations au sujet de sa politique en Écosse, Boniface VIII avait réclamé ce royaume comme dépendant de l'Église depuis les temps anciens. Il avait ordonné au monarque anglais de mettre en liberté les prélats écossais qu'il détenait prisonniers et il l'avait invité à soumettre au Saint-Siége tous les documents sur lesquels il appuyait ses prétendus droits.

La bulle fut remise au roi, qui déclara vouloir en référer aux grands personnages du royaume et qui fit rédiger un document important pour la composition duquel les chroniques de tous les monastères et les plus savants clercs du royaume furent consultés.

L'écrit était destiné en apparence au pape, mais le but réel était d'agir sur l'esprit public. La pièce est étrange ; elle expose avec complaisance les fables relatives à l'origine de l'Angleterre. Toutefois, l'effet voulu fut produit et le parlement fit au pape une réponse vigoureuse portant que, de tout temps, l'Écosse avait été un fief de l'Angleterre, que le roi ne pouvait exposer au pape ses titres sur ce royaume et que, le voulût-il, le parlement ne pouvait le permettre.

Les luttes de Philippe le Bel et de Boniface VIII provoquèrent plus d'un appel à l'opinion publique. Il existe aux archives de Londres un récit de l'époque. La scène se passe à Paris. Le jour de la fête de la saint Jean-Baptiste, l'évêque d'Orléans prêche « devant le roi, ses fils, les archevêques, les évêques, les abbés, les princes, le clergé de France, les ordres religieux et devant un grand nombre de personnes ». Il expose que le pape a attaqué le roi et que le roi et son concile ont rédigé des articles en vue d'améliorer la foi. Un clerc donne lecture de ces articles en latin ; un autre les lit en français. Ce dernier ajoute que les rois de France ont toujours été fidèles à la foi, qu'ils ont défendu l'Église et le siége de l'évêque de Rome mieux que les autres rois chrétiens. « Le pape, dit-il, verse dans l'erreur ; il soutient qu'il n'y a point de vie éternelle ; il a défendu pour cela de donner le sacrement de pénitence à un grand personnage de Rome qui était sur le point de mourir ; il affirme qu'à Rome il ne saurait y avoir de simonie et en conséquence il vend tout ; il croit aux sorciers et aux sorcières ; il amoindrit l'Église et la ravale par les guerres qu'il rend inévitables ; il veut détruire le droit chrétien ; il a dit qu'il détruirait l'Église plutôt que de ne pas exécuter son projet de détruire le roi et le royaume de France ; il proclame que l'Église de Rome est la seule et unique Église, et il déclare qu'il préfèrerait être un chien qu'être un Français. » « On ne peut, continua le clerc, Me Gilles de Rouyo, laisser le pape dans ses erreurs. » D'autres griefs sont invoqués. Alors deux moines prêchent ; un bourgeois de Paris se lève et demande aux assistants de dire s'ils adhèrent ou non, s'ils veulent ou non maintenir le roi et son royaume ; des notaires constateront la réponse. La majeure partie crie : *oui, oui*, et le lendemain, le roi envoie des notaires aux moines mendiants ; chacun d'eux est interrogé ; il y en a assez de diverses langues qui refusent ; ceux-ci reçoivent l'ordre de quitter le royaume.

Plusieurs manifestes apparaissent dans les querelles de Philippe de Valois et d'Édouard III.

Charles le Bel étant mort en 1328, et Jeanne d'Évreux, sa femme, étant enceinte, la régence fut conférée à Philippe, comte de Valois. Une fille naquit. Philippe de Valois et Édouard III d'Angleterre firent valoir leurs droits à la couronne de France. Philippe était le cousin de Charles le Bel, dont Édouard, fils d'une fille de Philippe le Bel, était le neveu. « Et furent mandés les trois États Généraux, ensemble tous les notables, clercs, docteurs et autres gens d'état, expers, cognoissans en telle matière ». Le débat fut ramené à deux points : la loi salique et l'usage notoirement gardé. La disposition de la loi salique « *Nulla portio hereditatis de terra salica mulieri veniat, sed ad virilem sexum tota hereditas perveniat* » fut appliquée à la couronne de France, et il fut déclaré que « selon Dieu, raison et justice, le droit de Philippe était le plus apparent. »

En 1329, Édouard rendit son hommage au roi de France pour le duché de Guyenne, le comté de Ponthieu et les autres terres qu'il possédait en France. Il ne reconnut pas que l'hommage était lige, mais il rendit un hommage général avec promesse qu'aussitôt qu'il serait en Angleterre, il consulterait ses archives et que s'il voyait que cet hommage dût être tel que Philippe de Valois le soutenait, il en donnerait sa déclaration. C'est ce qu'il fit par des lettres patentes scellées de son grand sceau et données le 30 mars 1331. Mais en 1335, commença la mésintelligence entre les deux rois. En 1336, Philippe fit demander à Édouard s'il était vrai qu'il tenait avec Robert d'Artois, son ennemi mortel, qui était banni du royaume. Édouard ne répondant pas, Philippe défendit à tous ses hommes liges de « prester conseil, confort, aide ne secours par quelque manière que ce soit à Robert ». Puis, il fit procéder contre Édouard III suivant les droits que le souverain avait sur ses vassaux et commit le sénéchal du Périgord pour saisir la Guyenne.

A son tour, Édouard III publia un manifeste contenant ses griefs contre Philippe de France et nomma des lieutenants généraux de France. Il prit la qualité de *Rex Angliæ et Franciæ* et plaça dans ses armes les fleurs de lys après les léopards. Philippe s'en plaignit et une curieuse observation figure dans ses réclamations. Il trouve le procédé d'Édouard mauvais « parce qu'il semble préférer par là son île qui est d'une médiocre valeur au puissant royaume de France ». En 1340, Édouard modifie son titre : il s'appelle roi de France et d'Angleterre et seigneur d'Irlande.

Au milieu de la guerre, le roi d'Angleterre fit un appel direct à son peuple. Une note fut adressée aux primats, aux évêques et aux principaux nobles des comtés ; elle rappelait les offres accommodantes faites par Édouard à Philippe de Valois pour éviter la guerre, et l'accueil qu'elles avaient rencontré.

Édouard III montrait les Français capturant les navires, tuant les équipages, se jetant sur les côtes anglaises et « faisant arsons, homicides, robberies et autres mals horribles selonc leur poer » ; il accusait le roi de France d'exciter contre lui « le pape et autres grands de la chrestienté ». Primats, évêques et nobles devaient faire connaître cette note au clergé et au peuple et engager ceux-ci à aider le roi (1).

On voit la même tactique dans la lettre que le roi écrivit, en 1346, au provincial des dominicains pour lui demander d'exposer aux fidèles et au clergé, *in sermonibus publicis et privatis ac congregationibus*, les causes de la guerre contre Philippe de Valois (2).

Le roi de France suivit l'exemple du roi d'Angleterre, et s'adressa également à l'opinion publique. Dans les deux royaumes, les

---

(1) RYMER, *Fœdera*, t. II, pars tertia, p. 183.
(2) RYMER, *Fœdera*, t. II, pars quarta, p. 193.

chaires retentirent d'appels à l'opinion pour justifier la guerre (1).
Froissart nous montre l'archevêque de Toulouse, « un grand clerc et
vaillant homme durement », prêchant « tellement et par si bonne
manière la querelle du roi de France », que tout le Midi se tourne vers
la France. « Tout par semblable manière faisait le roi d'Angleterre
en son royaume et avait un évêque pour le temps à Londres qui en
faisait plusieurs grandes et belles prédications et disait et montrait
au peuple en ses sermons et prédications que le roi de France et les
Français, à leur trop grand tort et préjudice, avaient renouvelé la
guerre et que c'était contre droit et raison, par plusieurs points et
articles, qu'il leur montrait ». « Au voir dire, conclut Froissart, il
était de nécessité à l'un roi et à l'autre puisque guerroyer voulaient,
qu'ils fissent mettre en termes et remontrer à leur peuple l'ordonnance
de leur querelle, par quoi chacun entendit de plus grande volonté à
conforter son seigneur ; et de ce étaient-ils tous réveillés en l'un
royaume et en l'autre. »

Édouard III s'adressa dans une autre circonstance à toute la
chrétienté. En 1356, le roi de France avait prétendu que Charles de
Navarre avait traité avec le roi d'Angleterre du partage de la France.
Édouard III rédigea une triple protestation contre la conduite du roi
Jean ; l'une est adressée au pape, l'autre à l'empereur, la troisième
sous forme de lettre ouverte à tous les rois, princes, ducs, marquis et
autres fidèles du Christ, nobles ou plébéiens (2).

Une nouvelle manifestation du besoin qu'éprouvait la politique
médiévale de faire connaître les titres en vertu desquels elle prétendait
agir, d'établir par des consultations juridiques la justice de ses
revendications, se trouve dans un écrit de Jean de Monstreuil, prévôt
de Lille, qui vivait sous les règnes de Charles V et de Charles VI. Il
est intitulé *Traité auquel est contenu l'occasion ou couleur pour laquelle
le feu roi Edouard III d'Angleterre se disoit avoir droit à la Couronne.*
L'auteur prétend prouver que « c'est une coutume et ordonnance faite,
approuvée et gardée dès devant qu'il y eût un roi chrétien en France
et expressément confirmée par Charlemagne : Femme ni mâle qui ne

---

(1) LAURENT, *Etudes sur l'histoire de l'humanité*, t. X. *Les nationalités*, p. 300.
(2) FROISSART, *Chroniques*, L. I, 2ᵉ partie, ch. 267.

vient que par femme et non descendant par mâle sang royal de France ne succède point et n'est habile de succéder à la couronne de France. Cette loi qui fut faite et constituée en France dès devant qu'il y eût roi chrétien, et confirmée par Charlemagne, est la loi salique ».

Un autre exemple fameux d'appel est la *Publica querela* adressée en 1409 aux rois, aux princes, aux nobles, aux villes, à tous les fidèles habitant la terre, dans laquelle Ladislas de Pologne et Witold de Lithuanie dénoncèrent les excès des chevaliers de l'Ordre teutonique.

Multiples, du reste, sont les cas. Contentons-nous de rappeler le discours que prononça Charles-Quint, le 17 avril 1536, en présence du pape, du sacré collège, des ambassadeurs résidant à Rome. Il avait exposé les grandes lignes de sa politique. L'évêque de Mâcon, ambassadeur de François Ier, lui demanda aussitôt de préciser son langage en ce qui concernait son souverain. Charles-Quint répondit qu'il avait fait son discours pour rendre compte de ses actions à Sa Sainteté et à tout le monde, de sorte qu'en tout temps on pût décider entre lui et le roi de France comme il convenait, et il ajouta que les différends qui avaient surgi ne se pouvaient terminer que par un de ces trois moyens : ou par une très sanglante guerre, laquelle serait extrêmement pernicieuse à la république chrétienne, ou par un duel entre lui et François Ier, « duel qui se ferait en manteau, avec épée et poignard, car la mort de l'un des deux serait un moindre mal que l'effusion de tant de sang chrétien », ou par une bonne paix. L'empereur ajoutait qu'il remettrait copie de son discours au pape et consentait qu'on l'imprimât, pour qu'il vînt à la connaissance de tout le monde (1).

---

(1) GACHARD, *La Bibliothèque nationale à Paris. Notices et extraits des manuscrits qui concernent l'histoire de Belgique*, t. I, p. 474.

SECTION II.

Les voies de fait.

La doctrine moderne comprend sous le terme de représailles, dérivé de l'italien *ripresaglia,* de *ripreso,* repris, de *riprendere,* reprendre, toutes les mesures de fait dont un gouvernement se sert vis-à-vis d'un autre État, des sujets de ce dernier ou de leurs biens, dans le but de contraindre la puissance étrangère à faire droit sur les questions en litige, ou d'en obtenir une juste satisfaction, ou de se faire au besoin justice. (1)

Entendues dans ce sens large, les représailles se réduisent généralement, au moyen âge, à l'emploi de la force brutale et précipitent l'ouverture des hostilités plutôt qu'elles n'aident à maintenir les relations pacifiques.

Mais les représailles ont aussi une acception particulière ; elles forment une sorte de mainmise ou de saisie (2). Les anciens publicistes les distinguent en représailles *générales* et représailles *spéciales.* Les représailles sont générales quand l'État offensé donne pouvoir à tous ses membres de s'emparer des biens de l'État qui a fait l'offense, des sujets de celui-ci et des propriétés de ces derniers. Elles sont spéciales quand l'État offensé accorde un semblable pouvoir à quelques individus. L'une et l'autre espèce tombe sous la règle formulée par Bynkershoek ; ni représailles générales, ni représailles spéciales ne rompent la paix : « *Repressaliiss locum non esse nisi in pace* » tel est le principe. (3)

Il est, en effet, une observation à faire. Longtemps encore la guerre sévira, mais, constatation consolante, elle perd successivement les institutions les plus odieuses qui l'assistent et l'aggravent. Servitude, représailles, guerre privée, tout cela s'affaiblit, s'évanouit. La propriété privée ennemie est déjà respectée dans la guerre sur terre et le moment

---

(1) HEFFTER, *Le droit international public de l'Europe,* § 110.

(2) DUCANGE, *Glossarium ad scriptores mediæ et infimæ latinitatis,* v° *Reprensaliæ, repreysaliæ, marcha, contramarca, marcare, laudum.*

(3) BYNKERSHOEK, *Quæstiones juris publici,* L. I, ch. XXIV.

n'est point éloigné où une nouvelle conquête de la justice et du droit sera définitive, où, dans la guerre sur mer, la propriété privée ennemie demeurera inviolable.

La matière des représailles mérite de fixer l'attention ; elle donne la clef de plus d'une pratique du droit des gens et fournit un chapitre qui ne manque pas d'intérêt à l'histoire du développement des relations internationales.

La théorie des représailles s'appuie sur l'idée que ce qui est dû par un corps est dû par chacun des membres dont il est composé. Elle relève de cette notion que la collectivité répond des crimes ou délits commis par un de ses membres et qu'elle n'a su empêcher (1). Le principe a été mis en pratique durant des siècles et l'on peut dire que le moyen âge l'a toujours reconnu. Tous les sujets d'un État étaient déclarés responsables de l'injustice faite par l'un d'eux et l'injustice commise envers le membre d'un État était censée commise envers l'État tout entier. L'Église elle-même avait adopté cette règle et fréquemment, pour la dette ou le délit impuni d'une seule personne, l'interdit était jeté sur tout un pays.

Cette notion de la responsabilité solidaire imprégnait si fortement la société médiévale que longtemps les représailles, prises dans le sens de saisie, s'exercèrent sans que même il fût besoin d'une autorisation quelconque; les sujets d'un prince, lésés par des sujets d'un autre prince, poursuivaient leurs droits contre tous les sujets de ce dernier par toutes sortes de voies de faits, si satisfaction ne leur était pas donnée. Certains actes diplomatiques reconnaissent pleinement ce point. Tels sont notamment les traités de 1228, 1235, 1238, conclus entre l'Angleterre et la France. Une clause du traité du 3 février 1235, clause qui se rencontre dans d'autres traités, est formelle. (2)

Il est des cas où les représailles confinent à la guerre privée. Vers 1292, deux matelots, l'un normand, l'autre anglais, se prirent de querelle dans le port de Bayonne; on en vint aux coups ; l'Anglais

---

(1) R. DE MAULDE-LA-CIAVIÈRE, La diplomatie au temps de Machiavel, t. I, p. 226.

(2) « Quod si in treuga fuit interceptum, de interceptione emendanda sic erit : interceptio facta nunciabitur dictatoribus treugæ hinc inde constitutis....ita quod si infra duos menses post quam forisfactum eis constiterit, emendatum non fuerit, ex hunc ille, cui forisfactum fuerit, potest currere super forisfactorem suum, donec plenarie fuerit emendatum, et nos sine nos mesfacere poterimus juvare hominem nostrum contra malefactorem qui forisfactum emendare noluerit. »

blessa son adversaire. Les magistrats de Bayonne restant inactifs, les marins normands en appelèrent au roi de France. Avec une négligence impardonnable, Philippe le Bel s'abstint d'intervenir. Les Normands décidèrent de se faire justice à eux-mêmes, saisirent le premier bateau anglais qu'ils rencontrèrent et pendirent haut et court les personnes de bord ; les marins anglais ripostèrent par des actes de violence et les choses en vinrent au point qu'en dehors de toute action des gouvernements, les parties en présence firent alliance, l'une avec les Irlandais et les Hollandais, l'autre avec les Flamands et les Génois. Deux cents navires normands parcoururent les mers d'Angleterre, massacrant tous les marins anglais qu'ils arrêtaient. Les Anglais armèrent une flotte et tuèrent, dit-on, des milliers de Normands. Les rois prirent alors en main la cause de leurs sujets. Philippe le Bel fit citer Édouard Ier devant la cour des pairs, comme coupable de félonie et, le roi d'Angleterre faisant défaut, il saisit le duché de Guyenne. (1)

L'usage des représailles constituait un terrible danger ; aussi les voit-on condamnées par les constitutions impériales et par les décrets des conciles. L'empereur Frédéric II prétendit les abroger en même temps que les guerres privées et le concile général de Lyon de 1274 les déclara contraires à l'équité.

Ces prescriptions furent inefficaces ; la solution absolue ne put prévaloir ; mais la réforme fut réalisée au moyen de demi-mesures. De la transaction sortit une reconnaissance du droit de la force, mais une reconnaissance accompagnée de restrictions et de conditions.

La réforme apparut d'abord en Italie. L'existence d'un grand nombre de cités indépendantes et le développement des relations commerciales y amenèrent l'organisation du droit de représailles. Les statuts des villes et les traités conclus entre les différentes républiques disposent que lorsqu'un étranger refuse d'exécuter son obligation, le créancier doit se rendre chez le juge compétent de l'étranger, et qu'il peut, si on lui refuse justice, s'adresser à ses propres magistrats qui lui accordent des lettres de représailles, *Litteræ* ou *Chartæ repræsaliarum*, entraînant l'autorisant de saisir, dans les limites du territoire de l'État qui concède la permission, la personne et les biens des citoyens de l'État du coupable.

(1) WARD, *Enquiry into the foundation and history of the law of nations in Europe*, t. I, p. 295.

Les personnes arrêtées doivent être amenées devant le podestat ; il en est de même des biens saisis. Le capteur justifie sa conduite. Les personnes arrêtées sont enfermées dans la prison publique ; les biens sont confiés à la garde du saisissant, jusqu'à ce que satisfaction soit donnée. Si celle-ci n'est pas accordée, le saisissant peut se dédommager sur la rançon des prisonniers et sur leurs biens, mais il est tenu de restituer l'excédant. Telle est, dans ses grandes lignes, l'institution des représailles. Christine de Pisan la définit. « Marque est, écrit-elle, quant un homme d'un royaulme sicomme de France ou d'aultre part ne poet avoir droit d'aulcun tort fait d'un puissant homme estrangier. Le roy lui donroit une manière de licence de prendre, arrester et emprisonner par vertu de certaines lettres obtenues de par luy, marchans et aultres, leurs biens, venant du pays et du lieu de celuy qui a tort fait et qu'ils en fussent exens, jusques adont que droit et restitution fut faicte au demandeur de la demande. » (1)

Même restreintes à ces limites, les représailles constituaient un immense mal ; les gouvernements le comprirent, et, à l'époque où l'institution des représailles telle que nous venons de la définir, est en voie de formation, des traités interviennent qui en sont la négation. Une convention conclue dès 1195 entre Bresse et Ferrare, porte que si un citoyen de l'une de ces villes contracte avec un citoyen de l'autre, il a action contre son débiteur, non contre les créanciers de celui-ci. C'est au créancier à savoir avec qui il contracte. Muratori donne de nombreux exemples de traités analogues. (2)

Les coutumes de Hambourg admettaient le même principe. « Que chacun, était-il dit, sache avec qui il traite ; le créancier doit citer le débiteur devant sa juridiction naturelle ; s'il n'obtient pas justice, le conseil viendra à son aide. »

Un traité de paix signé à Bruges, en 1167, entre Philippe de Flandre et Florent de Hainaut, dispose que : « Sy aucun de Flandre est spolié

---

(1) CHRISTINE DE PISAN, *Le livre des faits d'armes et de chevalerie*, quatrième partie, ch. VI. Bibliothèque royale de Bruxelles, *Mss.* n° 9010.
(2) MURATORI, *Antiquitates italicæ medii ævi*, T. IV, p. 337 et suivantes. *Dissertatio quadragesima nona, De civitatum italicarum fœderibus ac pacibus.* Même ouvrage, même volume, p. 741 et suivantes. *Dissertatio quinquagesima quinta, De represaliis.*

et desrobé en la terre d'Hollande, les inhabitants du lieu où le cas sera advenu en feront la restitution et deschargeront le desrobbeur, et s'ils ne le veulent faire, le comte d'Hollande le fera lui mesme à l'arbitrage de six hommes... Que si aucun marchant de Flandre passant par Hollande est arresté pour debtes, iceluy marchant s'en pourra purger par serment, affin que son voyage ne luy soit retardé et sy l'arrestant ne s'en veut contenter, que faudra qu'il poursuive ledict marchant devant son juge ordinaire et sy, par dessus ledict serment faict, le marchant est détenu ou empesché, le comte d'Hollande lui payera tous ses despens, dommages et intérêts. »

En Angleterre, Henri III accorda aux bourgeois de Lubeck une charte portant qu'ils ne seraient arrêtés pour les dettes d'aucun de leurs compatriotes, à moins que les magistrats de Lubeck ne négligeassent de contraindre le débiteur au paiement.

Au commencement du XIIIe siècle, les villes de Brême, Stade, Hambourg, Hanovre se plaignent de ce que les Gantois les rendent responsables des pertes éprouvées par les marchands flamands en Saxe et exercent des représailles sur leurs ressortissants. « C'est punir les innocents pour un tort qu'ils ne peuvent empêcher : les vrais coupables sont les nobles qui dépouillent les marchands et se retirent ensuite dans des châteaux inaccessibles. » (1) Les villes prennent l'engagement de rendre pleine justice aux négociants de Gand.

Dans les rapports que les villes italiennes entretiennent avec les royaumes arabes ou berbères qui se sont formés au XIIIe siècle des démembrements de l'empire almohade, apparaissent des dispositions analogues. Nous aurons l'occasion d'exposer le développement de la puissance musulmane dans le Moghreb, le Couchant, la côte méditerranéenne depuis Tripoli jusqu'au Maroc. Disons simplement que lorsque les princes y eurent séparé leurs intérêts politiques de ceux des Arabes de l'Orient, fréquentes furent les communications commerciales avec les chrétiens. Des traités nombreux se conclurent et dans ces traités apparaissent non seulement la sécurité des personnes, la liberté des transactions, la franchise de quartiers et d'églises, la juridiction des

---

(1) WARNKŒNIG, *Histoire de la Flandre et de ses institutions civiles et politiques jusqu'à l'année 1305.* Traduction de GHELDOLF, t. II, p. 193.

consuls, mais aussi le grand principe de la responsabilité individuelle. Nul chrétien ne pouvait être inquiété ou recherché pour la dette, le fait, le délit, le crime d'un autre chrétien, à moins qu'il ne fût sa caution. (1) « Les marchands, porte un traité conclu en 1323 entre le roi d'Aragon et le roi de Tunis, sont gens qui vivent et qui voyagent sur la foi royale et le méfait d'autrui ne doit jamais leur nuire. »

Le roi d'Angleterre reçoit en 1369 une plainte, non de la couronne de Castille, mais des maîtres marchands et marins de Castille et de Biscaye, qui lui envoient trois délégués. La réclamation porte sur le fait que six navires espagnols ont été saisis par les Anglais, malgré les dispositions du traité conclu entre l'Angleterre et la Castille. Le roi répond qu'il remplira ses obligations quand justice aura été faite à ses propres sujets, que les Castillans ont lésés.

L'idée qu'une demande de satisfaction préalable est nécessaire, et que les lettres de représailles peuvent seulement être accordées en cas de déni de justice, apparaît avec beaucoup de netteté dans l'acte du 6 octobre 1333, par lequel Édouard III proteste contre les lettres de marque octroyées par le roi d'Aragon aux héritiers d'un de ses sujets. Le roi d'Angleterre fait valoir avec force que le fait dont le sujet aragonais s'est plaint, remonte au règne d'Édouard II ; que celui-ci déjà a offert de faire justice ; que jamais la personne lésée n'a voulu prouver l'exactitude de ses allégations ; que lui-même est prêt à donner satisfaction aux héritiers, mais que ceux-ci ont répondu qu'ils ne poursuivraient pas en justice et n'ont pas voulu désigner les noms des coupables. Cela étant, conclut-il, il n'y a point lieu à octroi de lettres ; c'est l'avis d'hommes compétents et expérimentés : « *Videtur sapientibus et peritis, quod causa, de jure, non subfuit marcham seu repræsalias in nostris seu subditorum nostrorum bonis concedendi.* » (2)

Ailleurs on voit des exemptions personnelles. C'est ainsi que sous Charles VIII de France, un sauf-conduit est accordé par le conseil du roi à deux marchands d'Avignon pour marchander, sans être compris, pendant un an, dans les marques « relaxées » contre Avignon : ils

---

(1) L. DE MAS-LATRIE, *Traités de paix et de commerce et documents divers concernant les relations des chrétiens avec les Arabes de l'Afrique septentrionale au moyen âge*, p. 84.

(2) RYMER, *Fœdera*, t. I, pars tertia, p. 100.

pouvaient mener tous leurs biens et toutes leurs marchandises, pourvu qu'elles fussent à eux ; en cas de fausse déclaration, ils devaient subir confiscation, perte du sauf-conduit et peine arbitraire fixée par le roi. (1)

On fit de nouvelles tentatives pour tempérer le mal. L'une d'elles se trouve dans l'institution des conservateurs de la paix auxquels les sujets des parties contractantes soumettaient leurs plaintes ; on essayait ainsi d'échapper à l'octroi de lettres de représailles. (2)

La ligue hanséatique essaya d'introduire la règle qu'un marchand ne pourrait être arrêté ni dépouillé de ses biens pour le fait d'un autre, fût-ce son serviteur, et qu'une cité n'était pas responsable des faits et gestes de ses membres aussi longtemps qu'elle n'avait fermé au plaignant tout recours judiciaire. En revanche, les traités conclus entre les villes de la Hanse déclaraient exécutoires, dans toutes les cités, les jugements rendus dans l'une d'elles.

Les représailles sont peut-être bien une des institutions du droit des gens qui occupèrent le plus l'attention des grands commentateurs italiens du XIVe siècle. La plupart l'examinent dans leurs ouvrages généraux. Bartole lui consacre une monographie. Les auteurs mettent même à l'étudier une certaine casuistique et c'est ainsi que Bartole examine notamment si les représailles sont licites *in foro conscientiæ* et *in foro civili*, et qu'il en considère les causes.

Composé à un moment où des querelles sans nombre éclatent, où, comme l'auteur le constate lui-même, le recours vers un pouvoir supérieur ne peut se produire, le *Tractatus repræsaliarum* de Bartole forme un exposé net et précis des idées de l'époque. (3)

Les premières lignes du travail sont caractéristiques. Sous l'Empire romain, dit Bartole, les représailles étaient rares ; elles sont devenues

---

(1) R. DE MAULDE-LA-CLAVIÈRE, *La diplomatie au temps de Machiavel*, t. I, p. 233.

(2) K. TH. PÜTTER, *Beiträge zur Völkerrechts-Geschichte und Wissenschaft*, p. 156.

(3) BARTOLE DE SASSOFERRATO, *Consilia, quæstiones et tractatus*, Édition de Lyon, 1552, *Tractatus represaliarum*, f. 25 et suivants.

Nous pouvons citer également le *Tractatus represaliarum seu de injuriis et damno dato* de JEAN JACQUES DEGLI CANI (A CANIBUS), et le *Tractatus de repressaliis* de MARTIN DE LODI (MARTINUS LAUDENSIS). L'un et l'autre se trouvent dans le *Tractatus universi juris* de ZILETTI.

Parmi les monographes figurent aussi : GEORGE LORICH, *Enchiridion arrestorum et*

quotidiennes depuis que pour les péchés des hommes, l'Empire est gisant et que les rois, les princes et même les grandes cités italiennes ne reconnaissent plus, du moins en fait, aucune autorité au-dessus d'elles. Cette pratique si générale est-elle licite *in foro conscientiæ ?* L'illustre commentateur invoque le texte de l'Écriture : « L'âme qui péchera sera celle qui mourra ; le fils ne portera point l'iniquité du père. » La conclusion paraît indiquée : les représailles sont condamnables. Mais, on en a fort bien fait la remarque, le manque de logique caractérise singulièrement grand nombre d'écrivains du moyen âge ; fréquemment, dans leurs écrits, ils n'ont garde de suivre une idée jusqu'à ses dernières conséquences. Bartole subit ici aussi l'influence de son époque ; il condamne les représailles, mais pour les légitimer aussitôt ; il les blâme au nom de l'Écriture, mais pour les justifier au nom de saint Augustin qui a justifié la guerre. Pourvu qu'elles réunissent la triple condition de l'autorisation du prince, de la juste cause et de la droiture d'intention chez l'impétrant, les représailles sont licites, même *in foro conscientiæ.* Elles sont justes *in foro civili,* non pas que l'on puisse se faire justice à soi-même, mais l'autorisation du prince et la juste cause effacent le vice originel et il ne faut même pas ici la *justa et recta intentio ejus qui habet reprœsalias,* car à la différence du for de la conscience, le for civil ne s'occupe pas de l'intention.

D'où dérive le *jus concedendi reprœsalias ?* Selon Bartole, ce n'est ni du droit civil, ni du droit canonique, mais plutôt du droit divin et du droit des gens. Le droit des gens considère comme juste ce que fait l'homme pour sa défense personnelle. La cité peut déclarer la guerre quand il ne s'agirait que de protéger un seul homme et le particulier peut déclarer la guerre quand il a en vue de protéger sa personne et ses biens. Lorsqu'une ville ou un seigneur négligent ou refusent de rendre justice, ils deviennent débiteurs de celui qui réclame justice. Or, lorsque tout autre remède est impuissant, le créancier peut saisir son débiteur.

repressaliarum ; ANDRÉ DALNER, *Epitome de repressaliis,* 1608; C. STAFFEL, *Dissertatio de jure repressaliarum,* 1617 ; HELFRICH-ULRIC HUNNIUS, *Dissertatio de repressaliis,* 1618 ; DOMINIQUE VAN ARUM, *Dissertatio de repressaliis,* 1620 ; Q. CUBACH, *Discursus an repressaliæ possint defendi jure ;* le même, *Discursus quis concedere possit repressalias :* le même, *Discursus contra quos concedi possunt repressalias ;* le même, *Discursus quæ sunt causæ justæ repressaliarum ;* A. ZEITHOFF, *De repressaliis,* 1623 ; ANDRÉ DINNER, *Dissertatio de repressaliis.*

Par extension, les sujets de la ville ou du seigneur peuvent être arrêtés. Le déni de justice est assimilé à un délit et, pour punir ce délit, tout homme a le droit de faire la guerre : « *Propter delictum domini negligentis facere justitiam potest indici bellum contra totam terram et omnes gentes subditas sibi.* » Fières paroles assurément et qui dénotent la plus haute croyance en l'importance du droit !

L'octroi des représailles avait en lui quelque chose de très illogique. Comment un prince pouvait-il se substituer à l'autorité d'un autre prince et exercer la juridiction sur les sujets de ce dernier ? Bartole n'examine pas ce point. Il voit dans les représailles un fait de guerre ; elles sont à ses yeux un *bellum particulare*. Balde nous fait connaître l'explication fournie par un jurisconsulte de l'époque. A la différence de la plupart des commentateurs, l'écrivain invoqué par Balde admet que le juge, et non plus le souverain seul ou son représentant, possède le droit d'autoriser l'exercice des représailles contre ceux qui ne sont point sous sa juridiction, qui n'ont point contracté dans son ressort et n'y ont point commis de délit ; il explique la chose en disant que lorsque le juge qui doit faire justice est requis de la faire et qu'il refuse ou dissimule, la *potestas fori* passe au juge du requérant, lequel autrement ne la posséderait pas.

La question de savoir à qui appartient la concession des représailles est importante. Comme nous venons de le dire, presque tous les auteurs sont d'avis qu'elle appartient uniquement au souverain. « *Concedere repræsalias est indicere bellum*, dit Bartole, *sed bellum justum non potest indicere nisi ille qui superiorem non habet.* » Notons cependant que si la conclusion tirée par Bartole a passé dans le droit des gens, l'argument est mal choisi ; l'octroi des représailles n'équivaut nullement à une déclaration de guerre. Balde établit également avec force que la concession des représailles est un droit du prince. « *Dum super repræsalias quis citatur, pugna offertur. Cum autem decernitur, pugna infertur. Et ideo principes civiles sunt consulendi.* »

Dans le *Livre des faits d'armes et de chevalerie*, Christine, s'adressant à son maître Honoré Bonet, s'exprime en ces termes : « Maistre, je te demande se tous seigneurs poent donner cette marque. Je te respons que non, car sicomme devant toy mesme as dit et aultre fors est repliccquer, nul seigneur ne poet jugier guerre se il n'est souverain en juridiction. Et comme cestuy fait de donner marque selon sa nature et condition soit semblable a guerre, ne la puet nuly donner se il n'est pur seigneur sans moyen, comme est le roy de France en son reaulme. » (1)

La demande en autorisation n'est pas une action judiciaire, c'est un recours à la puissance souveraine. Néanmoins ceux contre lesquels la demande est dirigée doivent être entendus et, en leur nom, peut se présenter toute personne ayant mandat, ensuite tout concitoyen.

On n'octroyait pas de lettres de représailles aux étrangers. Les pouvait-on accorder aux bannis et aux rebelles ? Plusieurs commentateurs se montraient favorables aux bannis et refusaient de souscrire à l'effrayante situation que l'on voulait leur faire en les assimilant aux excommuniés. Dans l'espèce, ces auteurs admettaient que les représailles étant données *potius ad defensandam justitiam eorum quam ad impugnationem*, les bannis pouvaient les obtenir par procureur. D'autres écrivains émettaient l'opinion contraire et soutenaient que le mal fait aux bannis ne lésait point la cité. « *Per injuriam factam eis non fit injuria civitati.* »

Les représailles n'étaient accordées ni contre les femmes, ni contre les clercs, ni contre les étudiants, ni contre les envoyés, ni contre les pélerins, ni contre les témoins, ni contre les marchands qui se rendaient aux foires, dans le territoire du lieu de la foire, ni enfin contre les marins que la tempête chasse dans un port ou jette sur les côtes. Le corps de droit canonique renferme une stipulation formelle en faveur des ecclésiastiques ; c'est le décret du concile général de Lyon de 1274.

La concession obtenue, les représailles ne peuvent s'exercer que dans le territoire de la puissance qui les accorde. C'est leur caractère propre.

Des saisies peuvent être autorisées hors des limites du territoire, mais à employer la terminologie exacte, elles le sont par *lettres de marque*, du vieux mot *marcha,* marche, qui signifie limite.

---

(1) CHRISTINE DE PISAN, *Le livre des faits d'armes et de chevalerie.* Quatrième partie, ch. XI. Bibliothèque royale de Bruxelles, *Mss.* n° 9010.

Un document intéressant est reproduit par Rymer. En 1295, un marchand de Bayonne, victime des déprédations de marins de Lisbonne, sollicite du lieutenant du roi d'Angleterre, en Gascogne, des lettres de représailles et de marque, indique le chiffre de ses pertes, et fait valoir que le roi de Portugal a prélevé un dixième sur la prise. Les lettres sont octroyées par le lieutenant du roi et confirmées par celui-ci. (1)

Les deux expressions *lettres de marque* et *lettres de représailles* furent, dans la suite, employées indistinctement.

On appelait lettres de contre-marque ou de contre-prise, celles qui étaient décernées contre ceux qui avaient les premiers donné des lettres de marque.

Ici, des mesures restrictives furent également prises et l'on stipula même de faire prêter serment à tous les capitaines de vaisseaux qui sortiraient des ports, de ne pas exercer des représailles. Semblables dispositions se trouvaient dans les traités de 1440 et de 1468 entre l'Angleterre et la France et dans le traité de 1489 entre l'Angleterre et l'Espagne.

Peut-on saisir les personnes ? Dans la théorie pure des représailles, oui ; *l'arestum* est autorisé ; seulement il faut mener les prisonniers devant le juge et ils peuvent se défendre. Jacques de Belvisio enseigne que les personnes innocentes ne peuvent être arrêtées ; d'après lui, l'arrestation doit se borner à ceux qui ont commis ou toléré l'injustice ; il cite parmi ces derniers les magistrats. Mais l'opinion contraire prévalut ; la faute, disait-on, remonte à tous ceux que l'on ne peut séparer de l'ensemble de la cité.

Les représailles finissent quand leur but est atteint, c'est-à-dire lorsque ce qui était dû est payé : « *Si quid ultra pervenit ad manus ejus (qui habuit repræsalias) istud debet consignari coram publicas*

---

(1) «Dedimus, *porte la licence*, ipsi Bernardo et concessimus et adhuc damus et concedimus eidem, suisque heredibus, successoribus et ordinio licentiam, quod ipse gentes de regno Portugalliæ et specialiter illas de civitate Ulixbon prædicta et bona earum, ubicumque ea invenire poterit, infra districtum domini nostri regis et ducis, et extra, possit marchare, retinere et sibi appropriare, illa quousque Bernardus et hæredes sui, vel successores, aut ejus ordinium bonis suis prædictis, ut dictum est, sibi deprædatis, vel ipsorum valore supra declarato, cum expensis quas rationabiliter illa occasione fecerit fuerit integer restitubus. Præsentibus per quinquennium vel quamdiu prædicti domini nostri regis et ducis, aut nostræ placuit voluntati duraturis. » RYMER, *Fœdera*, t. 1. pars tertia, p. 150.

personas et postea restitui. » L'excédant doit être consigné entre les mains des autorités et finalement être restitué.

Celui qui abuse des lettres de représailles est responsable. Il est tenu de restituer le quadruple.

La victime a-t-elle un recours dans sa cité contre celui qui a été la cause occasionnelle des dommages qu'elle a subis ? La question est fortement discutée. Déjà Jacques de Arena se prononce pour l'affirmative. Il déclare le recours ouvert contre les magistrats en faute. La victime ne peut néanmoins à son tour arrêter les personnes et les biens des sujets de la cité qui l'a lésée, car ce serait permettre la vengeance privée et perpétuer le mal. Ce dernier point n'est pas unanimement admis, mais Bartole est formel ; il enseigne la négative. Seulement, celui qui a souffert des représailles peut, s'il a souffert injustement, demander des lettres de représailles à son pays *more legitimo.* Ce sont là les lettres de contre-marque ou de contre-prise.

L'emploi des représailles ne rompt nullement la paix. Bartole semble, il est vrai, ne pas admettre cette opinion, mais il ne se montre pas très décidé non plus à soutenir l'opinion contraire. Dans tous les cas, la théorie de la persistance des relations pacifiques l'emporta.

On peut dire que l'institution des représailles fut reconnue par la plupart des États ; dans presque tous les pays, le prince en revendiquait l'octroi comme un attribut de la souveraineté et des traités régularisèrent leur exercice en stipulant le délai au bout duquel elles pourraient être appliquées (I).

En Angleterre, un statut promulgué sous Édouard III dispose que le roi a le droit de marque et de représailles. Sous le règne de Henri V, un statut de 1416 porte que le roi accordera des lettres de représailles, à moins qu'un traité n'en ait aboli l'usage. D'après ce statut, les parties doivent s'adresser au lord garde du sceau privé, lequel expédie des lettres de réquisition pour obtenir satisfaction ; si dans un temps convenable la partie requise ne satisfait pas, le lord chancelier délivre à la personne lésée des lettres de marque sous le grand sceau, en

---

(1) PARDESSUS, *Collection de lois maritimes antérieures au XVIII° siècle,* t. II, introduction, p. CXXI.

vertu desquelles elle peut attaquer et saisir les propriétés des sujets de l'État agresseur, sans encourir le danger d'être condamnée comme brigand ou pirate.

En France, pendant toute une période, les parlements ont eu dans leurs attributions l'octroi des lettres de représailles. « C'était, dit Le Bret, au temps que nos rois visitaient plus souvent leur parlement, qu'ils y allaient prendre conseil sur les grandes affaires du royaume. » Le Bret insiste, du reste, sur le droit exclusif du roi d'autoriser les représailles : « Il n'appartient qu'aux rois de donner le pouvoir de se venger soi-même de son ennemi, de s'armer pour ce sujet et d'arrêter un homme pour un autre et enfin de saisir et faire vendre les marchandises de l'un pour les dettes de l'autre. » « De fait, ajoute-t-il, nous lisons dans les arrêts de la Toussaint de l'an 1272 qu'on révoqua des lettres de marque qui avaient été données par la comtesse de Flandre pour faire saisir les marchandises d'un marchand anglais et qu'on lui fit défense de ne plus entreprendre choses semblables » (1). En 1484, les États Généraux réunis à Tours insistent dans leurs vœux pour que l'autorité royale veille strictement à ce qu'il ne se décerne pas de lettres de marque ou de contre-marque irrégulières. L'année suivante, le roi revendique l'octroi des représailles comme un droit inhérent à la souveraineté.

Il est une remarque importante à faire. L'ordonnance de 1485 vise à la fois les lettres de représailles en temps de paix, dont nous venons de parler et les lettres de marque pour le cas de guerre. A côté des représailles de paix se placent ainsi les représailles de guerre : on connaît le but des premières qui, notons-le, s'exerçaient sur mer aussi bien que sur terre; les deuxièmes ont en vue de diminuer les brigandages sans nom qui se commettaient durant les guerres maritimes (2).

Dans le domaine des faits, des tentatives d'abolition complète s'étaient produites.

A Venise, entrepôt commercial du monde, ayant donc tout à

---

(1) LE BRET. Œuvres, Traité de la souveraineté du roy, L. II, ch. XVII.
(2) MARTENS, Essai concernant les armateurs, les prises et surtout les reprises, p. 31. — E. NYS, La guerre maritime, p. 23 et 118.

perdre au système des représailles, le Sénat avait décidé dès 1423 de n'en plus accorder, mais, en 1456, le grand conseil était revenu sur cette décision (1). En 1490, le roi d'Angleterre accorda au duc de Milan un sauf-conduit général en vertu duquel les Milanais pouvaient commercer en Angleterre sans être assujettis aux représailles. En 1514, l'Angleterre et la France convinrent de supprimer les représailles entre les deux pays et de n'autoriser plus que des lettres de marque nominatives contre les principaux délinquants, après leur refus judiciairement constaté, de satisfaire à l'obligation (2).

Le traité conclu le 24 février 1496 entre Henri VII et Philippe-le-Beau, l'*Intercursus magnus*, le *Grand entrecourse*, comme il fut appelé par les Flamands, qui proclame la liberté du commerce entre les sujets des deux contractants, dispose que si un dommage est causé, il ne faut ni lettre de représailles, ni marque, ni contre-marque, ni arrestation de personnes, ni saisie de biens, ni guerre ; l'un ou l'autre prince réparera le dommage et rétablira les choses dans leur ordre primitif. Aux termes de la même convention, les lettres de représailles et de marque accordées antérieurement tombent complètement, à moins qu'après examen du cas, les parties contractantes ne décident autrement (3).

Le traité du 8 juin 1546 entre l'Angleterre et la France porte notamment que les deux rois renoncent à la concession de lettres de représailles, de marque, de contre-marque, sauf toutefois contre les délinquants, et cela en cas seulement de dénégation manifeste de justice, laquelle dénégation sera prouvée comme de droit d'après les lettres de sommation et de réquisition.

Aux États Généraux d'Orléans de 1560, la noblesse réclame l'abolition des lettres de marque et de contre-marque et provoque sur ce point l'action des ambassadeurs qui doivent, selon elle, faire en sorte qu'aucun tort ne soit fait aux sujets du roi par les princes étrangers, tant par terre que par mer.

Les représailles pacifiques durèrent cependant au-delà du moyen âge ; au XVIᵉ et au XVIIᵉ siècle, les auteurs discutent la matière comme un

---

(1) R. DE MAS LATRIE, *Le droit de marque ou droit de représailles au moyen âge*, p. 64.
(2) R. DE MAULDE-LA-CLAVIÈRE, *La diplomatie au temps de Machiavel*, t. I, p. 232.
(3) RYMER, *Fœdera*, t. V, pars quarta, p. 83.

sujet tout d'actualité, répétant les arguments produits par les jurisconsultes des siècles antérieurs.

Covarruvias ne révoque pas un instant en doute leur légitimité : il exige uniquement qu'elles soient autorisées par un prince ayant le droit de faire la guerre.

Ayala constate d'abord le fait : « De nos jours, dit-il, les représailles sont permises, lorsque des brigands appartenant à un peuple déterminé, ou des pirates, ou d'autres personnes, commettent des homicides ou bien causent des injures ou un dommage, et que ceux qui sont lésés ne peuvent obtenir de ceux à qui les auteurs des méfaits sont soumis ou de ceux qui les ont recueillis, que les coupables soient livrés (1). » La considération que l'innocent ne doit pas être puni pour le coupable semble arrêter notre auteur. Il entasse les textes de l'Écriture, mais il conclut, toutefois, à la légitimité de la mesure, pourvu que les innocents ne soient pas punis dans leurs personnes, mais seulement dans leurs biens.

Henri Zoes invoque en faveur des représailles la coutume établie et la considération que fréquemment elles sont le seul mode d'obtenir réparation d'une injure ou d'un dommage ; pas plus qu'Ayala, il n'admet l'arrestation des personnes et il borne les représailles aux biens (2).

Grotius lui-même, tout en reconnaissant combien est vrai le principe formulé par Ulpien : « *Si quid universitati debetur, singulis non debetur nec quod debet universitas singuli debent* », ajoute qu'il a pu être établi et qu'il a été effectivement établi par le droit des gens arbitraire, que tous les biens corporels ou incorporels des sujets d'un État seraient comme hypothéqués pour ce que l'État ou le chef de l'État doivent ou directement et par eux-mêmes, en tant que, faute de rendre justice, ils se sont rendus responsables d'une dette d'autrui. (3)

Quelque vingt ans auparavant, dans une consultation célèbre et qui a servi de base à plusieurs chapitres de l'*Advocatio hispanica*, Gentil, avocat de la couronne d'Espagne, intervenant dans un procès pendant

---

(1) AYALA, *De jure et officiis bellicis et de disciplina militari*, L. I, Ch. IV. n° 3.
(2) HENRI ZOES, *Commentaria ad decretales Gregorii IX*, in L. IV., tit. XXXVI.
(3) GROTIUS, *Le droit de la guerre et de la paix*, traduction de BARBEYRAC, L. III, ch. II. § 2.

devant la justice anglaise, avait attaqué avec violence l'emploi des lettres de représailles ; en son latin dur, rugueux, il attaque le barbare usage : « *Dico esse odiosissimum hoc jus literarum markœ, quod merito divinissimus noster rex abominatur : per quod geretur latrocinium verius quam bellum : contra inermes et innoxios mercatores et alios ab aciebus longe positos* (1) ».

L'usage des lettres de représailles est tombé en désuétude à partir de la fin du XVIIe siècle ; depuis lors, on n'en rencontre plus que de rares exemples et il est certain qu'actuellement leur octroi serait illégitime. La pratique était immorale ; la conscience moderne l'a réprouvée et l'institution est détruite.

---

(1) British Museum. *Lansdowne Mss*, vol. 139.

CHAPITRE V.

LA GUERRE PRIVÉE.

Le droit de faire la guerre n'appartient qu'au pouvoir souverain ; dans la société organisée, il est un des attributs de l'État ; c'est le cas pour l'antiquité classique et pour l'époque moderne. Au moyen âge apparaît, au contraire, la guerre privée qui a sa raison d'être dans le morcellement de la souveraineté ; quiconque se sent la force nécessaire, se fait justice à soi-même ; l'individu est substitué à l'ensemble ; c'est comme si chaque homme concentrait en lui la puissance du peuple tout entier. L'effet de la force est le même que dans la lutte ordonnée et conduite par l'État ; elle aide à constater le droit.

La guerre privée fut la grande calamité du moyen âge ; en Allemagne, en France, en Italie, en Espagne, en Angleterre, dans presque toute l'Europe féodale, se présentait une situation identique au fond, modifiée seulement dans les détails.

En droit germanique primitif, tout fait délictueux constituait une cause de guerre privée et autorisait le droit de vengeance de famille à famille. Semblable état de choses était évidemment incompatible avec une civilisation quelque peu avancée. Le mal fut combattu. A la violence sans limites succéda une situation nouvelle dans laquelle la force brutale se trouvait reconnue, mais en même temps renfermée dans des limites : le droit de guerre privée, la *Faida*, le *Fehderecht* ou *Faustrecht*, droit du poing, prit place parmi les institutions juridiques.

On fixa des bornes à la violence, on détermina le mode des guerres particulières, et la règlementation qui surgit devint une partie du système de législation.

L'institution a deux faces. On peut la considérer au point de vue du droit pénal, qui à cette époque ne s'est point dégagé encore du droit privé ; on peut l'envisager au point de vue du droit politique. C'est à ce dernier point de vue que nous l'examinerons.

Dans cette forme, la guerre privée dépendait évidemment du degré de vigueur ou de faiblesse du pouvoir central. Celui-ci se sentait-il fort, il la restreignait et en contestait la légitimité ; se sentait-il chétif et abattu, il était obligé de la reconnaître. Par une conséquence naturelle, la guerre privée disparut d'abord dans les pays où l'idée gouvernementale fit les plus rapides progrès. Sous ce rapport, le contraste entre l'Angleterre et l'Allemagne est frappant ; le premier de ces pays a perdu le souvenir de la guerre privée, que celle-ci est encore en honneur dans le second. La différence entre l'Allemagne et la France est également grande ; ici, la guerre privée n'est permise qu'aux nobles ; là elle est revendiquée par tous.

Les premières prohibitions apportées au droit de guerre privée émanent de la puissance politique. On en voit les germes dans la *paix* que l'on rencontre chez tous les peuples de race germanique. (1)

La *paix du roi* complètement développée devait avoir en vue la suppression des querelles particulières, et en effet, l'on constate que Charlemagne essaya de prohiber les guerres privées sans distinction aucune. La tentative échoua du vivant même de l'empereur et, à sa mort, l'anarchie et le désordre furent extrêmes. L'époque la plus terrible du moyen âge s'ouvrait ; pendant deux siècles, il allait faire nuit sur la terre.

Durant toute cette période, la cause du droit et de l'ordre que les mains impuissantes des princes ne pouvaient protéger, fut sauvegardée par l'Église.

L'idéal de celle-ci était la paix : elle chercha à lui donner corps.

_____

(1) Du Boys, *Histoire du droit criminel des peuples modernes*, t. I, p. 84 et suivantes.

Dès 990, on voit les évêques des provinces méridionales de la France publier des règlements destinés à mettre fin à la violence. Les premiers efforts sont vains. Au siècle suivant, apparaît une nouvelle tentative. Cette fois la guerre n'est plus défendue d'une manière absolue ; l'Église se borne à établir la *trève de Dieu*, la *pax* ou *treuga Dei*, la suspension de toutes hostilités à des jours déterminés.

Le mouvement partit d'Aquitaine et s'étendit successivement sur tous les pays ; le décret de la paix fut solennellement proclamé dans le concile de Clermont, tenu en 1095 ; il fut fréquemment renouvelé et enfin sanctionné une dernière fois par le troisième concile de Latran de 1179, comme loi générale de la chrétienté. (1)

Aucune guerre privée ne pouvait avoir lieu aux époques indiquées ; c'étaient les jours sanctifiés par la cène de Jésus-Christ, par sa passion, sa sépulture et sa résurrection, c'est-à-dire, du mercredi soir au lundi matin de chaque semaine de l'année ; puis certaines périodes de l'année, ainsi de l'Avent jusqu'à l'octave de l'Épiphanie, de la Septuagésime jusqu'à l'octave de Pâques, de l'Ascension jusqu'à l'octave de Pentecôte, et divers jours fériés. Les jours où les hostilités étaient autorisées, les prêtres, les moines, les frères convers, les pélerins, les marchands, les laboureurs, les bêtes qui servent au labour, étaient protégés contre toute violence. « *Innovamus*, disent les canons, *ut presbyteri, monachi, conversi, peregrini, mercatores, rustici, euntes vel redeuntes vel in agricultura existentes, et animalia quibus arant et semina portant ad agrum, congrua securitate lætentur.* » (2) Quiconque n'observait pas la trève était excommunié ; chacun pouvait le tuer impunément. Une juridiction spéciale fut instituée, les *judices pacis*, juges de la paix, que les actes des conciles appellent aussi *paciarii* ou *judices paciarii*, Ceux-ci remplaçaient, du consentement des évêques, les tribunaux ecclésiastiques auxquels ces causes ressortissaient antérieurement.

Les hostilités et les violences ne prirent point fin. Le palliatif imaginé par l'Église réussit quelque temps et en certains lieux, mais la barbarie reprit le dessus. L'Église recourut alors à la mesure de l'interdit. Rien n'y fit. Des confréries se formèrent ; les *frères de la*

---

(1) KLUCKHOHN, *Geschichte des Gottesfriedens.*
(2) *Decretalium Gregorii IX*, L. I, tit. 34, *De treuga et pace*, c. 2.

paix, protégés par le clergé, s'arrogèrent la mission de combattre les seigneurs et les mercenaires qui foulaient aux pieds les défenses ecclésiastiques. Le mal persista. Mais le moment était venu où le pouvoir souverain allait reprendre pour son compte la lutte contre l'anarchie.

En Angleterre, dans les anciennes lois saxonnes, l'institution de la paix était déjà fort bien développée. Tout homme libre avait droit à la paix de sa maison ; il ne pouvait être attaqué avant d'être sommé de rendre justice et, même alors, il avait droit à un délai de sept jours. La paix de la maison du roi protégeait la demeure du roi et ses environs. Le roi pouvait concéder sa paix à des personnes ou à des localités. Après la conquête, s'établirent la paix des quatre grandes routes traversant l'Angleterre et la paix des rivières. Puis, à la fin du XIIIe siècle, la paix du roi, le *King's Peace*, cessa d'être un privilège et devint un droit commun. (I)

Il est à noter qu'en Angleterre, les guerres privées furent moins fréquentes que dans les autres pays. Robertson constate le fait et suggère avec raison que le pouvoir extraordinaire acquis par le Conquérant et transmis à ses successeurs peut en avoir été la cause. (2)

Toute spéciale, en effet, est l'organisation anglaise. La nation est germanique. Lorsque les dernières légions romaines eurent quitté le sol britannique, des tribus germaniques, les Jutes, les Saxons, les Angles, vinrent s'établir dans un pays appauvri, exténué, incapable de résister aux Pictes et aux Écossais, incapable de repousser les incursions des Vikings. Sur cette base première vinrent se poser des couches germaniques nouvelles et quand, à la fin du VIIIe et au commencement du IXe siècle, apparurent les Danois, puis au XIe siècle, les Normands, les éléments nouveaux appartenaient, eux aussi, à la race germanique.

La civilisation anglo-saxonne se basait sur la communauté de paysans libres, ayant à sa tête un roi conditionnellement héréditaire. Le pouvoir suprême se concentrait dans l'assemblée de la nation. Le

---

(1) Sir FREDERIC POLLOCK, *The Law quarterly Review*, 1885.
(2) ROBERTSON, *Histoire de Charles-Quint*, traduction de SUARD, t. 1. Preuves et éclaircissements, note XXI.

Witenagemot, la réunion des sages, composé des princes, des comtes, des conseillers, faisait les lois, constituait la cour suprême, émettait son avis dans les questions de paix et de guerre. (1)

Sous Edgar et Canut, le pouvoir royal se consolida et, sous ce dernier roi, se développa le système féodal. Guillaume le Conquérant ne rompit point avec le passé ; il s'empara de cette féodalité naissante, mais il lui donna le caractère spécial qu'elle revêtait en Normandie et l'empêcha d'aboutir à l'anarchie.

Logiquement appliquée, la féodalité formait, comme on l'a dit, une échelle de clientèle et de patronage ; son principe était la dépendance du vassal vis-à-vis de son seigneur immédiat, son indépendance vis-à-vis du roi. C'était la situation dans la plupart des pays. En Angleterre, rien de semblable. Toutes les autres maximes du droit féodal furent admises ; elles pénétrèrent l'organisation tout entière ; seul fut rejeté le principe qui aurait conduit à la négation du pouvoir central et qui, par conséquent, aurait lancé celui-ci dans une lutte à mort contre le système féodal : il fut proclamé que tout fief était mouvant du roi.

Il est toutefois une période de l'histoire d'Angleterre où la guerre privée sévit avec violence. Vers le milieu du XVe siècle, à la suite des immenses désastres subis sur le continent, le pouvoir royal est battu en brèche. Richard d'York se dresse contre le faible Henri VI ; la guerre des Deux Roses commence et, en même temps, éclatent de nombreuses guerres privées. Il faut la sage administration de Henri VII, il faut l'habileté de ses ministres Empson et Dudley, il faut l'institution de la cour de la Chambre Étoilée pour avoir raison de la turbulence des grands nobles. (2)

Aux Cortès de Najera, en 1128, Alphonse VII de Castille proclama paix, amitié et réconciliation entre les Hidalgos ; il leur défendit de commettre aucune tuerie ni violence les uns à l'égard des autres et de faire aucune course de guerre sur leurs terres respectives, sans s'être porté défi et s'être signifié la rupture de la paix. Il était formellement interdit de porter atteinte à la sûreté mutuelle pendant neuf jours

---

(1) STUBBS, *Select Charters*, p. 12. — GLASSON, *Histoire du droit et des institutions politiques, civiles et judiciaires de l'Angleterre, comparées au droit et aux institutions de la France*, t. I, p. 39.
(2) DENTON, *England in the fifteenth Century*, p. 306.

après le défi donné ; quiconque transgressait cette prescription était déclaré traître et cité comme tel devant le roi. Ce règlement est inséré dans la plupart des codes espagnols du moyen âge.

Le *Fuero viejo* de Castille réservait des privilèges aux nobles en cas de guerre privée. Les amis pouvaient aider le noble, s'ils le rencontraient combattant ses ennemis et ils ne devaient même pas s'informer s'il y avait eu défi. Le combattant était seul responsable. Le même *Fuero* dispose que neuf jours après la dénonciation de la rupture de la paix, le noble peut défier son adversaire et le déshonorer. Trois jours plus tard, il peut le tuer.

En Aragon, même règlementation. Aux Cortès de Huescas, en 1247, Jacques I défend la guerre privée, à moins de défi ; dans ce cas, le roi exige qu'il s'écoule un délai de dix jours avant l'attaque. Le même prince veut que ceux qui ne prennent pas une part personnelle et active à la guerre entre deux barons n'aient pas à en subir les maux. C'était, comme le dit Du Boys, la neutralisation. Les laboureurs, les clercs, les juifs et les sarrasins soumis, les veuves, les orphelins, tous les êtres désarmés, sont l'objet de mesures protectrices [1].

En France, la guerre particulière est organisée avec la plus grande précision. Philippe de Beaumanoir en traite comme d'une matière de droit [2].

Toute sorte d'injure ne pouvait pas être vengée par ce moyen ; il fallait que ce fût un crime atroce, capital et public [3].

La guerre se déclarait par fait ou par paroles. Elle se déclarait par fait lorsqu'on en venait à une querelle ouverte et à mettre la main aux armes ; dans ce cas, ceux qui étaient présents à la mêlée et à la querelle étaient engagés dans la guerre. Elle se déclarait par paroles lorsqu'on en venait aux menaces, ou que l'on faisait porter les défis à l'ennemi ; c'était la *diffidatio*.

L'auteur de la guerre, c'est-à-dire, celui qui la déclarait et qui se prétendait offensé par son ennemi, devenait le chef, le *quiévetaine* de la guerre.

---

(1) DU BOYS, *Histoire du droit criminel de l'Espagne*, p. 115 et 494.
(2) PHILIPPE DE BEAUMANOIR, *Coutumes de Beauvoisis*, ch. LIX.
(3) DU CANGE, *Histoire de saint Louis, écrite par Joinville, enrichie de nouvelles observations et dissertations historiques.* Dissertation XXIX, *Des guerres privées et du droit de guerre par coutume*, p. 330 et suivantes.

Parmi ceux qui y entraient avec lui figuraient, au premier rang, les parents. La guerre ouverte et déclarée, les parents du chef de guerre y étaient compris sans autre déclaration particulière et s'y trouvaient le plus souvent enveloppés malgré eux. L'obligation était telle que l'on ne pouvait s'y soustraire sans renoncer à la parenté et se rendre ainsi incapable de succéder.

Le degré de parenté jusqu'auquel s'étendait le devoir de prendre fait et cause pour le chef était fixé d'après les prescriptions du droit canonique en matière d'empêchements de mariage. Aussi longtemps que l'Église étendit les prohibitions de mariage jusqu'au septième degré en ligne collatérale, les parents jusqu'au huitième degré devaient participer à la guerre. En 1215, le quatrième concile de Latran restreignit l'empêchement aux parents du quatrième degré ; l'obligation de guerroyer n'atteignit plus que les parents à ce degré. Deux frères germains ne peuvent se faire la guerre, car l'un et l'autre n'ont point de lignage qui ne soit commun à tous les deux. Les parents peuvent se retirer de la guerre même après y avoir pris part, en citant le chef ennemi devant la justice du seigneur, en niant avoir consenti au méfait, cause de la querelle, et en promettant sous serment de ne plus s'y mêler.

Les vassaux étaient tenus de se joindre aux chefs de la guerre et quand ils rentraient de la guerre, ils ne pouvaient être attaqués, car ils n'avaient fait que remplir un devoir.

Le droit de guerre privée n'appartenait ni aux hommes de *poeste*, c'est-à-dire, en puissance de suzerain, ni aux bourgeois des villes. « *Autre que gentilhomme ne peut guerroyer* », dit un vieil adage. Les communes obtenaient le droit de guerre par concession spéciale du roi.

La guerre particulière pouvait se terminer par la paix proprement dite, ou par l'*asseurement*. Elle prenait également fin, d'abord quand les parties plaidaient par gage de bataille, c'est-à-dire s'étaient pourvues devant la justice du seigneur et que celui-ci ordonnait que l'affaire se déciderait par le duel ; ensuite, quand vengeance avait été tirée du crime ou du méfait, par la justice.

Disons un mot de l'*asseurement*. La partie qui ne voulait pas entrer en guerre ou qui prétendait sortir de la guerre, s'adressait à son seigneur ou à sa justice et requérait que son adversaire eût à lui donner *asseurement,* c'est-à-dire assurance qu'il ne lui serait fait aucun tort ni en sa personne, ni en ses biens, se remettant pour le différend qui avait causé la guerre, à la décision du suzerain. Celui-ci enjoignait alors à son vassal de donner *asseurement* à sa partie, laquelle était obligée de le faire observer par ceux de sa parenté et de son lignage. Il est à remarquer que l'*asseurement* exigeait une demande de l'un des adversaires ; le suzerain ne pouvait l'imposer de sa propre autorité ; mais il avait le droit d'imposer la paix ou la trève.

Une des premières mesures prises en vue de remédier quelque peu aux calamités de la guerre privée se trouve dans la *Quarantaine le roy,* qui remonte à saint Louis et même, d'après certains auteurs, à Philippe Auguste. Du Cange en expose le but. « Parce qu'il arrivait souvent, dit-il, que ceux du lignage ou de la parenté des chefs de la guerre n'avaient aucune nouvelle de son ouverture et des défiances qui avaient été portées, et étaient ainsi surpris par les ennemis de leurs parents, l'on arrêta que ceux du lignage n'entreraient en guerre que quarante jours après la déclaration et les défiances qui en auraient été faites, si ce n'était qu'ils eussent été présents au fait lorsque la guerre s'était ouverte par querelle et par voies de fait. » (1)

Le délai de quarante jours pouvait être employé à faire les préparatifs ou à rechercher l'*asseurement,* la trève, ou la paix. Celui qui, au mépris de la *quarantaine le roy,* attaquait les parents en leurs personnes ou en leurs biens, était puni comme traître. Le privilège de quarante jours n'appartenait nullement au chef même de la guerre.

A la fin du treizième siècle, apparaissent d'autres mesures plus restrictives encore. En 1296, Philippe le Bel prohibe toute hostilité personnelle pendant le temps que le roi serait lui-même en guerre. Ses ordonnances de 1305 et de 1314 confirment l'ordonnance de 1296. A la mort de Philippe le Bel, les nobles de différentes provinces revendiquent comme un de leurs privilèges l'usage de la guerre particulière. Ils obtiennent satisfaction en 1315, et la *quarantaine le*

. (1) DU CANGE, *Histoire de saint Louis écrite par Joinville, enrichie de nouvelles observations et dissertations historiques.* Dissertation XXIX. *Des guerres privées et du droit de guerre par coutume,* p. 333.

roy tombe en désuétude. Une ordonnance royale de 1330 permet les guerres privées dans toute l'Aquitaine, mais exige qu'elles soient précédées d'une déclaration de guerre et dispose qu'elles seront suspendues pendant les guerres étrangères que le roi aura à soutenir. Les conditions mises à l'exercice du droit de guerre légitiment l'intervention des officiers du roi qui en surveillent effectivement l'accomplissement. L'ordonnance de 1352 veut que le défi soit envoyé par le seigneur qui se met à la tête de l'expédition ; aucun bourgeois n'a le droit de guerre privée. L'année suivante, la *quarantaine le roy* est rétablie. L'ordonnance de 1361 défend pour la première fois d'une manière expresse toutes les guerres particulières « nonobstant les privilèges et usaiges des nobles. »

Six années plus tard, une nouvelle ordonnance d'abolition est rendue nécessaire : « Les inculpés, y est-il dit, peuvent être bannis et leurs plus prochains parents et amis emprisonnés et détenus. » En 1413, un autre édit interdit également la guerre privée. (1). Celle-ci continua de subsister jusqu'à ce que Louis XI eût brisé la féodalité.

En Allemagne, le mal sévit avec intensité : le *Faustrecht*, le droit du poing, est admis avec toutes ses conséquenses ; il est reconnu à tous (2). L'Empire germanique, il ne faut pas l'oublier, bien que pénétré de l'idée monarchique, était en réalité une vaste aristocratie; l'indépendance des vassaux était presque complète, la force du pouvoir central, presque nulle. De là un état de luttes et d'hostilités continuelles. Les empereurs, les villes, les nobles, les simples particuliers essayèrent, à de nombreuses reprises, de porter remède à une aussi déplorable situation. Frédéric Barberousse lutta de toutes ses forces pour assurer le respect de la paix du pays et son exemple fut suivi par ses successeurs. La diète de Nuremberg, tenue par l'empereur, proclama une paix générale ; on défendit les guerres particulières, à moins qu'il ne fût question de venger sa propre injure, son père ou son allié, et l'on ne permit dans ces cas d'attaquer l'adversaire que trois jours après l'avoir

---

(1) A. DU BOYS, *Histoire du droit criminel de la France*, p. 52 et suivantes.

(2) C. G. VON WÄCHTER, *Beiträge zur deutschen Geschichte, insbesondere zur Geschichte des deutschen Strafrechts*, p. 49 et suivantes. — JULIUS BROCK, *Die Entstehung des Fehderechts im deutschen Reiche des Mittelalters.*

solennellement défié. Ces prescriptions furent souvent renouvelées. Le remède était insuffisant. Les *paix conventionnelles* vinrent y suppléer. Il en est un exemple en 1247. L'espèce d'anarchie dans laquelle la déposition de Frédéric II plongea l'Allemagne, avait entraîné le mépris des lois et l'anéantissement de la sûreté et de la tranquillité publiques; les guerres privées avaient dégénéré en de vrais brigandages. La noblesse immédiate de la province rhénane et celle de Souabe, que nulle autorité supérieure ne contenait plus, se distinguaient surtout par une licence effrénée et remplissaient ces provinces de meurtres et de rapines. Les archevêques de Mayence, de Trèves et de Cologne se liguèrent, en 1247, à Worms, et depuis à Mayence, avec les princes les plus exposés à ces ravages et avec plus de soixante villes situées sur les deux rives du Rhin, depuis Zurich jusqu'à Cologne; les alliés s'engagèrent à faire conjointement une guerre perpétuelle aux perturbateurs du repos public.

Le *Faustrecht* fut organisé. Une série de constitutions impériales et, parmi elles, la Bulle d'or de 1356 entrèrent dans les explications les plus minutieuses. Quiconque élève la *Fehde* sans remplir les conditions établies rompt la paix du pays et encourt les peines attachées à cette infraction. La *diffidatio*, le défi, se fait au moyen d'un messager qui porte la provocation au domicile de l'adversaire. La guerre ouverte, respect est assuré aux ecclésiastiques, aux malades, aux pèlerins, aux marchands, aux laboureurs.

Les annales des villes allemandes fournissent un chapitre des plus intéressants à l'histoire de la *Fehde*. La *Stadtfriede*, la paix de la ville, la garantie de sécurité des bourgeois, s'étendait à tous les citoyens et comprenait même l'étranger. Dans l'enceinte de la ville, aucune guerre privée n'est tolérée; hors des limites de la ville, les hostilités étaient permises en ce sens qu'aucune poursuite n'était intentée par les autorités municipales contre les bourgeois qui s'y livraient. De bonne heure cependant, la guerre privée fut défendue entre citoyens d'une même ville, n'importe où elle se fit, et c'est ainsi que, dès 1156, il fut statué à Worms que le bourgeois qui poursuivrait un autre bourgeois en dehors de la cité, dans n'importe quel territoire de l'Empire, serait considéré comme s'il l'avait fait dans la cité même, et puni en conséquence (1).

Plusieurs villes introduisent des dispositions assez curieuses ; elles autorisent la *Fehde* contre les étrangers, mais à condition que celui qui s'y livre renonce à son droit de bourgeoisie. La crainte de la responsabilité dicte cette ligne de conduite. Jusqu'au XVe siècle, on voit les bourgeois des villes demander la « gracieuse autorisation » d'abandonner leur droit de bourgeoisie pour se livrer à la guerre. Naturellement, l'abandon n'est que momentané ; la querelle terminée, les combattants reprennent leur rang dans leurs cités respectives (2).

Les villes elles-mêmes avaient fréquemment des guerres privées, soit contre de puissantes familles, soit entre elles, soit contre leur suzerain.

Du reste, l'Allemagne n'était pas seule à donner un pareil spectacle. En Angleterre, sous Édouard I et Édouard II, les *Cinque ports* et d'autres cités commerciales furent constamment en état d'hostilité avec les habitants des côtes voisines et Hallam a pu dire que près de la moitié des actes de la collection de Rymer témoignent de ces querelles et de celles qui se produisaient avec les marins de Norvége et de Danemark. Les jalousies occasionnèrent même des luttes sanglantes entre différentes villes d'Angleterre. Les villes maritimes de Flandre, de Zélande et de France soutenaient également leurs différends par les armes. (3)

La situation troublée de l'Allemagne donna naissance à une institution spéciale, celle des Austrègues ; des États de l'Empire se constituèrent réciproquement arbitres des différends qui s'élevèrent entre eux.

Il fallut des siècles pour faire disparaître la guerre particulière en Allemagne. En 1495, sous la pression de la terreur inspirée par les Turcs, la paix fut de nouveau proclamée par la diète de Worms, la chambre impériale fut instituée avec juridiction souveraine et mission de juger sans appel tous les différends qui pouvaient s'élever entre les divers membres du corps germanique, mais jusqu'au milieu du XVIe

---

(1) G. VON MAURER, *Geschichte der Städteverfassung in Deutschland*, t. I, p. 369 et suivantes.
(2) Ibid., t. 1, p. 413 et suivantes.
(3) HALLAM, *L'Europe au moyen âge*, ch. VIII, deuxième partie.

siècle, l'édit de Worms dut recevoir plus de vingt-cinq confirmations.

Le droit de guerre privée était également admis en Italie. Il y occasionna les plus grands ravages. Les constitutions impériales applicables à l'Allemagne et à l'Italie essayèrent de remédier à la gravité de la situation. Une de ces constitutions, plus spécialement faite pour l'Italie, ordonna « que tous les ducs, marquis, comtes, capitaines, valvasseurs, gouverneurs de province, consuls et magis-- trats plébéiens des villes, que tous les hommes libres enfin, de l'âge de dix-huit ans jusqu'à celui de soixante, prêtassent serment d'observer et de maintenir la paix et renouvelassent ce serment tous les cinq ans ». La violation du serment était punie par des amendes allant de 100 livres d'or pour les cités jusqu'à 6 livres d'or pour les simples citoyens ; des indemnités proportionnées aux dommages étaient allouées aux victimes de la rupture de la paix. (1)

Cette tentative de Frédéric Barberousse ne fut pas couronnée de succès. La guerre privée se maintint longtemps encore en Italie.

Il est assez intéressant de constater que les *Assises de Jérusalem* gardent le silence sur le droit de guerre privée ; on en peut conclure que celui-ci n'était pas légalement reconnu dans le royaume.

En Suède, cet usage barbare fut florissant jusqu'au milieu du XVIᵉ siècle. Le haut clergé, qui l'exerçait, du reste, également dans l'Europe centrale et dans l'Europe méridionale, mais par des *advocati* ou vidames, y fut le dernier en possession du droit de guerre et, sous Gustave Wasa, il fallut un acte des États pour lui enlever la possession de nombreuses forteresses et remettre la garde de celles-ci au roi.

Ward observe qu'à l'exception de la Pologne, aucun pays n'a conservé la guerre privée aussi longtemps que l'Écosse (2).

(1) Du Boys, *Histoire du droit criminel des peuples modernes*, t. 11, p. 450.

(2) A partir du XVIIᵉ siècle, la guerre privée ne se rencontre plus que très rarement. Ward cite les guerres entreprises pour leur propre compte par Ernest de Mansfeld et par Bernard de Saxe durant la guerre de Trente ans. Ward, *Enquiry into the foundation and history of the law of nations in Europe*, t. II, p. 312.

Réal rappelle également deux exemples tirés du règne de Louis XIV. En 1683, le duc de Bouillon, sujet de la France pour sa personne et sous la protection de cette couronne pour son duché, déclara la guerre aux ennemis de Louis XIV et cette déclaration fut publiée ét affichée dans Paris par ordre du roi. La même année, l'abbé de Stavelot, qui voulait figurer parmi les princes de l'Empire, déclara la guerre à la France. Réal de Curban, *La science du gouvernement*, t. V, p. 343.

La royauté n'y a guère de force. Elle prend des mesures, mais ces mesures ne sont point couronnées de succès. Les Comptes des trésoriers royaux fourmillent d'indications relatives à ce point : nombreuses sont les lettres enjoignant aux nobles de mettre un terme à leurs sanglants démêlés et de porter leurs griéfs devant la justice du prince. Le parlement s'en mêla : il déclara à plus d'une reprise qu'il fallait prendre des mesures pour faire cesser les querelles des nobles ; il désignait nominativement les coupables ; mais tout cela était en vain (1). Et pour compléter le tragique tableau, à côté de ces guerres privées éclataient fréquemment des révoltes contre l'autorité royale. Un auteur anglais du XVIIe siècle a reproché aux Écossais, avec une évidente exagé- ration, d'avoir tué d'une manière barbare quarante de leurs souverains ; il ajoutait que plus de vingt s'étaient soustraits par la mort aux tortures qu'ils craignaient, ou bien avaient péri misérablement. Un siècle auparavant, George Buchanan, le vigoureux monarcho- maque, avait dans le · De jure regni apud Scotos défendu l'idée que le tyran devait être frappé et il avait cité avec complaisance douze mauvais rois d'Écosse qui avaient été emprisonnés, exilés ou tués.

Dans le domaine de la théorie, l'institution de la guerre privée ne pouvait se justifier. Qui dit guerre, dit action de la puissance souve- raine ; la seule guerre possible, c'est la guerre publique. Le droit romain ne s'était point trompé ; il formule nettement le principe : « *Ut armorum usus*, déclare--il, *inscio principe interdictus sit* ». « Que nul n'ait le droit de manier aucune espèce d'arme à l'insu des empereurs et sans les avoir consultés », « *Nulli prorsus, nobis insciis atque inconsultis, quorumlibet armorum movendorum causa tribuatur* », porte la loi de Valentinien et de Valens. Les jurisconsultes du moyen âge, c'est un point que l'on ne saurait assez vivement mettre en lumière, se rallièrent en général à la conception romaine ; leur enseignement est formel à cet égard et, dans le fait, les légistes luttèrent partout pour faire restituer au pouvoir central l'un des plus précieux de ses attributs. Dès le début, ils proclament que celui-là seul qui ne

_____

(1) *Compota thesauriorum*, t. I, Introduction, p. LIX.

reconnaît pas de supérieur a le droit de guerre, et Bartole déclare que
si une contestation surgit entre des villes qui sont soumises à un
souverain, il n'y a point de guerre véritable.

Les jurisconsultes n'étaient pas les seuls à défendre les idées vraies.
Déjà au XIIIe siècle, saint Thomas d'Aquin dont l'influence sur la
pensée médiévale fut énorme, exigeait pour la justice d'une guerre la
réunion de trois conditions en tête desquelles venait l'*auctoritas princi-*
pis cujus mandato bellum est gerendum. Le prince doit autoriser la
guerre ; il n'appartient nullement à un particulier de la faire de son
chef, car, dit l'auteur de la Somme, d'un côté, le particulier peut
poursuivre son droit devant la justice, de l'autre, la convocation des
guerriers est un acte du pouvoir souverain; le gouvernement est confié
au prince, à lui de le défendre.

Saint Thomas d'Aquin établit même une comparaison entre la
guerre et l'exercice de la juridiction.

La question de savoir qui peut déclarer et faire la guerre se ramène
dès lors à une autre question, celle de savoir qui est souverain.

La solution est simple en théorie. Le pape et l'empereur sont
complètement indépendants ; ils ont le droit de déclarer et de faire la
guerre. Mais en pratique, le problème est plus compliqué. Le pape et
l'empereur se proclament les maîtres du monde ; or, de tous côtés
apparaissent des princes ou des villes qui ne reconnaissent aucune
autorité au dessus d'eux. Les jurisconsultes les admettent à l'exercice
du droit de guerre, en même temps que le pape et l'empereur.

L'auteur du *Songe du Vergier* expose nettement la théorie : « Le
prince lequel ne recognoist souverain en terre peut justement faire
guerre en deffaute de justice... Et nul subject sans puissance de son
souverain ne puisse faire guerre, il est escript en une loy, *Codice, ut*
armorum usu, lege prima, lib. XI. (¹) »

Honoré Bonet adopte cette opinion, mais c'est surtout Christine de
Pisan qui lui donne des développements : « Pour declarer le vray a
ceulx quy en ce point pourroyent errer, est assavoir que sans faire
doubte, selonc la determination de droit et des loys n'appartient à nul

---

(1) *Le Songe du Vergier*, première partie, ch. 154.

emprendre guerre ou bataille pour quelconque cause si n'est aux princes souverains sicomme empereurs, rois, ducs, et autres seigneurs terriens lesquels soient mesmement chiefs principaulx de juridictions temporelles. »

Ce point allait devenir un dogme de droit public français. Christine de Pisan veut lui donner une base rationnelle : « Ne a baron quelconque ne aultre tant soit grant n'appartient sans licence, congie et voulente de son souverain seigneur..... Car se aultrement fust de quoy donc serviroyent princes souverains qui pour aultre chose ne furent establis ne mais pour faire droit a ung chascun de leur subgiez qui oppressez seroyent par aulcune extorsion et de les deffendre et garder sy que le bon pastour quy expose sa vie pour ses ouailles. Et pour ce doit fuyr le subjiez au seigneur comme a son refuge quant aulcun grief luy est fait. Et le bon seigneur prendra les armes pour luy, se besoin luy est, c'est-à-dire luy aidera de sa puissance a garder son bon droit soit par voie de justice ou par execution d'armes. (1) » C'était développer en termes littéraires et en style imagé le principe que nous avons vu établi avec tant de netteté par le droit romain.

Dans un de ses *Dialogues entre le maître et le disciple*, Jean Lopez pose la question : « Ceux qui, de fait, ne reconnaissent point de supérieur, comme le roi de France ou les rois d'Espagne, peuvent-ils faire la guerre proprement dite ? » La réponse est affirmative : « Oui, car ils ont les droits du prince et ils ne peuvent avoir recours à un supérieur puisqu'ils n'ont point de supérieur. (2) »

Un jurisconsulte flamand, Philippe Wielant, consacre au droit de la guerre quelques lignes intéressantes. Traitant spécialement de la question de savoir quels princes ont le droit de faire la guerre, il cite le pape et l'empereur, «parce qu'ils n'ont point de supérieur. » Tous les autres princes n'ont, suivant lui, pour faire la guerre, d'autre autorité qu'une autorité *de fait*, parce que, d'après le *droit*, ils doivent reconnaître les supérieurs ; seulement, il ajoute que l'usurpation et l'usage sont

---

(1) CHRISTINE DE PISAN, *Le livre des faits d'armes et de chevalerie*, première partie, ch. 3.

(2) JEAN LOPEZ (JOHANNES LUPUS), *Tractatus dialogicus de confœderatione principum. Tractatus universi juris*, t. XVI, f. 303 et suivants.

contraires à ce dernier principe. Parmi ces autres princes, Wielant cite les rois d'Espagne, d'Angleterre et d'Écosse.

Un homme considérable, Nicolas Everardi, qui occupe successivement les postes importants de président du conseil de Hollande et président du grand conseil de Malines, compose ses *Consilia*. Il y expose que l'on ne peut faire la guerre sans l'autorisation du prince, qui est, en réalité, en la place du peuple romain. « Le droit naturel accommodé à la paix, dit-il, exige qu'il y ait autorisation, qu'il y ait conseil et délibération, qu'avis soit donné aux marchands qu'ils peuvent demeurer en sécurité, au milieu des hostilités. »

Jules Ferretti, fonctionnaire de Charles-Quint, enseigne que tous les princes, à l'exception du pape, sont soumis à l'empereur et en tiennent leurs privilèges. « Ceux qui n'ont pas de privilège, dit-il, sont les usurpateurs des droits et royaumes de l'Empire, sauf ceux qui, par leur courage, ont repris leurs possessions sur les infidèles : tels les rois d'Espagne et de Portugal. »

Alphonse Alvarez Guerreiro soutient, de son côté, que la guerre véritable ne peut être déclarée que par l'autorité césarienne que l'empereur tient du peuple romain, et que si la guerre est faite par l'autorité d'un autre, il ne peut y avoir de droits découlant de la guerre ni notamment un droit de captivité. Seulement il reconnaît que de son époque, de par la coutume qui, dans l'espèce, dit-il, est plutôt une corruption, *corruptela*, tous les rois se déclarent la guerre sans consulter ni pape, ni empereur, et considèrent leur guerre comme une guerre propre et véritable. Il ajoute, il est vrai, que, de droit, le roi d'Espagne ne reconnaît pas l'empereur comme son supérieur, parce que les Espagnols ont arraché leur pays aux mains des infidèles, mais il a soin d'ajouter que les Français sont soumis à l'Empire (1).

François de Vitoria tend à ne reconnaître le droit de faire la guerre qu'à la *respublica perfecta*, entendant par là la communauté qui existe par elle-même, qui a ses propres lois, ses propres magistrats, puisque l'on appelle parfait ce à qui rien ne manque.

Aux noms des rois de France et d'Espagne, Belli ajoute, comme

---

(1) ALPHONSE ALVAREZ GUERREIRO, *Juris pontificii cœsareique speculum,* ch. 41, *De bello justo et injusto.*

étant indépendant de l'empereur, le duc de Milan, qui, « dans ses
États, est un vrai prince et possède la plénitude de la puissance, tout
comme l'empereur ». Il cite aussi les Vénitiens en s'appuyant sur
l'opinion de Bartole et de Balde, car « Venise est, comme le dit Fulgose,
une Rome nouvelle, elle est la patrie commune, elle est régie non par
les lois impériales, mais par la justice naturelle et par le droit
qu'elle-même a fondé (1). »

C'est l'idée renfermée dans la définition célèbre d'Albéric Gentil :
« *Bellum est publicorum armorum justa contentio.* »

Comme le fait observer sir Travers Twiss, d'après la définition de
Gentil, la guerre, dans le sens où ses droits et ses obligations rentrent
dans le domaine du droit public, n'a point lieu entre les personnes
privées. Au contraire, la définition que donna Grotius est absolument
insuffisante : « La guerre, dit ce dernier, est l'état ou la condition de
parties soutenant une contestation par la force. » C'est faire rentrer
dans la terminologie la guerre privée et le duel.

---

(1) BELLI, *De re militari et de bella tractatus*, première partie, *Tractatus
universi juris*, t. XVI, f. 335 et suivants.)

CHAPITRE VI.

LES CAUSES DE LA GUERRE.

Dans les prolégomènes de son traité du *De jure belli ac pacis,* Grotius déclare que ses devanciers n'ont fait en général qu'effleurer les matières qui concernent la guerre. Il range hors de pair Balthazar de Ayala et Albéric Gentil, mais il articule un autre grief contre ceux-ci, c'est de ne pas s'être occupés suffisamment d'un point spécial, la justice ou l'injustice de la guerre. « Ayala, écrit-il, n'a rien dit des raisons pour lesquelles une guerre est appelée juste ou injuste. Gentil a distingué certains chefs généraux qu'il a traités en gros, comme il lui a plu, mais il n'a point touché plusieurs questions belles et curieuses et qui roulent sur des cas très communs. »

Nous l'avons signalé déjà ; Grotius se trompe ; en ce qui concerne plus spécialement les causes de la guerre, s'il est un reproche que ses précurseurs ne sauraient encourir, c'est celui d'en avoir passé l'étude sous silence. (1) La plupart d'entre eux mirent à cette étude un soin extraordinaire et beaucoup aboutirent à de remarquables résultats. Si véritablement une critique pouvait leur être adressée, ce serait d'avoir établi des distinctions péchant par une subtilité trop grande et par une

----

(1) E. Nys, *Le droit de la guerre et les précurseurs de Grotius.* 1882.

acuité de raisonnement exagérée. Le fait est que les juristes scolastiques surtout ont déployé une extraordinaire dialectique due à l'influence toute puissante d'Aristote, qui était leur base philosophique comme saint Augustin était leur base théologique.

Un noble et généreux esprit, auteur d'un des meilleurs ouvrages de droit international et qui, comme Bluntschli le faisait remarquer, ne se contentant point de l'examen de controverses de détail, chercha dans un esprit philosophique à connaître les lois et à en découvrir les motifs, s'est élevé avec force contre l'extrême injustice avec laquelle les juristes scolastiques ont été traités. Lorimer le dit avec raison ; depuis la Réforme, les préjugés des protestants à l'égard des catholiques ont été si violents qu'ils leur ont enlevé jusqu'au moyen de se former une opinion impartiale des auteurs qui appartenaient à la confession romaine. (1)

Il n'était que trop naturel, cependant, que les questions signalées par Grotius fussent élucidées avec un soin extrême, durant le moyen âge. L'étude du droit et de la théologie était en immense honneur ; or, à chaque instant, surgissait le grand problème de la responsabilité en temps de guerre, et l'examen du problème entraînait nécessairement l'étude des causes de la guerre. Il est une autre observation à faire ; l'époque médiévale a produit un grand nombre d'hommes de génie, et considérable est la liste de ses hommes de talent, de ses hommes laborieux, scrutant avec patience les points les plus délicats. Important était le rôle des universités où les maîtres enseignaient avec une incroyable audace. Enfin, ne l'oublions pas, toute la dernière partie du moyen âge a un caractère juridique prononcé ; au fond de toute son histoire se trouve l'idée de droit ; celle-ci en est le principe moteur, comme le principe moteur des temps modernes est d'abord la puissance et plus tard la propagande. (2) Cela est si vrai qu'au XIVe siècle, seuls les juristes sont proclamés capables de gouverner un pays. « Le principal propos et estude d'un roy, lit-on à la fin du premier livre du *Songe du Vergier*, doit estre de bien gouverner son peuple par le conseil des sages, par lesquels je entens

---

(1) JAMES LORIMER, *The institutes of the Law of nations*, 1883. T. I, p. 71.
(2) W. STUBBS,*Seventeen lectures on the study of medieval and modern history and kindred subjects.* p. 240.

principalement les juristes, c'est assavoir qui sont expers en droit canon et en droit civil et ès coutumes et constitutions et loix royaulx. Par le conseil desquels doit estre le peuple gouverné et non par les arciens (1), jaçoit ce qu'ils aient les principes du gouvernement du peuple, c'est assavoir ès livres de ethiques, economiques et politiques. Mais ils ont ceste science en général et ils n'en ont pas la pratique ; ni aussi ne le sauroient mettre à effet..... Les termes et les metes des philosophes sont de bailler les principes du gouvernement du peuple, sans en avoir la pratique ne l'exercice ; mais les juristes si en ont la pratique et l'exercice. »

Les théories médiévales sur le droit de la guerre dérivaient d'une quadruple source : quelques théories romaines, saint Augustin, le droit canonique et, pour celui-ci, tout spécialement le *Décret* de Gratien, enfin la *Somme* de saint Thomas d'Aquin. Des divergences se firent jour chez les auteurs; quelques-uns même émirent des idées originales si pas toujours exactes; dans l'ensemble toutefois la doctrine fut à peu de choses près la même dans toute la chrétienté. L'enseignement et l'application du droit canonique et du droit romain furent, au point de vue de la propagande des notions sur la justice et l'injustice de la guerre, de merveilleux instruments, tout comme le tribunal de pénitence où se posait à chaque instant la question du butin injustement acquis et des violences iniquement exercées.

Les enseignements des auteurs sont intéressants. Ils sont autant de témoignages attestant l'évolution des idées, attestant un continu progrès. Tout cela, ne le perdons pas de vue, a de l'importance. C'est l'idée si vraie de M. Robert Flint, que les théories des penseurs sont des faits historiques, tout aussi bien que les batailles et les victoires, que les événements politiques et les révolutions. (2) Dans le développement complexe de l'humanité, il est beau de constater que bien de généreuses idées remontent plus haut que généralement on le suppose; il est utile de voir qu'à mesure qu'on vérifie et qu'on étudie, il faut reculer vers le passé ; il est juste alors de rendre hommage aux ouvriers de la première heure.

(1) Ceux qui étudient la philosophie.
(2) ROBERT FLINT, *History of the Philosophy of History*, t. I, p. 3.

Nous avons vu déjà la valeur acquise au moyen âge par le *Décret*, œuvre du moine camaldule Gratien dont Dante **devait dire** « que par ses écrits il fut si utile à l'un et l'autre **droit** qu'il fut agréé dans le paradis. » C'est dans la cause XXIII de la deuxième partie du *Décret* que se trouve traitée la question de la guerre. Le titre est *De re militari et bello* et la cause se divise en huit questions.

La première question est ainsi conçue ; « *An militare sit peccatum ?* » « Est-ce un péché de faire la guerre ? » La réponse est raisonnée. Gratien invoque les préceptes de l'Évangile, qui recommande partout la douceur et prohibe la vengeance. Ces préceptes feraient croire que l'emploi des armes est absolument condamné, si les écrits des Pères et la pratique de l'Église n'avaient appris qu'on peut garder dans le cœur l'esprit de modération tout en réprimant ceux qui commettent des injustices, pour les engager à ne plus en commettre à l'avenir. L'auteur admet donc que la guerre peut être légitime, mais c'est à la condition qu'elle soit rendue nécessaire et il exige chez celui qui recourt à la force la modération dans le combat. « La guerre relève de la seule nécessité,..... elle est un état hostile qu'il faut conduire non par cupidité et avec cruauté, mais dans le but d'arriver à la paix..... Soyez pacifiques tandis que vous faites la guerre ; proposez-vous d'amener par la victoire vos adversaires à l'utilité de la paix. *Bienheureux les pacifiques*, dit le Seigneur, *car ils seront appelés les enfants de Dieu*. Si la paix humaine est si douce en procurant le salut temporel, combien plus douce sera la paix divine qui donnera le salut éternel..... La nécessité donc donnera la mort à l'ennemi contre lequel nous luttons, et non la volonté..... Mais de même que la violence est employée contre celui qui résiste et qui lutte, la miséricorde est due au vaincu, elle est due au prisonnier, elle est due à celui dont on n'a pas à redouter un trouble pour la paix. » Le texte de saint Augustin écrivant à Boniface et auquel nous avons déjà fait allusion, est tout entier reproduit.

Gratien emprunte au traité de saint Augustin contre les Manichéens l'énumération des choses répréhensibles dans la guerre : ce sont le désir de nuire, la cruauté de la vengeance, l'esprit implacable et farouche, la sauvagerie dans la lutte, la passion de dominer et tous excès semblables. « Faire la guerre n'est pas un délit, mais la faire pour le butin est un péché, » écrit-il, reproduisant de nouveau les paroles du grand évêque d'Hippone.

Il est, dans le haut moyen âge, deux hommes d'une importance considérable, qui relient l'époque médiévale à la civilisation antique, Boèce et saint Isidore de Séville. L'illustre patricien de Ravenne conserva pour le monde chrétien les idées helléniques. Par ses traductions d'Aristote et de ses commentateurs, il fit connaître la philosophie péripatéticienne ; par la *Consolation philosophique* composée dans sa prison de Pavie, il introduisit les idées platoniciennes. L'évêque de Séville rendit de non moins précieux services; il résuma dans ses *Étymologies* toute la civilisation de l'antiquité et des premiers temps du moyen âge. Son œuvre devint le manuel des écoles ; Bède le Vénérable l'imitait, Alcuin la lisait et Raban Maur la copiait. (1)

Les dialogues de Cicéron *de Republica*, qu'Angelo Mai devait retrouver en grande partie au commencement de ce siècle, semblent avoir été perdus au XIIe siècle. Grâce à Isidore de Séville, une pensée importante de Cicéron a été conservée.

Au dix-huitième livre de ses *Étymologies*, l'évêque de Séville traite de la guerre. Il distingue quatre espèces de guerres, le *justum bellum*, l'*injustum bellum*, le *civile bellum* et le *plusquam civile bellum*. Par ce dernier terme, il désigne la guerre entre généraux unis par des liens de famille. « *Justum bellum*, dit-il, *est quod ex prædicto geritur de rebus repetitis, aut propulsandorum hostium causa. Injustum bellum est quod de furore, non de legitima ratione initur. De quo in Republica dicit Cicero: Illa injusta bella sunt, quæ sunt sine causa suscepta. Nam extra ulciscendi, aut propulsandorum hostium causâ, bellum justum geri nullum potest. Et hoc idem Tullius paucis interjectis subdidit : Nullum bellum justum habetur, nisi denunciatum, nisi indictum, nisi de repetitis rebus.* » (2) Toutes les guerres entreprises sans motifs étaient donc

---

(1) Bourret, *L'École chrétienne de Séville sous la monarchie des Visigoths*, p. 102.
(2) Ce passage ne se retrouve point dans le palimpseste déchiffré par l'érudit Mai. Dans le *De officiis*, Cicéron proclamait que toutes les conditions qui rendent la guerre juste étaient admirablement réglées par le droit fétial du peuple romain.

injustes, d'après Cicéron, qui ajoutait, peu après, qu'aucune guerre n'est
réputée juste si elle n'est annoncée, si elle n'est déclarée, si elle n'a
pour but une demande de restitution. Dans l'esprit d'Isidore, les mots
ex prædicto impliquaient la nécessité d'une déclaration de guerre.
Gratien qui reprit le passage, remplaça ces mots par les mots *ex edicto*,
prétendant ainsi qu'il fallait une autorité ordonnant de faire la guerre.
Gratien ajoute, du reste, une pensée de saint Augustin. « On définit les
justes guerres : celles qui vengent les injures, par exemple dans le cas
où quelque peuple ou cité doit être poursuivi par les armes comme
ayant négligé de réprimer ce que l'un des siens a fait de mal, ou de
rendre ce qui a injustement été enlevé. Mais cette autre guerre est
juste incontestablement, qui est ordonnée par Dieu, en qui il n'y a
point d'iniquité et qui sait quelle rétribution est due à chacun ; car
alors celui qui dirige les armées et la multitude qui les compose sont
moins réputés les auteurs de la guerre que les exécuteurs d'une volonté
plus haute. »

Nombreux, nous l'avons déjà dit, furent les auteurs qui discutèrent
les conditions requises pour que la guerre soit juste.

Deux courants se produisent ; tandis qu'une partie des auteurs est

---

« Ce droit nous apprend, disait-il, qu'aucune guerre ne peut être juste, si avant de
la faire on n'a demandé satisfaction, si on ne l'a pas déclarée, signifiée au peuple
auquel on doit la faire. »

Il est un passage du traité *de la République* qui nous a été conservé dans la *Cité de
Dieu* de saint Augustin. « Je sais, dit l'évêque d'Hippone, que dans le troisième
livre du traité *de la République* on soutient qu'une sage république n'entreprend
jamais de guerre, hormis pour le devoir et pour le salut : *Nullum bellum suscipi a
civitate optima nisi aut pro fide aut pro salute.* » Ailleurs, pour expliquer ce qu'il
entend par le salut de l'État, et de quel salut il veut parler, Cicéron s'exprime ainsi :
« Ces peines, dont les esprits les plus grossiers ont le sentiment, la pauvreté, l'exil,
la prison, les tourments, on s'y dérobe individuellement, à la faveur d'une prompte
mort. Mais pour les États, la plus grande peine est cette même mort qui paraît un
refuge pour les individus. Un État, en effet, doit être constitué pour vivre éternel-
lement. Il n'y a donc pas pour une république de destruction naturelle, comme
pour l'homme à qui la mort est non seulement nécessaire, mais aussi désirable.
Qu'une république disparaisse, soit détruite, anéantie ; c'est, dans la proportion de
la grandeur à la petitesse, quelque chose de semblable à la ruine et à la destruction
même de l'univers. » Il y a certes de la grandeur dans ces idées, dit Villemain ;
elles sont bien d'un Romain, d'un citoyen de la ville éternelle.

sinon très favorable à la guerre, du moins portée à l'excuser, une autre partie s'en montre l'adversaire irréconciliable. Un des beaux génies du moyen âge, l'auteur de la *Summa aurea*, Henri de Suse, cardinal-évêque d'Ostie, va jusqu'à dire que toujours la guerre est présumée injuste et condamnable et que la preuve de sa justice et de sa légitimité doit être fournie ; d'autres écrivains, au contraire, voient dans la guerre un fait normal. Au début du XVIᵉ siècle, Jules Ferretti proclame que, dans le doute, juste est toute guerre déclarée par l'empereur, par le pape ou par des princes ne reconnaissant pas de supérieurs. Balthazar de Ayala dont le livre parut en 1582, enseigne que pour qu'une guerre implique tous les droits de la guerre, il suffit qu'elle soit faite par des personnes rentrant dans la définition du terme *ennemis* et ayant le droit de faire la guerre.

Un dominicain espagnol, saint Raymond de Peñaforte, qui avait été chargé par Grégoire IX de faire la collection des décrétales que ce pape publia en 1234, a écrit une *Somme* d'une très grande importance pour la question de for interne.

Dans l'évolution de l'idée de pénitence et de satisfaction à offrir pour le péché, il se fit que peu à peu le confesseur fut envisagé comme exerçant réellement une juridiction, comme siégeant en juge. Auparavant, le formalisme régnait dans la confession qui était un acte purement religieux. La confession devenue obligatoire au commencement du XIIIᵉ siècle, le confesseur n'eut plus à s'occuper exclusivement de questions morales.

Déjà un Anglais, Robert de Flamesbury, avait tracé la voie. Raymond de Peñaforte, canoniste consommé, le suivit et, après lui, apparurent de nombreux auteurs de *Sommes*, dont plusieurs furent invoqués par Grotius, dans l'œuvre de sa jeunesse, le *De jure prædæ commentarius*. Là, étaient examinés de nombreux cas ; là, étaient établies des distinctions ; là, étaient alignés les motifs que l'on pouvait invoquer pour ou contre telle ou telle solution.

Le droit de la guerre n'échappe point à l'examen de Raymond de Peñaforte et, au livre II, titre V, *De raptoribus et prædonibus*, il examine les conditions de la guerre juste, qu'il range sous cinq catégories :

persona, res, causa, animus, auctoritas. Il faut une personne laïque, et non religieuse ; des choses doivent avoir été enlevées et la patrie doit être défendue ; la guerre doit être nécessaire en vue d'arriver à la paix ; la pitié, la justice, l'obéissance doivent animer le combattant, non la haine et la cupidité ; l'autorité doit ordonner les hostilités.

Henri de Suse, évêque de Sisteron, puis d'Embrun, enfin cardinal-évêque d'Ostie, adopte une division de la guerre qui est fréquemment suivie au moyen âge (1).

Il distingue sept espèces de guerres :

1° Le *bellum romanum*, qui se fait entre fidèles et infidèles. Cette guerre est juste, dit l'illustre canoniste, et son appellation vient de ce que Rome est la mère de notre foi.

2° Le *bellum judiciale*, qui se fait par les fidèles, en vertu d'un ordre émané du juge. Cette guerre aussi est légitime.

3° Le *bellum præsumptuosum*, la lutte des rebelles contre l'autorité, guerre injuste.

4° Le *bellum licitum*, guerre juste, autorisée par le prince.

5° Le *bellum temerarium*, guerre injuste faite par les fidèles à l'autorité légitime.

6° Le *bellum voluntarium*, guerre injuste des fidèles agissant de par leur seule volonté.

Enfin 7°, le *bellum necessarium*, que les fidèles doivent faire, contraints et forcés, pour se défendre contre l'ennemi.

Au XIIIᵉ siècle, un recueil juridique des plus étonnants fut composé en Espagne. Ce sont les *Siete Partidas* que nous avons déjà invoquées ; elles s'occupent à la fois de droit ecclésiastique, de politique, de législation civile, de procédure, de droit pénal et elles renferment sur toutes ces matières une prodigieuse abondance de données. Le droit de la guerre y est traité avec de grands développements et les *Siete Partidas* constituent ainsi un monument précieux pour l'histoire du droit international. Un caractère de rare précocité distingue la législation espagnole du moyen âge et plus spécialement les *Siete Partidas*. Celles-ci surtout sont fréquemment en avance de plusieurs

---

(1) Henri de Suse (Hostiensis), *Aurea Summa*, Lib. I, Rub. XXXIV, *de treuga et pace*.

siècles sur les lois des autres peuples ; l'Espagne médiévale semble avoir reçu en héritage la force législative des Romains.

La rédaction des *Siete Partidas* se place entre 1256 et 1265. Saint Ferdinand avait tracé le plan d'un code uniforme qui devait comprendre sept parties et s'appeler *Septenario*. La mort le frappa avant qu'il eût réalisé son projet ; mais son fils Alphonse X, *el Sabio*, le savant, le sachant, pour être plus exact, n'oublia point l'idée : en tête des *Siete Partidas*, il fit figurer une touchante allusion aux efforts de son illustre prédécesseur.

L'œuvre s'appuyait sur le droit canonique et sur le droit romain. Elle n'eut point immédiatement force légale ; le but même du roi semble avoir été de rédiger un livre de doctrine pour les princes et pour les peuples. Elle n'en conquit pas moins assez rapidement une grande autorité. En 1348, du consentement des Cortès réunies à Alcala, Alphonse XI en publia une partie à la suite de son célèbre *Ordenamiento* ; ce dernier acte fut confirmé par Henri II aux Cortès de 1367 et, à partir du règne de Ferdinand et d'Isabelle, l'autorité du *Siete Partidas* fut incontestée.

D'après la compilation alphonsine, il y a dans la guerre du bien et du mal. D'après la même compilation, la guerre se divise en quatre espèces : la guerre juste, la guerre injuste, la guerre civile et la guerre plus que civile. Alphonse X suit ici, rappelons-le, la division introduite par Isidore de Séville. Quant aux raisons de la guerre juste, il en énumère trois : l'intérêt de la foi en vue de son accroissement et de la destruction de ses ennemis ; la défense du roi ; l'honneur et l'existence du pays. « Il est, déclare-t-il, utile de s'enquérir de la justice de la guerre, car si celle-ci est juste, on est assuré de l'assistance de Dieu ; de plus, le courage des combattants augmente ; les amis sont disposés à prêter leur aide ; enfin, l'ennemi s'effraie. » C'est la pensée que les anciens aimaient à exprimer et que Bossuet a développée en termes magnifiques dans sa *Politique tirée de l'Écriture*. « Une bonne cause ajoute aux autres avantages de la guerre, le courage et la confiance. L'indignation contre l'injustice augmente la force et fait que l'on combat d'une manière plus déterminée et plus hardie. On a même sujet de présumer qu'on a Dieu pour soi, parce qu'on y a la justice dont il est le protecteur naturel. On perd cet avantage quand on fait la guerre sans nécessité et de gaîté de cœur : de sorte que, quel que puisse être l'événement selon les terribles et profonds jugements de Dieu, qui distribue la victoire par des ordres et par des ressorts très cachés, lorsqu'on ne met pas la justice de son côté, on peut dire, par cet endroit-là, que l'on combat toujours avec des forces inégales. »

Saint Thomas d'Aquin rédigea sa *Summa totius theologiæ* entre 1263 et 1269. Il n'était point juriste, mais il exerça sur ceux qui cultivaient le droit canonique l'influence la plus considérable.

La question de la justice de la guerre est examinée au premier article de la quarantième question de la deuxième section de la deuxième partie. L'auteur dit que la guerre déclarée pour la défense de l'État et pour le bien général par celui qui est chargé de l'administration du pays, n'est pas coupable si elle est faite avec une intention droite; mais que dans d'autres circonstances, elle est illicite.

Pour que la guerre soit juste, il exige trois conditions, qu'il développe en ces termes :

« 1º L'autorité du prince d'après l'ordre duquel on doit faire la guerre. En effet, il n'appartient pas à un particulier de faire la guerre, parce qu'il peut avoir recours, pour la défense de son droit, au jugement de son supérieur. Ce n'est pas non plus au particulier à convoquer la multitude comme il faut le faire pour combattre. Mais parce que le soin de l'État est confié aux princes, il leur appartient de défendre la cité, le royaume ou la province qui se trouve sous leurs ordres.

« 2º Il faut que la guerre ait une cause juste, c'est-à-dire que ceux qu'on attaque aient mérité d'être attaqués pour avoir commis une faute. Aussi, saint Augustin dit-il : « On a coutume d'appeler justes les guerres qui ont pour but la vengeance d'une injure, quand il s'agit, par exemple, de châtier une nation ou une cité qui n'a pas voulu punir une mauvaise action commise par les siens, ou rendre ce qui a été ravi injustement.

« 3º Il faut que l'intention de ceux qui combattent soit droite, en d'autres termes qu'ils se proposent de faire le bien ou d'éviter le mal. Cela a fait dire au même docteur que les vrais adorateurs de Dieu

regardent comme justes et saintes les guerres qui ne sont pas entreprises par cupidité, ni par cruauté, mais que l'on fait par l'amour de la
paix, dans le but d'humilier les méchants et d'assister les bons. Par
conséquent, il peut arriver que, quoique la guerre ait été légitimement
déclarée et pour un juste motif, elle n'en soit pas moins illicite en
raison de la perversité de l'intention de celui qui la fait, car saint
Augustin l'a dit : « L'envie de nuire, la cruauté de la vengeance, un
inexorable courroux que rien ne parvient à apaiser, la férocité de
l'attaque, la passion de la domination et tous les autres excès
semblables, méritent à juste titre d'être condamnés dans la guerre. »

Saint Thomas d'Aquin insiste d'ailleurs sur ce point que ceux qui
font de justes guerres ont pour but la paix et sont uniquement
contraires à cette paix mauvaise que le Christ n'est point venu apporter
sur la terre, comme le dit l'évangéliste. Il rappelle la pensée de saint
Augustin : On ne demande pas la paix pour arriver à la guerre, mais on
fait la guerre pour obtenir la paix. « Soyez donc, s'écrie-t-il, pacifiques
en combattant, afin que vous ameniez ceux que vous combattez à une
paix avantageuse après les avoir vaincus. »

Parmi ceux qui inspirèrent les auteurs figure un moine franciscain,
Monalde, qui composa, dans tous les cas avant 1274, une *Summa*
fondée à la fois sur le droit romain et sur le droit canonique. Il traite
de la guerre juste et se relie à Gratien. Important est son ouvrage, qui
servit de manuel aux confesseurs.

Un des grands canonistes français, Henri Boich, qui professait à Paris
au milieu du XIVᵉ siècle, adopte dans ses *Commentaria in quinque
Decretalium libros*, la division de Henri de Suse, les sept espèces de
guerres. Il prêche cependant la paix et rappelle les paroles du
Psalmiste : « *Mansueti autem hœreditabunt terram et delectabuntur in
multitudine pacis* », et celles de l'Évangile : « *Beati pacifici quia filii
Dei vocabuntur* ». (1)

Dans la deuxième moitié du même siècle, un auteur que l'on suppose
être le chevalier Geoffroy de la Tour-Landry, composa le *Guidon des
guerres*. Les causes de la guerre y sont peu examinées ; la majeure

---

(1) Henricus Boich, *In quinque Decretalium libros commentaria*. Édition de
Venise, 1576, p. 145.

partie de l'ouvrage est consacrée à des dissertations sans valeur sur les devoirs des princes et les qualités des chevaliers. (1)

Les commentateurs du droit romain examinèrent également le problème. « Pris en soi, dit la glose, le droit des gens est inique, parce qu'il produit des choses injustes; mais il devient équitable si les guerres qui en résultent sont déclarées par l'empereur et par le peuple romain. » Azon écrivait que celles-là seules sont guerres de droit des gens, qui sont déclarées par l'empereur ou par le peuple romain. Balde et Ange de Pérouse enseignaient que le droit des gens ne naquit pas avec le genre humain, mais qu'il se développa avec les besoins de l'homme ; que par conséquent les guerres ne naquirent pas avec les premiers hommes, mais furent introduites quand les hommes se fixèrent en différents pays, et qu'elles furent faites pour défendre les terres occupées. Balde, qui admet une triple espèce de guerre, la guerre d'invasion, la guerre de défense et la guerre de recouvrement, *bella invasionis, defensionis et recuperationis*, disserte sur les modes dont la guerre peut être injuste. Il en admet cinq, en s'appuyant, en fait, sur Raymond de Peñaforte. Comme ce dernier, en effet, il exige les cinq conditions *persona, res, causa, animus* et *auctoritas*. Celui qui fait la guerre doit pouvoir la faire ; la chose pour laquelle elle est faite doit être juste ; la guerre doit être nécessaire et non pas volontaire ; l'intention ne peut être la vengeance ; enfin, le prince qui déclare la guerre doit avoir le droit de la déclarer.

La plupart des civilistes suivirent cependant saint Thomas d'Aquin et ramenèrent les conditions à trois rubriques : la personne, la cause, l'intention.

Jean de Legnano est contemporain de Balde. Il émet au sujet de la guerre des idées étranges. Canoniste et civiliste, il s'occupait également d'astrologie et on s'explique ainsi les développements auxquels il s'abandonne. Il donne de la guerre une définition très générale : « *Bellum est contentio exorta propter aliquid dissonum appetitui humano propositum ad dissonantiam excludendam tendens.* » La guerre se divise en guerre spirituelle et en guerre corporelle. La guerre spirituelle, *bellum spirituale*, est céleste ou humaine ; la guerre corporelle, *bellum*

(1) *Le Jouvencel de Jean de Bueil.* Introduction par Camille Favre, p. CCXCVIII.

corporale, est universelle ou particulière. Le *bellum spirituale cœleste*, c'est la lutte des anges rebelles contre Dieu ; le *bellum spirituale humanum*, c'est le combat que l'homme soutient contre ses passions et qui a son origine dans le démon. Aux guerres spirituelles correspondent les guerres corporelles, car tout acte corporel est inspiré par l'élément céleste et, de là, la lutte, c'est-à-dire une répugnance virtuelle. Cette répugnance a son fondement dans les astres. Jean de Legnano qui, nous l'avons dit, s'adonne à l'astrologie, prétend le démontrer ; son idée favorite est que le monde ne saurait durer sans guerre ; il n'ose affirmer cette proposition d'une manière absolue, mais il déclare ne voir aucun péché à l'admettre.

Il constate l'influence des astres chez tout homme ; il la voit dans les gouvernements. Or, dit-il, la guerre a pour but de remédier à la *repugnantia* qui naît ainsi. Comme telle, elle provient de Dieu, duquel dérive toute faculté qui tend au bien. « La guerre juste, en effet, dit Jean de Legnano, a en vue le bien, car son but est la paix et le repos de l'univers. Dieu, en l'autorisant, agit en médecin ; conservateur du monde, il commande la guerre pour détruire les crimes et les délits. L'action du Créateur sur la terre s'opère au moyen des corps célestes dont les effets sont divers (1). »

Notons-le, l'astrologie judiciaire, cultivée par les prêtres de la Chaldée et de l'Égypte, par les Grecs et les Romains, exerçait au moyen âge un grand prestige. L'influence des mathématiciens était venue s'ajouter à celle d'Aristote enseignant que les astres ayant reçu l'impulsion du moteur premier et la communiquant au reste de la nature, ils servaient d'intermédiaire entre Dieu et les êtres inférieurs (2). L'empereur Frédéric II croyait aux prédictions des astrologues dont il s'entourait. Plus tard, nombre de rois et de princes firent mettre l'astrologie au service de la politique. Rome elle-même ne put échapper à l'entraînement général et Paris de Grassis, le maître des cérémonies de la chapelle pontificale, nous montre dans son *Diaire*, le pape Jules II acquiesçant, en apparence, aux indications des

---

(1) JEAN DE LEGNANO, *Tractatus de bello. Tractatus universi juris*, t. XVI, fol. 371.
(2) CHARLES JOURDAIN, *Excursions historiques et philosophiques à travers le moyen âge*, p. 561.

astrologues, bien qu'il ne fît aucun cas de leur vaine science, mais pour
ne point contrarier les préjugés reçus.

A son tour, un grand écrivain arabe du XIVe siècle, dont M. Robert
Flint a pu dire que comme théoricien de l'histoire, il n'eut avant Vico
d'égal à aucune époque, ni dans aucun pays, Mohammed Ibn Khaldoun,
expose ses idées sur les causes de la guerre dans ses *Prolégomènes
historiques* [1].

« Les guerres et les combats de toute espèce, dit-il, n'ont jamais
cessé d'avoir lieu entre les hommes depuis que Dieu les a créés. Ces
conflits prennent leur origine dans le désir de quelque individu de se
venger de quelqu'un... La guerre est naturelle à l'homme ; il n'y a
aucune race, aucun peuple chez lequel elle n'existe pas. Le désir de se
venger a ordinairement pour motif la rivalité d'intérêts et de jalousie,
ou bien l'esprit de violence, ou bien la colère qui porte à châtier les
ennemis de Dieu et de la religion, ou bien encore celle que l'on ressent
quand il s'agit de défendre l'empire et d'y maintenir l'ordre. Dans les
deux premiers cas, la guerre est inique et méchante ; dans les deux
derniers, elle est juste et sainte. » [2]

Vers la fin du XIVe siècle, Honoré Bonet, prieur de Selonnet, dédia
à Charles VI son livre *L'Arbre des Batailles*. L'auteur explique ce titre
singulier. « Si m'est venue une telle imagination que je face un arbre
de deuil au commencement de mon livre sur lequel vous pourrez au
dessus tout premièrement veoir les regens de Sainte Eglise estre en si
tresfière tribulation que oncques plus fière ne fust... Après vous
pourrez veoir la grant dissention qui est aujourd'huy entre les roys et
princes chrestiens. Vous pourrez après veoir la grant angoisse et
discort qui est entre les communautez, et selon cet arbre j'ordonnerai
mon livre en quatre parties. » L'ouvrage de Bonet s'occupe, en effet,
des tribulations de l'Église avant et après la venue de Jésus-Christ, de
la destruction et des tribulations des « quatre royaulmes » de Babylone,
de Carthage, de Macédoine et de Rome, des batailles en général et des
batailles en « especial ». Les deux dernières parties constituent un

---

[1] ROBERT FLINT, *History of the philosophy of history*, t. I, p. 86.
[2] *Notices et extraits des manuscrits de la Bibliothèque nationale et autres biblio-
thèques*, publiés par l'Institut de France, t. XX. 1re partie, p. 75.

véritable traité du droit de la guerre et sont un des plus précieux monuments de notre science.

Honoré Bonet est un contemporain des grands commentateurs ; aussi l'*Arbre des Batailles* est-il rempli de passages littéralement traduits des écrits des maîtres italiens. Il procède partiellement de Jean de Legnano et emprunte à celui-ci, ou peut-être bien à un maître commun, — car les auteurs du moyen âge se pillent sans vergogne : ils appellent cela *piscari*, pêcher, ou *convasare* — les innocentes rêveries que nous venons de résumer au sujet des causes naturelles de la guerre.

« Selon les maistres ès lois, bataille n'est autre chose sinon aucune discort ou debaz lesquels sont venuz pour aucunes choses desplaisantes à la volonté humaine, pour celui debaz retourner en accord et à raison. » Il n'est pas possible que le monde soit en paix. « C'est impossible chose que le ciel se repose, c'est à dire qu'il ne remue pas de ung lieu. Car continuellement qu'il se retourne d'Orient en Occident, ce n'est pas sans soi remouvoir, ce qu'il fait chaque jour. Les corps terriens se meuvent au mouvement du ciel. Item plus fort ; les corps terriens se gouvernent par les corps célestiaulx selon que dient les philosophes. Mais il est clere chose que les corps célestiaulx font venir es choses terriennes natures repugnans et diversitez de condition. »

Honoré Bonet développe cette pensée. « Il y a plusieurs citez qui du commencement qu'elles furent faites toujours se sont entramées sans que leur amour soit venu par mérite ne par service que au commencement ne depuis l'une ait fait à l'autre. Et si trouvez d'autre part aucunes villes et citez qui de leur premier commencement sans que l'une ait à l'autre point fait de mal, toujours sont en haine. » (1)

Nous citons le passage à titre de curiosité ; mais il nous faut mentionner qu'Honoré Bonet remonte, dans un autre passage, à l'origine du droit de commander. Il demande d'où vient « juridiction et seignorie. » « Je te dy, accordant au Décret, répond-t-il, que elle vient par l'ordonnance de Dieu..... Mais si aucun vouloit arguer en disant que oncques au commencement du monde Dieu ne ordonna à homme qu'il tenist seignorie sur les aultres, j'espère que c'est vérité. Mais il

---

(1) HONORÉ BONET, *L'Arbre des Batailles*, troisième partie, chapitre II.

ordonna aux hommes raison, sens et discretion afin que ils deussent vivre raisonnablement, car en toutes choses qui ont membres, il est de necessité qu'il y ait ung chief et là où il n'y a chief, certes il n'y peut avoir nul regime de bonne ordonnance. Toute juridiction juste et vraie vient de Dieu et par election des hommes. »

Christine de Pisan procède d'Honoré Bonet. Une partie du *Livre des faits d'armes et de chevalerie* est originale ; une autre partie est empruntée à Frontin ou à Végèce ; une autre partie enfin comprend un dialogue vif et intéressant où Honoré Bonet et Christine de Pisan discutent diverses questions concernant la guerre. Les *Stratagèmes*, composés par Frontin sous Dioclétien, et les *Institutions militaires*, écrits par Végèce sous Valentinien, formaient pour l'art militaire des documents consultés et respectés.

Le chapitre IV de la première partie du *Livre des faits d'armes et de chevalerie* est tout entier consacré à l'étude de la question de savoir « quels sont les mouvements dont premièrement sourdent guerres et batailles. » « En cette chose bien avisé me semble, dit Christine, que communement cinq mouvemens principaulx il y a sur quoy les causes de guerre sont fondées, dont les trois sont dedroit et les aultres de volonté. » (1)

Les causes de droit sont :

1° « Pour soutenir droit et justice.

------

(1) Nous citons d'après le manuscrit de la Bibliothèque royale de Bruxelles, nᵒ 9010. En 1488, Vérard imprima à Paris *L'Art de Chevalerie selon Végèce*, suivi du *Livre des faits d'armes et de chevalerie*. En réalité, l'ouvrage appartient à Christine de Pisan ; seulement dans tous les passages où l'auteur se met en scène, le genre féminin est remplacé par le genre masculin ; c'est un homme, non une femme qui parle. Vérard n'a fait qui suivre le texte de certains manuscrits. La Bibliothèque royale de Bruxelles possède un manuscrit intitulé *Li ars de guerre*, qui est tout simplement le texte de Christine avec la modification adoptée par Vérard. C'est le nᵒ 10205.

Des auteurs ont assez longtemps contesté que Christine de Pisan eût composé le *Livre des faits d'armes et chevalerie*. Le grand imprimeur William Caxton ne s'était point trompé. A la fin de sa belle édition de 1489, se trouvent les lignes suivantes : « Thus endeth this boke whiche Xhrystyne of pyse made and drewe out of the boke named Vegecius de re militari and out of tharbre of bataylles. » Il explique que le manuscrit français lui fut confié par Henri VII qui désira le voir traduit et imprimé « afin que les gentilshommes qui embrassaient le métier des armes fussent mis à même de savoir comment ils devaient se conduire en la guerre. »

2° « Pour contrester aux mauvais qui voudroient fouler, grever et oppresser la contrée, le pays et le peuple.

3° « Pour recouvrer terres, seignories ou aultres choses par aultruy ravies et usurpées à injuste cause, quy au prince ou à la juridiction du pays ou des subgiez deussent appartenir. »

Les causes de volonté sont :

1° « Pour venger pour aucun grief recheu d'aultruy.

2° « Pour conquerre ou acquerre terres et pays estrangers. »

La première des causes de droit est examinée avec le plus grand soin et Christine arrive à la subdiviser en trois causes :

1° Le soutien de l'Église et de son patrimoine. Tout chrétien y est tenu.

2° L'assistance du vassal, si celui-ci la requiert, s'il a juste querelle et si le prince s'est au préalable efforcé d'arranger le différend.

3° L'aide à porter à tout baron ou à tout autre « son ami », ou à tout pays, si bien entendu, la querelle est juste.

Il est digne de remarque que Christine ne soumet pas ces causes à l'appréciation du prince seul, mais qu'elle enseigne que celui-ci doit consulter des « sages ». En temps de guerre, est-il dit, « le prince assemblera grand conseil des saiges en son parlement ou en celui de son souverain s'il est subgiet et non nie seulement assemblera ceulx de son pays, afin que hors en soit de tout soupçon de faveur, mais aussi de pays ostrange que on sache non adherens à nulle partie, tant anchiens nobles comme juristes et aultres; presens yceulx, proposera ou fera proposer tout au vrai sans paliation ». Il y avait des précédents. Par la convention de Calais du 24 octobre 1360, le roi Jean avait cédé à Édouard III, le Ponthieu, le Poitou et la Guyenne, mais il restait souverain de ces pays. C'était du moins là l'interprétation française. A son avènement au trône, Charles V prépara la procédure qui devait lui faire restituer les terres cédées, sans que le droit fut lésé, du moins en apparence. Plusieurs nobles de Guyenne articulèrent leurs griefs et demandèrent au roi de France la permission d'interjeter appel à la cour des pairs des injustices commises. Le roi assembla plusieurs fois son conseil et voulut avoir les avis des universités de Bologne, de Montpellier, de Toulouse et d'Orléans, et de plusieurs savants personnages de Rome. La réponse ne lui laissant aucun doute sur son prétendu bon droit, les lettres d'ajournement du prince de Galles furent expédiées. Plus tard, Charles V consulta les députés des trois ordres et finalement la cour des pairs rendit un arrêt par lequel la Guyenne et toutes les autres terres que le roi d'Angleterre possédait en France, étaient confisquées au profit de Charles V et réunies à son domaine. Le 4 mai 1370, des lettres patentes du roi confirmaient cet arrêt.

Entre 1413 et 1420, Arnold Geilhoven écrivait dans le cloître de Groenendael, près de Bruxelles, le *Speculum conscientiæ quod gnotosolitos dicitur*. Le *Gnotosolitos* était en réalité le γνῶθι σεαυτόν, connais-toi toi-même. Originaire de Rotterdam, Arnold avait étudié le droit canonique en Italie, sous des maîtres comme Gaspard Calderini et Zabarella, puis il était entré dans la congrégation des chanoines de saint Augustin. Son œuvre est sans personnalité. Observons toutefois qu'à l'occasion du précepte *Non occides*, l'auteur reproduit la septuple division de la guerre que nous avons rencontrée chez Henri de Suse. Il rappelle également que selon le sentiment des auteurs, dans la guerre juste le vainqueur n'est point tenu à restitution [1].

Un livre intéressant fut écrit par Jean Tibergeau, seigneur de la Motte, Martin Morin et maistre Riolay, sous la dictée de Jean de Bueil, comte de Sancerre, que sa bravoure avait fait appeler le fléau des Anglais.

L'époque à laquelle se rapporte principalement le *Jouvencel* est l'intervalle important qui s'écoule depuis 1424 jusqu'en 1453. Le *Jouvencel* est l'histoire d'un jeune homme nouvellement initié aux armes et arrivant à de hautes destinées : l'auteur le montre d'abord dans l'état monostique, c'est-à-dire solitaire, n'ayant à répondre que de sa personne ; ensuite dans l'état économique, c'est-à-dire préposé à la conduite de plusieurs autres hommes ; enfin, dans l'état politique, comme chef d'un grand pays. Le *Jouvencel*, c'est Jean de Bueil lui-même, et le but de l'auteur qui, retiré dans ses terres, entreprit la composition de son roman en 1462, est de faire profiter de son expérience les jeunes nobles en âge de servir et de leur enseigner à obéir, à combattre et enfin, à commander.

---

(1) ARNOLDUS DE ROTTERDAM, *Speculum conscientiæ quod gnotosolitos dicitur.* Bruxellis. Apud Fratres vitæ communis, 1481. Rubrica secunda libri primi. Caput V. *Non occides.* Quæstio 37, De bello.

L'auteur de *Jouvencel* fait connaître les lois de la guerre relatives aux prisonniers, au partage et à la distribution du butin, au sauf-conduit. Il prêche l'équité, la bonne foi, la probité qui seules, selon lui, peuvent ramener la paix, « ce bien préférable à toute la gloire des armes et qui, dès l'origine du monde, aurait tari les sources funestes de la guerre, sans la malheureuse défiance et la jalousie qui fait continuellement armer les princes les uns contre les autres. » Mais la guerre peut être « en bonne querelle », et alors « c'est justice, c'est défendre droicture. »

Le métier des armes séduit Jean de Bueil ; il aime sa profession ; il en parle avec enthousiasme. Il exalte le courage guerrier : « Quiconque est à la tête d'une grande armée doit se montrer au grand jour, aller la tête haute, et ne marcher que quand le soleil est assez haut pour faire briller ses armes, alors que le soleil peut luire sur son garde-bras. » Il rappelle le mot de Lahire « le bon capitaine » à un de ses soldats : « Si tu veux te garder de n'avoir jamais peur, garde que tu sois toujours à frapper les premiers coups. » Il ne se dissimule pas les souffrances de la guerre, mais ces souffrances n'atteignent que les âmes communes. Pour les âmes élevées, le réconfort est en Dieu. « Les souffraités, dangiers, paouvretez et disettes qui naissent, passent joyeusement ; car au monde n'est tel plaisir à gens qui ont noble cœur et la vertu de force et de confiance. Rien n'est-il tel que la vie de la guerre. C'est un plaisant métier et bon à jeunes gens ; ils sont aimez de Dieu et de tout le monde : on s'entr'aime tant à la guerre (1). »

Il glorifie le métier des armes : « celles-ci paient toujours le souldoyer, car, ou il meurt, ou il vit dans une pauvreté honorable, enfin, il peut devenir le plus grand empereur du monde. »

De la première moitié du XVe siècle datent un travail composé en Angleterre touchant le droit de la guerre. L'auteur est Nicolas Upton ; le livre est intitulé : *De studio militari libri quatuor*. Upton

---

(1) LA CURNE DE SAINTE PALAYE, *Notice sur deux manuscrits du livre intitulé le Jouvencel, conférés avec l'exemplaire imprimé à Paris en 1529. Mémoires de littérature tirés des registres de l'Académie royale des inscriptions et belles-lettres,* t. XXVI. *Le Jouvencel de Jean de Bueil.* Introduction par CAMILLE FAVRE ; texte établi et annoté par LÉON LECESTRE. Paris, 1887 et 1889.

avait accompagné l'armée anglaise au siège d'Orléans. Il y perdit son protecteur, le comte de Salisbury, et sur le conseil d'un autre de ses protecteurs, il entra dans les ordres et devint plus tard chanoine de Salisbury.

L'ouvrage est, à vrai dire, un traité de la chevalerie et des armoiries, semblable au traité *De insignis et armis* de Bartole, sur lequel il s'appuie ; mais au second livre, *De militari officio*, Upton traite du droit de la guerre. Il suit Gratien pas à pas et il cite à diverses reprises Jean de Legnano, dont il reprend la division de la guerre en guerre spirituelle, qui est céleste ou humaine, et guerre corporelle, qui est universelle ou particulière, sans tomber toutefois dans les rêveries du professeur bolonais. Le duel judiciaire trouve sa place dans l'ouvrage, et de fréquents emprunts sont faits à la Lombarde. La question des représailles est étudiée avec assez de soin ; la marche à suivre est indiquée ; des formules sont données. Upton ne dit rien de la légitimité même du procédé, mais il renvoie à Bartole, à Guy de Baiso, à Jacques de Bellevue, à Jean d'Andrea et à Balde. Un passage du livre est intéressant. Il indique qu'au sujet des prisonniers, Upton suit la doctrine impitoyable de Balde. S'occupant des armoiries des rois d'Angleterre, il prétend démontrer par les textes du droit romain que le roi Jean étant captif, tout ce qui lui appartenait devenait la propriété d'Édouard III, et que, par conséquent, celui-ci pouvait revendiquer les armes de la maison de France sans devoir invoquer les droits qu'il tenait de sa mère.

Il est un beau travail de la même époque : l'*Instruction d'un jeune prince* (1). La Croix de Maine et La Serna l'ont attribué à Georges Chastelain ; M. Potvin y voit l'œuvre de Ghillebert de Lannoy, le voyageur, diplomate, moraliste que Philippe le Bon avait pris en amitié. Quel qu'il soit, l'auteur de l'*Instruction d'un jeune prince* est adversaire de la guerre, il engage son élève à ne se lancer dans les entreprises belliqueuses qu'à la dernière extrémité. « Princes desireux d'acquérir bonne renommée, la vraie et entière amour de leurs sujets et la gloire de paradis ensuite, se doivent garder sur toutes choses

---

(1) Bibliothèque royale de Bruxelles. *Mss* n° 10976—POTVIN, *Œuvres de Ghillebert de Lannoy*.

d'emprendre guerre et questions contre chrestiens, par especial celles dont leurs pays et subjetz puissent estre grevez ne dommagiez, non par doubte ne cremeur de leurs personnes ne du péril qui leur peut advenir, mais seulement pour la pitié et compacion qu'ils doivent avoir du peuple et gens de tous estatz. »

Et le moyen de remédier aux maux de la guerre, quel est-il? Le généreux auteur le proclame bien haut : « Se gouverner par raison et justice. » « Comme, ajoute-t-il, nous veons journellement la mère porter son enfant doucement, l'allaitant de ses mamelles, semblablement raison et justice nourrissent et entretiennent paix et concorde. Et par contraire, guerre qui tout gaste et détruit, prend sa nourrechon en trois vices diaboliques, c'est assavoir orgueil et vaine gloire et convoitise. »

Il conseille de recourir aux négociations diplomatiques. « Si doivent tous princes et leurs conseillers principaulx estudier et aviser maint tour par journées et embassades en presentant juges raisonnables ou indifférents se mestier est, avant que l'on parvienne aux horribles et cruels tourmens de guerre. Et se la chose est si difficile et si disposée à guerre, tellement que vous ne vos principaux conseillers n'y puissiez bonnement pourveoir, ançois que les choses viengnent si avant que à voie de fait, devez assembler les trois estats de vos royaumes et pays, en lieu convenable, c'est à savoir les seigneurs de votre sang, gens d'église, chevaliers et nobles, hommes et les sages et notables de vos citez et bonnes villes. »

« Les chemins par où l'on vient en guerre sont légiers à trouver, et y est-on tost venu, dit l'auteur, mais les voies et issues par où il en fault saillir en sont dangereux et difficiles, et souvent plus tranchans que rasoir et pointure d'aiguille. »

Entre 1453 et 1461 se place la composition du *Débat des hérauts d'armes de France et d'Angleterre*. (1) Le livre est attribué à Charles d'Orléans, mais les arguments invoqués en faveur de cette opinion sont loin d'être décisifs. Le but est de mettre en relief la supériorité de la France sur l'Angleterre. Le héraut d'armes de France et le héraut

---

(1) *Le débat des hérauts d'armes de France et d'Angleterre*, publié par LÉOPOLD PANNIER et achevé par PAUL MEYER, 1877.

d'armes d'Angleterre plaidant devant dame Prudence, entreprenant tour à tour de démontrer que leurs pays respectifs doivent « estre approchés d'Honneur » de préférence à tous autres royaume chrétiens. Les causes de supériorité qu'ils invoquent sont rangées sous trois chefs, plaisance, vaillance, richesse. L'auteur s'occupe de la guerre. Pour lui, l'état de guerre avec toutes ses conséquences était aussi naturel que l'état de paix ; les luttes sanglantes étaient un passe-temps légitime, nécessaire même pour donner occasion à la noblesse de prouver sa vaillance par de « belles expertises d'armes », comme disait Froissart, et de gagner honneur. Il importe assez peu qu'on soit victorieux ou vaincu, pourvu qu'on soit brave. « Ce n'est point reproche en ce monde à un roi s'il pert bataille, ains a grant honneur d'avoir eu hardement de combattre avec son ennemi. »

Un écrivain hollandais a composé un traité *De justo bello*, qui fait partie d'un assez vaste recueil. C'est Henri de Gorcum, professeur de théologie à l'université de Cologne. Il s'occupe d'abord d'une question toute spéciale. L'hypothèse qu'il examine est celle de savoir si un parti vaincu dans une cité et exilé, puis revenant victorieux, peut jouir des biens des vaincus. Élargissant le débat, il se rallie à la doctrine de saint Thomas d'Aquin et exige les trois conditions, l'*auctoritas*, la *justa causa* et la *recta intentio bellantium*. (1)

Un jurisconsulte italien, Paris del Pozzo, conseiller de Ferdinand de Naples, écrivit dans la deuxième moitié du XVe siècle un traité *De re militari*, consacré surtout au duel et s'occupant accessoirement du droit de la guerre. Paris del Pozzo traduisit son livre du latin en italien. (2)

En 1475, un auteur demeuré inconnu adressa à Édouard IV *The Boke of Noblesse*. (3) Warwick, le faiseur de rois, était mort et l'autorité royale était incontestée. Le duc de Bourgogne, qui avait accueilli

---

(1) *Tractatus consultatorii venerandi magistri Henrici de Gorychum, artium et sacre theologie professoris illuminatissimi quondam insignis universitatis Coloniensis vice cancellarii ac Burse Montis gymnasiarchi primi*. Cologne, 1503.

(2) *Incommenza lo prologo allo libro de re militari in materno composto per lo generoso messer paris de puteco doctore de lege*. Naples, vers 1471.

(3) *The Boke of Noblesse*, adressed to King Edward the fourth on his invasion of France in 1475, with au introduction by JOHN GOUGH NICHOLS. Printed for the Roxburghe Club Londres, 1860.

son beau-frère Édouard durant son exil, l'excitait contre la France. Malgré son indolence, le roi écouta le conseil et se lança dans une expédition qui était populaire en Angleterre, mais qui échoua devant l'habileté de Louis XI.

Le livre a en vue d'engager le roi à déclarer la guerre. L'auteur commence par implorer Dieu et fait ensuite ressortir que l'Angleterre a perdu successivement la Normandie, la Gascogne, la Guyenne, les comtés du Maine et de Ponthieu. Il fait l'éloge de la race anglaise, qui descend des Troyens, et il accuse la France d'avoir rompu la trêve de 1444. La question de la légitimité de la guerre est examinée, mais le problème est rétréci et se borne à la guerre contre chrétiens : « Whethir for to make werre uppon christen bloode is lawfulle. » L'autorité principalement invoquée est l'Arbre des batailles, The tree of batailles, qui est attribué ici à Christine de Pisan. Différents chapitres sont consacrés aux hauts faits des héros de l'antiquité et des rois d'Angleterre, et à chaque instant, l'écrivain essaye de démontrer que les Français n'ont point observé les traités.

A la même époque, est composé un travail français où sont exposées les discussions qui se sont élevées entre Philippe de Valois et Édouard III, et où il est rappelé que les États ont déclaré que le premier avait seul droit au trône de France.

Le Rosier des guerres est attribué à Louis XI. Des auteurs ont soutenu qu'Étienne Porcher et Étienne Cousinot le composèrent sur son ordre. La vérité est que l'auteur est Pierre Choinet, l'un des « médecins astrologiens » dont Louis XI aimait à s'entourer. (1) L'ouvrage fut imprimé au commencement du XVIᵉ siècle et forma la première et la troisième partie du Rozier historial de France, dont quelques lignes donnent la description d'un « rosier contenant plusieurs belles roses et boutons des instructions et beaulx enseignemens pour rois, princes, chevaliers, capitaines et gens de guerre, comme ils se doivent maintenir, gouverner et conduire pour mener osts et batailles contre leurs ennemis tant par terre que par mer. » C'est bien là, en effet, le résumé de la première partie du Rosier des guerres qui

(1) JEAN KAULEK, Louis XI est-il l'auteur du Rosier des guerres ? Revue historique, t. XXI, p. 314.

commence par des conseils de morale, traite de l'administration politique et passe en revue les talents d'un bon militaire. Parmi les choses que « le prince doit faire et considérer en sa seigneurie », le *Rosier* enseigne qu'il doit honorer le pasteur de l'Église et défendre les choses du commun.

La majeure partie des chroniques abrégées qui forment la deuxième partie du *Rosier des guerres*, est composée d'extraits à peu près textuels des *Grandes Chroniques de France*. (1)

La *Nef des batailles*. qui fut imprimée en 1502, avait été écrite par Robert de Balzac, seigneur d'Entraigues, chambellan, conseiller du roi et sénéchal du pays d'Agenais et de Gascogne.

Les *Ruses et cautèles de guerre* sont imprimées à Paris, en 1514. L'auteur s'appelle ou du moins est appelé par l'éditeur, Regnier Rousseau. Il y a là surtout des extraits de Frontin et d'autres écrivains. Peut-être bien, l'auteur est-il Émery de Sainte Rose. (2)

D'autres ouvrages traitent de l'art militaire. Dans un traité de discipline militaire datant du règne de Louis XII, il est notamment dit ceci : « Premièrement et avant toute œuvre doibt adviser le prince s'il a bonne et juste guerre pour mettre Dieu et la raison pour luy. Puis doibt adviser à son cas et voir s'il a argent et gens assez pour le faire. Et adviser bien et débattre avec ses plus saiges gens de guerre qu'il ait à quelle fin son entreprise peut venir à la longue. » (3) Là aussi se trouve le conseil de « semer et dyre de bonnes nouvelles à ceux de son party et du secours. »

Nous avons parlé des *Sommes* et nous avons décrit leur caractère. Elles apparaissent nombreuses et presque toutes s'occupent soit de la guerre, soit du butin et de la légitimité de son acquisition. Du commencement du XIVᵉ siècle datait la *Summa Astesiana*, œuvre d'un franciscain d'Asti ; du commencement du XVᵉ siècle dataient la *Summa Pisana*, composée par Barthélemy de Pise et la *Summa Antonina*, écrite par Antoine de Forciglioni. Vers la fin du même siècle, Baptiste de Salis écrit la *Summa Baptistiana*, qu'il appelle, après l'avoir

---

(1) Bristish Museum, *Harleian Mss.* n° 4406. — *Mélanges tirés d'une grande bibliothèque*, t, V, p. 22.

(2) *Mélanges*, t. XXVII, p. 5.

(3) British Museum. *Additional Mss.* n° 20813

remaniée, la *Rosella*, et Ange de Chiavasso écrit la *Summa Angelica*. La *Summa Sylvestrina*, œuvre de Sylvestre Mozzolini de Prierio, date de la fin du XVᵉ siècle. Dans ces recueils, diverses questions relatives au droit de la guerre sont posées et résolues, en vue surtout du tribunal de pénitence.

Gabriel Biel, *Magister Gabriel*, représentait en Allemagne le nouveau nominalisme d'Ockam. Prédicateur à Mayence, professeur de philosophie et de théologie à Tubingue, il exerça un grand ascendant. Il fut l'un des esprits les plus solidement trempés que le XVᵉ siècle ait produits. Dans le *Collectarium seu epithome in Magistri sententiarum libros quatuor*, consacré comme le titre l'indique à Pierre Lombard, le maître des sentences, il traite de la guerre à l'occasion de la *restitutio injuste ablati*. La question de l'*auctoritas* le préocupe. Le fait brutal était là ; les princes se faisaient la guerre sans recourir d'abord à l'empereur ou au pape, or, semblable guerre entraînait-elle les droits de captivité et de postliminie ? Biel soutenait qu'en trois hypothèses il ne fallait point l'*auctoritas principis vel Ecclesiœ* pour rendre la guerre licite ; ces hypothèses se présentaient quand celui qui avait infligé l'injure était le sujet de l'injurié ; quand la personne lésée avait été victime d'une attaque à main armée; quand le spolié, enfin, prétendait récupérer ce qui lui avait été enlevé de force.

A l'exemple d'écrivains antérieurs, Jean Lopez divisait la guerre en guerre proprement dite et guerre improprement dite. D'après lui, la guerre proprement dite peut seule sortir les effets de la guerre. On la définit : « *Bellum quod auctoritate juris seu principis superiorem non recognoscentis indicitur.* » Mais cette condition est insuffisante ; la guerre doit réunir d'autres conditions et doit notamment être rendue inévitable et nécessaire. « *Bellum debet esset necessitatis. Ideo enim bellamus ut sine injuria in pace vivamus* (1). »

Bien développé, fortement charpenté est le *Libellus de bello justo et licito*, œuvre d'un écrivain hollandais. Dans son *De jure belli ac pacis*, Grotius cite parmi ceux qui ont écrit avant lui sur le droit de la guerre, Wilhelmus Mathæi qui figure également

---

(1) JEAN LOPEZ (JOHANNES LUPUS). *De bello et bellatoribus tractatus, Tractatus universi juris*, t. XVI, f. 328.

dans les notes de son *De jure prœdœ commentarius.* Les traducteurs de Grotius, Barbeyrac en tête, déclarent net « ne savoir ni qui est Mathæi, ni de quelle nation ». L'un d'eux, Antoine de Courtin avait suggéré de lire Guillaume Mathison. « Sur ce pied-là, dit Barbeyrac, le nom me paraît anglais ». En fait, la citation de Grotius est à peu près exacte. Wilhelmus Mathiæ, Guillaume fils de Mathias, est l'auteur du *Libellus de bello justo et licito,* imprimé à Anvers en 1514. (1)

Le travail dénote chez son auteur de la logique, de la méthode et des connaissances approfondies. Parmi les écrivains dont l'autorité est invoquée figurent saint Thomas d'Aquin, Henri de Suse, Bartole, Balde, Nicolas de Tudeschis, l'un des plus grands canonistes du moyen âge, et Gabriel Biel.

Trois conditions sont requises, d'après Wilhelmus Mathiæ, pour la guerre légitime : la *causa justa,* le *modus legitimus,* la *necessitas urgens.* La *causa justa* ou *causa finalis* ou encore *causa impulsiva* est triple. L'auteur suit ici la doctrine de Biel qui admet, en effet, la protection des lois divines et humaines, la défense de la patrie et des hommes, là répression des injures et le recouvrement des choses injustement enlevées.

Le *modus legitimus* ou *causa formalis justa* implique l'observation de la justice dans la guerre.

Le mode légitime fait défaut dès que se présente l'un des cas suivants : la violation de la foi promise, l'oppression de l'innocent, l'oppression du vaincu, la lésion des immunités, l'usurpation du butin, le fait d'usurper une qualité que l'on ne possède point, l'intention mauvaise, la poursuite d'une vaine gloire. Très curieux sont les développements que Wilhelmus Mathiæ donne à sa pensée. Le mot de saint Augustin, qu'il faut observer la foi donnée à l'ennemi, est rappelé. Les marchandises étrangères ne peuvent être saisies que lorsque les marchands ont en vue de favoriser l'ennemi ; s'il y a simple intention de négoce, il est seulement loisible d'empêcher le transport. Il faut infliger à l'ennemi la peine qu'il craint le plus, celle qui le ramènera le plus rapidement à la paix.

Les immunités sont ou bien conventionnelles, ou bien basées sur

___

(1) *Libellus de bello justo et licito..... In curiali oppido Antverpiensi impressus per me Nicolaum die grave commorante in ambitu dive virginis Marie. Anno ab incarnatione dmca MCCCCXIIII ipsis ydibus septembribus. Cum gratia et privilegiis.*

l'usage, ou bien canoniques, suivant qu'elles dérivent de la trève, ou de la coutume, ou bien du droit canonique. Le butin doit être remis au chef qui le distribue entre tous. Les clercs ne peuvent se battre à moins qu'il ne s'agisse de défendre une ville assiégée. Suivant le mot d'Aristote, le but de la guerre est la paix ; les soldats sont les exécuteurs de la justice et jamais la seule vaine gloire ne peut animer les combattants.

. La troisième condition est la *necessitas urgens*.. C'est le mot de saint Augustin : *Bellum esse necessitatis* Il faut pour faire la guerre que l'intervention amiable, ou l'intervention du juge, ou l'intervention du supérieur soient impossibles.

Dans ses *Questions sur le quatrième livre des Sentences de Pierre Lombard*, John Mair, qui enseigna successivement à Paris, à Glascow et à Saint-André, définit la guerre juste celle qui est faite avec l'autorité du prince, s'appuie sur une cause légitime, et est conduite dans une bonne intention et avec modération. « Seul le roi, qui est empereur en son royaume, peut la déclarer. » (1)

Nous avons déjà cité incidemment la *Summa Sylvestrina*, œuvre de Sylvestre Mozzolini de Prierio. Elle consacre à la guerre des pages intéressantes, distingue la guerre particulière et fait rentrer dans celle-ci le duel et les représailles.

Sylvestre Mozzolini exige pour la juste guerre, les trois conditions exigées par Thomas d'Aquin. Il demande qui peut déclarer la guerre, il insiste sur ce point que si, à strictement parler, le pape seul ne reconnaît pas de supérieur, il s'est introduit une coutume ; de fait, certains peuples ne reconnaissent point de supérieur, cela suffit pour qu'ils puissent faire la guerre.

Du commencement du XVIᵉ siècle date un écrit qui fut imprimé en 1558. Voici le titre : *Instructions des principaux points de l'art militaire tant par mer que par terre, ensemble ce que fault pour ravitaillement de gens, despence de l'artillerye, pouldres et boullets y servant, faict et composé par l'excellent et noble prince monseigneur le duc Philippe de Cleves, seigneur de Ravestein, et par luy présenté et donné au tres illustre, tres hault et tres puissant prince, Charles, Cinquième de ce*

---

(1) JOHN MAIR (JOHANNES MAJOR), *In quartum Sententiarum quæstiones utilissimæ.* Distinctio XV. Quæstio 2.

*nom, empereur des Romains, roy de Germanie et des Espaignes, etc. Et
dont icelluy sa majesté a usé jusque maintenant; ce mesmes le baille a ses
tres chers jeunes princes nepveux et autres.* (1) Le titre du manuscrit
de Londres n'est pas tout a fait exact. Dans le texte, en effet,
l'auteur parle de l'empereur Maximilien comme vivant, c'est donc
avant l'avènement de Charles à l'empire que le traité fut composé. En
ce qui concerne le droit de la guerre, Philippe de Clèves examine si
l'on peut faire la guerre en conscience ; il n'est pas trop éloigné de
croire qu'il ne faudrait l'entreprendre que contre les infidèles et il
recommande instamment de n'être pas cruel après la victoire.

Les opinions des juristes, des canonistes et des théologiens furent
résumées en Belgique par un excellent auteur dont nous nous sommes
déjà occupé, Philippe Wielant, que Damhoudere devait indignement
plagier. (2) L'auteur de la *Practycke criminele* exige pour la légitimité
de la guerre, le concours de quatre conditions : il faut des personnes
capables de faire la guerre, une cause juste, une bonne intention et
l'autorisation du supérieur.

Wielant énumère, à la suite surtout des écrivains italiens, et
spécialement de Henri de Suse, les diverses espèces de guerres. Il
distingue le *bellum romanum* fait dans l'intérêt de l'Église ; le *bellum
judiciale*, dirigé contre les rebelles ; le *bellum prœsumptuosum*, lutte
des rebelles contre leur souverain ; le *bellum licitum*, que l'on fait
dans un intérêt personnel et à juste titre ; le *bellum temerarium*, dirigé
contre ceux qui ont le bon droit pour eux ; le *bellum voluntarium*,
entrepris sans motifs, et enfin, le *bellum necessarium*, guerre faite
parce que l'on y est contraint.

Il est un autre auteur flamand qui mérite d'être cité, Josse van
Clichthove, originaire de Nieuport, professeur au collège de Navarre,
à Paris. Enthousiaste partisan de la paix, il plaide sa cause avec
chaleur et avec talent et, tout en admettant qu'il est des cas où la
guerre est légitime, il s'efforce d'en restreindre la fréquence. Une de
ses œuvres est charmante comme fond et comme forme. (3)

(1) British Museum, *Lansdowne Mss.* n° 804
(2) Ad. du Bois, *Philippe Wielant, Messager des sciences historiques*, 1839.
(3) Josse van Clichthove, *De bello et pace opusculum, christianos principes ad
sedandos bellorum tumultus et pacem componendam exhortans.* Paris, 1523.

La thèse fondamentale est que le Christ a prêché la paix, que la paix vient du ciel, que la guerre, et surtout la guerre entre chrétiens, vient de l'enfer. Clichthove s'effraie à la vue du péril musulman : il montre l'Asie et l'Afrique autrefois acquises à la foi, devenues mahométanes; il signale la marche envahissante des Turcs en Europe ; il conjure les princes chrétiens de s'allier contre le redoutable ennemi.

Luther venait de soutenir que lutter contre les Turcs, c'était en réalité résister à Dieu qui se servait d'eux pour châtier les chrétiens. Clichthove combat cette opinion, qui sera réfutée plus tard par la plupart des auteurs qui examineront la question de la légitimité de la guerre.

Une horrible période s'ouvrait ; à la douce et tolérante Renaissance allait succéder le règne de l'intolérance et de la persécution en matière religieuse. Clichthove, dirait-on, hésite à se prononcer et il finit par admettre que l'on combatte les hérétiques et les schismatiques, mais seulement lorsqu'ils tentent de défendre leurs fausses doctrines les armes à la main.

François Arias est très explicite au sujet du caractère de nécessité que doit présenter la guerre. Amant passionné de la paix, il tâche de limiter et de restreindre la guerre dont il semble ne reconnaître la légitimité qu'à regret. La guerre est double ; elle est ou publique ou particulière ; celle-ci est improprement appelée guerre ; la première seule, celle qui est faite en vertu de l'autorité d'un prince ne reconnaissant point de supérieur, est une vraie guerre. « *Pacem habere voluntatis est, bellum autem debet esse necessitatis.* » « *Non pax quœritur ut bellum exerceatur, sed bellum geritur ut pax acquiratur.* » (1) Ainsi donc l'idée de saint Augustin revient de nouveau.

Nous possédons de Jules Ferretti le *De re et disciplina militari aureus tractatus.* Il distingue la milice céleste, la milice légale et la milice armée. Comme juste guerre, il désigne celle que le pape déclare à ceux qui ne reconnaissent pas l'Église, tant les infidèles que les ennemis de la république chrétienne ; celle que déclare l'empereur, maître dans les affaires temporelles du monde entier ; celle, enfin, que

(1) FRANÇOIS ARIAS. *De bello et ejus justitia tractatus. Tractatus universi juris,* t. XVI, f. 325 et suivants.

déclarent des rois et des princes ne reconnaissant pas de supérieurs.

Alphonse Alvarez Guerreiro, Portugais de naissance, entré au service du royaume de Naples, président de la chancellerie, évêque de Monopoli, publia, en 1543, le *De bello justo et injustotractatus*. La guerre se fait, selon lui, *aut pro defensa, aut pro offensa, aut pro gloria* : dans le premier cas, elle est de droit des gens, de droit civil et de droit divin ; dans le second cas, elle n'est d'aucun droit, mais est parfois permise ; dans le troisième cas, elle peut être licite, de droit divin ; il en est ainsi de la guerre contre les infidèles.

Grande était la situation de l'Espagne au XVI⁰ siècle. Une guerre de près de huit siècles, guerre durant laquelle trois mille sept cents batailles avaient été livrées contre l'ennemi de la foi, venait de se terminer par le triomphe complet de la monarchie chrétienne. L'unité nationale s'accomplissait avec une rapidité prodigieuse ; en 1478, le pays était divisé en royaumes indépendants ; avant 1590, tous ces fragments allaient se consoler et former un tout. Au dehors, une expansion dont on a vu peu d'exemples dans l'histoire. Le nord et le sud de l'Italie, l'Artois, la Franche-Comté, les Pays-Bas, les îles Baléares et les Canaries ; sur la côte africaine, des positions importantes comme Ceuta, Oran ; en Asie, les Philippines et les Moluques ; dans le monde nouvellement découvert, des territoires immenses, le Mexique, l'Amérique Centrale, le Vénézuéla, la Nouvelle-Grenade, le Pérou, le Chili, Cuba, Saint-Domingue, la Jamaïque ; tout cela est soumis à la domination des rois catholiques.

La nation espagnole était, sans contredit, la plus belliqueuse du monde ; elle était aussi une de celles dont le développement intellectuel était le plus avancé.

La culture de l'intelligence avait été loin d'être nulle sous les Visigoths, mais son efflorescence se place lorsque l'élément arabe, mettant à profit la science et le génie des juifs, provoqua le brillant mouvement dont l'influence se fit sentir dans toute l'Europe occidentale. L'illustre Renan n'exagère pas quand il montre comment le goût de la science et des belles choses avait établi au X⁰ siècle, dans ce coin privilégié du monde, l'Andalousie, une tolérance dont les temps modernes peuvent à peine offrir un exemple : « chrétiens, juifs, musulmans parlaient la même langue, chantaient les mêmes poésies, participaient aux mêmes études littéraires et scientifiques. Toutes les barrières qui séparent les hommes étaient tombées ; tous travaillaient d'un même accord à l'œuvre de la civilisation commune. Les mosquées de Cordoue, où les étudiants se comptaient par milliers, devinrent des centres actifs d'études philosophiques et scientifiques (1). »

Le rôle de l'élément sémitique dans le mouvement intellectuel du moyen âge est considérable. Arabes et Juifs ne sont guère originaux, mais ils ont contribué énormément à la diffusion des connaissances de l'antiquité. C'est grâce à eux que l'Occident se trouva face à face avec la philosophie grecque ; c'est par eux qu'il connut Hippocrate et Galien en médecine, Euclide en mathématiques, Ptolémée en astronomie. Ils fortifièrent le courant logique dans la scolastique, courant que les traductions de Boèce avaient provoqué ; ils fortifièrent également le courant mystique introduit par Scot Erigène et qui remonte jusqu'aux néo-platoniciens d'Alexandrie et d'Athènes (2).

Au sortir de cette Arabie où ils avaient vécu à demi nomades, les Arabes s'étaient trouvés en contact avec les restes de la civilisation grecque.

Dans la deuxième moitié du Ve siècle, l'Église de Perse avait rompu tout lien avec l'Église romaine. Elle avait fait en Asie une fructueuse propagande. Ces chrétiens nestoriens, comme les appelaient leurs adversaires, ces chrétiens chaldéens, comme ils s'intitulaient, avaient conservé le dépôt de la science hellénique dans leurs florissantes écoles.

D'autre part, lorsqu'en 529, les philosophes d'Athènes virent fermer leurs écoles, ils se réfugièrent en Perse, où ils espéraient trouver la tolérance que l'Église leur déniait en Europe. Ils furent déçus ; mais si leurs enseignements trouvèrent un sol peu fertile, ils ne furent, du moins, pas complètement perdus.

Les écrits des Grecs furent traduits dans la plupart des idiomes de

(1) RENAN, Averroès et l'Averroïsme, p. 4.
(2) J. DENIS, Histoire des théories et des idées morales dans l'antiquité, t. II, p. 215 et suivantes. — CHARLES JOURDAIN, Excursions historiques et philosophiques à travers le moyen âge, p. 70 et suivantes.

l'Orient, en arabe, en syriaque, en hébreu, en persan, en chaldéen.

Les juifs qui, à Alexandrie déjà, avaient rendu de si grands services, remplirent une mission essentielle dans les rapports des musulmans et des chrétiens. Renan insiste sur ce point : on n'a pas tenu assez de compte du rôle qu'ils remplirent à cet égard (1).

Dans les royaumes chrétiens qui s'étaient peu à peu reconstitués en Espagne, le progrès, sans être fort grand, fut cependant continu. Généralement, les institutions que les Maures avaient créées pour l'avancement des sciences étaient maintenues ; c'est ainsi que les écoles de Cordoue, de Séville, de Valence et de Murcie demeurèrent debout, et bientôt apparurent ces grands centres d'activité intellectuelle, les universités. L'*Estudio general* de Salamanque date du XIIIe siècle.

Avec la chute de Grenade s'ouvre une ère nouvelle. L'avenir de l'Espagne s'assure glorieux. Le noble pays semble s'être engagé dans une voie qui doit le mener à une puissance et à une grandeur indestructibles. Cette voie est tracée par Ferdinand le Catholique. Mais la période de gloire sera de courte durée ; en moins de cent ans, apparaîtront les germes d'une décadence qui se précipitera durant le XVIIe siècle.

La grande période du développement scientifique de l'Espagne chrétienne commence avec Ferdinand et Isabelle. L'enseignement est protégé ; des écoles sont fondées de tous côtés ; aux universités existant déjà viennent s'ajouter celles de Saragosse, de Valence, de Séville, d'Alcala, de Saint-Jacques. Érasme rend justice aux maîtres espagnols quand il dit qu'en Espagne, les études libérales ont été amenées, en peu de temps, à une condition si florissante, que le pays peut non seulement exciter l'admiration, mais encore servir de modèle aux nations les plus éclairées.

Si l'on se borne aux progrès de la science du droit des gens, on est étonné de voir combien l'Espagne a distancé, au XVIe siècle, les autres pays de l'Europe occidentale. Les circonstances politiques étaient du reste éminemment favorables et l'on comprend aisément la supériorité des François de Vitoria, des Dominique Soto,

---

(1) RENAN, *Averroès et l'Averroïsme*, p. 202. — CHARLES JOURDAIN, *Excursions historiques et philosophiques à travers le moyen âge*, p. 71 et suivantes.

de tant d'autres, si l'on songe au prodigieux accroissement de la monarchie, au rôle immense qu'elle jouait dans les affaires européennes, à la multiplicité, à l'importance des questions que devaient soulever et les affaires du nouveau monde et les combinaisons diplomatiques.

Plusieurs des anciens écrivains sur le droit de la guerre ou le droit d'ambassade sont des fonctionnaires de Ferdinand, de Charles-Quint ou de Philippe II. D'autres ont enseigné. Il est à observer, du reste, que, dans les universités, régnait une très grande liberté ; les questions politiques du jour y étaient traitées et le pouvoir civil semblait s'être inspiré des paroles dans lesquelles Alphonse le Sage, au titre des *Siete Partidas* consacré à l'*Estudio general*, n'impose aux professeurs d'autre obligation que de montrer leurs connaissances aux élèves, en leur lisant les livres fidèlement et savamment et en les leur faisant comprendre le mieux qu'ils pourraient.

Un immense débat s'agita en Espagne au sujet des Indiens : Barthélemy de Las Casas, Jean de Quevedo, Antoine Ramirez, Jean Ginès de Sepulveda, François de Vitoria, Melchior Cano, Dominique Soto y remplirent les rôles principaux. Dans ce débat, la question du droit de la guerre fut nécessairement agitée.

Jean Ginès de Sepulveda, chapelain et historiographe de Charles-Quint, précepteur de l'infant don Philippe, fut un dur et impitoyable négateur des droits des Indiens. Dès 1533, il composait un traité qui parut à Rome sous le titre *De convenientia militaris disciplina cum christiana religione Dialogus, qui inscribitur Democrates*. Trois personnages, un Allemand, un Espagnol, un Grec, y discutaient la question de la légitimité de la guerre devant le christianisme. Plus tard, il écrivit le *Democrates secundus sive Dialogus de justis belli causis*, qu'il ne put faire imprimer, malgré ses démarches, parce que le gouvernement craignait de fournir des arguments aux ennemis des Indiens. Le *Democrates secundus* circula en nombreuses copies manuscrites (1).

Dans le *Democrates secundus*, Jean Ginès de Sepulveda faisait l'éloge de la paix; il examinait les causes de la guerre; mais il aboutissait à la

_____

(1) Il fut imprimé dans les *Opera* de SEPULVEDA, Madrid, 1780.

conclusion terrible que les barbares et les sauvages devaient être amenés à une vie plus humaine et plus civilisée, à des mœurs plus pures ; il soutenait que, pour atteindre ce but, il était loisible de recourir à la force. Au sujet de la guerre, il disait qu'il ne fallait point la faire sans des causes justes et même nécessaires ; il ajoutait que les bons devaient l'entreprendre uniquement pour chercher la paix. « Ce n'est ni la probité des hommes, ni la religion, ni la piété, qui amènent de justes causes de guerre, mais bien le crime et la cupidité néfaste. Le bon prince ne peut agir ni témérairement, ni par cupidité ; il doit rechercher les voies pacifiques, sans rien abandonner à l'inexpérience ; mais s'il a épuisé toutes les voies d'accommodement, il ne doit pas craindre de faire la guerre. » Jean Ginès de Sepulveda soutient qu'il y a de justes causes de guerre quand il s'agit de repousser la force, de reprendre des objets enlevés, de se protéger contre ceux qui font le mal, enfin de subjuguer par les armes, à défaut d'autres moyens, ceux dont la condition naturelle est telle qu'ils doivent obéissance aux autres.

Un des grands représentants de cette époque, le plus grand peut-être, est François de Vitoria, qui occupa, de 1526 à 1546, la chaire de théologie à l'université de Salamanque. C'était un maître incomparable pour la clarté et la lucidité du raisonnement, et il est peu de scolastiques qui aient aussi bien évité les erreurs et la lourdeur de la méthode et autant profité des avantages indéniables que celle-ci présentait en obligeant le penseur à énumérer et à rencontrer toutes les objections et toutes les réfutations que ses thèses pourraient subir.

Les cours que François de Vitoria dictait, furent imprimés après sa mort. Le livre comprend des leçons sur divers sujets : la puissance de l'Église, la puissance civile, la puissance du pape et du concile, les Indiens, le droit de guerre contre les Indiens, la charité, la tempérance, l'homicide, la simonie, la magie, l'usage de la raison. Le titre général diffère quelque peu, d'après les éditions ; tantôt on lit *Relectiones tredecim*, tantôt *Relectiones undecim*, selon que les leçons sur la puissance de l'Église et sur les Indiens sont ou ne sont pas subdivisées. Les leçons *De Indis* et *De jure belli Hispanorum in barbaros* sont de véritables chefs-d'œuvre de méthode et de science. Un écrivain anglais a comparé un jour les grands travaux de Suarez aux belles créations architecturales des Arabes ; ici, nous nous trouvons aussi devant un véritable monument, où l'on ne sait ce qu'il faut le plus admirer, la solidité de l'œuvre ou bien l'élégance avec laquelle elle a été exécutée. A lire ces pages qui respirent l'amour de l'humanité, où apparaît un esprit véritablement indépendant, où chaque ligne dénote une connaissance approfondie des auteurs, on se prend à regretter que François de Vitoria et ses illustres disciples n'aient pas exercé sur la science du droit des gens une plus grande influence.

Quatre points sont examinés dans la *Relectio de jure belli* : les chrétiens peuvent-ils faire la guerre, qui possède l'autorité de la déclarer ou de la faire, quelles en sont les justes causes, qu'est-il permis de faire à l'ennemi ? La première question est résolue affirmativement ; nous avons reproduit déjà la réponse donnée à la seconde. Quant à la troisième, elle est minutieusement discutée. L'illustre dominicain enseigne que la différence de religion, l'agrandissement du royaume, la recherche de la gloire ne sont point de justes causes de guerre : la seule et unique juste cause de guerre est l'injure subie. C'est l'enseignement de saint Augustin, dit-il ; c'est l'enseignement de saint Thomas d'Aquin : « Il n'est point permis de tirer le glaive contre ceux qui ne vous font point de mal, car le droit naturel défend de tuer l'innocent. Mais toute injure ne suffit point pour légitimer la guerre ; celle-ci entraîne de graves, d'atroces conséquences et dès lors on ne peut la faire quand il s'agit d'injures légères ; le châtiment doit être proportionné à la gravité du délit. »

Dominique Soto, disciple de Vitoria, ne s'écarte pas des principes développés par son maître.

Pierre Belli s'occupe, dans son traité *De re militari et de bello*, de l'origine de la guerre, des causes de la guerre, du droit de postliminie, des prisonniers, des trêves, de quelques situations créées par la guerre, des soldats, des délits militaires, du sauf-conduit, de la paix et des otages. Esprit clair et méthodique, il expose avec exactitude les théories et la pratique en vigueur à son époque. Pour la guerre en elle-même, il se borne à reproduire les divisions adoptées par la glose, par Henri de Suse et par Balde. « L'avis de tous les gens de bien, dit-il, est que les guerres ne peuvent être faites sans cause sérieuse et que celles-là seules qui ont semblable cause sont justes et nécessaires. »

Un autre auteur peut être mentionné ici, Antonio de' Bernardi, évêque de Caserte, qu'Albéric Gentil invoque à diverses reprises dans son *De jure belli* et qu'il appelle *Doctissimus noster Casertanus*. Il composa le *De eversione singularis certaminis*, où il examine notamment si l'on peut déduire la légitimité du duel de la légitimité de la guerre. Il opine pour l'affirmative et proclame que, de même que la guerre, le duel est licite quand il n'y a pas d'autre moyen de faire reconnaître le droit. (1)

Jacques de Covarruvias de Leyva, évêque de Ségovie, cite comme justes causes de la guerre la défense de la patrie, la vengeance d'une injure, la punition des rebelles, la récupération des biens enlevés, le refus de passage innocent. (2)

Balthazar de Ayala et Albéric Gentil professent la même opinion.

Le premier résout affirmativement la question de savoir si la guerre peut être juste. Le point a été contesté, dit-il, mais à tort ; le sage regrettera la nécessité de la guerre, il la fera néanmoins dans l'intérêt général. Autrefois, ajoute-t-il, les vaincus étaient réduits en esclavage ; on peut affirmer que cette servitude est utile à la communauté et à ceux même qui sont punis et qui ne pourront plus mal faire.

Ayala admet comme causes de la guerre la défense de l'État, de ses sujets, de ses biens et de ses alliés, la vengeance d'une injure et le recouvrement de ce qui a été enlevé par l'ennemi ; il a soin d'ajouter que la plus juste des guerres est celle que fait le prince contre ses sujets rebelles. Les circonstances au milieu desquelles il se trouvait expliquent cette particularité de sa doctrine.

D'origine espagnole, ayant dans le parti royaliste toutes ses attaches de famille et d'intérêt, ami personnel d'Alexandre Farnèse, catholique ardent, il vise spécialement le prince d'Orange et ses partisans. Aux yeux des Belges éclairés, ceux-ci représentaient la noble cause de la

---

(1) Guido Fusinato, *Antoine Bernardi, évêque de Caserte, Revue de droit international et de législation comparée*, t. XVI, p. 599.

(2) Jacques de Covarruvias a Leyva, *Opera omnia*. Explication de la règle : *Peccatum. De regulis juris in Sexto*, § 9.

liberté religieuse et politique, et l'histoire a confirmé ce jugement ; aux yeux de l'auditeur général des armées de Philippe II, ils étaient des révoltés. Aussi, comme ce dernier les attaque, comme il leur conteste toute espèce de droit aux lois de la guerre ! La rébellion constitue une injure grave faite à Dieu, car toute puissance vient de Dieu, suivant le mot de saint Paul, et l'injure faite au prince est censée faite à Dieu ; le rebelle ne peut être assimilé à l'ennemi ; celui qui le combat exerce le droit de juridiction plutôt qu'il ne fait la guerre ; les droits de la guerre, la captivité, le postliminie ne peuvent être invoqués par les rebelles, pas plus qu'ils ne pourraient l'être par les pirates et les brigands, mais ils sont applicables contre eux (1). « On ne peut objecter, ajoute-t-il, ce que dit Ulpien que dans les dissensions civiles, les adversaires ne sont point des ennemis ; on ne peut invoquer les dispositions des lois espagnoles ordonnant que dans les luttes civiles, les biens enlevés seront restitués au centuple, car il n'y a pas seulement que des dissensions civiles lorsque la majesté de l'empire est l'objet de machinations et que la perte de l'État est complotée. La désobéissance des sujets, la révolte, est un crime très grave: on peut la comparer à l'hérésie. » Et la conclusion est digne des prémisses : « Il est permis de tuer le tyran qui s'est emparé du pouvoir violemment et illégalement, si la tyrannie ne peut être rejetée autrement. »

Cette dernière phrase a fait ranger Balthazar de Ayala parmi les partisans de la vieille doctrine du tyrannicide(2). C'est à tort. Lui-même explique sa pensée. Il invoque le décret par lequel le concile de Constance avait condamné, en 1415, grâce à Gerson, la fameuse théorie dont le cordelier Jean Petit s'était fait le défenseur. « *Legitimus enim princeps*, ajoute Ayala, *quamvis crudelis et iniquus, tyrannus dici non potest.* » Tout empire, tout pouvoir sur le peuple a été donné au prince ; le peuple ne peut donc juger le prince. Le pape, il est vrai, peut forcer celui-ci à se conformer à la justice, car il occupe la place de Dieu sur la terre, il a reçu le double glaive spirituel et temporel

---

(1) AYALA, *De jure et officiis bellicis et disciplina militari*, L. 1, ch. II, n° 15 et n° 23.
(2) LECKY, *History of the rise and influence of the spirit of rationalism in Europe*, t. II, p. 163.

et si l'intérêt de la chrétienté l'exige, il peut déposer les rois. Attribuer une semblable puissance au peuple, comme quelques uns le font, est au contraire chose absurde et inique et mène au renversement de l'État.

Ayala combat, en réalité, les spéculations politiques dans lesquelles le calvinisme et surtout le protestantisme français venaient de se lancer depuis la Saint-Barthélemy ; il critique le *Franco-Gallia* d'Hotman ; il déclare le régicide impie. Mais, remarquons-le bien, c'est pour faire ressortir avec plus de force la légitimité de la destruction du rebelle, car le tyran dont parle Ayala, c'est le chef des révoltés. Les doctrines qu'il énonce ont un but pratique. Le traité *Du droit et des devoirs de la guerre et de la discipline militaire* est daté du camp devant Tournai, le 31 octobre 1581. Le 15 juin 1580, Alexandre Farnèse avait publié le cruel édit qui mettait à prix la tête du prince d'Orange ; le 26 juillet 1581, les États Généraux avaient solennellement déclaré déchu de sa puissance royale leur mauvais souverain. Condamné et rebelle, le Taciturne tombait sous le coup des principes formulés par Ayala et celui-ci s'arrogeait ainsi la mission de faire à l'avance l'apologie du plus odieux des crimes : dans un livre consacré au droit, il glorifiait l'épouvantable action de Balthazar Gérard.

Le grand ouvrage d'Albéric Gentil *De jure belli* et ses autres écrits marquent certainement une date importante dans l'histoire du droit international et, s'il est en général inférieur à Grotius, comme largeur de vues, il lui est supérieur en un point, c'est qu'il examine avec soin les faits qui se produisent dans le domaine de la politique. Nous avons rappelé, dans un autre travail (1), le mot de Sclopis, appelant l'ouvrage de Gentil un commentaire juridique des événements du XVIe siècle ; le mot est juste et, comme le dit Sclopis, tous les grands débats entre Charles-Quint et François 1er, entre les Pays-Bas et l'Espagne, entre l'Italie et ses oppresseurs, y sont appréciés au point de vue du droit public. (2)

---

(1) E. Nys, *Le droit de la guerre et les précurseurs de Grotius*, p. 185.

(2) Il nous faut mentionner spécialement au sujet d'Albéric Gentil, l'*Inaugural Lectare* de M. Thomas Erskine Holland et la belle édition que le savant professeur d'Oxford a faite du *De jure belli*.

Le premier livre du *De jure belli*, c'est-à-dire près du quart de l'ouvrage, est employé à l'étude des causes de la guerre. Elles se ramènent sous trois catégories et sont divines, naturelles ou humaines. Nous aurons l'occasion de revenir sur les idées de Gentil au sujet des causes divines.

En ce qui concerne les causes naturelles, il n'existe pas, écrit-il, de guerres commandées par la nature, seulement il en est que l'on fait en suivant pour ainsi dire la nature, en la prenant comme guide, et il en est d'autres que l'on entreprend parce que l'adversaire conteste et dénie l'usage d'une chose qui est attribuée par la nature. Les premières causes naturelles sont la *necessaria defensio*, l'*utilis defensio*, l'*honesta defensio* ; la guerre est ainsi faite *necessariè*, *utiliter* ou *honestè*. On comprend ce qu'il faut entendre par la guerre nécessaire. L'*utilis defensio* a lieu quand on craint d'être soi-même attaqué. L'*honesta defensio* se produit *in gratiam aliorum*, pour défendre et protéger les autres. Les deuxièmes causes naturelles se présentent si la guerre est faite pour une chose donnée par la nature et refusée par les hommes, « *si propter id bellum suscipitur quod a natura tribuitur et ab hominibus denegatur.* » Gentil cite le passage innocent, la navigation, le commerce.

Les causes humaines se présentent quand le droit a été violé. Les cas, dit Gentil, sont multiples.

A partir de Gentil, notre science se développe en Angleterre ; les publications se multiplient ; son horizon s'élargit. A côté de travaux uniquement voués au droit de la guerre, paraissent des études sur le droit d'ambassade et sur le droit maritime international.

Trois ouvrages ayant pour objet le droit de la guerre voient successivement le jour en 1589, en 1591 et en 1593. Les deux premiers sont des traductions, le dernier est un ouvrage original. Sans doute, les sentiments qui animaient à ce moment la nation anglaise n'ont point été étrangers à leur publication ; le fait qu'ils sont rédigés dans la langue du grand public le prouve ; mais ce qui a dû également y contribuer, c'est l'impulsion donnée par Albéric Gentil.

Le premier de ces travaux par ordre de date est intitulé : *Instructions for the warres*. L'ouvrage original, *Instructions sur le faict de la guerre*, dont la première édition est de 1548, avait été attribué par l'auteur véritable, Raymond de Beccarie de Pavie, baron de Fourquevaux, au célèbre homme de guerre et diplomate Guillaume du Bellay. Il est traduit par Paul Ive, gentilhomme anglais. Dans la préface, l'auteur soutient la thèse de la légitimité de la guerre, mais en y apportant quelques restrictions. C'est ainsi qu'il blâme vivement les peuples chrétiens qui n'ont pas secouru leurs frères d'Orient attaqués par les Turcs, qu'il proclame la guerre contre les infidèles la plus juste de toutes, et qu'il dénonce les guerres entre chrétiens comme autant de mutineries dont l'ennemi de la foi se réjouit et profite. La guerre aux infidèles n'est même légitime que moyennant un correctif ; il faut qu'elle soit rendue nécessaire pour écarter le danger de l'invasion mahométane, et il n'est pas licite de la faire uniquement dans un but de propagande religieuse. Une autre guerre encore est juste, c'est celle que l'on fait pour sauver la patrie. D'ailleurs, dit Pavie, en tout état de cause, les hostilités doivent être menées de façon à les rendre aussi peu désastreuses et aussi peu sanglantes que possible.

Une autre traduction, faite par John Eliot, d'après le livre français de Bernard de Loque, paraît, en 1501, sous le titre de *Discourse of law and single combat*. L'opinion des manichéens et des donatistes, d'après laquelle personne ne peut être poursuivi pour ses croyances, y est critiquée ; selon l'auteur, le prince peut châtier ses sujets hérétiques ; d'autre part, il peut faire la guerre, mais il faut des motifs sérieux ; le maintien de la paix doit être le but principal et, dans tous les cas, il n'est pas permis de recourir aux armes pour usurper le bien d'autrui.

Important est le livre de Sutcliffe, que nous avons déjà mentionné. Il est imprimé à Londres en 1593, et comprend 342 pages. Le titre complet est : *The practice, proceedings, and lawes of armes, described out of the doings of most valiant and expert captaines, and confirmed both by ancient and modern examples and precedents*. L'ouvrage comprend vingt et un chapitres.

Matthew Sutcliffe, théologien, polémiste de talent, comme il le prouva dans ses controverses avec Bellarmin, Parsons et Garnet, était versé en droit romain ; il figure dans la liste des membres du collège de *Doctor's Commons* et fit partie du personnel enseignant du collège fondé par Jacques Ier (1). Son ouvrage dénote de sérieuses connaissances.

Sutcliffe ne veut même pas entamer la discussion du problème de la légitimité de la guerre ; ceux qui la contestent, dit-il, manquent de jugement en religion et en politique. Par contre, il s'étend avec complaisance sur ses causes. Son énumération est assez longue. Il range parmi les causes de la guerre la défense du pays, de la vraie religion et de la propriété, les attaques des brigands et des pirates, la revendication des biens injustement enlevés, les torts causés aux nationaux, la violation des privilèges des ambassadeurs, la protection des alliés, la rupture des conventions, l'assistance prêtée à l'ennemi, et cette autre cause apparue depuis peu, la conservation de l'équilibre.

Il accepte la doctrine usuelle en ce qui concerne la guerre juste. Il veut que la guerre soit entreprise par ceux qui ont l'autorité ;

(1) Jacques Ier institua à Chelsea un collège où l'on préparait aux controverses. De savants théologiens devaient y étudier et écrire sur les disputes avec les théologiens de l'Église romaine. Fuller nous fait connaître l'un des motifs de la fondation. « Comme Salomon n'employait ses gens à aucun ouvrage qui regardât le bâtiment, par cette raison qu'en donne le texte, qu'ils étaient ses gens de guerre, de même l'Église romaine ne charge point ses professeurs du poids de la prédication ni des soins d'une paroisse, elle les réserve uniquement aux études polémiques. Au lieu qu'en Angleterre un seul et même homme est chargé de faire des leçons, de prêcher, de catéchiser, de disputer, d'administrer les sacrements, etc. »

Outre des théologiens, le collège de Chelsea devait compter au moins deux habiles historiens, pour transmettre à la postérité les événements les plus mémorables, tant dans l'État que dans l'Église.

Le principal et les membres furent nommés par le roi, le 8 mai 1610. Mathieu Sutcliffe, doyen d'Exeter, fut principal. Guillaume Camden fut l'un des historiens. En 1611, le roi désigna comme membre Marc-Antoine de Dominis, ancien archevêque de Spalatro, doyen de Windsor.

L'entreprise échoua. Différents motifs furent donnés. On allégua le faible appui du roi, l'hostilité des évêques et des universités, le peu de valeur des membres — Sutcliffe seul avait grande valeur, — l'opposition de quelques membres du parlement, qui craignaient que le collège ne fût trop dévoué à la cour et à sa théologie et que l'histoire qu'il donnerait ne fût trop partiale en faveur du roi.

Rappelons ici que Henri VIII avait conçu l'idée de l'établissement, sur le modèle des *Inns of Court*, d'une école où l'on aurait enseigné le droit et l'emploi pur et correct du latin et du français. Le roi voulait former des fonctionnaires pour son service dans les pays étrangers. Un ou deux étudiants auraient accompagné les ambassades à l'étranger ; deux étudiants devaient écrire une histoire ou chronique du royaume et la tenir au courant ; enfin, si une guerre éclatait sur le continent, il fallait envoyer des personnes chargées de faire rapport.

que restitution ou satisfaction soit demandée au préalable ; que l'on n'use point de barbarie.

La guerre doit être faite sans cruauté, et l'écrivain rappelle que d'après le droit de guerre espagnol, femmes, enfants, vieillards sont exempts de la fureur du soldat dans le sac des villes ; il loue à ce propos Henri IV, qui a autorisé les pauvres et les infirmes à sortir de Paris assiégé par ses troupes.

Une proposition résume les idées que nous venons d'analyser : « *Those warres are just and lawful which are made by the souveraigne magistrate, for lawful and just causes, being both orderly denunced in cases requisite and moderatly prosecuted, to the end that justice may be done and assured peace obteined.* » Ainsi donc, ordre du souverain, causes justes, déclaration conforme au droit, modération dans l'exécution, la paix comme but suprême, telles sont les conditions requises pour qu'une guerre soit légitime.

Dans la suite de l'ouvrage, l'auteur entre dans des détails sur les prises et les prisonniers, et cite à ce sujet les règlements espagnols ; il traite des qualités du général ; il émet quelques considérations pratiques, touchant la préférence à donner aux nationaux dans le recrutement et la nécessité de payer les soldats avec régularité, et il termine en donnant le modèle d'un règlement militaire, en temps de paix et en temps de guerre, pour l'armée de terre comme pour la marine.

Vers la même époque, le célèbre sir Walter Raleigh rédigeait une dissertation assez diffuse, où il traitait notamment de la guerre. Le titre est long et indique suffisamment la portée du travail : *A discourse of the original and fundamental cause of natural, customary, voluntary and necessary war. That ecclesiastical have always been subject to temporal princes and that the pope had never any lawful power in England, either in civil or ecclesiastical business after such time as Britain was won from the roman empire* (1). Le discours a été publié à Londres, en 1751, dans les *Works of sir Walter Raleigh*. Il ne contient rien de fort intéressant comme doctrine.

---

(1) British Museum, *Harleian Mss.*, vol. 6274.

William Fulbecke, avocat à Londres, fit paraître en 1602, un volume de 180 pages in 4°, sous le titre de *The Pandectes of the law of nations, containing several discourses of the questions, points and matters of law, wherein the nations of the world doe consent and accord, giving great light to the understanding and opening of the principall objects, questions, rules and cases of the civill law and common law of this realme of England.* L'ouvrage comprend treize chapitres. Deux offrent quelque intérêt. Le chapitre 7 s'occupe du droit de la guerre : *Of the law and justice of armes, of leagues, of embassages and denouncing of warre, of truce, of safeconduct, captives, hostages, stratagems and conquestes according to the law of nature.* Fulbecke invoque notamment l'autorité de Gentil et d'Ayala. Il exige la déclaration solennelle de la guerre, il proclame qu'on ne peut pas mettre les prisonniers à mort, mais il attribue des droits exagérés au conquérant, droits qui, selon lui, s'étendent jusqu'à la destruction des villes.

A la fin du XVI⁰ siècle, Jean Robert, lieutenant général au siége royal de Dorat, écrivit *Quatre livres du droit de la guerre* (1). Il procède des jurisconsultes italiens ; il examine « l'opinion de ceux qui disent que Dieu est autheur de la guerre » et « l'opinion de ceux qui disent que le diable est autheur de la guerre » et arrive à « la réconciliation des deux opinions. »

Pierre du Faur de Saint-Jorri, que cite Grotius, a écrit les *Semestria*, qui sont sans importance pour notre matière ; et un auteur, que Grotius invoque également, Jean de Carthagène, s'est surtout attaché à la défense des prétentions des papes, qui peuvent, selon lui, se servir des armes des infidèles pour la défense de leurs droits.

En Allemagne, où Conrad Braun avait au milieu du XVI⁰ siècle traité quelque peu de la guerre dans son livre *De seditionibus*, Henri Bocer publia, en 1591, le *De jure pugnœ hoc est belli et duelli tractatus methodicus* et, dans le même pays, Chrétien Liebenthal s'occupa au commencement du XVII⁰ siècle du droit de la guerre dans le *De jure*

---

(1) *Quatre livres du droit de la guerre composés par maistre Jehan Robert, lieutenant général de la Marche, le quatriesme desquelz contient un bref sommaire de la pratique criminelle observée tant aux armées selon les lois et ordonnances militaires qu'aux juridictions ordinaires.* Bibliothèque nationale. Mss. Fonds français n° 1284.

belli, qui est une des *Disputationes* dont l'ensemble forme le *Collegium politicum*. Liebenthal examine avec soin la *causa impulsiva* ; elle est double : la *causa generalis*, c'est l'inévitable nécessité ; la *causa specialis*, c'est la défense personnelle, la protection de l'allié, le recouvrement des choses enlevées, la violation des traités. Scipion Gentil, le frère d'Albéric Gentil, s'occupe aussi du droit de la guerre dans les *Disputationum illustrium sive de jure publico populi romani liber*, dont un chapitre est intitulé *De jure belli*. En 105 thèses, il fait connaître ses idées sur la matière. Il voit dans la défense la plus juste cause de la guerre, et cette défense peut être nécessaire, utile ou honnête. La défense est utile, s'il y a lieu de craindre l'oppression par l'ennemi ; elle est honnête, si en raison de la société qui nous unit à nos semblables, nous courons à leur aide. Scipion Gentil s'élève contre les motifs spéciaux qu'invoquent certains belligérants : telles des offenses ou des crimes remontant à longtemps, telle l'occupation par les ancêtres de terres qui ont dû être abandonnées par eux. Il admet la prescription pour les empires.

François Suarez est un des hommes les plus remarquables que le XVIe siècle ait produits et, sans contredit, le membre le plus illustre de la Société de Jésus. Les ouvrages dans lesquels il traite de notre matière sont le *Tractatus de legibus ac Deo legislatore*, qui parut pour la première fois à Coïmbre en 1612, et l'*Opus de triplici virtute theologica in tres tractatus distributum*. Suarez se distingue par un ordre, une netteté vraiment admirables ; il n'est point précisément jurisconsulte, mais il déploie les plus hautes qualités du philosophe. Il tient un des premiers rangs parmi les fondateurs de notre discipline. Ce qui fait le charme de Grotius, c'est l'amour de l'humanité que respire chacune de ses pages ; la charité chrétienne illumine les écrits de Suarez.

Suarez soutient contrairement à l'opinion des Manichéens et contre Wycliffe que la guerre n'est pas un mal en soi, qu'elle n'est point nécessairement contraire à la charité. Mais il exige pour qu'elle se fasse *honestè* la réunion de plusieurs conditions qui se ramènent à trois points : le pouvoir légitime de faire la guerre ; la juste cause et le titre ; la modération.

Au sujet du premier point, il est une observation à noter. Suarez constate que si le pape n'a point la puissance directe sur les affaires temporelles en dehors de ses États, néanmoins il possède une puissance indirecte qui lui permet d'évoquer les affaires de guerre et de trancher les différends ; les parties doivent se soumettre à sa sentence, à moins qu'elle ne soit manifestement injuste. Soto avait déjà remarqué que de cette façon peu de guerres entre chrétiens pouvaient être justes, puisque les querelles pouvaient être pacifiquement réglées. Seulement, et Suarez insiste sur ce point, si le pape n'interpose pas son autorité de peur de provoquer de plus grands maux, les princes peuvent poursuivre la revendication de leurs droits.

Suarez exige un juste titre. Qu'est-ce donc que le *justus titulus* devant la raison naturelle, demande-t-il. Il fournit la réponse. Aucune guerre ne peut être juste si elle n'a une cause légitime et nécessaire ; et cette cause juste et suffisante, c'est toute injure grave que l'on ne peut venger ou réparer autrement que par la guerre. Les injures peuvent être ramenées à trois espèces : un prince peut s'emparer des biens d'autrui et ne pas vouloir les restituer ; il peut refuser sans motif raisonnable la *communitas gentium*, qui comprend le passage innocent et le commerce ; il peut blesser un adversaire dans son honneur. Ces injures peuvent se faire au prince ou à ses sujets ; point de distinction à établir, car le prince est le gardien de l'État et de ses sujets ; elles peuvent s'adresser à ceux que le prince protège et à ses amis ; peu importe, l'effet est le même.

CHAPITRE VII.

LA GUERRE CONTRE LES INFIDÈLES ET CONTRE LES HÉRÉTIQUES.

D'importantes questions se présentaient, celle de la guerre contre les infidèles et celle de la guerre contre les hérétiques.

Au moyen âge, l'Église, pacifique pour les fidèles, est en état d'hostilité ouverte contre tous ceux qui s'écartent de la foi ou qui l'ignorent. Les juifs, coupables de déicide, sont l'objet de persécutions cruelles. L'Église prétend avoir juridiction sur tous ceux qui ont reçu le baptême; les schismatiques et les hérétiques relèvent d'elle. (1) Les infidèles occupent les lieux où s'est déroulé le drame sanglant qui a amené la rédemption du monde, et dès lors il est licite de leur faire la guerre.

Les sentiments des chrétiens à l'égard des Mahométans apparaissent dans certains écrits et dans certaines affirmations solennelles (2). Dans

(1) Le concile de Trente a confirmé cette prétention : « Si quis dixerit, Baptismum qui etiam datur ab hæreticis in nomine Patris et Filii et Spiritus Sancti, cum intentione faciendi quod facit Ecclesia, non esse verum baptismum ; anathema sit. » (Sess. 7, can. 4 de Bapt..) On connaît la fameuse lettre adressée par Pie IX à l'empereur d'Allemagne, le 7 août 1873, dans laquelle le chef de l'Église catholique prétendait que « quiconque a reçu le baptême appartient au pape ».

(2) LAURENT, *Études sur l'histoire de l'humanité*, t. VII, *La Féodalité et l'Église*, p. 247.

un ouvrage contre les Sarrasins, Pierre le Vénérable dit que les paroles lui manquent pour flétrir la cruauté bestiale de Mahomet. « Il n'y a que Satan, ajoute-t-il, qui ait pu inspirer un conseil aussi sanglant. »

La guerre aux sectateurs de Mahomet s'impose donc et la propagande armée doit suppléer à la propagande pacifique, qui est inefficace. Pour l'Église, le but des croisades est la soumission des infidèles à la foi ; le dilemme est tracé : les chrétiens trouveront la mort ou bien ils convertiront les infidèles (1). Au concile de Clermont, il est proclamé que la participation à la libération de Jérusalem servirait de complète pénitence. Aux croisés, le pape promet le pardon de tous leurs péchés et la béatitude éternelle. Nous possédons la vision rapportée par Raymond d'Agiles ; Jésus-Christ lui-même vient dire à ses fidèles chevaliers que les guerriers intrépides qui meurent pour sa cause seront placés à la droite de Dieu. L'*Opus tripartitum* est une apologie des guerres saintes, écrite par le général des dominicains, sur l'ordre de Grégoire X. « Autres, y est-il dit, sont les moyens de fonder une religion, autres les moyens de la maintenir ; la faiblesse ne se sert pas des mêmes armes que la puissance. Le christianisme a été établi par les miracles et le sang des martyrs ; aujourd'hui qu'il s'agit de le défendre contre ses ennemis, il faut au besoin employer le glaive. L'Église naissante était faible, elle a dû plier sous la violence ; mais quand Dieu lui a donné la force, pourquoi n'en profiterait-elle pas ? Nous n'avons plus de miracles, mais nous avons le pouvoir ; usons des armes qui sont à notre disposition. » La guerre à mort contre les Sarrasins est justifiée par l'autorité de Moïse : « Celui qui attaque la loi de Moïse est condamné à mort par Dieu ; à plus forte raison ceux qui foulent aux pieds le fils de Dieu méritent-ils la mort. »

Il ne faut d'ailleurs pas perdre de vue que, longtemps, les Sarrasins avaient été un danger permanent pour les populations européennes des côtes de la Méditerranée, et que lorsqu'au commencement du XIVe siècle, les Turcs entrèrent à leur tour en scène, on put croire la chrétienté menacée dans son existence. Il y a là déjà une explication de la dureté des publicistes, dureté que l'enseignement de l'Église ne

_____

(1) D'ACHERY, *Spicilegium*, t. II, p. 215.

pouvait manquer d'accentuer. Du reste, nous le reconnaissons, le contact du christianisme avec l'islamisme exerça sur le premier une influence délétère. Le sentiment religieux assuma un caractère fanatique que n'explique que trop le fanatisme musulman. Ne l'oublions pas, Mahomet, qui avait d'abord prêché la soumission, n'avait pas tardé à proclamer qu'il était licite d'attaquer et de combattre les ennemis de la foi, et dans le Coran se trouvaient des maximes barbares : « Rien n'est plus agréable à Dieu que la moindre goutte de sang répandue pour la cause de la religion. » « Ne dites pas que ceux qui ont été tués dans le sentier de Dieu sont morts, dites au contraire qu'ils sont vivants. » Par un inévitable mouvement, le christianisme se fit aussi cruel que l'était le mahométisme.

La haine des Sarrasins se manifeste chez presque tous les chroniqueurs et presque tous les poètes (1). L'historien des croisades, Guillaume de Tyr, traite les Sarrasins d'enfants de Bélial. Robert le Moine les appelle une légion de diables, un peuple immonde, des chiens furieux. Dans la chronique de Philippe Mouskès, le roi des Sarrasins demande à Charlemagne pourquoi il vient leur enlever la terre d'Espagne, sur laquelle ni lui ni leurs ancêtres n'avaient le moindre droit. Charlemagne répond « que les chrétiens sont élus sur toutes autres gens, qu'ils ont, par Jésus-Christ, la seigneurie du monde entier. » « La haine, dit Guillaume de Tyr, est naturelle entre chrétiens et Sarrasins ; ne doivent-ils pas haïr ceux qui haïssent le Seigneur ? Tenir les serments à un infidèle serait un plus grand péché que d'y manquer, dit le patriarche de Jérusalem. »

Une éclatante manifestation des sentiments du christianisme médiéval à l'égard des Sarrasins et des païens se trouve dans la création des ordres militaires, où chevalerie et monachisme sont réunis, où la guerre aux ennemis de la foi devient la suprême des œuvres pies. Les frères de la milice du Temple, les frères de l'hôpital Saint-Jean à Jérusalem apparaissent au commencement du XIIe siècle ; les papes leur accordent les plus grands privilèges, les rois

---

(1) LAURENT, *Études sur l'histoire de l'humanité*, t. VII, *La Féodalité et l'Église*, p. 266.

leur concèdent des possessions considérables. Une tradition attribue
à saint Bernard la rédaction de la règle des Templiers. Le document
n'est point de saint Bernard, mais il a une grande importance. Il
impose aux membres l'exil perpétuel de leur patrie et la guerre sans
trève contre les infidèles. Jamais ils ne peuvent refuser le combat,
alors même qu'ils sont un contre trois; il leur est défendu de demander
quartier ; et pour leur rançon, ils ne peuvent céder ni un pouce de
muraille, ni un pouce de territoire. « Allez heureux, leur était-il dit,
allez paisibles, chassez d'un cœur intrépide les ennemis de la croix de
Christ, bien sûrs que ni la vie ni la mort ne pourront vous mettre
hors l'amour de Dieu qui est en Jésus. En tout péril, redites-vous la
parole : Vivants ou morts, nous sommes au Seigneur. Glorieux les
vainqueurs, heureux les martyrs ! »

De nombreux ordres militaires, moins importants que ceux que
nous venons de citer, surgirent en Espagne et en Portugal pour
combattre le bon combat contre les Maures. Dans l'Europe orientale
parut une autre milice, forte également : l'ordre teutonique.

Comme l'ordre des Templiers et l'ordre de Saint-Jean, l'ordre
teutonique doit sa création aux croisades. Voués d'abord aux œuvres
de charité, les frères allemands de Notre-Dame de Jérusalem s'étaient
transformés en ordre de chevalerie pour la protection des pélerins.
Ils faisaient vœu de pauvreté, de chasteté et d'obéissance. En 1226,
ils furent appelés au secours des populations allemandes contre les
hordes païennes des Prussiens. L'empereur Frédéric II les autorisa à
pénétrer en Prusse et à posséder ce que leur offraient les chefs
allemands et ce qu'ils acquerraient dans la suite. Le pape leur fit
semblable concession, tout en soutenant que les pays dans lesquels
ils s'avançaient appartenaient à saint Pierre. Les Prussiens soumis,
l'ordre teutonique entama la lutte contre d'autres peuples et si, dans
l'accomplissement de sa mission historique, il usa de violence et de
cruauté, il rendit, il faut le reconnaître, des services éminents à la
civilisation.

La question de la légitimité de la guerre contre les infidèles fut
agitée de bonne heure par les juristes et longtemps elle eut une

importance capitale. Soulevée à l'occasion du péril sarrasin, elle fut
également posée au commencement du XVe siècle, en ce qui concernait
les tribus païennes de l'Europe orientale, et elle fut agitée de
nouveau pour les habitants des pays nouvellement découverts, dans
le même siècle, par les Portugais et par les Espagnols. A ce titre, elle
mérite que nous nous y arrêtions quelque peu.

Deux opinions se manifestaient. L'une est représentée par Sinibalde
de Fiesque, le décrétaliste illustre qui ceignit la tiare sous le nom
d'Innocent IV ; l'autre par Henri de Suse, qui figure également parmi
les gloires du droit canonique du moyen âge.

La controverse fut longue ; il n'est guère de canoniste qui ne
prît position dans la discussion. Des civilistes importants se
prononcèrent. L'historien doit malheureusement constater que
l'opinion la moins libérale est celle qui réunit le plus de suffrages.

Sinibalde de Fiesque émit dans son *Apparatus in quinque libros
decretalium* une opinion favorable aux infidèles. Il proclama que l'on ne
pouvait faire la guerre aux Sarrasins pour les convertir au christianisme, mais que la guerre était juste quand ils occupaient des terres
ayant appartenu aux chrétiens, quand ils attaquaient ces derniers ou
quand il s'agissait de la Terre Sainte. Dans ce dernier cas, il fallait
considérer que l'injure faite au Christ atteignait tous les fidèles. Il
enseignait également que les infidèles ayant le droit de juridiction et
de domaine, les chrétiens ne pouvaient sans injustice leur enlever leurs
terres ou leurs biens. (1)

Cette opinion relativement douce rencontra une vive opposition.
Henri de Suse l'attaqua de toutes ses forces, déniant aux infidèles les
droits de règne, de principat et de juridiction et soutenant que la venue
du Christ leur avait enlevé toute souveraineté. Il consentait cependant
à établir une distinction.

Henri de Suse demande comment les chrétiens doivent se conduire
vis-à-vis des Sarrasins. Il établit une distinction. On ne peut attaquer
les Sarrasins qui sont soumis à l'empire, — n'oublions pas qu'il y avait
des Sarrasins en Sicile et dans le midi de l'Italie, comme il y en avait

---

(1) INNOCENT IV, *Apparatus in quinque libros decretalium*, super tertio decretalium,
De baptismo et ejus effectu.

également dans le midi de la France ; — on doit attaquer ceux qui ne reconnaissent ni la domination de l'Église ni la domination de l'Empire. « *Alii autem qui dominium romanæ Ecclesiæ non recognoscunt sive Imperii romani, impugnandi sunt.* (1) » La guerre faite aux infidèles s'appelle la guerre romaine, elle est juste : « *Bellum quod est inter fideles et infideles potest dici bellum romanum et hoc est justum. Hoc enim romanum voco, quia Roma est caput fidei nostræ et mater.* (2) »

Dans ses *Consilia*, Oldrade de Ponte rappelle l'opinion de Henri de Suse, mais penche évidemment vers l'idée que la guerre ne peut être faite aux Sarrasins qui vivent en paix. Il fait une exception pour la Terre Sainte, dont « nous avons, dit-il, été dépouillés ». Il est, du reste, à remarquer qu'il résout affirmativement la question de savoir si les chrétiens peuvent accepter l'alliance des infidèles (3).

Jean d'Andrea était absolument explicite : les infidèles qui vivent en paix et ceux qui sont nos esclaves ne peuvent être convertis par les moyens violents ; on ne peut employer ni la guerre, ni une violence quelconque, on ne peut employer que la prédication ; mais si les infidèles ne permettent pas aux prédicateurs d'aller au milieu d'eux, ils peuvent être châtiés par le pape.

A la suite de la glose, Bartole admet la division de l'humanité en peuple romain et en peuples étrangers. Il comprend dans le peuple romain les princes et les gouvernements qui, directement ou indirectement, en fait ou en droit, reconnaissent l'autorité de l'Empire. Il entend par peuples étrangers ceux qui ne veulent point voir dans l'empereur le maître du monde. Ces derniers, Bartole les énumère ; ce sont les Grecs, les Tartares, les Juifs, d'autres encore, mais tous ne se trouvent pas dans la même situation vis-à-vis des chrétiens ; les uns sont des alliés, les autres vivent en paix ; d'autres encore sont totalement étrangers ; il en est avec qui il y a guerre : ce sont les Sarrasins et les Turcs. (4)

---

(1) HENRI DE SUSE (HOSTIENSIS), *Summa aurea*, L. V, rubrica *De Saracenis.*
(2) Ibid., L. I, rubrica *De treuga et pace.*
(3) OLDRADE DE PONTE, *Consilia*, 70 et 71.
(4) BARTOLE DE SASSOFERRATO, *Commentaria in secundam Digesti novi partem: De captivis et postliminio reversis et redemptis ab hostibus.*

Cette énumération et cette affirmation sont reproduites presque textuellement par Jean de Legnano dans son traité *De bello*. Ce dernier auteur établit le droit de l'Église de faire la guerre aux infidèles, d'envahir leurs terres, de conférer des indulgences aux chrétiens qui s'enrôleront sous la bannière sainte. « Il n'y a qu'un seul maître du monde, c'est le pape et il a juridiction de droit sinon de fait sur les infidèles. » Jean de Legnano déduit de ce principe une proposition déjà enseignée par Henri de Suse ; le gentil qui pèche contre la loi de nature ou qui adore les idoles fournit une cause légitime de guerre ; seulement Jean de Legnano réserve l'exercice du droit de guerre au pape. Celui-ci peut également autoriser les hostilités contre les infidèles qui occupent la Terre Sainte, où le Christ a voulu naître et mourir ; la Terre Sainte a été enlevée à l'empereur ; le pape peut la récupérer en vertu de son principat. Il est d'autres pays possédés par les infidèles qui ne sont point consacrés et sur lesquels ni l'Empire, ni l'Église n'ont eu de juridiction de fait ; le pape peut ordonner que les maîtres de ces contrées ne molestent point les chrétiens et, en cas de désobéissance, les déclarer déchus de leur juridiction. (1)

Balde émet des idées plus larges. Il résout négativement la question de la légitimité de la guerre contre les infidèles. Néanmoins si les infidèles eux-mêmes font la guerre aux chrétiens, ceux-ci peuvent répondre par des actes hostiles. (2) Le célèbre jurisconsulte se contredit, à la vérité, dans un autre passage de ses écrits où il autorise la guerre contre les infidèles et contre les hérétiques, parce que l'hérésie et l'infidélité les privent de la juridiction.

« Par quel droit et par quelle raison peut-on mouvoir guerre contre les Sarrazins ? » La question est posée par Honoré Bonet. « C'est assavoir, dit-il, par quel droit ne par quelle raison len peult mouvoir guerre contre les Sarrazins ou autres mescreans ou se ce est chose deue que le pape donne indulgences et pardons pour les guerroier. Et tout premièrement je veuil prouver comment guerre ne se doit faire contre les mescreans. La première raison est telle : notre seigneur

---

(1) JEAN DE LEGNANO, *Tractatus de bello. Tractatus universi juris,* t. XVI, f. 371 et suivants.

(2) BALDE, *Commentaria in primam Digesti veteris partem,* sur la loi cinquième.

Dieu a créé tous les biens de la terre pour les bons comme pour les méchans. » L'auteur ne voit pas que Dieu ayant donné les biens aux infidèles, les chrétiens les puissent ôter. Parmi les autres arguments à l'appui de sa thèse, il fait valoir que le baptême ne doit pas être imposé de force, or puisqu'on ne peut employer la force pour faire recevoir le baptême, comment le pourrait-on pour enlever des richesses ? Le pape ne doit pas donner indulgence pour la guerre contre les mécréants, car il dit lui-même « qu'il ne lui appartient en rien de ceux qui sont hors la foi. » Néanmoins Bonet admet des exceptions à sa règle. « Si ung Sarrazin ou ung juif faisait contre la loi de nature, certes le pape si le pugnirait de icelluy péchié, car Dieu a donné l'exemple. » D'autres écrivains, notons-le, hésiteront à admettre cette dernière thèse, notamment Ferdinand Vasquez Menchaca qui fera remarquer que tout péché est contre nature. « Mais, continue Honoré Bonet, si les Juifs ou les Sarrazins faisaient contre les évangiles le pape ne les en pourroit mie pugnir. Car homme du monde ne doit estre contraint de croire dans la foy. Encore je vous dy une autre chose, c'est que le pape peut donner indulgences contre les mescréans pour recouvrer la sainte terre de Jherusalem laquelle fut par droitte conquête gaignée aux chrestiens par la passion de Jhesucrist notre seigneur. Et si fut conquise après sa passion par le prince de Romme. Mais après les Sarrasins l'ont occupée, ce que faire ne devaient de bon droit. Et par cette raison le pape peut donner indulgences à tous ceulx quy la vouldront recouvrer. Mais je vous déclaire que de faire guerre générale contre les Sarrazins sans le congié du pape je ne voy pas comment il se puist bien faire..... Et après je vous déclaire que le pape raisonnablement ne peut déclairer guerre contre les mescréans pour les autres terres ou royaulmes qu'ils tiennent. Sinon que icelles terres fussent duement sujettes à l'Eglise ou à l'Empire de Romme. » Le pape peut cependant commander aux infidèles « qu'ils ne grièfvent les chrestiens », car dans ce cas, il pourrait leur ôter leur droit de juridiction. Bonet admet une autre exception ; le roi de Jérusalem peut revendiquer son trône (1).

---

(1) Honoré Bonet, *L'Arbre des batailles*, quatrième partie, ch. 2.

L'auteur de l'*Arbre des batailles* traite une matière similaire dans un autre passage. Il demande « si l'Église peut ordonner bataille contre les Juifs » et il examine les raisons à faire valoir pour la solution affirmative et pour la solution négative. Il convient que les Juifs montrent aux chrétiens « qu'ils sont tous leurs ennemis expres, » mais il n'en soutient pas moins que la guerre n'est pas autorisée. « Et si les Juifs nous font assez de mal, dit-il, nous ne leur faisons guaires de bien. » (1)

Au point de vue doctrinal, la question de la guerre contre les infidèles se relie à une question plus vaste. Parmi les plus audacieuses idées de John Wycliffe, figure celle qu'il émit au sujet de la souveraineté dans son traité *De dominio*, composé vers 1368. L'illustre penseur enseignait que le *dominium*, le domaine, c'est-à-dire la souveraineté, l'autorité, est non pas un droit, non pas quelque chose d'externe, mais une habitude de la nature rationelle, qui, dans son sens le plus élevé, appartient seulement à Dieu. D'après lui, Dieu distribue le domaine à ses créatures, il le leur donne pour ainsi dire en fief, suivant leur situation et leurs fonctions respectives, mais cette investiture s'accomplit uniquement à la condition que les créatures obéissent aux commandements du Créateur, en d'autres mots qu'elles conservent la grâce.

Sans doute, dans la pensée de Wycliffe, cette doctrine constituait un idéal et lui-même a hâte de la déclarer incompatible avec l'état existant des choses; elle n'en avait pas moins des conséquences d'incalculable portée. Poussée à l'extrême, elle dépouillait le roi de sa royauté, le prêtre de sa dignité sacerdotale, dès que la grâce leur venait à manquer. Aussi Wycliffe croyait-il devoir affirmer l'obligation de respecter l'autorité de fait et proclamait-il que Dieu lui-même doit obéir au démon qu'il a établi, exprimant ainsi le devoir de soumission envers l'autorité constituée. Dans le sens véritable du mot, disait-il, le pécheur ne saurait posséder le domaine, il peut néanmoins en exercer la puissance en vertu de la permission divine et le devoir du chrétien.

---

(1) Ibid. quatrième partie, ch. 63.

envers la souveraineté de fait est tout tracé ; Jésus a prêché d'exemple, il a obéi à Satan en se soumettant à ses tentations.

La doctrine de Wycliffe avait un premier corollaire. Dieu n'ayant jamais délégué la souveraineté à un seul homme et n'ayant accordé que des parcelles de domaine, des fiefs particuliers, si l'on peut s'exprimer ainsi, les prétentions de la curie venaient à tomber ; le pape n'était plus le seul vicaire du Christ ; le chrétien relevait de Dieu. Un second corollaire entraînait des conséquences au point de vue des relations internationales. Wycliffe ne l'a point déduit de ses théories, mais il s'imposait fatalement et il ne cessa d'être invoqué. Privés de la grâce, les infidèles n'avaient point de souveraineté et les chrétiens pouvaient à l'envi les attaquer et les dépouiller de leurs royaumes et de leurs biens. La thèse eut du retentissement jusqu'au XVIIe siècle. Au début du XVe siècle, le concile de Constance l'avait formellement condamnée et, dans ses leçons touchant les droits des Indiens que les Espagnols foulaient cruellement aux pieds, François de Vitoria put enseigner, conformément à la doctrine véritable de l'Église, que le péché mortel ne fait disparaître ni le *dominium civile*, ni le *dominium morale*. Au commencement du XVIIe siècle, Campanella donnera au droit de dominer une triple base : la force corporelle pour les brutes, la sagesse pour les hommes et pour certains animaux, l'amour pour les hommes seulement. Aux sages, aux savants, il accordera la prééminence. Pour eux les titres de domination, l'élection, la succession, la donation, l'achat, le droit de la guerre seront des titres de domination ; pour les ignorants, au contraire, ces mêmes titres seront des titres contre nature. L'impie sera exclu ; quoique plus sage, quoique plus savant que les hommes pieux, il n'aura pas le droit d'exercer sur ceux-ci l'*imperium*. « En effet, dira le célèbre dominicain, sans la bonté, il n'y a point de titre de *dominium*, car l'impiété, c'est l'éloignement, la séparation de Dieu qui donne le fondement même de la domination. A la vérité, l'impie peut exercer la souveraineté ; Dieu peut le permettre, mais en ce cas l'impie est comme un bourreau. »

La question des droits des infidèles fut solennellement exposée dans ces grandes assises de la chrétienté qui s'appellent le concile de

Constance. Polonais et Lithuaniens étaient èn général convertis au christianisme, mais une partie de la population était restée païenne. L'ordre teutonique invoquait ce prétexte pour combattre impitoyablement Ladislas, roi de Pologne, et Withold, duc de Lithuanie. Une première fois déjà, ceux-ci avaient adressé un véritable appel à l'opinion du monde chrétien dans la *Publica querella de Cruciferis*, dont nous avons parlé, et ils avaient même invoqué l'appui du concile de Pise. En 1410, l'ordre subit à Tanneberg une épouvantable défaite; toutefois la trève de 1411 lui permit de refaire des forces et de recommencer ses cruelles expéditions. Des députés polonais et lithuaniens furent envoyés au concile de Constance et là, dans la séance du 6 juillet 1415, Paul Wladimir de Brudzewo, docteur en décret, chanoine régulier des Augustins, recteur de l'université de Cracovie, soutint avec un très grand talent la thèse que les infidèles ne peuvent être convertis par la force, que leurs terres ne peuvent être envahies et qu'ils ne peuvent être dépouillés de leurs biens, ni en vertu de concessions impériales ou papales, ni en vertu d'aucun titre.

Il suffit d'indiquer quelques-unes de ses propositions pour faire ressortir sa grande générosité et son incontestable largeur d'idées (1). Il soutient que si les infidèles ne sont pas dans le troupeau de l'Église, ils n'en sont pas moins tous des brebis du Christ, dont les paroles : « *Pasce oves meas* » comprennent les infidèles aussi bien que les fidèles. Le *dominium*, la juridiction, la *potestas*, dit-il, appartiennent aux infidèles qui jouissent des droits de la société humaine. Et l'objection tirée de la situation faite à la Terre Sainte ne porte pas, car si celle-ci peut être revendiquée, c'est parce qu'elle a appartenu aux empereurs romains et qu'il s'agit en réalité de recouvrer ce qui a été enlevé.

L'orateur polonais admet que les hérétiques et les schismatiques puissent être privés de leurs biens; mais il prétend qu'il faut l'autorité de droit ou du juge pour que les fidèles les puissent occuper. Il admet également que le pape possède une juridiction *de jure*, sinon *de facto*, sur les infidèles qui pèchent contre la loi de la nature, ou qui adorent les idoles, ou qui oppriment la foi chrétienne; il admet qu'il puisse les

---

(1) H. VON DER HARDT, *Magnum œconomicum Constantiense Concilium*, t. III, p. 6.

obliger à recevoir des prédicateurs ; mais il affirme que le pape ne peut les obliger à croire puisqu'il faut les laisser au libre arbitre et que seule, en cette matière, la grâce de Dieu prévaut. C'était, rappelons-le, la théorie de saint Thomas d'Aquin.

La question ne fut point résolue en ce moment, et le concile de Constance en fut une deuxième fois saisi.

Un dominicain aux gages de l'ordre teutonique avait violemment attaqué le roi de Pologne en un écrit où il soutenait notamment qu'il était plus méritoire de tuer les Polonais et leur roi que de tuer des païens. Jean Falkenberg, c'était son nom, s'était déjà prononcé à Constance même pour la théorie du tyrannicide soutenue par le franciscain Jean Petit, pour justifier le meurtre du duc d'Orléans par le duc de Bourgogne, théorie que le concile avait condamné tout en refusant, pour complaire au duc de Bourgogne, de condamner l'écrit même. La thèse du défenseur des chevaliers de l'ordre teutonique fut dénoncée au concile dans sa dernière séance, le 22 avril 1418. Paul Wladimir de Brudzewo, entouré des envoyés de Pologne et de Lithuanie et assisté de Gaspar de Pérouse, avocat consistorial, protesta énergiquement, exigea la condamnation de l'auteur et, devant le refus du pape et de l'assemblée d'accéder à sa demande, déclara en appeler au prochain concile.

Un écrivain important, Pierre d'Ancharano, qui avait professé à Sienne et à Bologne et qui joua un très grand rôle dans les affaires ecclésiastiques qui se déroulèrent au commencement du quinzième siècle, se prononça nettement contre l'opinion de Henri de Suse. Il en faisait ressortir les conséquences absurdes.

Par contre, Arnaud Albertino, évêque de Pactes en Sicile, écrivait au commencement du seizième siècle que les infidèles n'ont ni les droits du règne, ni le principat, ni la juridiction ; que la venue du Christ leur a enlevé tout *dominium* ; que c'est licitement que les chrétiens envahissent leurs terres, réduisent leurs personnes en servitude et prennent leurs biens, puisque ces biens n'appartiennent à personne (1). Jean Bruneau, professeur de droit canonique à Orléans,

(1) ARNAUD ALBERTINO (ARNALDUS ALBERTINUS), *Repetitio in rubricam de Hæreticis*, dans les *Repetitionum juris canonici volumina sex*. Cologne, 1618, t. v. p. 600.

enseigna à la même époque une thèse défavorable aux infidèles. Il permet de leur faire la guerre dans tous les pays qui, à un moment donné, ont été occupés par les chrétiens ; rencontrant l'objection que l'Église n'a l'*imperium* qu'en Occident, il répond que si le glaive temporel n'agit point, le glaive spirituel peut le remplacer. Au surplus, il reconnaît aux infidèles le droit d'envahir les terres actuellement occupées par les chrétiens et qui ont été autrefois en leur possession. Il soutient que le pape, vicaire général du Christ, a juridiction sur les fidèles et les infidèles, qu'il peut obliger ceux-ci à recevoir les prédicateurs de la foi. Enfin, il déclare admettre à regret l'opinion que les chrétiens peuvent faire des traités avec les infidèles et s'allier à eux quand il s'agit de défendre la patrie. (1)

Jules Ferretti déclare méritoires les guerres qui sont faites aux ennemis de l'Église, aux infidèles et à ceux qui se rebellent contre ses décrets ; « ceux qui meurent dans une semblable guerre, dit-il, obtiennent le salut éternel ; c'est l'œuvre la plus pieuse que de combattre pour Dieu et pour l'Église, son épouse immaculée. »

La question des Indiens fit soulever la question primordiale de la guerre aux infidèles. Dès le début de la conquête du nouveau monde, Christophe Colomb avait formé sur différents points des établissements d'Espagnols. Des terres étaient distribuées aux colons et ceux-ci recevaient prétendûment à titre de dépôt un certain nombre d'Indiens, avec charge de les instruire dans la religion chrétienne. C'est là l'origine des *encomiendas*, des fiefs. Les vaincus furent finalement partagés ; divisés en tribus de plusieurs centaines de familles, ils eurent des maîtres que désignait le pouvoir central parmi les *conquistadores* qui s'étaient distingués et parmi les fonctionnaires royaux. La répartition eut pour effet d'attacher les malheureux indigènes à la glèbe.

Alors se développa la plus épouvantable servitude et bientôt des plaintes amères se firent entendre. Les missionnaires s'en firent les interprètes éloquents, et parmi eux figurèrent au premier rang les

---

(1) Jean Bruneau (Johannes Brunellus), *Repetitio in caput primum* De homicidio *in lib. Decretalium*, dans le recueil cité à la note précédente, t. IV. p. 711.

dominicains qui ne cessèrent de protester contre les atrocités dont les Indiens étaient victimes, tandis que plus d'une fois les franciscains fournirent l'appui de leur parole et de leur plume aux oppresseurs.

La reine Isabelle désapprouva la conduite des Espagnols ; le roi Ferdinand soumit, en 1501, l'importante question à une commission de jurisconsultes et de théologiens, mais l'institution cruelle fut maintenue et les règles dont on l'entoura, en 1509, ne furent même pas observées. Horribles furent les résultats : au dire de Las Casas, en trente-huit ans, plus de douze millions d'Indiens furent sacrifiés.

A Barthélemy de Las Casas revient l'honneur d'avoir tout mis en œuvre pour faire cesser les effrayants abus. Il avait étudié le droit et la théologie et avait reçu, en 1510, l'ordre de la prêtrise. Il devint dominicain et fut appelé au siège épiscopal de Chiapa. Sa longue existence — il mourut en 1566, à l'âge de quatre-vingt-douze ans — fut tout entière consacrée à la défense de la liberté des naturels d'Amérique. Démarches, voyages, sermons, écrits, discussions, rien ne fut négligé par le noble lutteur.

Deux débats sont surtout importants. En 1519, devant le jeune roi Charles qui venait de ceindre la couronne impériale, Las Casas discuta longuement la question des Indiens. Son adversaire était Jean de Quevedo, évêque du Darien, qui prétendait que les Indiens étaient nés pour la servitude. Las Casas protesta au nom même de la religion d'égalité qui n'enlève à aucune nation ni sa liberté ni ses chefs, sous prétexte que la nature l'a faite pour cette condition. »

Las Casas prônait de vigoureuses décisions ; les événements d'Allemagne ne permirent point au monarque de les prendre.

En 1542, les cruautés des colons envers les Indiens amenèrent Las Casas à s'adresser de nouveau à Charles-Quint. Il soutint que si le pape peut distribuer les pays infidèles aux princes chrétiens, c'est en vue de la prédication de l'Évangile ; il affirma que les princes infidèles ont le droit de commander dans leurs États et que ce droit ne peut leur être enlevé sans lésion du droit des gens et du droit divin.

C'est alors que Jean Ginès de Sepulveda écrivit son cruel *Democrates secundus* ; c'est alors aussi que Melchior Cano, professeur à Salamanque, disciple de François de Vitoria, et Antoine Ramirez, évêque de Ségovie, entrèrent en lice et luttèrent vaillamment pour les imprescriptibles droits des pauvres indigènes d'Amérique.

Barthélemy de Las Casas publia son *Apologie des opinions de l'évêque de Chiapa* et, devant une assemblée de jurisconsultes et de théologiens, convoquée à Valladolid, le noble défenseur des Indiens et Jean Ginès de Sepulveda vinrent défendre leur opinion. Ce dernier fut d'abord entendu ; puis Las Casas, cinq séances durant, exposa ses idées. C'est Dominique Soto qui fit l'analyse des motifs invoqués par les deux adversaires. La décision de l'assemblée fut, d'après Llorente, conforme à l'opinion de Las Casas ; mais pour le malheur des Indiens, on ne mit jamais à exécution les mesures que le conseil des Indes adopta.

Dans ses *Relectiones theologicæ*, François de Vitoria enseigne que la diversité de religion ne saurait être considérée comme un juste motif de faire la guerre, pas plus que le refus d'une nation païenne d'embrasser le christianisme. Le pape ne possède de pouvoir temporel vis-à-vis des chrétiens qu'en tant qu'il lui est nécessaire pour l'administration des affaires spirituelles, et, comme il n'a aucune puissance temporelle envers les infidèles, même s'ils refusent de lui reconnaître une autorité quelconque, il ne peut leur faire déclarer la guerre ni faire occuper leurs biens. Pour lui, si le pape a confié aux Espagnols la prédication de l'Évangile dans le nouveau monde, c'est qu'ils pouvaient s'en charger mieux que les autres peuples ; certes, la mission d'instruire les ignorants dans la foi incombe à tous les chrétiens, seulement le chef de l'Église peut prendre en considération l'intérêt de la religion et, par conséquent, confier la propagation de la foi à un peuple déterminé, à l'exclusion des autres nations.

Rappelons que dans la leçon *De potestate Ecclesiæ* qui figure en tête des *Relectiones theologicæ*, François de Vitoria examine la situation du pape et défend les droits du pouvoir civil. Il dénonce comme erronée l'opinion des jurisconsultes et des canonistes, qui soutiennent que le pape est le maître du monde quant au domaine temporel et qu'il a autorité et juridiction temporelle sur tous les rois. Il y voit l'effet de l'adulation. « Le pape, écrit-il, ne donne aucun pouvoir aux rois, car aucun homme ne peut donner ce qu'il n'a pas et le pape n'est pas le maître ; le pouvoir temporel existait antérieurement aux chefs de l'Église et il y avait des rois avant la venue du Christ. Les glossateurs ont attribué semblable puissance au pape, alors qu'eux-mêmes étaient pauvres et en biens et en science. » « La puissance civile des rois, ajoutait-il, n'est point soumise à la puissance temporelle des papes. » Quelque soixante ans plus tard, Thomas Campanella composant dans les cachots de Naples la *Monarchia Messiæ* critiquait amèrement Dominique Soto, le disciple du maître incomparable de Salamanque, qui lui non plus n'avait concédé au pape que le *dominium* dans les choses spirituelles. A Campanella il fallait la primauté pontificale et cette primauté, prétendait-il, existe, car le Messie est venu en ce monde pour rétablir l'âge d'or, il a fondé sa loi éternelle, il a établi une autorité unique dont les princes dépendent en vertu du droit divin et humain, au temporel comme au spirituel. (1)

Dominique Soto, dont nous venons de citer le nom, promet d'examiner plus spécialement le droit de faire la guerre aux infidèles dans un travail spécial *De ratione promulgandi Evangelium* ; les développements qu'il donne à sa pensée dans son traité *De justitia et jure*, permettent cependant de la saisir d'une manière complète.

Il établit trois catégories d'infidèles. En premier lieu, viennent les infidèles qui vivent, en fait et en droit, sous la domination de princes chrétiens ; tels étaient les Sarrasins et les Juifs en Espagne, tels sont les Juifs en Italie et en Allemagne. Il est hors de doute que les rois ont action sur eux et qu'ils peuvent même les dépouiller de leurs biens. En second lieu, se placent les infidèles qui sont soumis, sinon en fait du moins en droit, à des princes chrétiens ; Soto entend par là ceux qui occupent des pays ayant appartenu aux chrétiens. « Il est évident, dit-il, que nous pouvons leur déclarer la guerre et leur enlever leurs possessions ; toutefois un particulier voyageant parmi eux ne serait pas autorisé à leur prendre ce qui leur appartient. » En troisième lieu, il convient de noter les infidèles qui n'obéissent, ni en fait ni en

1 THOMAS CAMPANELLA, *Monarchia Messiæ*, Jesi 1633. C'est dans cet ouvrage, qui n'est guère connu, que l'illustre martyr expose complètement sa pensée. Nous renvoyons à notre étude parue dans la *Revue de droit international et de législation comparée*, t. XXI, p. 261.

droit, à des princes chrétiens, qui ne sont point ennemis du christianisme et qui, ou bien ignorent, ou bien ont oublié jusqu'au nom même de chrétien. Peut-on leur faire la guerre ? La question, observe Soto, est de savoir non si l'idolâtre est digne de la peine de mort, mais bien si celui qui prétend faire la guerre aux idolâtres a reçu mandat à cet effet. Or, semblable mandat n'existe point. (1)

Conrad Braun, le fanatique chanoine d'Augsbourg, se montre impitoyable. Toute guerre faite aux ennemis de la foi est licite. (2)

Covarruvias exprime le même avis que Soto, il s'élève avec force contre l'opinion défendue par Henri de Suse, d'après laquelle le fait seul de l'infidélité forme une juste cause de guerre, parce que Dieu enlève la puissance royale aux infidèles et la transfère aux chrétiens. Ni le pape, ni l'empereur eux-mêmes ne peuvent faire la guerre à des princes pour cela seul qu'ils sont infidèles. Le *Décret* de Gratien admet la légitimité de la guerre contre les Sarrasins quand ceux-ci persécutent les chrétiens et les chassent ; mais l'infidélité ne saurait enlever un droit basé sur la loi humaine et antérieure à la loi de l'Évangile. Le concile de Constance, ajoute-t-il, a du reste condamné Wycliffe et Huss soutenant que le péché dans le chef du propriétaire fait évanouir le droit de propriété. Il est vrai que Covarruvias reconnaît la justice de la guerre contre les infidèles, s'ils occupent d'anciennes provinces chrétiennes, s'ils persécutent les fidèles, s'ils refusent obéissance au prince auquel ils sont soumis ou si par leurs blasphèmes ils mettent obstacle à la prédication de l'Évangile.

La question de l'alliance avec les infidèles fut traitée, en 1566, quand Soliman II offrit à Emmanuel-Philibert le royaume de Chypre, au prix de l'alliance contre Venise.

Au nombre des juristes qui siégaient dans les conseils du duc de

---

(1) DOMINIQUE SOTO, *De justitia et jure*, L. V, quæstio 3, art. V.

(2) « Quo sane jure justum est omne bellum quod a christianis fidei hostibus infertur, nam præterquam quod hujusmodi bellum reipublicæ christianæ utile est: nimirum quod ad defensionem religionis et fidei et gloriam Dei suscipitur : non injuste etiam omnia imperia ac dominia ab infidelibus possessa tanquam injustis possessoribus, a veris videlicet dominis, jure belli invaduntur et recuperantur. » CONRAD BRAUN (CONRADUS BRUNUS), *De legationibus*, L. III, ch. VIII.

Savoie, se trouvaient Pierino Belli et Octavien Cacheran. Belli admit la légitimité de l'alliance avec les infidèles lorsqu'il s'agit de combattre d'autres infidèles, Cacheran écrivit la *Dissertatio an principi christiano fas sit pro sui suorumque bonorum tutela fœdus inire ac amicitia infidelibus jungi, ab eisque auxilium adversus alios principes petere.* La conclusion était que le prince chrétien ne peut contracter alliance avec les Turcs, ni leur demander secours contre les chrétiens, même pour leur propre défense.

· Balthazar de Ayala se rallie à la doctrine de Covarruvias en ce qui concerne les infidèles. Au sujet des hérétiques, il proclame la légitimité de la guerre et il appuie sur l'idée que la guerre faite aux infidèles est juste, si ceux-ci empêchent la prédication de l'Évangile. (1)

Albéric Gentil ne veut point que la religion soit une cause de guerre : victime de l'intolérance, ayant lui-même souffert pour sa foi, il prêche dans une des belles pages de son livre les plus nobles maximes et proclame que la religion est un lien entre l'homme et Dieu et qu'elle n'a que faire du droit humain. (2)

Malheureusement, Gentil n'ose point persévérer dans ce sentiment. Dans un autre passage de son livre, il admet qu'il y ait entre chrétiens et Turcs une guerre irréconciliable. A la rigueur, on peut voir dans son langage la constatation d'un fait plutôt que l'exposition d'un système : les chrétiens font une guerre juste aux Turcs parce que ceux-ci se conduisent en ennemis (3). Mais le doute n'est plus possible quand, plus loin encore, l'écrivain s'occupe de la question de savoir s'il est permis de conclure des traités avec des personnes de

---

(1) AYALA, *De jure et officiis bellicis et disciplina militari*, L. I, ch. 2, n° 29 et suivants.

(2) « Nunc illa quæstio est si uno religionis obtentu bellum inferri possit. Et hoc nego et addo rationem : quia religionis jus hominibus cum hominibus propriè non est : itaque nec bellum causa religionis. Religio erga Deum est. Jus est divinum, id est inter Deum et hominem : non est jus humanum, id est inter hominem et hominem. Nihil igitur quæritat homo violatum sibi ob aliam religionem ». ALBÉRIC GENTIL, *De jure belli*, L. I, ch. IX, *An bellum justum sit pro religione*.

(3) « Turcæ ferunt se nobis hostes et nobis insidiantur. Nobis imminent. Nostra rapiunt per omnem perfidiam quam possunt semper. Sic justa semper causa belli adversus Turcas. Non eis frangenda fides est ; non. Non inferendum bellum quiescentibus, pacem colentibus, in nos nihil molientibus ; non. Sed quando sic agunt Turcæ ? Ibid., L. I, ch. XII.

religion différente. « La question, dit-il, est en partie du domaine de la théologie ; or, au point de vue de la théologie, le commerce entre États chrétiens et États infidèles est licite ; ce qui est défendu, c'est l'alliance entre fidèles et infidèles dans le but de faire la guerre aux infidèles et à plus forte raison l'alliance dans le but de faire la guerre aux chrétiens. (1) »

Un Anglais, William Fulbecke, combattit la théorie d'après laquelle la guerre contre les infidèles était licite par cela seul qu'ils étaient infidèles. Juste Lipse venait de soutenir cette thèse. Juste Lipse, Joseph Scaliger et Casaubon passaient pour les triumvirs de la république des lettres; Fulbecke dit du premier que son ton belliqueux et sa bouillante humeur prouvaient son manque de politique et démontraient qu'il n'était ni sage comme le serpent, ni simple et doux comme la colombe.

Suarez déclare que l'infidélité ne saurait constituer un titre de guerre. « Dieu, écrit-il, n'a pas donné aux hommes la charge et le pouvoir de venger les injures qui lui sont adressées. On invoque comme argument le défaut d'aptitude des barbares de se gouverner : le raisonnement est emprunté à Aristote, et il est dangereux de l'employer dans sa forme générale. (2) »

Francis Bacon aurait pu rendre au droit des gens de grands services. Comme John Selden, comme Thomas Hobbes, il n'y apporta qu'une faible assistance. Il s'occupe, dans quelques passages de ses œuvres, de la guerre et de sa légitimité. Il proclame les guerres « les suprêmes épreuves du droit, où les princes et les États, qui ne reconnaissent pas de supérieur sur terre, s'en remettent à la justice de Dieu pour le règlement de leurs contestations par la décision qu'il plaira au Tout-Puissant de rendre en faveur de l'une ou de l'autre partie. » Traitant de la guerre sainte, il dit que les guerres offensives pour cause de religion ne peuvent que rarement être approuvées, et même ne peuvent jamais l'être, sauf quand il s'y mêle des considérations de l'ordre temporel. Mais dans un dialogue curieux, qui est demeuré

---

(1) ALBÉRIC GENTIL, *De jure belli*, L. III, ch. 19.
(2) SUAREZ, *Opus de triplici virtule theologica, fide, spe et charitate*, troisième partie, *De charitate. Disputatio XIII, de bello*, section V.

inachevé, il semble pencher vers la thèse de la légitimité de la guerre contre les infidèles, à moins qu'il n'ait pas dit toute sa pensée, de peur de déplaire à Jacques Ier, dont le dialogue flatte les projets d'alliance avec l'Espagne (1). A cet écrit de Bacon se rattache probablement l'opuscule paru en 1625 et qui est attribué à Charles Ier : *Free schoole of Warre, or a treatise whether it be lawfull to beare armes for the service of a prince that is of a divers religion.*

Tels étaient sur cette question importante les sentiments des publicistes jusqu'au moment où Grotius écrivit *De jure belli ac pacis*. Qu'on le remarque bien, soutenir que la différence de religion légitime la guerre, c'était en réalité nier le droit international et, certes, il est intéressant de constater que déjà, parmi les précurseurs du grand publiciste, cette opinion rencontre des adversaires décidés. Grotius lui-même, il faut le reconnaître, apparaît en cette matière moins avancé que plus d'un des écrivains que nous venons de passer en revue et un passage célèbre nous le montre partisan peu déguisé de l'alliance commune des chrétiens contre ce qu'il appelle les ennemis de la religion. (2)

Les faits sont instructifs. Du VIIe au Xe siècle, la puissance arabe est envahissante. Elle s'établit tout le long de la côte septentrionale d'Afrique, occupe la Corse, la Sardaigne, la Sicile, les îles Baléares, pénètre en Espagne et en Italie et menace la France, où Charles Martel l'arrête. Elle est dans un état d'hostilité complète avec le christianisme. A la fin du Xe siècle, celui-ci prend le dessus. Successivement, les chrétiens reconquièrent les terres occupées par l'ennemi de la foi, et des expéditions sont dirigées contre les Musulmans. La conquête de la Sicile par les Normands est, à vrai dire, l'acte initial des croisades.

A cette époque, certains rapports entre chrétiens et Arabes étonnent à première vue. Les papes et les sultans d'Afrique entretiennent une correspondance facile et amicale. Grégoire IX, par exemple, recom-

---

(1) BACON, *An advertissement touching a holy war*.
(2) GROTIUS, *Le droit de la guerre et de la paix*; traduction de BARBEYRAC, L. II, ch. 15, n° 12.

mande au roi de Maroc l'évêque de Fez ; Innocent IV réclame avec
instance la protection des rois de Tunis et de Bougie pour les religieux
mineurs occupés dans leurs États au rachat des prisonniers de guerre
et au service des oratoires chrétiens. Le même Innocent IV va jusqu'à
demander, en 1246 et 1251, au roi de Maroc, des villes de sûreté près
des côtes pour les populations chrétiennes de ses domaines d'Afrique.
En 1290, Nicolas adresse une bulle aux hommes d'armes chrétiens
servant dans les armées des sultans de Maroc, de Tunis et de Tlemcen,
pour les exhorter à ne jamais blesser, au milieu des dangers qui les
entourent, les vertus et l'honneur chrétiens. (1)

Nous aurons à nous occuper plus loin des conventions commerciales
conclues par les chrétiens avec les musulmans. Nous nous bornons à
signaler ici que chrétiens et musulmans savaient à l'occasion s'entr'aider.
C'est avec 12,000 cavaliers castillans, qu'il obtient de Ferdinand III,
qu'El-Mamoum passe en Afrique et s'empare, en 1228, du Maroc. Ces
Espagnols restent à la solde de ses fils et c'est pour eux qu'intercède
Innocent IV. L'écrivain arabe Ibn-Khaldoun en fait la remarque. Les
princes du Moghreb — c'est, nous l'avons vu, le couchant, la côte
méditerranéenne depuis Tripoli jusqu'au Maroc — combattaient d'après
le système d'attaque et de retour ; il leur fallait une ligne d'appui, des
gens habitués à tenir ferme ; ils prirent ces troupes chez les Européens.
De même pour former le cercle de troupes qui les entourait pendant la
bataille. « C'est là, il est vrai, dit Ibn-Khaldoun, s'appuyer sur des
infidèles, mais ces princes ne regardaient pas cela comme un sujet de
reproche ; ils étaient obligés de le faire. Du reste, ils n'employaient
les Francs que contre les Arabes et les Berbères, qu'ils voulaient faire
rentrer dans l'obéissance, et ils se gardaient bien de s'en servir dans
leurs guerres contre les chrétiens, avec lesquels les troupes auxiliaires
auraient pu s'entendre. » Frédéric II entretenait, au grand scandale
de ses contemporains, des rapports suivis et réguliers avec les princes
du Maroc, de Tunis et du Caire. Il recrutait sur les côtes d'Afrique
des bandes d'aventuriers destinées à compléter les troupes qu'il tirait

(1) L. DE MAS-LATRIE, *Traités de paix et de commerce et documents divers
concernant les relations des chrétiens avec les Arabes de l'Afrique septentrionale au
moyen âge.*

de Lucera, ville de la Capitanate, où il avait fait transporter les restes de la population sarrasine de Sicile. Des soldats mahométans l'accompagnèrent en Terre Sainte, pratiquant les rites de leur culte. (1)

De la fin du XIIIe siècle date la puissance des Osmanlis. Les chrétiens venaient de perdre leur dernière possession de Syrie, St Jean d'Acre ; les Grecs aussi se voyaient arracher leur dernière place au-delà du Bosphore. Dix princes turcs ou turcomans s'étaient partagé les possessions des Seldjoucides, mais Othman éclipsa bientôt la puissance de tous et sa tribu étendit ses conquêtes (2). Un siècle et demi plus tard, l'Europe occidentale laissait détruire l'Empire grec ; Mahomet II s'emparait de Constantinople. Le pape avait déclaré jusqu'au dernier moment qu'il ne viendrait au secours de Constantinople que si elle reconnaissait la suprématie spirituelle de Rome. Quelque quarante ans plus tard, un autre pape, Alexandre VI, envoyait un ambassadeur au sultan pour lui dévoiler les projets de Charles VIII sur l'empire d'Orient ; il lui demandait un secours en argent pour combattre les Français et il exprimait en même temps l'espoir que, dans ces circonstances difficiles, le Sultan lui donnerait un gage de son amitié. Que de chemin parcouru depuis Nicolas IV, défendant aux peuples chrétiens de faire des traités avec les païens et frappant ces traités de nullité !

Dans la lutte de François Ier contre Charles-Quint, se posa définitivement dans la grande politique internationale le problème de l'alliance avec les infidèles.

Le 24 février 1525, le roi de France avait été fait prisonnier à Pavie ; au mois de décembre, le sultan recevait une lettre par laquelle le captif de Madrid « priait le grand empereur du monde, maître du siècle, de l'aider à repousser un orgueilleux. » Louise de Savoie, voyant son fils prisonnier de Charles-Quint, avait fait une démarche identique auprès de Soliman II. Celui-ci répondit par une

---

(1) HUILLARD BRÉHOLLES, *Opera diplomatica Frederici II*, Introduction, p. CCCLXXIII.

(2) DEPPING, *Histoire du commerce entre le Levant et l'Europe, depuis les croisades jusqu'à la fondation des colonies d'Amérique*, t. II, p. 205.

missive touchante où il consolait le roi, et bientôt d'incessantes attaques et dévastations en Hongrie, en Styrie et dans l'archiduché furent autant de diversions. En 1535, un traité fut conclu entre le roi de France et le chef des croyants. On vit même, en 1543, la flotte turque, sous les ordres de Barberousse, se réunir à celle de François Ier et assiéger Nice.

La conduite du roi très chrétien eut ses apologistes. Blaise de Montluc, qui s'était trouvé à la bataille de Pavie et qui, lors des guerres de religion, combattit les Huguenots avec une épouvantable violence, tenta de justifier son souverain. « Contre ses ennemis, écrivait-il, on peut de tout bois faire flèche. Quant à moi, si je pouvais appeler tous les esprits des enfers pour rompre la tête à mon ennemi qui me vient rompre la mienne, je le ferais de bon cœur, Dieu me le pardonne. » Jean de Montluc, son frère, évêque de Valence et de Die, penchant, il est vrai, vers l'hérésie, prit la défense de François Ier devant le Sénat de Venise. Parlant des partisans de Charles-Quint, qui critiquaient le roi, il disait : « Ils ne s'avisent pas qu'en blâmant le roi, ils taxent David, roi valeureux et saint prophète, lequel poursuivi par Saül, s'enfuit vers un roi idolâtre. » Et dans l'apologie qu'il adressa au pape Paul III, François Ier fit valoir de plus importantes considérations. « Les Turcs, y lisait-on, ne sont pas placés en dehors de la société humaine de sorte que nous aurions plus de rapports avec les brutes qu'avec les infidèles. C'est méconnaître les liens que la nature établit entre les hommes ; ils ont tous la même origine ; rien n'est étranger à l'homme de ce qui regarde son semblable. Si les nations sont divisées, ce n'est pas la nature qui les sépare, mais les mœurs et les usages ; il en résulte des rapports plus intimes entre les membres d'un même peuple qu'entre ceux qui appartiennent à des États différents, mais la séparation ne va pas jusqu'à briser l'union que la parenté commune établit entre les divers membres de l'humanité. Si les liens du sang et de la patrie séparaient les sociétés particulières de la société universelle du genre humain, ils seraient un mal au lieu d'être un bien. Les erreurs des hommes et leur imperfection les empêchent de s'unir en une même religion ; mais la diversité du culte, pas plus que celle

des coutumes, ne détruit l'association naturelle de l'humanité (1). »
Paroles glorieuses qui ouvrent dignement l'époque moderne. Sans
doute l'intérêt les dicta, mais l'intérêt fut ici l'instrument mystérieux
du droit et de la justice. Dès la première moitié du XVIe siècle, se
trouvait implicitement affirmée cette grande vérité que le droit des
gens s'étend au delà des limites tracées par un culte déterminé ; ainsi
était réalisé dans la sphère des relations entre États le principe de la
tolérance religieuse. Le droit international devançait le droit public.

L'évolution ne se fit pas seulement en ce qui concernait les relations
entre musulmans et chrétiens. Le haut moyen âge avait connu peu
d'hérésies ; il n'y avait pas eu de lois temporelles contre les hérétiques ;
les constitutions des empereurs n'avaient pas survécu à l'Empire (2).
Vers l'an 1000, le catharisme apparut en Occident et se développa
sous de multiples formes. Des mesures violentes furent prises. L'Église
poursuivit les hérétiques avec une implacable rigueur. Elle les assimila
aux infidèles et l'on connaît le passage des *Décrétales* accordant à ceux
qui se voueront à la ruine des hérétiques, les indulgences et les privilèges des croisés : « *Catholici vero qui crucis assumpto charactere ad
hœreticorum exterminium se accinxerint, illa gaudeant indulgentia,
illoque sancto privilegio sint muniti, quæ accedentibus in terræ sanctæ
subsidium conceduntur.* (3) » La peine de mort frappait les coupables :
ce devient la coutume de les brûler.

L'Église, d'ailleurs, ne fut pas seule à persécuter.

Il est dans la période médiévale un homme extraordinaire, l'empereur Frédéric II. Les contemporains l'accusaient d'impiété, un pape
écrivait qu'il avait affirmé que le monde entier avait été trompé par
trois imposteurs, Jésus-Christ, Moïse et Mahomet. C'était un esprit
éclairé. Élevé à Palerme, au milieu de cette culture gréco-arabe qui
s'était développée à la cour des rois normands de Sicile, il avait

---

(1) LE PLAT, *Monumentorum ad historiam Concilii Tridentini potissimum
illustrandam spectantium amplissima collectio,* t. III, p. 159 à 194. — RÉAL DE
CURBAN, *La science du Gouvernement,* t. V, p. 677.
(2) JULIEN HAVET, *L'hérésie et le bras séculier au moyen âge.*
(3) *Decretalium Gregorii IX,* l. V, titre VII, ch. 13.

favorisé de toutes ses forces le développement de la culture intellectuelle. C'est lui qui protégea Michel Scot, le traducteur des commen-
taires d'Averroès ; c'est lui qui adressa aux universités d'Italie les
traductions latines de divers traités de logique et de physique, dus à
Aristote, à d'autres écrivains grecs et à des auteurs arabes ; c'est lui
qui aida le développement de cette première renaissance qui marque
son règne et qui amena et prépara de loin, comme l'a si bien fait
ressortir M. Huillard-Bréholles, les splendeurs du XVIᵉ siècle. Eh bien,
Frédéric II, comme prince et prince absolu, condamna les Catharins,
les Patarins, toutes les sectes dualistes. Au dire de leurs adversaires,
ces sectes considéraient le monde visible comme la création d'un Dieu
mauvais ; elles prêchaient l'absolu détachement de tout bien terrestre ; elles condamnaient le mariage qui fait durer un état de choses
vicieux. Et l'empereur porta contre elles de sévères constitutions dont
la dominante idée était la répression de l'hérésie par le bras séculier
et son extinction dans les flammes du bûcher (1).

L'horrible persécution sévit dans la plupart des pays et quand, au
XVIᵉ siècle, apparut l'une des plus grandes hérésies qui eussent jamais
menacé le catholicisme, le fanatisme suscita des guerres terribles.
Bientôt cependant le progrès triompha et l'Église fut impuissante à
faire appliquer ses maximes dans le domaine des rapports internationaux.
Des princes qui persécutaient leurs sujets coupables d'hérésie n'hési-
tèrent pas à s'allier aux États protestants ; les préoccupations
politiques et le désir de maintenir l'équilibre européen eurent raison
des préjugés religieux ; l'on vit même, ironie du sort, la Rome papale
violer les règles qu'elle avait édictées.

---

(1) Huillard-Bréholles, *Opera diplomatica Frederici II*, Introduction, p.
CDLXXXIX.

CHAPITRE VIII.

L'ÉQUILIBRE EUROPÉEN.

Le développement de la théorie de l'équilibre des puissances fit soulever la question de la légitimité de la guerre faite en vue de prévenir l'agrandissement d'un État qui menaçait la sécurité générale et l'indépendance des nations.

La théorie même de l'équilibre des puissances est intéressante. Diverse en fut la notion. Dans l'histoire des derniers siècles, elle apparaît tantôt comme la primitive union des faibles contre le puissant, tantôt comme une égalisation des forces.

On ne saurait sérieusement soutenir que l'antiquité ignorait l'idée d'un arrangement systématique. L'historien philosophe David Hume montre comment, si les Grecs n'avaient pas une conception exacte de la balance des puissances, ils en avaient cependant la pratique. Rappelons-nous les Athéniens prenant le parti de Thèbes contre Sparte jusqu'à ce qu'Épaminondas soit victorieux à Leuctres, et passant alors dans le camp des vaincus. Rappelons-nous Démosthène posant en principe, dans son discours pour les Mégalopolitains, que les intérêts d'Athènes exigent que Sparte et Thèbes soient également faibles. Rappelons-nous Polybe louant Hiéron II, roi de Syracuse, d'avoir compris qu'une chose ne peut être négligée, savoir que la puissance soit aux mains d'une seule république, de manière que les républiques voisines se trouvent dans l'impossibilité de défendre leurs droits contre elle. (1)

Dans son acception véritable, la théorie du juste équilibre des puissances apparaît au XVe siècle.

A cette époque, l'organisation féodale, plus ou moins développée, se modifiait dans différents pays de l'Europe occidentale et tendait à aboutir, sous l'action puissante de la royauté, à la forme unitaire ; la superposition hiérarchique succombait devant la conception simpliste.

En Italie avait surgi une forme gouvernementale nouvelle : l'État. Le terme *lo stato* avait désigné d'abord les dominants et leurs partisans ; plus tard, il avait pris la signification de l'existence de tout un territoire. Dès le milieu du XIIIe siècle, Frédéric II avait édifié sur les institutions normandes et sarrasines un système jusqu'alors inconnu. La tutelle royale remplaçait la direction des évêques, des villes, des barons. Des juridictions étaient habilement instituées pour assurer la transformation du peuple en une masse sans initiative, sans force de résistance. Une savante organisation financière permettait au pouvoir de faire produire à l'impôt le plus possible (2). « Rien de pareil ne s'était encore vu en Occident, dit Burckhardt ; Frédéric II centralisait d'une manière inouïe le pouvoir judiciaire et l'administration. Pas une fonction ne pouvait être réservée à l'élection, sous peine de dévastation de la localité et de la réduction en servage des habitants. Les impôts, basés sur un cadastre et sur la routine mahométane, étaient perçus à la mode cruelle des Orientaux. Plus de peuple, rien qu'une agglomération de sujets. Comme forces de police à l'intérieur et comme noyau de l'armée pour l'extérieur, servaient des Sarrasins. Les habitants n'avaient point le droit de porter les armes. (3) »

Plus d'une de ces conceptions se maintient et pénètre les entités politiques qui se sont constituées en Italie. D'autre part, ces entités

---

(1) HUME, *Discours politiques*, Amsterdam, 1754, Discours VI, *De la balance du pouvoir*. — WHEATON, *Histoire des progrès du droit des gens*, t. I, p. 10.
(2) BURCKHARDT, *Die Cultur der Renaissance in Italien*, p. 2.
(3) Ibid.

entrent en relations. Comme Burckhardt le montre fort bien, déjà, au XIVᵉ siècle, les empereurs ne sont plus en Italie des suzerains : ils sont les appuis possibles des différentes républiques ; les papes, de leur côté, suffisamment puissants pour empêcher les autres de réaliser l'unité, ne peuvent l'établir à leur profit personnel ; entre les empereurs et les papes apparaît une série de corps politiques, villes et despotats, où les vues ambitieuses produisent des combinaisons et des manœuvres nombreuses. Finalement, cinq grands États : Florence, Naples, Milan, le patrimoine de saint Pierre, Venise, établissent un système de balance politique.

C'est la situation décrite par Francesco Guicciardini dans la jolie page qui ouvre l'*Histoire d'Italie de l'année 1492 à l'année 1532*. « L'Italie était heureuse et tranquille lorsque la guerre vint troubler son repos ; cette douce situation la rendit plus sensible aux malheurs qu'elle éprouva d'abord. En effet, depuis mille ans que l'Empire romain avait commencé à déchoir de ce haut point de grandeur où des vertus héroïques et la fortune l'avaient élevé, l'Italie n'avait jamais été si florissante ni si paisible qu'elle l'était vers l'an 1490. Une paix profonde régnait dans toutes ses provinces ; les montagnes et les plaines étaient également fertiles ; riche, bien peuplée et ne reconnaissant point de domination étrangère, elle tirait encore un nouveau lustre de la magnificence de plusieurs de ses princes, de la beauté d'un grand nombre de villes célèbres et de la majesté du siège de la religion. Les sciences et les arts fleurissaient dans son sein : elle possédait de grands hommes d'État et même d'excellents capitaines pour ce temps-là. Heureuse au dedans, elle avait au dehors l'estime et l'admiration des étrangers. La paix dont elle jouissait alors était l'effet de différentes causes, et surtout de l'habileté de Laurent de Médicis, qui en était regardé comme le plus ferme soutien. Ce célèbre citoyen de Florence, élevé par son mérite au-dessus d'une condition privée, gouvernait la République, dont la force consiste plutôt dans la situation du pays, dans l'industrie et la richesse de ses habitants, que dans l'étendue de son territoire ; depuis peu, il avait eu la politique d'unir sa famille par une alliance avec le pape Innocent VIII. La confiance que ce pontife témoignait à Médicis, en gouvernant par ses avis, faisait respecter le nom de ce dernier dans toute l'Italie et donnait un grand poids à ses conseils dans les délibérations touchant la cause commune. *Médicis comprit avec les Florentins qu'il fallait s'opposer à l'agrandissement des principales puissances d'Italie et conserver entre elles un juste équilibre (procurava con ogni studio che le cose d'Italia in modo bilanciate si mantenessero, che più in una che in un' altra parte non pendessero)*, tant pour la sûreté de la République de Florence que pour le maintien de sa propre autorité. L'unique moyen d'entretenir cette égalité était de conserver la paix et d'éloigner tout ce qui pouvait la troubler. »

Cette Italie, on a pu le dire, était organisée dès lors en petit, comme l'Europe le fut plus tard en grand (1). Le tableau qu'en fait Ancillon est frappant : « Le voisinage d'un grand nombre d'États trop inégaux pour ne pas se craindre réciproquement, assez égaux pour résister l'un à l'autre, y avait fait saisir, suivre et appliquer de bonne heure ces maximes de prudence qui servent de sauvegarde au droit et qui allaient passer de ce petit théâtre sur un théâtre plus vaste. A l'exemple des puissances de l'ancienne Grèce, celles de l'Italie s'observaient d'un œil vigilant et jaloux, et unissant ou séparant à propos leurs intérêts et leurs forces, elles tâchaient d'assurer leur indépendance. Ainsi, du moment où les États du Midi se liguaient contre lui, Ludovic le More pouvait espérer de trouver des alliés dans le Nord. Venise, Ferrare, Bologne, Modène et Mantoue pouvaient former dans la balance un contrepoids suffisant au bassin qui portait Naples, Florence et l'État ecclésiastique. (2)

Au commencement du XVIᵉ siècle, la politique de l'équilibre fut appliquée à l'Europe occidentale. Francis Bacon en faisait la remarque : « Le triumvirat des rois Henri VIII, François Iᵉʳ et Charles-Quint était prévoyant au point que pas un palme de territoire ne pouvait être occupé par l'un des souverains sans que les deux autres travaillassent à remettre en place la balance de l'Europe (3) ». Avec sa rare

---

(1) CHARRIÈRE, *Négociations de la France dans le Levant*, t. I, p. XXXVIII.

(2) ANCILLON, *Tableau des révolutions du système politique de l'Europe*, t. I, p. 262.

(3) FRANCIS BACON, *Considerations touching a war with Spain*, dans l'édition de ses œuvres publiée à Londres, en 1778, t. II, p. 304.

perspicacité, le grand Anglais rapprochait cette politique de la politique prônée par Guicciardini.

Bientôt la violente accusation d'aspirer à la monarchie universelle fut lancée contre Charles-Quint. Protestants et catholiques la proférèrent. Le réformateur Zwingle dénonça les projets ambitieux du monarque et s'entendit avec le landgrave de Hesse ; celui-ci devait exciter les rois ; lui se chargeait des républiques. En 1539, l'ambassadeur de France à Rome écrivait : « Le pape et toute la cour romaine sont en grand soupçon que l'empereur veuille tendre à la monarchie. » Dans l'entourage même de Charles-Quint, le rêve était caressé, et Hernando de Acuña, soldat et poète, chantait que le ciel avait promis au monde

Un monarca, un imperio, y una espada.

Le danger de la suprématie d'un seul servit à justifier toutes les combinaisons et toutes les alliances. D'autre part, l'apparition d'un facteur nouveau, la Réforme, provoqua de nombreux mouvements. Les idées religieuses ne liaient-elles pas, selon l'observation de Schiller, les hommes de divers pays, les sujets de divers gouvernements qui, auparavant, étaient étrangers les uns aux autres ?

La lutte s'établit d'une manière continue entre deux grandes puissances : la Maison de France et la Maison d'Autriche. Lors de l'abdication de Charles-Quint, la Maison d'Autriche se divisa en deux branches : la branche espagnole, régnant sur l'Espagne, Naples, la Sicile, les Pays-Bas, la Franche-Comté, les Indes ; la branche autrichienne, régnant sur les pays héréditaires, la Bohême, la Hongrie, l'Alsace et conservant la couronne impériale. La France combattit les deux branches ; sous Henri IV, elle triompha de la branche espagnole ; sous Richelieu, elle s'en prit de préférence à la branche autrichienne ; sous Mazarin, elle s'attaqua à la fois à la branche espagnole et à la branche autrichienne.

Le maintien de l'équilibre fut, durant toute cette période, la constante préoccupation de la politique. Chaque État avait son rôle dans la poursuite du but. Celui de l'Angleterre avait été symbolisé lors de l'entrevue, à Guines, de Henri VIII et de François Ier, par la représentation d'un archer anglais et l'inscription : *Cui adhœreo prœest.*

Les princes protestants allemands, à leur tour, avaient leur mission propre. Les Provinces-Unies observaient une ligne de conduite raisonnée. A l'Est, trois États constituaient ce que l'on pouvait appeler la barrière de l'est, au moyen de laquelle la France prenait l'Autriche entre deux feux, tandis qu'elle-même était serrée entre l'Autriche et l'Espagne : c'étaient la Suède au nord, la Turquie au sud, la Pologne au centre (1).

Le langage des auteurs est typique et instructif. L'annaliste anglais Guillaume Camden rappelle l'image dont on s'était servi : la France et l'Espagne formant les deux bassins de la balance de l'Europe, dont l'Angleterre était la languette ou l'arbre.

Dans le *Mercure d'Estat ou recueil de divers discours d'Estat*, paru à Genève en 1634, il était dit que « les deux grandes puissances qui tiennent en contrepoids les autres princes de la chrestienté sont les Maisons de France et d'Autriche : car ce sont les seules qui peuvent sans secours d'autrui faire la guerre et l'entretenir tant qu'elles veulent, ne manquant pour cet effet ni d'hommes ni d'argent ». Vers la même date, Henri de Rohan, l'ancien chef des calvinistes, qui, après la prise de la Rochelle, s'était mis au service de Venise et était devenu ensuite ambassadeur de Louis XIII en Suisse et chez les Grisons, composait un traité : *De l'interest des princes et États de la chrestienté.* « Il faut poser, y était-il dit, pour fondement, qu'il y a deux puissances dans la chrestienté qui sont comme les deux pôles desquels descendent les influences de paix et de guerre sur les autres États, à sçavoir les Maisons de France et d'Espagne. Celle d'Espagne se trouvant accrue tout d'un coup n'a pu cacher le dessein qu'elle avait de se rendre maîtresse et de faire lever en Occident le soleil d'une nouvelle monarchie. Celle de France s'est incontinent portée à faire le contrepoids. Les autres princes se sont attachés à l'une ou à l'autre, selon leur intérêt. »

Chez les publicistes de droit international, la question de l'équilibre se pose d'assez bonne heure, et, naturellement, dans sa notion

---

(1) *Recueil des instructions données aux ambassadeurs et ministres de France depuis les traités de Westphalie jusqu'à la Révolution française.* Russie, avec une introduction et des notes par RAMBAUD, t. I, p. XI.

simpliste de légitimité de la résistance à l'État qui s'accroît outre mesure.

Albéric Gentil y répond affirmativement. Selon lui, les Turcs et les Espagnols poursuivent la domination universelle et c'est à bon droit que les autres peuples les attaquent. « *Turcis illinc, Hispanis hinc, meditantibus ubique dominatum, et molientibus, non obsisterent omnes justissime ?... Obsistendum... Et cavere satius est, ne homines augeantur nimium potentia quam contra potentiores postea remedium* (1) ». Il est préférable donc de prévenir, d'empêcher l'agrandissement exagéré que de rechercher trop tard à y remédier. Cette opinion eut du retentissement en Angleterre, dont elle servait d'ailleurs la politique, et un esprit vigoureux, Matthew Sutcliffe, théologien et jurisconsulte, soutint que les princes ont le droit de surveiller la grandeur de leurs voisins. Il citait l'exemple de Louis XI, celui de Laurent de Médicis « tenant pour ainsi dire tous les États de l'Italie en balance », et il justifiait l'attitude d'Élisabeth dans les affaires des Pays-Bas. « Il est temps pour les princes chrétiens de veiller ; ils ont une juste cause de résistance aux empiétements de l'Espagne, qui, sous prétexte de religion romaine, empiète sur ses voisins jusqu'à ce qu'ils soient entraînés dans l'insatiable gouffre de l'ambitieuse tyrannie de la nation espagnole. (2) »

La même doctrine se trouve dans le travail de Françis Bacon sur la légitimité de la guerre contre l'Espagne, travail qui fut adressé au prince royal Charles, en 1624. Bacon trace le tableau de la puissance espagnole s'étendant sur la péninsule ibérique, sur Naples, sur Milan, sur les Indes orientales et occidentales, et nourrissant des projets de conquête en Picardie, en Bretagne, en Piémont, dans la Valteline, dans le Palatinat ; il conclut qu'une juste crainte de guerre constitue une juste cause de guerre, et qu'une guerre préventive est une véritable guerre défensive.

Grotius, écrivant en 1624, n'admet point la théorie de l'équilibre,

---

(1) ALBÉRIC GENTIL, *De jure belli*, L. I, ch. XIV.

(2) MATTHEW SUTCLIFFE, *The practice, proceedings and lawes of armes, described out of the doings of most valiant and expert capitaines, and confirmed both by ancient and modern examples and precedents.* Londres, 1593.

ou du moins il n'admet point que l'on puisse légitimement prendre les armes pour déterminer une puissance qui se développe et qui, après .s'être trop étendue, pourrait devenir nuisible. « Que la possibilité d'être attaqués, ajoute-t-il, nous donne le droit d'être agresseurs, c'est contre tout principe d'équité. L'existence humaine est telle que jamais nous ne sommes assurés d'une complète sécurité. C'est à la divine Providence, c'est à des précautions inoffensives, et non à la force, qu'il faut demander une protection contre les craintes incertaines. »

Dans la dernière partie du XVIIe siècle, Samuel Pufendorf écrira. « que la crainte que donne la puissance ou l'agrandissement d'un voisin ne fournit un juste sujet de guerre que quand on a une certitude morale des mauvais desseins qu'il forme secrètement contre nous. » « Car, ajoute-t-il, une injure qui n'est pas commencée autorise quelquefois à prendre les armes tout comme si elle était achevée. Un simple soupçon nous autorise à prendre nos précautions (1). »

---

(1) PUFENDORF, Le droit de la nature et des gens. Traduction de BARBEYRAC, L. VIII, ch. VI § 5.

CHAPITRE IX.

LA GUERRE LÉGITIME.

La guerre faite pour de justes causes est une guerre légitime, et seule la guerre légitime entraîne les droits de la guerre. Une question importante surgit donc : la guerre peut-elle être légitime pour l'un et l'autre adversaire, en d'autres termes les parties en présence peuvent-elles également exercer les droits de la guerre ? En général, les auteurs disent que non. Raphaël Fulgose et André Alciat répondent affirmativement. Albéric Gentil reconnaît à chacun des belligérants le droit de la guerre et Balthazar de Ayala n'hésite pas à se rallier à l'opinion de Fulgose et d'Alciat. Ayala ramène le problème à ses proportions réelles en expliquant que le mot *justum* a deux sens et que, dans l'espèce, il signifie *ce qui est fait dans les formes* (1). C'est l'idée que Vattel défendit deux siècles plus tard, en disant que si la guerre ne peut être juste des deux côtés, elle peut être réputée légitime quant aux effets extérieurs et jusqu'à ce que la cause soit décidée.

Le droit canonique avait formulé le principe de la responsabilité de l'auteur d'une guerre injuste : « *Movens bellum injustum compellitur*

_____

(1) AYALA, *De jure et officiis bellicis et disciplina militari libri tres*, L. I, ch. II, n° 35.

restituere quæ per violentiam occupavit et cos absolvere a quibus indebita juramenta extorsit. (1) » Une obligation naissait donc tant à l'égard du vaincu que du soldat enrôlé ; il fallait restituer le produit de la conquête à l'un et relever l'autre de son serment de fidélité. Les canonistes développent tous cette maxime. Henri de Suse rend l'auteur d'une guerre injuste responsable de tout le dommage causé, soit par lui, soit par les siens, à son adversaire ou à ses propres hommes ; il le déclare même tenu des dommages causés à ses propres hommes par son ennemi. François Arias déclare l'auteur d'une guerre injuste responsable de tout le dommage qu'il a causé par son propre fait, par son assistance et par ses conseils. (2)

Dans le même ordre d'idées, nous voyons les auteurs examiner jusqu'au degré de certitude concernant la légitimité de la guerre, qui doit exister dans l'esprit de ceux qui y prennent une part quelconque. Les casuistes du XVIe siècle ont traité ce point avec prédilection. Un écrivain français, Claude Joly, chanoine de Notre-Dame, à Paris, composa vers le milieu du XVIIe siècle le *Traité des restitutions des grands.* Claude Joly nous fait connaître le sentiment général des casuistes relativement à la question qui nous occupe : les soldats étrangers que le prince appelle à sa solde ne peuvent lui prêter serment sans examiner si la guerre est juste ou injuste ; les vassaux et sujets ne sont pas tenus de faire cet examen, mais ils doivent obéir simplement à leur seigneur. (3)

François de Vitoria soutient qu'il ne suffit pas toujours, pour qu'une guerre soit juste, que la partie belligérante la considère comme telle. Il veut que l'on examine avec soin, dans chaque cas, la question de la justice ou de l'injustice de la guerre. Dans ce but, il suggère de consulter des hommes sages et probes qui parlent librement, sans haine, sans colère et sans cupidité. Il prétend que si l'injustice de la guerre est manifeste, les sujets ne peuvent prendre les armes. Les hommes marquants de la nation doivent être consultés par le roi :

---

(1) *Decretalium Gregorii IX*, L. II, tit. XXIV, *De jurejurando*, ch. 29.

(2) FRANÇOIS ARIAS, *De bello et ejus justitia tractatus. Tractatus universi juris*, t. XVI, f. 325.

(3) CLAUDE JOLY, *Traité des restitutions des grands*, p. 117.

quand ils se sont prononcés, les membres inférieurs de l'État, ceux qui n'ont point accès auprès du souverain, peuvent en conscience se conformer à leur décision en ce qui concerne la légitimité de la guerre.

Suarez partage cette doctrine et il impose aux mercenaires le devoir strict de s'enquérir de la justice de la cause.

Les feudistes s'étaient occupés des obligations militaires du vassal. Les *Libri feudorum* énonçaient la règle. « Le vassal qui sait que son seigneur fait une juste guerre ou qui simplement a un doute au sujet de la guerre, lui doit assistance. Lorsqu'il est évident que son seigneur fait la guerre sans raison, il peut prendre sa défense, mais il ne peut l'aider à attaquer autrui. » (1).

La généralité des auteurs admettait cette opinion ; l'obligation du vassal d'assister son souverain ne venait ainsi à cesser que lorsque l'injustice de la guerre était évidente : « *Aliud dicendum est*, écrit un auteur belge, Goudelin, *si de hoc dubitetur : nec enim disquisitio istius rei ad vassallum pertinet ; atque in dubio præsumere is debet justum esse bellum quod a domino motum est.* (2) » Honoré Bonet enseigne une doctrine quelque peu différente; mais, selon lui, quelque juste que soit la guerre offensive, le roi ne peut demander à ses sujets de l'assister à leurs propres frais : « Se le roy voulait aucun offendre et contre aucun seigneur faire guerre, combien qu'elle fust juste, ses hommes ne seraient mie tenus de luy aidier à leurs despens. Car despense est une chose trop plus privilégiée que n'est juste offense. (3) » On peut mettre en regard de ces paroles le fait que près d'un siècle auparavant, on voit Philippe le Bel aller jusqu'à indemniser ceux de ses sujets dont les biens sont situés en Flandre et dans les provinces envahies par les Flamands ; l'indemnité consistait dans la moitié du revenu pour les chevaliers, dans le tiers pour les autres nobles ; quelques bourgeois furent admis à jouir du bénéfice de ces indemnités, qui devaient être prélevées sur le produit des prises et des confiscations des biens des Flamands et qui étaient provisoirement payées sur le trésor. (4)

(1) *Feudorum consuetudines*, L. II, t. 28.
(2) PIERRE GOUDELIN, *De jure feudorum commentarii*, quatrième partie, ch. VI.
(3) HONORÉ BONET, *L'Arbre des Batailles*, quatrième partie, ch. VI.
(4) BOUTARIC, *La France sous Philippe le Bel*, p. 376.

CHAPITRE X.

LA DÉCLARATION DE GUERRE.

D'après la théorie romaine, la guerre devait être précédée d'une sommation de donner satisfaction et d'une déclaration de guerre. A ces conditions elle était juste.

Cette conception formaliste ne pénétra pas intégralement dans la civilisation médiévale, mais celle-ci l'accueillit en partie et c'est ainsi que la nécessité d'une déclaration de guerre se trouve enseignée par la plupart des auteurs. Cicéron avait formulé la théorie romaine dans son traité *de Officiis* et dans son traité *de Republica*. Du dernier de ces ouvrages elle passa chez les juristes du moyen âge, non pas directement, — le traité de *de Republica* semble n'avoir plus été connu postérieurement au XIIe siècle, — mais par les *Etymologiæ* d'Isidore de Séville. (1)

La nécessité d'une déclaration de guerre fut reçue avec d'autant plus de faveur par les jurisconsultes qu'elle était prescrite dans les constitutions impériales relatives aux guerres privées; la *diffidatio* fut étendue aux guerres entre États.

Balde enseigne que c'est une espèce de trahison que de recourir à la voie des armes sans avoir prévenu l'ennemi.

(1) Voir plus haut, p. 99.

Conrad Braun insiste sur le caractère d'un avertissement préalable ; cet avertissement correspond à la citation en matière civile. (1)

Pierre Belli est formel. Il invoque l'exemple des Grecs et des Romains, l'institution des fétiaux et le langage décisif de Cicéron et proclame que la guerre doit être déclarée d'une manière précise. Il demande quel intervalle doit s'écouler entre l'annonce de la guerre et l'ouverture des hostilités ; il ne veut pas de délai fixe, mais il enseigne que la raison naturelle exige qu'un intervalle s'écoule entre la déclaration et le recours à la force (2). Belli cite du reste l'opinion de Gui de la Pape, lequel est partisan d'un délai de trois jours. Ce n'est pas que la règle n'admette des exceptions. Ainsi, point de déclaration de guerre quand il s'agit, ou bien de pirates, qui doivent être considérés comme étant perpétuellement au ban, ou bien de gens que l'empereur ou le pape ont solennellement proclamés des ennemis publics, ou bien de vassaux ou d'alliés qui portent assistance à celui à qui la guerre est déclarée.

Albéric Gentil est plus précis que Belli : il veut un délai de trente-trois jours. L'usage de la déclaration tombait en désuétude ; Braun, déjà, le constatait ; Gentil, lui, proteste avec force et soutient que ce qui est établi par le droit des gens et ordonné par Dieu ne peut être aboli : « *Atque hæc nec abolita jura sunt : quæ servata imo videmus in hæc tempora : ut legere est in historiis frequenter. Sed nec aboleri possunt quæ sunt gentium jura et jussa Dei.* (3) » Un des motifs qui poussait Gentil à exiger la déclaration de guerre, c'est qu'elle implique une mise en demeure de donner satisfaction et fournit ainsi un dernier et suprême moyen d'accommodement et de réconciliation. Matthew Sutcliffe enseigne que la déclaration de guerre impliquée dans la condition de la demande de restitution ou de satisfaction, n'est plus nécessaire dès que l'on est attaqué. La situation même de son pays, en état d'hostilité avec Philippe II, sans qu'il y ait eu déclaration de guerre, lui sert d'exemple, et son zèle patriotique et protestant l'amène à critiquer violemment les procédés de l'Espagne. « Celle-ci

---

(1) CONRAD BRAUN (CONRADUS BRUNUS), *De legationibus*, L. III, ch. VIII.
(2) BELLI, *De re militari et de bello tractatus*, deuxième partie, tit. VIII.
(3) ALBÉRIC GENTIL, *De jure belli*, L. II, ch. I.

n'a pas dénoncé la guerre, dit-il, et pourquoi donc ? C'est que les Anglais sont hérétiques et que l'excommunication prononcée contre eux par le pape a paru à Philippe II une déclaration suffisante. » « N'a-t-il pas pour lui, demande-t-il ironiquement, l'autorisation d'Alphonse de Castro justifiant la guerre contre les hérétiques ? n'a-t-il pas pour lui Balthazar de Ayala, *a great man among the Spaniards,* et le concile de Constance n'a-t-il pas proclamé qu'il ne faut point garder la foi aux hérétiques ? »

Dans la pratique, la déclaration de guerre devient générale à partir du XIIe siècle. Elle se fait par envoyés ou par lettres.

On voit Frédéric Barberousse demander satisfaction à Saladin et l'avertir que s'il n'en veut point donner, il doit se préparer à la guerre : « *Et quia imperialis majestas,* dit le chroniqueur, *neminem citra defectionem impetit sed hostibus suis bella semper indicit, destinatur ab imperatore ad Saladinum nuntius ut vel christianorum universitati quam læsit satisfaciat in plenum, vel diffiduciatus se præparet ad bellum.* »

Du reste, de la paix de l'Empire établie par Frédéric Barberousse dans la diète de Nuremberg, en 1187, dérive la notion qui se rencontre dans quelques auteurs et d'après laquelle un délai de trois jours devait être accordé à l'ennemi. Statuant au sujet de la guerre privée, l'empereur réservait à chacun le droit de se faire justice soi-même, à la condition de prévenir trois jours d'avance.

Le *Wapenboeck,* l'armorial de Gelre, héraut d'armes des ducs de Gueldre, (on disait le héraut Gelre ou Geldre, comme on disait le héraut Sicile, le héraut Navarre), est un des plus beaux manuscrits de la Bibliothèque royale de Bruxelles. Là se trouvent notamment les jolies poésies en dialecte bas-allemand que Gelre récitait dans les nobles burgs. L'une d'elles a trait aux défis qu'adressèrent, en 1332, au duc Jean III de Brabant, les seigneurs qui s'étaient ligués contre lui pour complaire à Philippe de Valois.

Robert III d'Artois, comte de Beaumont, avait disputé à sa tante Mathilde le comté d'Artois. Il avait perdu son procès. Au bout de quelques années, il avait intenté une nouvelle action, s'appuyant cette

fois sur d'importants documents. Ceux-ci avaient été reconnus faux ;
les auteurs matériels furent poursuivis et condamnés. Robert fut cité
devant la cour des pairs. Il s'était réfugié dans les états du duc de
Brabant et il fit demander la remise de l'affaire. Finalement, il fut
condamné par défaut au bannissement et à la confiscation et forfaiture
de tous ses biens et droits quelconques. Le roi de France avait
demandé à Jean III de chasser Robert de ses terres et un énergique
refus avait accueilli la requête. Philippe de Valois parvint à former
contre le duc de Brabant une vaste ligue, dont les membres défièrent
Jean III.

L'auteur du *Wapenboeck* met successivement les alliés en scène.
« Sire Sanglier, dit l'évêque de Cologne, tu perdras le jeu sur ce
champ, car les dents de tes ennemis sont trop acharnées. » Seize
autres défis suivent celui-là. Un seul noble soutient le vaillant duc.
C'est le comte de Bar. Il conseille aux adversaires de Jean III de « ne
plus se trouver sur le chemin du Sanglier. » Et le duc apparaît : « Je
suis le duc de Brabant, sire Sanglier on me nomme. Amis et parents
m'abandonnent, sauf le noble comte de Bar. Or, écoutez ma réponse :
ces menaces et cette arrogance ne sont ni honnêtes ni prudentes ;
mais si vous voulez absolument fendre mon bouclier, réunissez-vous
sur un champ de bataille, à jour fixe, et courez les chances de la
guerre. (1) »

La déclaration de guerre de Charles V à Édouard III, minutieusement
décrite par Froissart, se fit par lettre. « Le varlet qui les lettres de
défiance apportait fit tant qu'il entra en la chambre où le roi et son
conseil étaient et dit que il était un varlet de l'hôtel du roi de France,
là envoyé de par le roi et apportait lettres qui s'adressaient au roi
d'Angleterre, mais mie ne savait de quoi elles parlaient, ni point à lui
n'en appartenait de parler ni de savoir. Si les offrit-il à genoux au
roi. Le roi qui désirait à savoir que elles contenaient, les fit prendre et
ouvrir et lire. Or fut tout émerveillé, le roi et tous ceux qui là étaient
qui les ouïrent lire, quand ils entendirent les défiances. » « Vous
devez savoir, ajoute Froissart, que adonc le roi d'Angleterre et son

---

(1) *Wapenboeck ou Armorial de 1334 à 1372*, par GELRE, héraut d'armes. Publié
par M. VICTOR BOUTON.

conseil prirent en grand dépit et déplaisance les défiances apportées par un garçon et disaient que ce n'était pas chose appartenant que guerre de si grands seigneurs, comme du roi de France et du roi d'Angleterre, fut nonciée ni défiée par un varlet, mais bien valait que ce fût par un prélat ou par un vaillant homme, baron ou chevalier. Néanmoins ils n'en eurent autre chose. (1) »

La déclaration de guerre d'Édouard IV à Louis XI fut faite dans toutes les formes. « Avant que le roi Édouard partît de Douvres, dit Commines, il envoya devers le roi de France un seul héraut. Il apporta au roi une lettre de défiance de par le roi d'Angleterre, en beau langage et en beau style, et croy que jamais Anglais n'y avait mis la main. Il requérait au roi qu'il lui rendît le royaume de France, qui lui appartenait, afin qu'il pût remettre l'Église et les nobles et le peuple en leur liberté ancienne et ôter de grandes charges et travaux en quoi ils étaient, et en cas de refus il protestait des maux qui ensuivraient, en la forme et manière qu'il est accoutumé de faire en tel cas. (2) »

Il y avait dans la déclaration formelle telle qu'elle se pratiquait par hérauts un reflet de la chevalerie. On peut dire aussi que les rois d'armes et les hérauts remplirent en un certain sens les fonctions que les fétiaux occupaient chez les Romains (3).

Après la conclusion de la Ligue de Cambrai, Louis XII déclara la guerre à Venise. « Il envoya à Venise Montjoie, son premier roi d'armes, pour déclarer la guerre aux Vénitiens selon la coutume de France, lequel, en plein Sénat, en la présence du doge et des sénateurs, leur dénonça la guerre et, de la part du roi, les défia à feu et à sang : cérémonie religieuse observée en ce temps-là, dont la guerre se faisant sans surprise et étant dans la franchise avait aussi plus de gloire. » Michel Baudier, auquel nous empruntons ces paroles, était historiographe de France sous Louis XIII.

L'esprit chevaleresque alla même jusqu'à déterminer d'avance les batailles ; le jour et l'endroit de la rencontre étaient fixés. De là au combat singulier il n'y avait qu'un pas ; sans être très nombreux, les

---

(1) FROISSART, *Chroniques*, L. I, deuxième partie, p. 262.
(2) PHILIPPE DE COMMINES, *Mémoires*, L. IV, ch. 5.
(3) RÉAL DE CURBAN, *La science du gouvernement*, t. V, p. 493.

duels entre les chefs d'armée apparaissent néanmoins dans l'histoire des derniers siècles du moyen âge et la matière occupe une place importante dans les écrits relatifs au droit de la guerre. Paris del Pozzo, par exemple, a consacré aux règles du duel le *Tractatus de re militari* ; une partie du septième livre s'occupe de questions relatives au combat singulier et l'auteur examine successivement : « *An pro imperio duobus discordantibus possit pugna fieri ; an liceat regi pugnare cum imperatore pro regno ; an reges contendentes possint guerram expedire per pugnam ; an rex non coronatus possit pugnare cum rege coronato.* (1) » Pierre Belli demande également : « *An duci ipsi liceat uti singulari certamine.* (2) »

On connaît la proposition faite par Édouard III à Philippe de Valois de trancher leur différend par un combat singulier ou bien par une rencontre entre cent chevaliers de chaque parti. L'enjeu devait être le trône de France (3). Un fait analogue et qui est généralement rappelé dans les dissertations des auteurs du moyen âge s'était produit précédemment. En 1283, le roi d'Aragon proposa à Charles d'Anjou de vider leur querelle au sujet de la Sicile par un combat auquel chacun des adversaires amènerait une troupe de cent chevaliers ; le combat devait se faire à Bordeaux, sous les yeux du roi d'Angleterre. L'offre fut acceptée, les conditions de la rencontre furent réglées par commissaires et la date fut fixée au 1er juin 1283. « Le jour destiné pour le combat, dit Burigny, Charles d'Anjou, à la tête de ses cent chevaliers, se présenta dans le champ de bataille et attendit jusqu'après le soleil couché sans que le roi d'Aragon parût et il se retira après avoir pris acte de comparution et défaut contre le roi Pierre. » Les Aragonais prétendirent que leur prince craignait, non sans raison, les embûches dressées par le roi de France, mais il paraît que Pierre d'Aragon n'avait cherché qu'à gagner du temps et à tromper son adversaire. (4)

---

(1) PARIS DEL POZZO (PARIS A PUTEO), *Tractatus elegans et copiosus de re militari*, *Tractatus universi juris*, t. XVI, f. 406 et suivants.

(2) PIERINO BELLI, *De re militari et de bello tractatus*, deuxième partie, tit. XV.

(3) WARD, *Enquiry into the foundation and history of the law of nations in Europe*, t. II, p. 213.

(4) BURIGNY, *Histoire générale de Sicile*, t. II, p. 202.

La déclaration de guerre disparut peu à peu. En Angleterre, on en vit encore un exemple en 1557. Avant de commencer, sous l'inspiration de son époux, Philippe II, la fatale guerre qui devait aboutir à la prise de Calais par le duc de Guise, la reine Marie envoya à Henri II le hérault d'armes Clarencieux, et le même jour d'autres hérauts d'armes annoncèrent dans la Cité l'ouverture des hostilités. On peut rapprocher de là le mode signalé par Grotius et consistant en un manifeste adressé aux autres peuples. (1)

L'annonce de l'ouverture des hostilités à la nation fut appelée par la doctrine la publication de la guerre. Il s'en présente un cas en 1635. Louis XIII dépêcha un hérault d'armes à Bruxelles pour y dénoncer la guerre au roi d'Espagne en la personne du cardinal infant qui commandait les armées de ce prince dans les Pays-Bas. Le hérault d'armes de France, sous le titre d'Alençon, arriva à Bruxelles accompagné d'un trompette, demanda audience au cardinal et, ne l'ayant pas obtenue, il jeta une copie de la déclaration qu'il devait faire à l'infant, au milieu du peuple assemblé. « Il sortit ensuite de la ville, dit Réal, et étant arrivé à un village sur la frontière, il planta un poteau sur le grand chemin, à environ cent pas de l'église, auquel poteau il attacha autant de la déclaration qu'il avait fait à Bruxelles et en avertit le mayeur et le peuple, le trompette du roi faisant dans le même temps les demandes usitées. Le hérault vint rendre compte de sa commission au roi et le roi fit publier dans toutes ses provinces et enregistrer dans tous ses parlements la déclaration des causes de la guerre. (2) »

Le dernier cas de dénonciation solennelle se rencontre dans l'histoire de Suède, lors de la guerre que ce pays déclara en 1657 au Danemark.

A la déclaration formelle par hérauts d'armes ou par lettres au souverain, avait succédé la publication de manifestes annonçant l'existence des hostilités. Dans bien des cas, la guerre se fit même sans avertissement aucun. Certes, il est permis de douter qu'il y eût là un progrès.

---

(1) GROTIUS, *Le droit de la guerre et de la paix*, traduction de Barbeyrac, L. III. c. I, § 5.

(2) RÉAL DE CURBAN, *La science du gouvernement*, t. V, p. 496.

Des situations bizarres se présentaient parfois. En 1528, on ne sait s'il y a guerre déclarée entre Henri VIII et Charles-Quint. En effet, lorsqu'un héraut d'armes de France était allé déclarer la guerre à l'empereur, le héraut d'armes d'Angleterre, qui l'accompagnait, avait ajouté au défi du premier que le roi d'Angleterre s'allierait au roi de France, si les justes réclamations de celui-ci n'étaient accueillies. Charles-Quint répondit avec hauteur au héraut d'armes français, mais il exprima au héraut d'armes anglais l'espoir de voir maintenir la paix entre les deux pays. De part et d'autre, on ne sut à quoi s'en tenir ; des mesures préliminaires furent prises, les ambassadeurs furent surveillés, les marchands furent mis sous arrêt et finalement, pour satisfaire aux réclamations du commerce de Londres, Henri VIII conclut une trève avec la gouvernante des Pays-Bas.

Comme nous l'avons vu, la guerre qui se poursuivit si longtemps entre Philippe II et Élisabeth, ne fut jamais formellement déclarée. De graves conflits avaient éclaté ; Élisabeth avait prêté aide et assistance aux Pays-Bas révoltés ; Philippe II avait soutenu les catholiques d'Irlande, et cependant il n'y avait pas de rupture ouverte. Les expéditions de Drake et d'autres marins célèbres contre la marine espagnole furent désavouées, et même, quand la reine eut garanti aux Provinces-Unies une protection armée contre l'Espagne, la proclamation de guerre n'eut point lieu ; bien plus, il fut décidé, à la suite d'une délibération, qu'elle ne serait pas faite. (1)

Des décrets spéciaux règlaient même la conduite à tenir envers l'ennemi. Tantôt défense était faite d'avoir avec lui des relations de commerce quelconques, qui pourraient lui devenir utiles par rapport à la guerre : c'est l'édit déhortatoire ; tantôt, interdiction était faite de toutes sortes de rapports, sauf autorisation expresse : c'est l'édit inhibitoire ; tantôt, les sujets qui étaient au service de l'ennemi ou même d'une tierce puissance étaient rappelés pour servir leur patrie : c'est l'édit avocatoire. (2)

---

(1) WARD, *An Enquiry into the manner in which the different wars in Europe have commenced during the last two centuries*, p. 8.

(2) KLÜBER, *Droit des gens moderne de l'Europe*, § 241.

Des sommations d'une nature spéciale, impliquant la déclaration de guerre, apparaissent dans les longues luttes des papes politiques contre les princes et les républiques d'Italie. Quelques cas méritent d'être rappelés.

Au début du XIVe siècle, Clément V fit valoir les droits du Saint-Siége sur Ferrare, dont les Vénitiens s'étaient emparés. Il envoya à Venise un nonce chargé d'exposer ses réclamations, mais le nonce échoua dans sa mission et le souverain pontife crut devoir recourir aux armes spirituelles. Une bulle du 27 mars 1309 ordonna aux Vénitiens d'évacuer Ferrare dans le délai d'un mois, sous peine, pour le doge et le gouverneur, d'encourir l'excommunication, et, pour la république, de voir son territoire mis en interdit. Il serait défendu, sous les mêmes peines, à toutes les nations d'entretenir aucun commerce avec les Vénitiens, de leur rien acheter, de leur vendre ni marchandises ni provisions d'aucune espèce. Le doge et la république seraient dépouillés de tous les privilèges, de tous les fiefs que le Saint-Siége leur avait accordés. Tous leurs sujets seraient déliés du serment de fidélité. Les Vénitiens seraient déclarés infâmes, incapables d'exercer, même chez eux, aucune fonction publique, de comparaître en justice, de tester, d'hériter. Leurs enfants, jusqu'à la quatrième génération, seraient exclus de toutes les dignités ecclésiastiques et laïques. C'était là le châtiment de la désobéissance après un mois de délai. Que s'ils y persistaient un second mois, le pape déposait de leurs charges le doge et les officiers de la république, affranchissait leurs débiteurs de leurs obligations, cassait tous les contrats, confisquait les biens meubles et immeubles de tous les Vénitiens, requérait toutes les puissances de leur courir sus et de réduire leurs personnes en esclavage. (1)

Le clergé interrompit, en effet, le service divin dans tous les États de la république ; les fidèles furent privés des sacrements ; on n'obtenait qu'avec peine le baptême pour les nouveaux-nés. Une croisade fut prêchée et un cardinal se mit à la tête des croisés. Dans presque toute l'Europe, les ordres du pape furent exécutés. En

_____

(1) DARU, *Histoire de Venise*, L. VII.

Angleterre, les comptoirs des Vénitiens furent pillés ; en France, leurs biens furent saisis ; sur les côtes d'Italie, il y en eut de massacrés et un grand nombre d'entre eux se virent réduits en esclavage et vendus aux Sarrasins. (1)

Un document presque identique à la bulle de 1309 est la bulle de 1483, par laquelle Sixte IV ordonna à la seigneurie de restituer, dans le délai de quinze jours, tout ce qu'elle avait conquis sur le duc de Ferrare ; faute de quoi, le doge, les patriciens, leurs sujets, la république, étaient excommuniés; tous les pays de la domination vénitienne, même ceux d'outre-mer, étaient mis en interdit; défense était faite d'y célébrer le service divin, d'y administrer les sacrements, même à l'article de la mort. Il était ordonné à tout le clergé de sortir des terres de la seigneurie. Les propriétés de tous les Vénitiens étaient confisquées. Tous leurs débiteurs se trouvaient libérés de leurs dettes et soumis à l'excommunication s'ils les acquittaient en tout ou en partie. Il était permis de courir sus aux Vénitiens armés contre Ferrare ; et quiconque en égorgeait un mériterait, par cette action, l'absolution de tous ses péchés. Le doge et tous les magistrats étaient dépouillés de leurs offices ; la seigneurie était privée de tous ses droits sur les États qu'elle possédait. Tous les Vénitiens étaient déclarés infâmes, incapables de rendre témoignage, de tester, de succéder ; leurs fils, neveux et descendants étaient exclus, jusqu'à la quatrième génération, des fonctions, bénéfices et dignités ecclésiastiques. Les étrangers étaient obligés de sortir sans délai du territoire vénitien avec leurs marchandises ; il leur était défendu de commercer et de contracter avec les sujets de la république, de leur vendre des graines ou autres denrées, sous peine d'excommunication et de nullité des contrats. Il était défendu à tous gens de guerre de prendre les armes pour les Vénitiens, même quand ils s'y seraient engagés, la bulle les déliant à cet égard de leurs serments. Il était défendu à tous rois ou princes de contracter aucune alliance avec la république, nonobstant tous les traités existants, qui devaient être considérés comme nuls et non avenus ; enfin, ordre leur était donné de faire poursuivre et saisir

---

(1) Ibid.

les personnes, les marchandises et les sujets de la seigneurie. (1)

En 1509, Jules publia une bulle foudroyante contre les Vénitiens. Il y énumérait toutes les offenses qu'ils avaient prétendument commises envers le Saint-Siége, et il les sommait de lui restituer dans les vingt-quatre jours toutes leurs usurpations avec les revenus qu'ils en avaient tirés, sous peine d'encourir les censures ; en cas de désobéissance, il les déclarait criminels de lèse-majesté divine, mettait en interdit non-seulement la ville de Venise mais encore tous les lieux de leur domination et les villes même des autres États, qui donneraient retraite à quelque Vénitien ; il permettait aussi à tous les chrétiens de les traiter comme ennemis publics, de s'emparer de leurs biens et de les réduire en servitude. (2)

Pour les bulles de 1483 et de 1509, il faut se garder de prendre tout cela au pied de la lettre. Les menaces n'étaient, comme le dit Daru, que de vaines formules, objet de mépris, même pour le clergé.

En 1483, le gouvernement vénitien maintint son autorité sur le clergé ; de rares moines soutinrent que l'excommunication, même injuste, conserve son effet ; les évêques furent assemblés, des gens de loi furent consultés et finalement, appel fut interjeté de la bulle papale au futur concile. L'acte d'appel fut affiché aux portes des églises de Rome. (3)

En 1509, même attitude. Quelques jours après la publication du document, la seigneurie fit répandre à Rome un écrit où le pape et le roi de France étaient fort malmenés : appel était fait au futur concile et, dans le cas où la justice humaine prévariquât, à Jésus-Christ lui-même, « juge intègre et souverain maître des uns et des autres. (4) »

En 1510, Jules II fit la paix avec les Vénitiens. Leurs ambassadeurs allèrent à Rome pour recevoir l'absolution pour compte de la république. Il y avait quatre formes différentes d'absolution. Le maître

(1) Vitorio Sandi, *Storia civile di Venezia*, L. 8, c. 10, art. 2. — Daru, *Histoire de Venise*, L. XVIII.

(2) Francesco Guicciardini, *Histoire d'Italie de l'année 1492 à l'année 1532*, L. VIII, c. 2.

(3) Daru, *Histoire de Venise*, L. XVIII.

(4) Francesco Guicciardini, *Histoire d'Italie*, L. VIII, ch. II.

des cérémonies, Paris de Grassis, dans son *Diaire* expose les précédents ; dans tous les cas, les coupables étaient frappés de verges, les uns nus, les autres sur leurs habits, quelques uns assez vigoureusement, durant trois psaumes entiers. Consulté par le pape, Grassis lui conseillait de donner aux Vénitiens quelques coups très doucement. Jules II les affranchit de l'humiliante cérémonie : il leur imposa pour toute pénitence de visiter les sept églises.

En cette même année 1510, un événement d'une certaine importance se produisait en France et montrait que l'autorité du Saint-Siége était loin d'être incontestée. Jules II venait de lancer des excommunications contre les généraux francais qui faisaient la guerre en Italie. Le clergé fut réuni à Tours et plusieurs questions lui furent soumises par ordre de Louis XII. Quelques-unes des réponses ne manquent pas de vigueur. " Le pape, est-il dit, ne peut en conscience déclarer la guerre lorsqu'il ne s'agit ni de religion ni du domaine de l'Église ; le prince en guerre avec le pape a le droit de repousser l'attaque par les armes, mais il ne peut retenir les États de l'Église après les avoir conquis ; le prince chrétien prend à juste titre la défense d'un autre prince chrétien, dans une cause légitime contre le pape ; enfin, l'excommunication faite en état de guerre et sans l'observation d'aucune formalité, est nulle.

CHAPITRE XI.

LA GUERRE.

Au moyen âge la guerre est empreinte d'un caractère d'indicible cruauté ; les adversaires se font le plus de mal possible ; l'anéantissement de l'ennemi est le but final des hostilités. De là des actes inouïs de barbarie ; de là l'usage d'armes empoisonnées ; de là la mutilation des prisonniers, la dévastation, le sac et la destruction des villes ; de là le recours à la trahison et à la perfidie. Nous ne pouvons présenter un tableau complet des atrocités commises ; il suffit d'ouvrir les écrits de l'époque pour comprendre à quel point la situation était réellement sombre et effrayante. Moralistes, poètes, jurisconsultes, hommes d'État, guerriers, peuvent être invoqués comme autant de véridiques témoins : tous déposent d'une manière uniforme.

Dans sa ballade contre la vie des routiers, Eustache Deschamps écrit :

> Car on devient, de ce seur, meurdriers
> Lerres aussi, et de ravissement
> Consentables, violeurs de moustiers.
> Femmes ravir, ardoir villainement
> Et ses voisins trahir mauvaisement,
> Prendre le leur, d'eulx faire chiere lie
> Sanz cause avoir du faire aucunement.

« La guerre, disait le roi Henri V d'Angleterre, a trois serviteurs fidèles, le feu, le sang et la famine. J'ai choisi ce qu'il y a de plus doux. » C'était la famine. « *Hostis bene intercifitur ubique* » écrivait Balde. César Nostredame rappelant les horribles excès commis en Provence, fait l'énumération des maux : « grande effusion de sang humain, infinis bruslemens de villes, renversemens de chasteaux, places et forteresses désolées de fond en comble, violences et destructions d'églises, profanations d'autels, pollutions de sanctuaires, rapines et larcins de choses sacrées, ravissemens de femmes, veuves, vestales, vengeances sanguinaires et diaboliques, rançonnemens cruels, meurtres horribles, homicides ordinaires et mille autres maux exécrables et sans nombre. » « Quand ils entrent dedenz citez, dit Christine de Pisan parlant des gens de guerre, semblent estre bien affamez, sans nulle pitié des horribles occisions qu'ils font sur crestiens en deshonorant les femmes et tout mettre à ruine. » Un chroniqueur, Jean d'Auton, raconte que « tous les souldartz de la place furent au tranchant du glaive habbandonnez » ; il appelle cela « traiter les souldarlz selon la coutume de la prise d'assault. » (1)

L'auteur de l'*Instruction d'un jeune prince* rappelle la responsabilité que font naître les maux incalculables de la guerre : « Hélas, mon souverain seigneur, or, presupposons que par force d'armes et de jugement et d'espée, qui toujours n'est pas droiture, roy ou prince par vaillance et conduite puist venir au-dessus de ses ennemis, quand tout sera allé et passé, ars, occis et tué, et que jour viendra qu'il lui faudra répondre devant la face de Nostre Seigneur qui tout scet et cognoist, de si grans cruaultez que de la mort de tant de chevaliers, escuiers, nobles hommes, gens d'église, povres laboureurs et autres, qu'à l'occasion de ces cruelles guerres ont été occis piteusement, femmes violées, petits enfans mors de faim, églises et châteaux démolis, ars et abattus, et en tant de manières exactions et fait fourvoier le peuple, que a peine bouche d'homme le saurait recorder, certes ce ne sera pas

---

(1) R. DE MAULDE-LA-CLAVIÈRE, *La diplomatie au temps de Machiavel*, t. I, p. 204.

petite chose de bien sçavoir répondre qui bien regarde les commandements du seigneur. » (1)

Les ravages de l'ennemi n'étaient pas plus terribles que les ravages des troupes qui défendaient un pays : le pillage était général ; les trêves ajoutaient à l'horreur, car elles amenaient le licenciement momentané des bandes de mercenaires qui se jetaient sur les malheureuses populations et continuaient, pour leur propre compte, une campagne commencée pour le compte des chefs qui les avaient racolés. (2)

Un prêtre liégeois, Amelgard, contemporain de Charles VII et de Louis XI, qui connut le premier de ces rois, rapporte que dans les guerres pour la délivrance de la Normandie, les partisans du roi de France exerçaient autant de cruautés et de brigandages que les troupes anglaises. Il ajoute que les guerriers du parti de Charles VII voyaient avec douleur les villes et bourgs de la Normandie rentrer d'eux-mêmes sous la domination royale, parce que cette reddition volontaire leur ôtait l'espérance et le moyen de s'enrichir, comme ils comptaient le faire, à la prise et au pillage de ces mêmes lieux, si c'eût été par la guerre et la force qu'ils les eussent fait rentrer sous l'obéissance. (3)

Le mot de Talbot est typique. « Si Dieu était gendarme il serait pillard. »

Il semble que le sentiment chrétien et l'esprit de chevalerie devaient introduire dans les relations hostiles une certaine douceur ; nous voyons, au contraire, un déchaînement de toutes les violences, et fréquemment la guerre est faite avec plus de dureté que sous l'empire romain.

La chevalerie comprend un double élément, l'un issu de l'esprit d'individualité qui caractérise la race germanique, l'autre provenant

---

(1) *Instruction d'un jeune prince,* ch. VI. Bibliothèque royale de Bruxelles, *Mss.* n°,10976.

(2) DENTON, *England in the fifteensh Century,* p. 79.

(3) *Notices et extraits de la Bibliothèque du roi. Notice sur les manuscrits cotés 5962 et 5963, contenant l'histoire du règne de Charles VII et Louis XI,* par AMELGARD, prêtre liégeois. T. V, p. 419.

de l'influence de l'Église (1). Mais il ne faut pas exagérer son influence. Fréquemment, c'est sous de trop flatteuses couleurs qu'elle est dépeinte. L'*Ordène de la Chevalerie*, poème du XIIIe siècle, représente les chevaliers comme les grands justiciers des temps féodaux. « Office de chevalerie est de maintenir femmes, veuves et orphelins et hommes nécessaires et non puissants », ainsi s'exprimait l'*Ordre de Chevalerie*. Le poème que nous venons de citer rappelle qu'un chevalier doit toujours être prêt à répandre son sang pour

> Dieu servir et honorer
> Et sainte Église défendre.

Autre était la réalité. Du reste, qu'on ne le perde pas de vue, si on relève des traits de courtoisie, des actes empreints de sentiments délicats, les règles que la chevalerie établit ne protègent que les égaux ; le code d'honneur qu'elle formule ne s'étend point aux inférieurs. Comme on l'a fort bien fait observer, elle est en fait ce que la féodalité est en droit ; elle substitue des devoirs personnels aux obligations de l'homme et du citoyen, et dès qu'il s'agit d'autres que de nobles et de chevaliers, de cruelles passions viennent prendre la place d'une magnanimité trop vantée.

Il est un point à faire ressortir. Le chevalier gardait fidèlement les engagements que confirmaient fréquemment des cérémonies religieuses. Les anciens romans renferment des exemples de la fidélité à la parole. Dans *Lancelot du lac*, le roi Artus ayant donné sa parole à un chevalier de lui laisser emmener la reine sa femme, n'écoute ni les plaintes de celle-ci, ni les représentations qu'on peut lui faire ; il ne répond autre chose sinon qu'il l'a promis. Et Lionel qui l'en veut détourner lui réplique : « Donc est le roi plus serf que autre et qui voudroit estre roi honny soit ». La foi donnée au nom de la chevalerie est la plus redoutable. Jean de Bretagne traitant avec Charles VI, jure l'observance de la convention « par la foi de son corps et comme loyal chevalier ». Au XVe siècle, l'auteur de l'*Instruction d'un jeune prince* se prend à regretter le passé : « Et à ce propos, dit-il, l'on trouve en

---

(1) LA CURNE DE SAINTE-PALAYE, *Mémoires sur la chevalerie.*—MILLS, *The history of chivalry.* — DELECLUZE, *De la chevalerie.*

temps anciens que empereurs, rois et grans seigneurs ne s'obligeoient pour toute seureté en aultre manière que seulement en parole de prince. Car leurs paroles et lettres estoient en ce temps si bien tenues et estroitement gardées que l'on n'y trouvoit nulle défaulte. » (1)

De temps en temps apparaissent des tentatives qui ont en vue de restreindre les cruautés de la guerre. Au XIII⁰ siècle, l'emploi d'armes que l'on considère comme trop meurtrières est prohibé. Une décrétale d'Innocent III défend aux chrétiens de se servir les uns contre les autres soit de flèches qui frappent au loin, soit de projectiles lancés par les machines. « *Artem illam mortiferam et odibilem ballistariorum adversus christianos et catholicos exerceri de cœtero sub anathemate prohibemus.* (2) » L'esclavage des prisonniers de guerre chrétiens est condamné en principe. L'Église essaie de mettre à l'abri des hostilités les personnes qui sont protégées dans les guerres privées ; elle fait des efforts pour introduire dans les grandes guerres les trêves qu'elle a tâché d'imposer dans les querelles particulières. Ce sont là néanmoins autant de remèdes isolés et qui permettent de juger de l'étendue et de la profondeur du mal. Dans l'esprit de l'Église, ces dispositions ne doivent s'appliquer qu'aux catholiques ; dans la pratique, elles échouent même généralement.

Il est à remarquer que la glose restreint la règle édictée par Innocent III au cas où la guerre est injuste. Raymond de Peñaforte se ralliait à cette opinion et la plupart des docteurs admettaient dans la guerre juste l'usage des balistes et des arcs, parce que le *Décret* de Gratien permet de combattre l'ennemi de toute manière et même de lui tendre des embûches. La *Somme Monaldine* se prononçait dans le sens de la glose ; elle permettait aux *sagittarii* et aux *ballistarii* d'exercer leur art contre les chrétiens, en cas de guerre injuste, tandis que Jean d'Andrea émettait le vœu que l'on n'usât point de balistes, tout en reconnaissant que leur emploi s'imposait dans la défense des forteresses et des navires.

---

(1) *L'instruction d'un jeune prince.* ch. II. Bibliothèque royale de Bruxelles, *Mss.*, n⁰ 10976.

(2) *Decretalium Gregorii IX*, L. V, tit. XV, c. un. *De sagittariis.*

Dans les guerres, la trève canonique ou légale, *treuga canonica* ou *legalis*, comme on l'appelait, pour la distinguer de la trève conclue entre les parties, *treuga conventionalis*, ne fut jamais respectée ; saint Thomas d'Aquin lui-même enseignait que la guerre pouvait être faite les jours fériés lorsque la nécessité l'exigeait, et deux siècles et demi plus tard, Belli invoquait l'exemple d'un pape, de Jules II, pour conclure avec une certaine mélancolie à la légitimité des faits de guerre qui se produisaient aux jours consacrés par l'Église. (1)

En ce qui concerne les dispositions du concile de Clermont relatives aux personnes, les meilleurs canonistes, Nicolas de Tudeschis en tête, enseignaient qu'elles étaient abrogées par l'usage contraire : prêtres, moines, frères convers, pèlerins, marchands, laboureurs n'étaient donc plus protégés. Balthazar de Ayala faisait une exception pour les prêtres, à moins qu'ils ne se fussent immiscés dans les hostilités.

A tout prendre, les auteurs qui traitèrent notre matière furent supérieurs à leur époque ; des sentiments d'humanité et de charité les animent et si quelques-uns, imbus des théories du droit romain, émettent des maximes fort dures, d'autres, en plus grand nombre, condamnent ouvertement les pratiques cruelles qui souillent les guerres auxquelles ils assistent. Une chose est à remarquer : chez aucun des précurseurs de Grotius on ne rencontre des pages aussi cruelles, aussi impitoyables que celles que devait écrire Bynkershoek.

Au moyen âge, la guerre rompt tous les liens qui ont pu exister entre les adversaires. C'est le principe du droit romain : dès l'ouverture des hostilités, la personne de l'ennemi peut être saisie et ses biens peuvent être capturés ; aucune différence n'est faite entre la propriété privée et la propriété de l'État. Durant les hostilités, tout commerce est prohibé entre les sujets des belligérants. Les ressortissants de l'ennemi sont ennemis et comme tels à la merci des combattants. Les déclarations de guerre sont conçues en ce sens. « Savoir faisons, porte un manifeste dirigé par François Ier contre Charles-Quint, que

---

(1) THOMAS D'AQUIN, *Summa totius theologiæ, secunda secundæ partis quæstio XL, de bello, art. IV, Utrum liceat diebus festis bellare.* — BELLI, *De re militari et de bello tractatus,* deuxième partie.

13

nous avons déclaré ledit empereur, ses adhérents et tenants son parti, ensemble les sujets de ses pays patrimoniaux, ennemis de nous et de nos royaumes, seigneuries et sujets, et en ce faisant permettons et donnons congé à tous nos sujets d'user d'armes contre les dessusdits, en guerre, par mer et par terre. »

Ces rigueurs ne furent pas sans recevoir des atténuations. On constate notamment des progrès, en ce qui concernait la situation créée au sujet ennemi dans le territoire de l'État qui fait la guerre.

En Angleterre, la Grande Charte de 1215 contenait déjà des dispositions humanitaires. L'article 41 dispose que tous les commerçants peuvent sortir d'Angleterre, y venir, séjourner, voyager par terre et par eau, afin d'exercer le commerce, sans être soumis à des impôts déraisonnables et cela conformément aux antiques usages. Exception est faite pour le temps de guerre, s'ils appartiennent au pays avec lequel il y a guerre. Si la guerre éclate entre leur souverain et le roi, ils sont arrêtés et leurs biens sont frappés de saisie, sans que l'on puisse cependant leur causer un dommage quelconque, jusqu'à ce que l'on connaisse le traitement infligé par le souverain ennemi aux négociants anglais.

« Cette disposition de la Grande Charte, dit Blackstone, semble avoir été parmi toutes les nations du Nord une règle commune d'équité, car Stiernhook nous apprend que les Goths et les Suédois adoptaient cette maxime ; mais il est assez extraordinaire qu'elle se rencontre dans la *Magna Carta*, accord purement intérieur entre le roi et les sujets nés sous sa domination. C'est ce qui donne lieu à Montesquieu de remarquer avec une sorte d'admiration que « les Anglais ont fait de la protection des marchands étrangers un des articles de leur loi nationale et qu'ils sont le peuple du monde qui a le mieux su se prévaloir à la fois de ces trois grandes choses : la religion, le commerce et la liberté. »

Le commerce anglais, notons-le, traverse trois phases successives : municipal au XIIᵉ siècle, il devient national avec Édouard Iᵉʳ, et international avec Édouard III. Dans la première période, le marchand de Norwich est aussi étranger à Londres que le marchand de Bruges. Puis, les institutions locales font place à une organisation économique nationale : du village ou de la ville le cercle s'étend au pays tout entier ; une douane officielle, uniforme pour tout le royaume, est établie sous Édouard Ier. Enfin, sous Édouard III s'opère l'internationalisation (1).

En Angleterre, le *Staple System* fondé sur le principe de la gilde donne aux marchands un monopole d'exportation et d'importation. Les articles sont la laine, les peaux, le cuir, l'étain et le plomb. Une ville sur le continent est choisie comme ville d'étape ; c'est longtemps Bruges, puis Calais. En 1353, Édouard III par le *Statute of Staples* essaye d'attirer les acheteurs en Angleterre ; il y établit différentes villes d'étape et abolit l'étape de Calais, qu'il est bientôt obligé de rétablir.

L'étape est organisée comme la gilde ; elle a son maire, ses aldermans, ses constables ; l'étape est exempte de la juridiction locale. Les marchands étrangers sont favorisés ; et en ce qui concerne spécialement les représailles, le *Statute of Staples* dispose que si la guerre éclate entre leur souverain et le roi d'Angleterre, il leur sera accordé quarante jours pour quitter le royaume avec leurs biens et que si ce délai ne suffit pas, un autre délai de quarante jours, et plus, si c'est nécessaire, leur sera octroyé. Le système imaginé par le roi doit, il est vrai, être abandonné en 1357.

La Hanse se fit accorder dans la plupart des pays une situation privilégiée ; ses marchands eurent des délais allant de quarante jours à une année pour mettre à la voile ; dans certains pays, la Ligue parvint à un résultat plus considérable encore ; elle obtint que ses marchands ne seraient point inquiétés et pourraient continuer à se livrer au négoce (2).

La France donna assez longtemps l'exemple d'une politique illibérale. Sous le règne de saint Louis, les marchands anglais qui résidaient dans le royaume furent arrêtés ; le roi d'Angleterre répondit par des mesures de rigueur envers les sujets français. Trois quarts de siècle plus tard, sous Charles IV, le bruit ayant couru que les Français habitant l'Angleterre avaient été massacrés à l'occasion de la déclaration de la guerre, le roi fit emprisonner tous les Anglais et

(1) W. CUNNINGHAM, *The growth of english Industry and Commerce, during the Middle Ages*, t. I, p. 173 et suivantes.
(2) K. TH. PÜTTER, *Beiträge zur Völkerrechts-Geschichte und Wissenschaft*, p. 154.

s'empara de leurs biens ; le bruit était faux ; Charles, en conséquence, ordonna de relâcher les prisonniers, mais il garda leurs biens. Sous Philippe le Bel, de pareils faits se rencontrent encore. Néanmoins à partir du XVe siècle, se produit un revirement. Aux termes d'un traité conclu, en 1483, entre la Ligue hanséatique et Louis XI, les bourgeois des villes de la Hanse se voient garantir le droit de demeurer en France jusque une année après l'ouverture de la guerre. Une semblable clause devient même de style dans les conventions du XVIe siècle : le délai varie de trois mois à deux ans ; on la retrouve dans les traités signés à Utrecht, en 1713.

Une question intéressante surgissait en ce qui concernait les actions, les créances et tous les droits incorporels quelconques que les sujets de l'ennemi possédaient à l'égard des ressortissants d'un prince. Ces droits pouvaient-ils être confisqués ? En Angleterre, ce semble avoir été une règle bien établie (1). Un arrêt rapporté par Papon fait connaître l'opinion admise en France. « Un Flamand, dit Papon, preste mille écus à un Français ; le temps de payer advenu, le Flamand fait son devoir en justice. Le Français délaye si bien que par ses suites il mène ce Flamand en procès, jusqu'à ce que la guerre est criée entre les princes des deux nations. La somme est saisie et payée au trésorier du roy. Après se conclut la paix. Le Flamand reprend son débiteur qui s'oppose de la saisie et du payement qu'il a fait. Par arrêt de Paris du mois d'août 1349 est débouté le Flamand et néanmoins le Français condamné à rendre ce que de ladite somme sera trouvé estre venu et demeuré à son profit. (2) » Vers la fin du XVe siècle, la guerre éclata entre Pise et Florence. Pise força ceux de ses sujets qui étaient débiteurs de citoyens florentins de verser dans le trésor pisan le montant de la dette. La paix faite, un créancier florentin poursuivit le paiement de sa créance. Philippe de Dexio, qui fut arbitre de la contestation, admit la validité du paiement. On démontra, il est vrai, que le débiteur avait agi contraint et forcé. (3)

(1) Sir Robert Phillimore, *Commentaries upon international law*, t. III, p. 133.
(2) Papon, *Recueil d'arrêts notables des cours souveraines de France*, L. V, tit. VI, arrêt 2.
(3) Sir Robert Phillimore, *Commentaries upon international law*, t. III, p. 705.

La guerre se fait contre tous. Belli n'en excepte ni les femmes ni les enfants ; il insiste seulement sur les règles du droit canonique au sujet de la guerre privée et de la trêve de Dieu, et il cite les opinions de plusieurs jurisconsultes qui sont favorables aux immunités stipulées par les conciles et par les papes. Comme eux, il admet que la guerre se fasse contre les sujets, les vassaux, les alliés de l'ennemi, à la condition qu'ils assistent celui-ci de leur personne et de leurs biens. Néanmoins, il semble hésiter : « *Quæ restrictio nescio quomodo procedat,* dit-il, *cum subditi si non actu, saltem habitu et potentia præsto sint domino si egeat.* » Gentil n'excepte pas non plus les femmes ni les enfants et Grotius enseigne la même doctrine, tout en essayant d'atténuer les conséquences de sa théorie dans le chapitre qu'il consacre à la modération dont il faut user dans la guerre.

L'auteur de *L'Arbre des Batailles* avait tenu un langage différent. Honoré Bonet examine la question de savoir d'où procède la guerre et constate que « se en bataille se font plusieurs maulx, ce n'est mie selon la nature de la bataille, mais est faulx usage. (1) » Il attaque ces « faulx usages » avec violence ; il veut la guerre loyale et courtoise et il trouve des accents émus pour dénoncer les pratiques de son époque : « Mais notre seigneur Dieu voit très bien comment les gens d'armes aujourd'huy font le contraire. Car sans pitié ne misericorde ils prennent et font payer aux prisonniers grandes et excessives finances et paies et par especial aux poures gaigneux qui labourent les terres et vignes, lesquels après Dieu donnent à vivre de leur labeur à tout le monde. Et en vérité, j'ai grande douleur au cuer de voir et ouïr le grand martire que ils font sans pitié ne mercy aux poures laboureurs et autres gens quy ne sceuevent ne mal dire ne mal penser et quy labourent pour toutes gens d'estat et desquelz le pape, les roys et tous les grands seigneurs du monde ont après Dieu ce qu'ils menguent et ce qu'ils boivent et aussi ce qu'ils vestent. Et nul d'eulx n'en a cure. (2) »

Le bon prieur de Selonet examine « se pour la guerre qui est entre

---

(1) HONORÉ BONET, *L'Arbre des Batailles,* quatrième partie, ch. I.
(2) Ibid., quatrième partie, ch. 47.

le roy de France et celluy d'Angleterre, les François pourroient
deuement courir sur la terre des Anglois et emprisonner les
poures Anglois et prendre leurs biens. » Le problème est important ;
c'est la gloire du dix-neuvième siècle d'en avoir entamé la
solution, d'avoir tenté de faire admettre que, suivant le mot de
Jean-Jacques Rousseau, la guerre n'est point une relation d'homme à
homme, mais une relation d'État à État, dans laquelle les particuliers
ne sont admis qu'accidentellement, non comme hommes, ni même
comme citoyens, mais comme soldats. La réponse que le prieur de
Selonet donne à la question mérite d'être signalée ; elle est en tous
points conforme aux vraies notions sur le caractère de la guerre.

« Nul homme, dit-il, ne doit porter le péchié d'un autre. Donc,
pourquoi les poures Anglois auront-ils mal pour la coulpe de leur
seigneur ? » Ainsi donc, « les bons marchants, les laboureurs des
terres, les bergiers des champs ou telles gens » devraient rester en
dehors de la guerre. « Item plus fort, à une personne ne doit estre jà
réputé ce de quoy il ne s'entremet. Mais tout le monde sçait bien que
de guerres jugier, ou ordonner, ou entreprendre les poures hommes ne
s'entremettent. Car ils tousjours vouldront vivre en paix. Doncques
pour quelle raison leur doit-on courir sus ? Item selon bonne raison
moralle et naturelle on doit chacun servir selon son estat. Mais tout le
monde sçait bien que poures gens ne trouvent leur vivre ne leur
conversation en armes ; comment doncques par bonne raison les peut
on grever par aucun fait... Item selon l'honneur du siècle, quelle
guerre, quelle vaillance ne quelle los puet on avoir de occir ou de
emprisonner celluy quy oncques ne porta harnois ne quy ne sauroit
pas vestir une cotte de maille ne fermer une greve ne ung bachinet.
Que je voulsisse jugier que ce fust honneur ou vaillance de férir un
tel poure homme et innocent quy ne scet fors mengier du pain sec
auprès de ses brebis par les champs et par les hayes et buissons, je ne
pourroie faire par mille raison. » Bonet est obligé de reconnaître que
l'opinion contraire prévaut ; il le fait à regret et essaie d'atténuer les
conséquences de la théorie régnante. « Nonobstant toutes les raisons
dessusdites les opinions de nos maistres sont telles que se vraiement
les subjetz du roy d'Angleterre donnent ayde et faveur au roy pour

faire guerre à l'encontre au roy de France, les François peuvent bien
guerroyer les Anglois et gaigner de leurs biens et prendre des vivres
de leurs pays..... Mais se les subjets ne vouloient aider à leur roy
pour guerre faire contre le roy de France, les François ne pourroient
de bon droit eux dommagier ne des personnes ne des biens qu'ils ne
fussent tenus devant Dieu. (1) »

Cette idée de l'immunité des personnes paisibles et de leurs biens se
retrouve dans toutes les parties de *L'Arbre des Batailles*. L'auteur
entend faire respecter dans la guerre les prescriptions des conciles et
des papes en matière de guerre privée et de trêve de Dieu ; il défend
le privilège des laboureurs et l'étend le plus possible. Les faits sans
doute ne répondent pas à ses vœux ; il le déplore vivement : « A Dieu
plaise, dit-il, de mettre es cuers des rois de ordonner que en toutes
guerres les laboureurs soient seurs. (2) » Sa théorie favorite est
développée dans une des pages les plus charmantes du traité, qui,
disons-le, atteste tout entier de la loyauté de son cœur et de
l'honnêteté de son esprit.

Bonet nous montre un vieillard fait prisonnier et invoquant comme
titres à l'immunité son grand âge et son abstention de tout acte
hostile. Écoutons le récit : « Ung chevalier français avec sa compagnie
s'en est allé devant Bourdeaux. Si a trouvé un bourgeois de la cité
quy venoit d'oyr messe d'une chapelle quy est loin d'environ une
lieue, là où demouroit un bon hermite. Et s'en venoit celluy bourgeois
tout bellement un baston en sa main. Car il estoit de leage de cent
ans. Adont le chevalier luy demande : « Mon bon preud'homme et
dont estes-vous ? » « Se m'aist Dieu, dit-il, je suis de cette ville. »
« Par ma foy dist le chevalier, vous serez mon prisonnier. » « Et sire,
fait-il, et pourquoy ? » « Certes, fait-il, car je suis au roi de France,
lequel a guerre contre les villes et contre la terre de vostre maistre. »
« Sire, dist le bourgeois, pour l'amour de Dieu merchy, menez moi
devant le roy, et se je doye estre prisonnier par jugement que je le
soye et se non que je soye quitte ». Le chevalier luy respond qu'il le

---

(1) Ibid., quatrième partie, ch. 48.
(2) Ibid., quatrième partie, ch. 101.

veult bien et sont venus devers le roy. Si propose le chevalier comment
il a prins celluy bourgeois qui peut tres bien payer dix mille francs.
« Sire, dist lors le bourgeois au roy, vous et monseigneur le roy
d'Angleterre avez eu de moult grands guerres ensemble, lesquelles
ont duré assez de temps car elles encommencièrent des que j'estoie
moult jeune deage. Et maintenant que je suis fort ancien encoures
ne sont elles finies. Mais je vous jure par ma foy que oncques en ma
vie contre les François ne me armay, que oncques sur moy ne feust
espée ne coustel ne autre armeure. Je vous supply que de cecy vous
vous enfourmiez, vous le trouverez en verité. Et encoures plus fort,
dy-je, que je ne fus oncques joyeux de ceste guerre et que tousjours
remonstre et admoneste monseigneur le roy d'Angleterre, comment il
eust paix à vous. Et de cecy vous feray-je bien informer quant plaira
à votre haute seigneurie et dignité de oyr ce. Et, monseigneur,
encoures vous dy-je plus avant que selon les raisons de droit escrit
une personne ancienne comme je suis ne doit mie estre contraint
d'aller en guerre, ne si ne doit estre emprisonne. Et c'est la raison.
Vous ne povez selon droit prendre les biens ne emprisonner les
personnes du royaulme d'Angleterre senon que les hommes audit
royaulme donnassent ayde au roi pour faire celle guerre encontre
vous de leur franche voulonté. Car se par force il prenoit les biens de
ses hommes, encoures de droit seroient ils excusez. Dont se je n'ay
aydé ou se je n'ayde au roi d'Angleterre contre vous senon qu'il ayt
prins de mes biens par force et par violence, vous me ne pouvez
reputer pour votre ennemy et par conséquent je ne doy estre reputé
pour prisonnier. » « Or sans plus tenir de paroles, ajoute Bonet,
regardons qu'en est de droit. Je pense vrayement que puisqu'ung homme
ancien et privilégié, quy selon droit n'est mie tenu d'aller en guerre,
à bonne raison ne peut estre prisonnier, senon qu'il donnast conseil
et ayde à cette guerre conduire. Car aucunes fois ung homme ancien
fera plus par son conseil que ne feroient dix hommes d'armes. Mais
je ne dy mie que se de ses biens de son gré il aidoit à son seigneur
à faire cette guerre len pourroit francement prendre ses biens
et aultrement non selon bonne raison. » (I)

(1) HONORÉ BONET, *L'Arbre des batailles,* quatrième partie, ch. 93.

L'établissement d'armées permanentes servit efficacement la cause de la civilisation de la guerre.

La féodalité ne connaissait que de petites armées temporaires, dépourvues de sérieux liens ; le service militaire n'était dû que pour un laps de temps très court et la discipline était presque nulle. Bientôt les expéditions lointaines amenèrent le remplacement du service personnel par une contribution pécuniaire qui permit de faire des enrôlements salariés. Ceux-ci se développèrent. Ils constituèrent même un danger, en donnant lieu à la formation des compagnies de brabançons, de routiers, de cotereaux, qui furent longtemps l'un des fléaux de l'Europe occidentale. Mais ils amenèrent aussi l'introduction des troupes régulières et la disparition graduelle des armées féodales où la gratuité du service, l'obligation de ne servir que pour un temps très limité, le manque de cohésion provoqué par l'indépendance des éléments juxtaposés, mettaient obstacle à une véritable discipline.

Sous ce rapport, l'Angleterre offre un spectacle intéressant. Tout fief, nous l'avons vu, y était mouvant du roi ; Guillaume le Conquérant reçut de tous ses sujets le serment de fidélité. Sous ses successeurs, le service militaire fut commué en prestation pécuniaire ou *scutage* et l'on vit la couronne enrôler des mercenaires. Déjà, des *solidarii* recrutés en France et en Bretagne servaient sous Guillaume le Conquérant. Les premiers mercenaires flamands apparurent sous Henri Ier. En 1101, ce roi fait avec Robert de Flandre un accord aux termes duquel celui-ci s'engage, moyennant 400 marcs d'argent par an, à envoyer en Angleterre 500 chevaliers. Les exactions des Flamands soulèvent des réclamations violentes et leur renvoi est exigé sous Étienne I. La Grande Charte renferme une disposition tendant à l'expulsion des soldats étrangers.

Des mercenaires continuèrent à se recruter à l'étranger et en Angleterre ; puis, ce pays finit par les fournir exclusivement. A partir d'Édouard III, les enrôlements salariés constituèrent la majeure partie des forces anglaises dans les guerres continentales. Il n'y eut plus, en vue de ces guerres, de convocation de l'armée par les *writs of summons* ; mais des contrats furent conclus entre le roi et ses nobles et à leur tour, ceux-ci formèrent, au moyen de conventions, le corps qu'ils s'étaient engagés à fournir. Le temps du service, le montant du salaire, la part qui revenait aux parties contractantes dans les gains, tout était déterminé. Il y eut même des engagements pour la vie, en temps de paix comme en temps de guerre. (1)

L'usage des troupes soldées était devenu fréquent en France à partir du commencement du XIVe siècle ; un impôt proportionnel à la fortune avait remplacé le service personnel obligatoire. Quand Charles V parvint à reprendre sur les Anglais les provinces qu'ils avaient obtenues par le traité de Brétigny, et à réparer les désastres que la royauté française avait subis, des bandes s'étaient formées durant la guerre ; elles vivaient à discrétion dans le pays. Le roi réussit à en envoyer une partie en Italie et en Espagne et à discipliner le reste. L'ordonnance de Vincennes de 1373 créa les *Compagnies d'ordonnance* ou *de gendarmerie* qui furent le noyau d'une armée permanente. Charles VII acheva l'œuvre. En 1439, il obtint des États d'Orléans la taille permanente nécessaire pour exécuter ses plans : il créa quinze compagnies de cent hommes d'armes. Chaque homme d'armes avait avec lui trois archers, un écuyer, un coutiller à cheval et un page ou valet. Les compagnies furent mises en garnison dans les places frontières du royaume. La constitution militaire féodale était changée.

Neuf années plus tard, l'ordonnance de Montil-lez-Tours essaya d'organiser une infanterie royale : la milice des francs archers fut créée ; dans chaque paroisse il devait y avoir un archer exempt. Ils s'exerçaient tous les dimanches et les jours de fête à tirer de l'arc.

---

(1) STUBBS, *Constitutional history of England*, t, III, p. 583. RYMER publie un certain nombre de conventions relatives au service militaire. Dans l'une d'elles, on voit le comte de Salisbury s'engager à mettre à la disposition du roi une troupe de 600 hommes d'armes et 1700 archers ; lui-même s'engage à servir et il doit amener 6 chevaliers bannerets et 34 chevaliers bacheliers. La solde est fixée. Le comte a 6 shillings 8 deniers par jour ; les chevaliers bannerets et bacheliers ont respectivement 4 et 2 shillings ; les hommes d'armes touchent 1 shilling et les archers 6 deniers. La troupe doit elle-même fournir ses armes. Le contrat porte que le comte fera le service de guerre « ès parties de France, Normandie et autres marches et frontières. »

Les francs archers arrivèrent à constituer un corps de seize mille hommes. Louis XI forma parmi les Suisses aguerris le noyau de l'infanterie de la couronne et prit à sa solde six mille piquiers, qu'il réunit à dix mille fantassins et à deux mille cinq cents archers français. Charles VIII, de son côté, recruta une partie de son infanterie en Allemagne. (1)

Dans son *Histoire des républiques italiennes*, Sismondi fait ressortir le caractère particulier de l'art militaire des Italiens au XIVe et au XVe siècle ; la cavalerie pesante formait le nerf des armées ; tout couverts de fer, les soldats ne pouvaient se mesurer les uns avec les autres qu'autant qu'aucun obstacle ne gênait la course de leurs chevaux ; le plus souvent pour engager une bataille il fallait que les deux généraux fussent d'accord et qu'après avoir envoyé et accepté le gage du combat, ils eussent fait aplanir chacun de leur côté le terrain où ils voulaient se battre. Mais les combats étaient rares et les condottieri, faisant la guerre par spéculation épargnaient autant que possible le sang de leurs hommes. Telle bataille durait tout un jour et coûtait la vie à un ou deux combattants au plus. Quelquefois il n'y avait pas de morts. « La guerre se faisait au peuple et non à l'armée, dit encore Sismondi, tout le corps de la nation était regardé comme ennemi ; les soldats considéraient toutes les propriétés des peuples chez qui ils portaient la guerre comme un butin légitime, ils faisaient captifs les propriétaires et les paysans et ils ne les relâchaient que pour une rançon. » (2)

Un ambassadeur de Venise parlant des soldats de César Borgia, les montre sans scrupule et sans frein ; il ne sont point encore à la guerre ; ils n'en vivent pas moins de vol. « Ces gens, dit-il, Français, Gascons, Suisses, sont des brutes et ont introduit cette maudite coutume en Italie. »

Au commencement du XVIIe siècle, il n'y avait point encore en

---

(1) MIGNET, *Essai sur la formation territoriale et politique de la France, depuis la fin du XIe siècle jusqu'à la fin du quinzième.*

(2) SISMONDE DE SISMONDI, *Histoire des républiques italiennes au moyen âge*, t. IV, p. 223.

Allemagne d'armée permanente. Tantôt il se faisait une levée directe parmi les sujets, tantôt on enrôlait des mercenaires. Dans le premier cas, une certaine quantité d'hommes était mise à la disposition du prince pour un temps que les diètes déterminaient. Dans le second, des officiers traitaient à forfait, fournissant les soldats pour une somme fixée.

Les règlements militaires méritent d'être étudiés. En Angleterre, il en est de fort anciens. On peut dire que dans ce pays, la discipline militaire fut sérieusement établie avant de l'être dans les autres pays; c'est là un éloge que les écrivains ne manquent pas de faire. Commines en témoigne : « Selon mon advis, dit-il, entre toutes les seigneuries du monde dont j'ay connaissance, où la chose publique est mieux traictée et où règne moins de violence sur le peuple, et où il n'y a nuls édifices abattus ni démolis pour guerre, c'est Angleterre; et tombe le sort et le malheur sur ceux qui font la guerre. » « Cette grâce, ajoute-t-il, a le royaume d'Angleterre par dessus les autres royaumes que le pays ni le peuple ne s'en destruict point ni ne bruslent, ni ne démolissent les édifices ; et tourne la fortune sur les gens de guerre et par espécial sur les nobles, contre lesquels ils sont trop envieux (1) ».

Dans un autre passage où il s'agit aussi des guerres en Angleterre, Commines remarque que « leur coutume d'Angleterre est que quand ils sont au-dessus de la bataille, ils ne tuent rien et par espécial du peuple (car ils connaissent que chacun quiert leur complaire parce qu'ils sont les plus forts) et si ne mettent nuls à finance. » Rogers en fait l'observation : en 1461, quand l'armée de Marguerite d'Anjou se fut mise à piller, on eut bien vite fait d'appeler Édouard IV au trône. (2)

Sous Jean sans Terre apparaissent des *Constitutions* qui ont pour objet de faciliter le ravitaillement de l'armée ; auparavant déjà, Richard Ier avait fait, en 1189, pour les croisés qui s'embarquaient pour la Terre-Sainte, un règlement destiné à maintenir l'ordre sur les

---

(1) COMMINES, *Mémoires*, l. V, ch. 18.
(2) JAMES E. THOROLD ROGERS, *Interprétation économique de l'histoire*. Traduction de E. CASTELOT, p. 35.

navires ; en 1385, Richard II édicta ses *Statutes, ordonnances and customs to be observed in the army.* Le roi les composa « de l'avis du sénéchal, du connétable, du maréchal et d'autres comtes, barons, baronnets et sages chevaliers. » Le document comprend vingt-six articles. Ordre est donné d'obéir au roi, au connétable et au maréchal ; défense est faite sous peine de pendaison de piller les églises et d'y voler, de tuer les prêtres et les femmes, de violer les femmes, de faire prisonniers les prêtres et les femmes, à moins qu'ils ne portent des armes ; ordre est donné d'obéir au capitaine ; défense est faite de voler les vivres destinés au ravitaillement de l'armée, sous peine d'avoir la tête tranchée ; défense est faite d'exciter des troubles à peine, pour le coupable, de se voir enlever ses chevaux et ses harnais et, « s'il soit garceon ou page, il perdra son senestre oreille. » Quelques articles statuent au sujet des prisonniers et des droits des capteurs ; ils ordonnent notamment d'amener le prisonnier au capitaine, qui le conduit au roi ou au connétable, ou au maréchal, et défendent d'accorder un sauf-conduit au prisonnier sans autorisation ; l'un des articles porte, dans une traduction officielle du temps : « Si aucun prent un prisoner, qu'il preigne sa foy et aussi son bacynet ou gaunt destre de li en gage et en signe qil li ad ensi pris, ou qil le laisse en garde a aucun de soens. » En effet, « celuy avera coment qe le primer prend sa foy. » S'il y a contestation au sujet du prisonnier, il est défendu de recourir aux menaces, sinon le contrevenant n'aura point sa part, et si ce dernier tue le prisonnier, « il sera en arrest du mareschal sanz estre deliverez, tant que il eit fait gree à la partie et ses chivaux et harnoix forfaitz au conestable. » Une autre disposition exige que chaque homme de l'armée porte « un signe des armes de saint Georges large devant et autre aderer » ; si quelqu'un y contrevient, celui qui le blesse ou le tue échappe à tout châtiment ; la même disposition défend « qe nul ennemi ne porte ledit signe de saint George, comment qil soit prisonner ou autrement, sur peyne d'estre mort. » Il est également défendu de crier *havoc* (c'était le signal du pillage), « sur peine d'avoir la test coupe, et qe cely ou ceux qe serront commenceours dudit crie, averoit aussi la teste coupe et le corps après pendu par les braces. »

Un règlement également important, en quarante-trois articles, émane de Henri V (1). Il date de 1415.

Avant d'entrer en campagne, des mesures avaient été prises pour assurer le succès. Des contrats avaient été conclus pour procurer à l'armée des charpentiers, des maçons, des armes et des munitions ; des navires avaient été affrétés en Hollande et en Zélande ; d'autres bateaux anglais et étrangers avaient été saisis dans les ports. L'armée comptait 11,500 hommes, non compris les valets. Un trimestre de gages avait été payé. Les subsides du parlement n'étaient pas fort élevés et les préparatifs avaient coûté cher, au point que le roi se vit obligé de mettre en gage les bijoux de la couronne et de demander à ses sujets de lui avancer de l'argent.

Un certain nombre de dispositions sont copiées sur le règlement de Richard II. Le principe de l'obéissance au souverain, au connétable et

---

(1) UPTON donne un texte latin de l'ordonnance de Henri V ; GROSE, *Military antiquities*, t. II, p. 64, publie l'ordonnance de Richard II ; NICOLAS, *The history of the battle of Azincourt*, appendice, n° VIII, publie un texte anglais des deux ordonnances ; sir TRAVERS TWISS reproduit également les deux ordonnances, d'après les manuscrits des collections Cotton et Lansdowne, dans son édition du *Black Book of the Admiralty*, t. I, p. 443 et suivantes. Sir Travers Twiss date l'ordonnance de Henri V de 1419, tandis que les autres auteurs la font remonter à 1415.

Plusieurs copies manuscrites de l'ordonnance de Richard II se trouvent au British Museum.

Un moine anglais, contemporain de Henri V, Thomas de Elmham, a écrit le *Liber metricus de Henrico Quinto*. Il résume dans les vers suivants l'ordonnance, qu'il place au début de la campagne de 1415 :

Rex exercitui proprio dat jura statuto,
Quo sint Ecclesiæ libera quæque bona.
Presbyteri cunctim parcatur, sive ministris,
Ni violenta manus stet sacra ferre malum
Mittere quisque manum prohibitur et in mulierem
Sub mortis pœna ; lex data talis erat.

Un écrivain de la première moitié du XVI° siècle, Robert Redmayne, dans son *Historia Henrici Quinti*, place également le règlement au commencement des hostilités : « Cum in Galliam Henricus incolumis, una cum exercitu classibus appulisset, præconium fieri imperavit, ne quis deorum templa spoliaret sacerdotes injuria afficeret, inermes vulneraret, pueros læderet, mulieres offenderet, pœna capitis illis præstituta qui regis imperia non observarent. »

Le *Liber metricus* et l'*Historia* ont été publiés par COLE, *Memorials of Henry the fifth*, dans les *Chronicles and memorials of Great Britain and Ireland*.

au maréchal est affirmé. Le roi (un chroniqueur l'a appelé *princeps presbyterorum*, le roi des prêtres) ordonne à ses gens d'armes de respecter l'eucharistie, les vases sacrés, les églises, les prêtres, à moins que ceux-ci ne soient armés ; la peine de mort est comminée contre les coupables. La même peine atteint ceux qui tuent ou violent les femmes. Les prêtres et les femmes ne peuvent être faits prisonniers. Quelques articles concernent les devoirs des soldats, les revues, la garde, les prisonniers. Chaque soldat est tenu de payer à son capitaine le tiers de ce qu'il gagne par la guerre; s'il contrevient à cette obligation, il perd la totalité de son gain. Le prisonnier est à celui qui l'a capturé, mais le capteur doit mener son prisonnier à son capitaine, qui, dans les huit jours, doit le mener au roi, au connétable ou au maréchal ; personne ne peut accepter de rançon sans l'autorisation de ses chefs. Une disposition défend de faire prisonniers des enfants au-dessous de quatorze ans, à moins qu'il ne s'agisse d'un fils de seigneur, ou de gentilhomme ou de capitaine ; en ce cas, le prisonnier doit être mené devant le capitaine, qui le conduit au roi. Défense est faite de pénétrer dans une chambre où est une femme en couches ; défense est également faite de voler des objets appartenant à la femme et même de provoquer un tumulte de nature à nuire à sa santé ou à celle de son enfant ; en cas d'infraction, la moitié de tout ce que possède le coupable est attribuée à la femme ; l'autre moitié au connétable et au maréchal, et le coupable lui-même peut être détenu au gré du roi. Ordre aussi est donné aux soldats de laisser aller les laboureurs à la charrue.

Le roi donna d'autres instructions encore à ses lieutenants et on ne compte, durant cette guerre, pas moins de trente-sept règlements destinés à maintenir la discipline dans l'armée. Un des généraux, Talbot, comte de Shrewsbury, fit un règlement détaillé pour ses hommes d'armes. Il commine la peine de mort contre les pillards et contre tout soldat qui enlèverait des chevaux, des bœufs ou toutes bêtes de labour ; il défend de détruire les vignobles et les arbres fruitiers. On voit poindre dans les divers règlements le système des réquisitions. (1)

(1) MOUNTAGUE BERNARD, *Oxford Essays*, 1856, *The growth of law and usages of war*, p. 99.

Sous Henri VII, nous voyons de nouveaux règlements, et Henri VIII
édicte notamment une ordonnance importante, celle de 1544, qui
répète une partie du règlement de Henri V, et ajoute des dispositions
relatives surtout aux prisonniers et à l'obligation des capitaines de
payer les hommes qu'ils ont sous leurs ordres. Les prescriptions
concernant les prisonniers sont minutieuses ; le roi, le fils du roi, le
duc, le lieutenant général, le grand connétable ou le maréchal de
France appartiennent au roi, s'ils tombent entre les mains de ses
soldats ; la peine de mort est comminée contre quiconque les délivre,
mais une récompense est attribuée au capteur.

Sous Élisabeth paraissent de très nombreux règlements ; plus tard,
en 1640, le comte de Northumberland rédige un code militaire pour
les troupes de Charles Ier et, en 1643, le comte d'Essex édicte des *Laws
and ordinances of war*, en 97 articles, pour les forces parlementaires.

En Angleterre, du reste, l'organisation de la justice militaire est
fixée de bonne heure. Elle est, au début, entre les mains du grand
connétable, qui juge en temps de guerre tous les différends entre
militaires et toutes les infractions aux règlements. Le maréchal, des
docteurs en droit, des personnes compétentes et un clerc assistent le
grand connétable. La *Curia militaris* ainsi composée s'occupe aussi du
butin fait dans les guerres sur terre ; elle statue également au sujet
des prisonniers et de leur rançon. A la suite de la suppression de l'office
héréditaire de grand connétable, par l'*attainder* du duc de Buckingham,
sous Henri VIII, le maréchal préside la cour, mais sa compétence en
matière militaire est contestée, et les commandants en chef ne
tardent pas à empiéter sur ses attributions ; un nouveau rouage
apparaît, le conseil de guerre. Pareil conseil siége déjà en 1640. Il est
à remarquer que devant ces juridictions, les usages de la guerre étaient
pris en considération, à tel point que même quand le conseil de guerre
avait longtemps déjà remplacé la *Curia militaris*, les règlements
étrangers étaient consultés.

La discipline militaire fut également réglementée dans les autres
pays.

Les *Siete Partidas* donnent des indications précieuses au sujet des gens de guerre et règlent le partage du butin, comme nous aurons l'occasion de le voir. Une particularité curieuse distingue l'Espagne du reste de l'Europe féodale. Tandis que dans les autres pays le principe d'élection disparaît peu à peu et est remplacé par le principe d'hérédité, il est conservé en Castille, où les *Adalides*, les guides de l'armée, et les *Almocadenes*, les capitaines des fantassins, sont le produit de l'élection. En effet, si le roi veut créer un *Adalid* ou un *Almocaden*, il doit appeler douze des plus experts, qui désignent le nouvel élu et jurent qu'il réunit les qualités requises. « Le *comunero* espagnol, soldat et bourgeois, élit ses conseillers dans la commune et ses chefs sur le champ de bataille. » (1) De même pour la marine; sans doute, l'amiral est nommé par le roi, mais les *Comitres*, les capitaines de navires, sont désignés par douze hommes « sachant la mer. »

Il nous faut observer ici que le droit de guerre espagnol, tout comme l'organisation militaire espagnole, subit l'influence directe du droit de la guerre arabe.

De bonne heure, les Musulmans avaient rédigé les règles de la guerre. (2)

Le droit de la guerre est relativement humain. La déclaration de guerre est obligatoire ; elle se fait d'habitude en invitant l'ennemi à se convertir ou à payer tribut au calife. Les femmes, les enfants, les vieillards, les estropiés, les aliénés sont épargnés ; les parlementaires sont respectés ; il est défendu d'empoisonner les sources et les fontaines. En un point, les Arabes sont impitoyables : les prisonniers de guerre sont mis à mort ou réduits en esclavage s'ils ne se convertissent pas, et leur rançon n'est admise que pour des raisons d'utilité politique. Abou I Hosaïn, qui mourut à Bagdad en 1036, laissa un traité sur le droit de la guerre avec les infidèles ; un autre auteur composa vers la fin du XIIe siècle, dix chapitres sur les règles

---

(1) Rosseeuw-Saint-Hilaire. *Histoire d'Espagne*, t. III, p. 498.
(2) Hadrien Reland, *Institutes du droit musulman relatives à la guerre*. Traduction du latin par Ch. Solvet, 1838. — *Institutes du droit musulman sur la guerre aux infidèles*. Traduction de l'arabe en français par le même. — Holtzen dorff et Rivier, *Introduction au droit des gens*, p. 270.

14

régissant les rapports des croyants avec l'ennemi ; enfin vers 1280, Borhan el Sheriah Mahmoud el Mahboud, écrivit les *Vikayâh*.

Les Musulmans devaient faire la guerre à outrance aux apostats, aux idolâtres, aux athées ; ils devaient faire la guerre, jusqu'à leur conversion ou leur soumission au tribut, à ceux qui possédaient une loi écrite qu'ils tenaient pour révélée et dont ils faisaient leur règle de foi. Une fois au moins par année, ils devaient entreprendre une expédition contre les infidèles. C'est là que les Espagnols trouvèrent l'idée première de leurs incursions sur les terres des Maures, des *Cavalgadas*, si minutieusement réglées par Alphonse X dans les *Siete Partidas ;* c'est évidemment là aussi, que les chevaliers de l'Ordre teutonique, se souvenant de l'époque où, en Palestine, ils luttaient contre les Sarrasins, trouvèrent l'idée des *Reisen* que Paul Wladimir de Bradzewo leur reprocha en plein concile de Constance, et qu'ils entreprenaient deux fois par an, à la fête de la Purification de la Vierge, leur patronne, et à la fête de l'Assomption, pour piller et ravager les territoires des païens.

En France, l'ordonnance de Jean II de 1351 renferme simplement des indications touchant les gages des militaires. L'ordonnance de 1413 du règne de Charles VI, concernant la police générale du royaume, comprend également quelques dispositions relatives aux gens d'armes.

L'ordonnance de guerre, appelée la convention de Sempach (*Sempacherbrief*), parce que la guerre de Sempach en avait fourni l'occasion, n'est pas un règlement d'art militaire, mais un simple accord que tous les cantons suisses devaient jurer d'observer. Elle date du 10 juillet 1393. « Nul ne doit commencer une guerre, générale ou privée, était-il dit, sans que nous en ayons, les alliances en main, reconnu la nécessité. Mais lorsque, bannières déployées, nous marcherons contre nos ennemis, tous, en braves comme nos ancêtres, nous demeurerons unis, courageux et loyaux. Quiconque abandonnerait les rangs, ou transgresserait de quelque autre manière cette ordonnance, doit être arrêté par le gouvernement dont il relève, et puni dans sa personne et dans ses biens, pour l'avertissement de tous et sans

contradiction d'aucun... On défendra le champ de bataille et on harcèlera
l'ennemi jusqu'à la fin du péril. Comme il est advenu, à Sempach, que
l'ennemi s'est rallié pendant le pillage et qu'il aurait souffert bien
davantage, si nous nous étions moins pressés de courir au butin,
personne à l'avenir ne se jettera sur le butin avant que les chefs l'aient
permis. Chacun doit leur livrer tout ce qu'il trouve ; ils en feront le
partage selon la force des contingents, entre tous ceux qui auront pris
part à l'action. Puisqu'il a plu au Dieu tout puissant de déclarer les
églises ses demeures, et de faire servir une femme au salut du genre
humain, nous voulons qu'aucun des nôtres ne force, dévaste ou incendie
couvent, église ou chapelle, à moins que l'ennemi n'y soit enfermé, ni
n'attaque et blesse femme ou jeune fille ; nous exceptons le cas où
les femmes crieraient si fort qu'il pourrait en résulter préjudice pour
nos armes. (1) »

En 1468 et en 1471, paraissent d'importantes ordonnances militaires
de Charles le Téméraire et, en 1473, celui-ci date de l'abbaye
Saint-Maxime-lez-Trèves, les *Statuts et ordonnances que doivent garder
les compagnies des ordonnances d'hommes d'armes et gens de trait tant à
pied qu'à cheval.*

Dans les Pays-Bas, Charles-Quint ébaucha, en 1547, une forme
régulière pour l'administration de la justice militaire.

Dans les Provinces-Unies, l'*Articul-Brief*, règlement militaire, fut
rédigé par des jurisconsultes et des hommes du métier, et publié, en
1590, par ordre des États Généraux.

Deux lois de l'Empire, le *Reuter Bestallung* et le *Fussknecht
Bestallung,* furent faites à Spire en 1570.

« La guerre sur mer est une chose désespérée. » Ainsi s'expriment
les *Siete Partidas.* Durant les premiers siècles du moyen âge, la guerre
maritime ne fut que piraterie. Les Sarrasins, nous l'avons vu, maîtres
de la Perse, de la Syrie, de l'Égypte, n'avaient pas tardé à menacer les
populations méditerranéennes. Arabes et chrétiens se livraient aux

---

(1) L. VULLIEMIN, *Histoire de la Confédération suisse,* t. I, p. 175.

déprédations les plus grandes. L'insécurité était la même dans les mers du nord. Les hostilités, du reste, étaient conduites avec une épouvantable brutalité. Les navires étaient pillés ; l'équipage était jeté par-dessus bord, ou bien encore massacré ou pendu. Sur mer, plus de droit. Longtemps, les trèves ou les traités de paix conclus entre souverains n'empêchèrent, en aucune manière, la continuation des hostilités maritimes. En 1242, les sujets du duc de Bretagne continuèrent d'armer en course contre les Anglais, avec qui leur souverain venait de conclure une trève, et il fallut l'interposition de saint Louis pour obliger le duc à réprimer l'avidité des corsaires bretons. En 1404, très probablement durant une trève, l'héritier de la couronne d'Écosse fut capturé en mer par Henri IV ; près de dix-neuf ans durant, il fut gardé prisonnier. Les villes maritimes étaient autant de repaires d'où d'audacieux pirates s'élançaient pour capturer les navires marchands. Durant les longues guerres de l'Angleterre et de la France, à certaine époque, les pirates sont maîtres de la mer. Les côtes et les îles de l'Angleterre sont ravagées par les navires français ; d'autre part, de Douvres, de Rye, de Portsmouth, de Plymouth, des autres ports, de nombreux aventuriers mettent à la voile pour piller les côtes françaises (1). Un acte officiel décrit les forbans : « Certeins gens appelez Roveres sur la meere, qux sont Larons utlagez, fugitivez et lieux q̄ aunt forjurez et banyshez hors de diverse roialmes et autres tielx semblez et sount sostenuz et maintenuz per lour roberies et raveinez des biens et merchandises de cest roialme et autres, a grande destruction et anientisement des plusours desditz lieges. (2) »

L'insécurité des mers fit que les marins s'associèrent pour aller de conserve ; il était stipulé d'avance comment se partagerait le butin qu'on ferait, en se défendant contre les pirates et les ennemis. Ces associations ne se bornèrent pas à la défense ; on s'unit dans le dessein principal de nuire à l'ennemi et aux pirates, sans s'embarrasser de donner une forme légale aux expéditions. Ailleurs, s'étaient formées des associations protectrices. A Pise, se développa une

---

(1) Denton, *England in the fifteenth Century*, p. 86.
(2) *Rolls of Parliament*, t. IV, p. 255.

société de marchands qui forma, à un moment donné, une puissance indépendante, prêtant sa marine militaire aux princes.

Des villes maritimes s'unirent : fréquemment pareilles alliances apparaissent en Italie.

D'autres efforts furent tentés ; des trêves et des traités établirent les médiateurs, les conservateurs de la paix, dont nous avons déjà parlé. La personne lésée pouvait ainsi obtenir satisfaction, et s'il y avait déni de justice ou bien, si la personne condamnée refusait de se soumettre, les particuliers qui avaient subi le dommage recevaient de leurs souverains des lettres de représailles.

Des mesures plus efficaces furent prises ; on soumit tout armement en course à une autorisation préalable.

En 1288, on voit Alphonse III engager les villes maritimes d'Aragon à s'assurer que leurs corsaires ne pillent pas leurs concitoyens, n'attaquent pas l'ennemi en temps de trêve ou dans les ports neutres, et ramènent leurs prises au port d'armement. Le roi prévoit le cas de prises illégales, ordonne éventuellement la restitution du navire ou de la cargaison et défend aux agents de la couronne de prendre part à l'armement ou aux expéditions.

Cette surveillance conduisit directement à l'octroi de lettres de marque et, au XIVe siècle, la course est déjà si bien organisée en Aragon et en Castille que des compagnies se forment pour l'exercer ; vers la même époque, un décret de Pierre III d'Aragon exige de chaque armateur une caution et lui impose le serment d'observer les instructions sur la matière.

Une réglementation identique s'observe en Italie, où les autorités des différentes villes maritimes exercent un contrôle sur les corsaires, et leur imposent le serment et une caution pour les empêcher d'exercer des hostilités contre des marins amis.

Le Nord suit peu à peu cet exemple. On le constate déjà dans les guerres des Flamands et des Frisons, au début du XIVe siècle ; il est stipulé que tous les corsaires seront munis d'une commission et reconnaîtront l'autorité d'un amiral auquel les personnes qui se croiront lésées pourront adresser leurs plaintes.

Un siècle plus tard, l'armement en course dépend dans tous les États européens d'une autorisation que le prince ou son délégué peuvent seuls accorder (1).

Le pouvoir central lutte en même temps contre la piraterie. Une mesure législative digne d'attention est le statut de 1414, dû à Henri V d'Angleterre et déclarant que telles « tuerie, robberie, espoillerie, rumperie de trieues et saufconduitz de roy », ainsi que toute aide ou assistance prêtée aux coupables, seront des actes de « haut treson fait encountre le corone et dignité de roy ». Le statut ajoute que dorénavant, dans chaque port, le roi nommera « un loial homme appelé conservateur des trieues et saufconduitz de roy », qui recherchera les infractions aux trèves et aux saufconduits « sur le mere, hors des corps des contés et hors de la franchise de cinque ports » ; deux hommes « appriscy de léy » sont adjoints au conservateur. Il y a plus ; tous les maîtres de navire doivent prêter serment, entre les mains du conservateur, de respecter la trève et les sauf-conduits ; s'ils font des prises sur les ennemis du roi, ils sont obligés de les conduire au port devant le conservateur, à moins d'obstacle insurmontable, et cela sous peine de confiscation et d'emprisonnement.

Au XVIe siècle, les grandes expéditions maritimes provoquèrent le développement de la course dûment réglementée et celle-ci fut à son apogée au XVIIe siècle. Les guerres qui ont désolé le commencement de l'époque moderne étaient avant tout commerciales ; et quand la politique de chaque État avait en vue d'affaiblir et de détruire le négoce des autres, l'assistance d'hommes que la cupidité poussait à commettre tous les excès semblait trop précieuse pour qu'on y renonçat. La course fut l'auxiliaire des flottes royales ; elle obtint des encouragements de toute espèce ; pendant deux siècles la piraterie légale infecta les mers, et l'institution fut si bien reconnue que les puissances, dans des traités, précisèrent et définirent les droits et les obligations des corsaires.

C'est vers la fin du XVIIe siècle seulement que l'on voit des exceptions à cette politique de violence. En 1675, lors de la guerre

_____

(1) ROTTECK et WELCKER, *Staatslexicon*, vo Prise. — C. DE KALTENBORN, *Geschichte der Kaperei im Seekriege. Neue Jahrbücher für Geschichte und Politik* de PÖLITZ et BÜLAU, 1849, t. II.

entre la Suède et les Provinces-Unies, les belligérants s'engagèrent à
ne point se servir de corsaires ; mais le traité de paix, conclu en 1679,
entre les mêmes gouvernements, montre que la promesse de 1675 était
demeurée à l'état de lettre morte.

La question de la foi à garder à l'ennemi est agitée par un grand
nombre d'auteurs.

Gratien avait inséré dans le *Décret* le texte dans lequel saint
Augustin exprime son opinion : « *Fides enim quando promittitur,
etiam hosti servanda est, contra quem geritur ; quanto magis autem
amico pro quo pugnatur* (1). » « La foi promise, même à l'ennemi, doit
être gardée ; à plus forte raison, la foi promise à l'ami pour lequel on
combat. » L'enseignement du canoniste bolonais était donc clair : les
conventions faites avec l'ennemi devaient être observées religieusement.
Malheureusement, un courant tout différent se produisit.

La Papauté surtout est responsable. Les souverains pontifes
prétendant exercer la suprême autorité, en déduisaient le droit de
délier d'un serment prêté. Le Christ n'avait-il pas donné à saint Pierre
et à ses successeurs le pouvoir absolu de lier et de délier ? Clément VI
écrit à l'évêque de Verceil que les conventions conclues au préjudice
des États du Saint-Siège étaient nulles, quand même elles seraient
confirmées par serment, parce que le serment ne doit pas être le lien
de l'iniquité. Le même pape accorde aux confesseurs des rois de France
le pouvoir de les libérer de tous les serments qu'ils trouvent
incommode de garder. Jules II permet à Ferdinand le Catholique de
violer les obligations auxquelles il est tenu envers Louis XII.

Le danger était considérable. Aussi, que vit-on ? Les princes en
vinrent à déclarer d'avance nul l'exercice que le pape ferait de son
prétendu droit de délier. Un exemple : le traité de Madrid stipula que
« Charles-Quint et François Ier ne pourraient en façon quelconque
demander relaxation du serment, et si l'un la demandait ou l'obtenait,
on voulait qu'elle ne lui pût profiter sans le consentement de l'autre. »
Ces précautions furent inutiles, observe Laurent. Le premier qui

---

(1) *Decreti secunda pars,* Causa XXIII, quæstio prima, c. 3.

engagea le roi de France à ne pas tenir son serment fut le pape ; il fit mieux, il conclut une ligue avec le roi contre l'empereur (1).

Il est vrai que François Ier avait pris ses précautions. Une scène édifiante se passa, le 13 janvier 1526. Le roi, enfermé au château de Madrid, avait fait venir Jean de Selve, premier président du parlement de Paris et tous les envoyés français. Le traité dont les articles avaient été arrêtés, devait être signé le lendemain. Or, le roi déclara qu'il y avait dans le traité « des choses contre justice et contre raison » ; qu'en effet, il devait signer de sa main ; qu'il devait prêter serment, alors qu'il était prisonnier ; que l'empereur s'était réservé le droit de ne signer ni jurer aussi longtemps que François Ier n'aurait baillé des lettres de ratification, après sa libération.

Le monarque captif ordonna à Jean de Selve de prendre le serment de tous les assistants : ils devaient tenir secret et ne révéler ce qui se dirait à personne, si ce n'est à la mère du roi et à sa sœur, la duchesse d'Alençon ou à celui que cette dernière désignerait. La foi fut jurée. Jean de Selve exposa les griefs du roi de France contre Charles-Quint. et il fut décidé que le traité que François Ier devait signer, était frappé de nullité parce qu'il était obtenu « par force et contrainte, détention et longueur de prison. » « Tout ce qui est conclu, fut-il dit, sera et demeurera nul et de nul effet. Et avons délibéré de garder les droits de la couronne de France. »

Nicolas IV avait défendu aux peuples chrétiens de faire des traités avec les païens. Urbain VI enseignait formellement que les conventions faites avec des princes non chrétiens étaient illicites et nulles, de plein droit, et que les rois fidèles étaient dégagés de toute promesse, quoiqu'ils se fussent obligés par les serments les plus solennels. Paul III déclara d'avance nuls tous traités faits avec les hérétiques.

Du reste, le concile de Constance n'a-t-il pas solennellement décrété que les princes ne peuvent accorder de sauf-conduit au préjudice de la foi ou de la juridiction de l'Église ; que le juge ecclésiastique peut procéder contre les hérétiques et les punir, quoiqu'ils ne se soient présentés en justice que sous la foi des lettres royales qui

---

(1) Laurent, *Études sur l'histoire de l'humanité*, t. X, *Les nationalités*, p. 432.

leur assurent pleine sécurité ? (1) Malgré le sauf-conduit très formel
que l'empereur Sigismond lui avait donné, Jean Huss fut brûlé vif par
sentence des Pères du concile.

Parmi les auteurs, la généralité admet que la foi est due à l'ennemi.
Quelques uns cependant formulent des réserves. Balthazar de Ayala,
tout en professant la maxime « *Fides servanda hosti* », se laisse entraîner
par son hostilité envers le protestantisme et sa haine envers le prince
d'Orange. Il excepte de la maxime les rebelles et déclare que l'on
n'est pas tenu d'exécuter un engagement qui pourrait offenser Dieu ou
porter préjudice à l'Église (2).

Les ruses de guerre sont-elles autorisées ? La matière est délicate.
Juristes et théologiens trouvaient dans les sources de leurs sciences
respectives des textes qui autorisaient la ruse.

Le droit romain admettait le *dolus bonus*, la ruse employée à l'égard
de l'ennemi (3).

« La guerre, c'est la tromperie », disait Mahomet, et au nombre des
proverbes des Arabes se trouvait celui-ci : « La ruse est quelquefois
plus utile que l'appui d'une tribu. » L'auteur arabe, Ibn-Khaldoun,
dit dans ses *Prolégomènes historiques* : « Dans les guerres, la victoire
tient ordinairement à des causes morales qui influent sur l'esprit et
l'imagination ; le grand nombre de troupes, l'excellence des armes et
l'intrépidité de l'attaque suffisent quelquefois pour la remporter, mais
ces moyens sont bien moins efficaces que les impressions morales.
Aussi l'emploi des stratagèmes dans la guerre est-il ce qu'il y a de plus
avantageux ; il procure très souvent la victoire. »

Gratien a résolu affirmativement la question de la légitimité du
recours aux ruses et aux stratagèmes, en s'appuyant sur les paroles
de saint Augustin qui disait que la guerre ne cessera pas d'être juste,
si on emploie tantôt la force ouverte, tantôt la ruse, et qui invoquait

---

(1) LAURENT, Ibid., p. 433. — GIESELER, *Kirchengeschichte*, t. II, quatrième
partie, § 150, note c. ç.

(2) AYALA, *De jure et officiis bellicis et disciplina militari libri tres*, L. I, ch. VI,
nos 13 et 14.

(3) L. I, § 3, D. *De dolo malo*, 4, 3.

l'ordre donné par Dieu à Josué de tendre des embûches à ses ennemis (1).

Dans le chapitre précédent, Gratien venait de parler du juge. La glose rapprocha la revendication par action en justice de la revendication par la guerre ; elle admit que l'avocat peut recourir aux stratagèmes quand la cause est évidemment juste.

Saint Thomas d'Aquin demande : *Utrum sit licitum in bellis uti insidiis*. D'après lui, une distinction est nécessaire ; les embûches ont en vue de tromper l'ennemi ; or, l'on peut induire quelqu'un en erreur d'une double manière, d'abord en lui disant une chose fausse et en ne gardant pas une promesse faite, ensuite en ne lui faisant pas connaître ouvertement ce que l'on se propose de faire ni ce que l'on pense ; la première manière est absolument condamnée, la seconde est licite (1).

Les idées de saint Thomas d'Aquin furent admises par les auteurs et nous voyons, par exemple, Jean de Legnano copier textuellement le passage de la *Somme* que nous venons de citer. Dans le *Livre des faits d'armes et de chevalerie*, Christine de Pisan fait dire à son maître Honoré Bonet que « selonc Dieu et l'Escripture on poet vaincre son ennemy par cautelle, engien et barat sans tort d'armes puisque la guerre est jugiéé et notifiéé entre les parties. » Mais « il est certaines manières de barater, lesquelles sont reprouvées et défendues en fait d'armes comme est tous aultres cas. » Et ici sont énumérées diverses hypothèses : une trève, une entrevue convenue avec l'adversaire, etc. La conclusion est nette : « Pas de faulx barats. » *In bellis justis licitum est insidiis uti ad victoriam conseqnendam, dummodo non rumpamus fidem* », dit, de son côté, Martin de Lodi qui renvoie au Docteur angélique et au droit canonique. Arias se contente de prendre les termes mêmes de la *Somme*.

Jules Ferretti qui tire profit à sa façon de la notion du *dolus bonus*, mérite une mention spéciale. « *Et bonus est dolus ille qui habetur in hostes nec ullus dicitur ille qui habetur contra infideles, latrones et*

---

(1) *Decreti secundæ pars*, Causa XXIII, quæstio II, c. 2.
(1) Saint Thomas d'Aquin, *Summa totius theologiæ, Secunda sccundæ partis quæstio XL, art. III.*

piratas, hæreticos et similes impios diffiditos a lege. (1) » Cette belle
morale était professée dans un écrit composé en vue d'une croisade
contre les Turcs et débutant par l'éloge de Charles-Quint.

Ayala invoque à l'appui des paroles de saint Augustin quelques.
exemples tirés de l'histoire ancienne.

Gentil est plus explicite. Il sépare soigneusement les ruses de
guerre, les stratagèmes, de la perfidie et s'il admet les premiers, il
rejette ouvertement la seconde. (2)

Dans les thèses qu'il énumère sous la rubrique *De jure belli*, Scipion.
Gentil dit qu'on peut, en certains cas et de certaines façons, mentir à.
l'ennemi. Ainsi, il est permis de lui jeter un écrit dont le contenu doit
l'induire en erreur.

A ce sujet, on peut citer un fait rapporté par Grotius et qui nous
indique le sentiment de l'époque concernant les ruses de guerre. En
1597, le prince Maurice de Nassau voulut surprendre Venloo ; il
échoua et les Espagnols condamnèrent à mort quelques uns des soldats
hollandais faits prisonniers. « Le consentement des parties, dit Grotius,
avait introduit ce nouvel usage de droit pour obvier à ces sortes de
dangers. » Un passage de Commines nous montre une coutume
analogue. Suivant Commines, un usage était en vigueur en Italie et en.
Espagne d'après lequel « depuis qu'un prince a posé son siège et fait.
tirer son artillerie devant une place, si aucuns viennent pour y entrer
et la reconforter contre luy, ils sont dignes de mort par les droits de la
guerre. »

Dans les rapports avec l'ennemi la personne des envoyés doit être
respectée.

Les suspensions d'armes, les armistices et les trèves doivent être
religieusement observés. La trève, *treuga, induciæ,* se rapproche-t-elle
plus de la guerre que de la paix ? Ce point était surtout examiné par
les canonistes, depuis que, dans un passage de la *Summa aurea,*
Henri de Suse avait dit que la trève, c'est la paix. Les auteurs

---

(1) JULES FERRETI, *De jure et re navali tractatus. Tractatus universi juris,* t, XII.
f. 343.

(2) ALBÉRIC GENTIL, *De jure belli,* L. II, ch. III.

distinguaient : la trève faite pour un court laps de temps tenait plus de la guerre ; la trève faite pour un certain nombre d'années tenait plus de la paix. La solution avait son importance pratique, lors de l'expiration de la trève. C'est alors que naissait cette autre question de savoir si, la trève écoulée, il fallait une nouvelle déclaration. L'opinion commune était que non. Balde émettait des avis contradictoires, ce qui lui valut de la part de Belli un reproche d'inconstance ; « *Baldus ut est in omni quæstione inconstans.....* » Belli enseigne qu'aucune déclaration n'est nécessaire parce que « *lapsis induciis, reincidimus in illum actum qui fuit per eas suspensus.* (1) »

Notons ici que les Turcs ne concluaient pas avec les chrétiens de vraies paix, mais des trèves qui, selon l'observation d'un auteur, devaient plutôt être appelées des préparations à la guerre.

Nous avons parlé déjà des pratiques barbares usitées dans la guerre. L'emploi d'armes empoisonnées est rare, mais on en constate des cas. La mort de Richard Cœur de Lion fut occasionnée par une flèche empoisonnée ; en 1563, Ambroise de Warwick mourut d'une blessure causée par une balle empoisonnée, et Réal remarque d'après l'historien de Thou, qu'avant l'usage de l'arquebuse et dans le temps que l'arbalète était l'arme principale, c'était la coutume des Espagnols d'empoisonner leurs flèches. (2)

L'empoisonnement des puits est également cité. Dans son récit du siége de Bourges, en 1412, Monstrelet rapporte « qu'aucuns pour la grande soif qu'ils avaient tirèrent de l'eau des puits qui étaient ès faubourgs de la ville ; mais quiconque en buvait mourait soudainement tant que l'on s'aperçut de la mauvaiseté et fraude..... Les adversaires dirent depuis et affirmèrent pour vrai qu'ès dits puits ils avaient jeté une herbe..... et cela avaient fait afin qu'ils en mourussent. » (3)

Michel d'Amboise, seigneur de Chevillon, qui, dans ses livres, s'intitule l'*Esclave fortuné*, composa au XVIᵉ siècle, le *Guidon des gens de guerre*, où il traitait de l'art militaire. Il admet parfaitement que l'on

---

(1) BELLI, *De re militari et de bello tractatus*, cinquième partie, tit. III.
(2) RÉAL DE CURBAN, *La science du gouvernement*, t. V. p. 441.
(3) MONSTRELET, *Chronique*, L. I, ch. 99.

puisse « gaster, infester, intoxiquer et empoisonner les eaues des ennemys. » (1)

Albéric Gentil se croit encore obligé de réfuter l'opinion de Balde, qu'il est permis de tuer l'ennemi par le poison et d'empoisonner les eaux. Lui-même signale un cas très curieux de pratiques illicites de la guerre, qui se serait produit en Italie, dans les luttes des Espagnols et des Français. (2)

Nous avons parlé de la destruction et du sac des villes. Belli les condamne en principe et les déclare injustes. « *Non deberent urbes diripi*, dit-il, *nisi pro magno flagitio et scelere in quod omnis populus conspiraverit vel major pars* (3). » On admit cependant que toute ville emportée d'assaut pouvait être abandonnée au pillage du soldat pendant quelques heures, à la volonté du général (4). La ville pouvait se racheter. Dans les guerres du XVe siècle, les conventions de capitulation portent fréquemment que la garnison aurait la vie sauve et qu'elle s'en irait, un bâton blanc à la main, c'est-à-dire sans rien emporter, sauf des vêtements de corps et un viatique de cinq à dix écus par tête ; les femmes avaient droit à leurs robes et à leurs joyaux. (5)

Ces usages barbares affligent l'historien ; ils avaient leur justification dans les conceptions sur le caractère de la guerre qui tendaient à s'introduire dans la conscience de l'humanité. En effet, tantôt l'on considérait la déclaration de guerre comme un arrêt de mort prononcé par un prince contre tous les sujets d'un autre prince ; tantôt l'on voyait dans la guerre un véritable jugement : le vaincu était considéré comme coupable. Dans la première de ces conceptions, tout était autorisé contre l'adversaire, même la mise à prix de la tête du chef ennemi ; dans la seconde, le droit de vie et de mort était attribué au vainqueur.

Les préoccupations politiques dictaient parfois une conduite humaine. En 1450, Bordeaux ouvrit ses portes à Charles VII. La ville avait été

---

(1) MICHEL D'AMBOISE, *Le guidon des gens de guerre*, 1543.
(2) ALBÉRIC GENTIL, *De jure belli*, L. II, ch. VI.
(3) BELLI, *De re militari et de bello tractatus*, Quatrième partie, tit. VIII.
(4) RÉAL DE CURBAN, *La science du gouvernement*, t. V, p. 425.
(5) *Le Jouvencel de Jean de Bueil*. Introduction par CAMILLE FAVRE, p. CLXIV.

enrichie par les Anglais et ses bourgeois étaient partisans de l'Angleterre. Le roi la voulut ménager ; de même que pour les autres villes de Gascogne, il ne fut demandé aucune taxe : ceux qui ne voulaient pas rester Français pouvaient partir ; les marchands avaient six mois pour régler leurs affaires, les nobles transmettaient leur fief à leurs enfants. « Il n'y avait pas d'exemple de guerre si douce, si clémente » dit le bon, le grand Michelet.

Un très sérieux progrès du droit des gens moderne consiste dans la fixation des devoirs des neutres. De nos jours, ceux-ci doivent intervenir contre des actes d'hostilité tentés par l'un des belligérants contre l'autre sur le territoire neutre ; ils doivent, s'abstenir de tout acte de nature à gêner les opérations militaires de l'un des belligérants en dehors du territoire neutre ; ils doivent, enfin, être complètement impartiaux dans leurs relations avec les deux belligérants et s'abstenir de tout acte ayant le caractère d'un secours auxiliaire porté à l'un contre l'autre, peu importe qu'ils offrent à l'une des parties les secours qu'ils ont donnés à l'autre (1).

Au moyen âge, les obligations des neutres ne sont guère précisées. Néanmoins, au XVe et au XVIe siècle, certaines notions se développent. On voit des proclamations du pape défendre à ses sujets de prendre service à l'étranger ; on voit Venise, pour ne pas offenser le roi de France, défendre à tous patrons de navires de se noliser au compte de l'Espagne (2).

D'autre part cependant, on constate que les *medii in bello*, que ceux qui sont *neutrarum partium* peuvent à leur gré et sans risquer d'être entraînés dans la lutte, fournir des secours et des troupes à l'un des adversaires. On voit la même nation, tout en demeurant amie et alliée des parties en présence, avoir des mercenaires dans l'un et l'autre camp.

Moyennant un secours d'argent annuel, les princes s'engagent à tenir à la disposition d'un autre prince un nombre déterminé de troupes ; encore au XVIIIe siècle, apparaissent les traités de subsides

---

(1) HEFFTER, *Le droit international public de l'Europe*, § 146.
(2) R. DE MAULDE-LA-CLAVIÈRE, *La diplomatie au temps de Machiavel*, t. I, p. 197.

qui stipulent les sommes à payer pour le premier équipement, pour les recrues, pour la perte d'hommes et pour les frais de retour. Les capitulations conclues avec les Cantons suisses sont suffisamment connues. En dehors de ces cas, les troupes d'un pays prennent fréquemment part aux hostilités, sans que la paix soit réputée rompue entre leur pays et celui contre lequel elles font la guerre. Le fait se présente durant la révolte des Pays-Bas contre la domination espagnole ; des corps d'armée anglais assistent la jeune république des Provinces-Unies. Henri IV fait passer des régiments entiers au service de ce dernier État. Dans la guerre de Trente ans, le marquis de Hamilton, à la tête de six mille Écossais, se bat contre les troupes impériales. Dans ces diverses occurrences, l'Angleterre et la France prétendaient ne point s'immiscer dans les querelles qui se vidaient. On constate combien était faible le degré de développement de la notion de neutralité par le fait que les traités disposent très longtemps que les signataires s'abstiendront de susciter l'un à l'autre des guerres et de fournir des secours au tiers qui ferait la guerre à l'un d'eux. L'engagement de rester neutre devait être expressément pris ; dans la règle, l'intervention était licite.

Un prince puissant octroyait dans certaines circonstances des lettres de neutralité à quelque voisin faible. En 1542, François Ier accorda de semblables lettres à Cambrai. L'acte porte que « l'évêché de Cambrai, comté et pays de Cambresis sont et demeurent neutres, sans donner, ni souffrir donner directement ou indirectement aide, argent, vivres, armures, ni autres choses, port, faveur, conseil, confort ni assistance à l'une partie plus qu'à l'autre, et sans pouvoir mettre gens tenant la partie contraire au château. »

La question de savoir si le neutre peut fournir le passage sur son territoire à un corps d'armée, à un envoi d'armes, est résolue tantôt affirmativement, tantôt négativement. Rien de fixe sur ce point. Honoré Bonet enseignait que, « selon droit escript », nul ne doit porter armes ni harnais sur la terre d'un prince sans son congé, mais que cependant un prince, pour faire la guerre, a le droit de réclamer le passage et la nourriture aux puissances intermédiaires, à condition de passer pacifiquement, de payer les dépenses et même des dommages-intérêts. « Tous passages sans commettre mal, dit-il, sont octroiez de droit et de amour naturelle. »

Peu d'écrits sur la matière. Au commencement du XVIᵉ siècle, Jean Botero composa le *Discorso della neutralita*, où il expose en une dizaine de pages les avantages et les désavantages de la neutralité et l'importance de la déclaration que l'on est pour l'un des adversaires. En 1620, Jean Guillaume Neumayr de Ramsla publia un livre : *Von der Neutralitæt und Assistenz, oder Umpartheyligkeit und Partheyligkeit in Kriegzeiten.* La guerre qui avait éclaté en Bohême et qui créait aux princes allemands une situation difficile, avait amené l'auteur à composer une série de dissertations sur l'opportunité et sur les avantages respectifs de la neutralité et de l'intervention. En 1622, Besold s'occupa superficiellement du sujet, dans la *Dissertatio politico-juridica de fœderum jure, ubi simul de patrocinio et clientela ac item de neutralitate dissertatur distinctè.*

Quelques théories spéciales se développent. Elles concernent la contrebande de guerre, le blocus, le droit de visite et de recherche, le commerce des neutres. (1)

On peut, en un certain sens, ramener la contrebande de guerre aux constitutions impériales et au droit canonique. Plusieurs lois romaines défendent de vendre aux Barbares des armes et des vivres ; un capitulaire de 805 prononce des prohibitions de la même nature ; l'Église commine les peines les plus graves contre les chrétiens qui fournissent aux Sarrasins des grains, du bois, des munitions et des armes. (2)

Au Xᵉ siècle, les Vénitiens ont un trafic important avec les Sarrasins ; ils leur livrent les armes et les bois de constructions navales. Les empereurs guerriers de la dynastie basilienne, qui luttent vaillamment en Asie Mineure, en Syrie et en Crète contre la puissance

---

(1) E. Nys, *La guerre maritime. Étude de droit international*, 1881.

(2) Le mot *contrebande* vient probablement de la peine portée contre les coupables : « *Contrabannum, merces banno interdicta.* »

musulmane envahissante, se plaignent. En 971, l'empereur Jean Zimiscès envoie des ambassadeurs au doge et menace de faire mettre le feu aux navires employés à ce commerce, partout où on les rencontrerait. Le doge interdit sous peine d'une forte amende et, en cas d'insolvabilité, sous peine de mort, de vendre des armes aux Sarrasins ou de leur livrer des bois pouvant servir soit à la construction, soit à l'armement des navires. Les planches de frêne ou de peuplier de cinq pieds de long et les ustensiles en bois sont seuls exceptés. (1)

Plus tard, pendant les croisades, l'esprit de lucre amène les marchands chrétiens à fournir aux mahométans des bois de construction pour la marine, de la poix ou du goudron, des métaux, des armes. Vénitiens, Génois, Pisans travaillent à l'envi pour assister ainsi les ennemis de la Croix. Les conciles généraux fulminent. Quiconque vend aux Sarrasins du fer ou des armes, des bois de constructions navales ou des vaisseaux tout construits, quiconque entre au service des infidèles en qualité de capitaine de vaisseau ou de pilote, encourt l'excommunication et à cette peine s'ajoute la confiscation des biens et la perte de la liberté : le coupable peut être saisi par le premier venu et réduit en esclavage. (2)

Les papes lancent de solennels avertissements. Innocent III s'adresse aux Vénitiens; Grégoire X écrit aux bourgeois de Gênes et de Montpellier. Cet amour immodéré du gain qui déshonore les chrétiens est un objet de dérision pour les Musulmans !

Les villes italiennes prennent des mesures contre les actes qui lèsent la chrétienté. Des ordonnances paraissent à Gênes, à Venise, à Pise. On en voit rendre par les rois d'Aragon pour les habitants de Gênes et de Montpellier. Mais le trafic n'en continue pas moins et les Pisans s'engagent, dans leurs traités avec les souverains égyptiens, à transporter du matériel de constructions navales et des armes.

Les défenses des empereurs romains et des conciles s'adressent aux

---

(1) W. HEYD, *Histoire du commerce du Levant au moyen âge*, édition française publiée par FURCY REYNAUD, t. I, p. 113.
(2) Ibid., p. 386.

citoyens et aux fidèles. Or, dans la contrebande de guerre telle qu'elle s'est développée, le sujet de l'obligation est le neutre, et l'obligation elle-même prend naissance dans la neutralité. Les peuples qui restent spectateurs pacifiques des luttes de deux États ont le droit de continuer les relations commerciales qu'ils entretiennent avec les belligérants, mais il est une chose dont ils doivent s'abstenir, en vertu même de leur état de neutres, c'est de fournir à l'un des belligérants des objets qui puissent lui servir à nuire à l'autre.

Au XIIIᵉ siècle, il devient d'usage de lancer au début de la guerre des proclamations qui défendent, sous peine de confiscation, à tous navires d'apporter des vivres ou des munitions quelconques à l'ennemi. Semblable proclamation fut faite en 1223 par Henri III. Les ordonnances anglaises de 1315 et de 1337 défendirent aux négociants étrangers de faire le commerce avec les Écossais, à peine de perte de tous leurs priviléges. On voit même les amis d'un souverain renoncer à tout commerce avec les adversaires de celui-ci, pour la durée de la guerre ; un exemple s'en trouve dans le traité conclu, en 1370, entre les Flamands et Édouard III. Dans la suite, on constate que les États se contentent généralement de prohiber le transport de certains articles.

Des traités furent conclus qui énumérèrent et spécialisèrent les articles prohibés, au lieu de s'en tenir comme auparavant à de vagues énonciations. Ils datent du XVIIᵉ siècle. C'est ainsi que le traité de 1604, conclu entre Philippe III d'Espagne, les archiducs Albert et Isabelle et Jacques Iᵉʳ d'Angleterre, et le traité intervenu vers la même époque entre les Provinces-Unies et la Suède indiquent quelques matières dont le transport est prohibé. En 1625, au sujet de l'application d'une ordonnance relative à la contrebande de guerre, le conseil de l'amirauté de Bergues-Saint-Winoc demande des explications à l'autorité supérieure : " Vous pouvez par votre sentence à donner, répond Ambroise Spinola, comprendre entre les espèces défendues les vivres, les médicaments et le tabac et ainsi les déclarer confiscables(1). " La proclamation de Charles Iᵉʳ, en date du 4 mars 1626, lancée à la

_____

(1) Bibliothèque royale de Bruxelles, *Mss.* nᵒ 17413.

suite du traité de Southampton de 1625, va plus loin et établit même la liste des objets compris sous cette désignation. A partir de cette époque, les conventions internationales et les règlements particuliers ne cessent de donner la plus grande extension à la contrebande, quand ils ne vont pas jusqu'à prohiber tout commerce avec l'ennemi.

Au point de vue doctrinal, Gentil soutenait que le droit au négoce était équitable, mais que le droit de défendre son salut était plus équitable encore ; c'était justifier toutes les exagérations en matière de contrebande de guerre. Grotius introduisit la distinction dangereuse des objets d'usage double *(usus ancipitis)*, propres à la fois aux usages de la guerre et de la paix. Sans doute les objets d'usage exclusivement militaire peuvent être prohibés comme contrebande, mais il était dangereux, disons-le, de laisser aux belligérants le droit de décider si les objets soi-disant d'usage double peuvent ou non être prohibés.

Le transport de contrebande de guerre était diversement puni. Quelques États se bornaient à saisir les articles prohibés en payant la valeur ; d'autres confisquaient purement et simplement les objets illicites ; d'autres enfin, étendaient, dans certains cas, la confiscation au navire et à la partie innocente de la cargaison. Cette dernière pratique devint peu à peu générale. La théorie dont elle est l'application remonte aux commentateurs.

On connaît l'influence que ces maîtres illustres ont exercée sur le développement du droit en général et surtout sur le développement du droit international privé. Leur action sur les règles du droit international maritime relatives aux pénalités a été également importante et plusieurs des conclusions auxquelles ils aboutirent dans leurs travaux sur la législation romaine et sur les règlements fiscaux de leurs villes, trouvèrent de l'application au-delà de l'enceinte des républiques italiennes. Cela se comprend si l'on songe que Venise, Gênes, Pise, Florence étaient autant de centres puissants du négoce et que les écrits de Cino, de Bartole, de Balde et de leurs disciples furent longtemps des sources importantes de la science juridique. (1)

(1) PHILIPSON, *Over den volkenregtelijken regel : Schip is territoir*, p. 43.

La pratique d'intercepter les navires qui font le commerce avec les ports ennemis est aussi ancienne que la guerre maritime; toujours elle s'imposa comme une absolue nécessité. Mais telle qu'elle s'opérait, elle constituait simplement un emploi de la force et ce n'est qu'au XVIe siècle qu'elle s'affirma comme règle du droit des gens. (1)

Les ordonnances qui prohibent tout commerce des nations non belligérantes avec l'ennemi contiennent en germe la théorie du blocus. C'est ainsi qu'Édouard III d'Angleterre, en guerre avec la France, publia un édit disposant que tout vaisseau étranger qui tenterait d'entrer dans un port français serait pris et brûlé. C'était mettre par une ordonnance un royaume tout entier en état de blocus.

La théorie était trop commode pour n'être pas suivie ; malgré les protestations des villes commerçantes, surtout de la Ligue hanséatique, on l'appliqua dans presque toutes les guerres maritimes. La Suède y eut recours, en 1560, à l'occasion de sa lutte contre la Russie ; et lors, de leur révolte contre l'autorité de Philippe II, les États Généraux de Hollande déclarèrent bloqués tous les ports de Flandre encore au pouvoir des Espagnols, bien qu'ils ne fussent en aucune manière cernés. Une première ordonnance fut portée en 1584. Les édits des 4 avril et 4 août 1586, 9 août 1622 et 21 mars 1624 renouvelèrent la défense et l'édit du 26 juin 1630 posa des principes aussi nets que dangereux au sujet des conditions du blocus et des faits qui en constituent la violation.

L'édit de 1630 fut rédigé sur le conseil de la cour d'amirauté d'Amsterdam et de l'avis des plus savants jurisconsultes. Il était aussi attentatoire que possible aux droits des neutres ; non seulement il ordonnait la confiscation des navires et des cargaisons que l'on aurait déjà cherché à faire aborder, mais il suffisait qu'une pareille intention résultât des papiers du navire et même il était indifférent que celui-ci fût encore assez éloigné du port de destination pour qu'il fût possible d'admettre que le but du voyage pût être changé. L'édit disposait en outre que les navires neutres entrés dans un port bloqué sans avoir été

---

(1) H. BARGRAVE DEANE, *The law of blockade, its history, present condition and probable future.*

arrêtés étaient susceptibles de saisie pendant le retour jusqu'à leur arrivée dans un port neutre ; en quittant ce port ils pouvaient continuer leur voyage sans être inquiétés, sauf le cas où un bâtiment de guerre de la puissance bloquante n'eut cessé de les poursuivre.

Ces dispositions n'introduisaient, il est vrai, aucune innovation à la pratique suivie jusqu'alors ; mais l'édit de 1630 codifiait les usages reçus et c'est ainsi que l'on peut faire remonter jusqu'à lui la doctrine du *blocus fictif*, ou *blocus sur le papier*, ou *blocus de cabinet*, dans laquelle on partait de l'hypothèse que les ports sont cernés, tandis qu'en réalité on permettait d'interdire tout commerce en vertu d'une simple proclamation.

Le caractère fictif du blocus était éminemment dangereux ; aussi dès la deuxième moitié du XVIIe siècle, quelques traités exigèrent-ils un investissement réel. En 1693, Gröning écrivit la *Navigatio libera seu de jure quod pacatis ad belli gerentium commercia competit dissertatio, quæ jure commerciorum Arctois regnis cum Gallis, ut amica gente, liberum, flagrante inter hos, Anglos et Batavos bello, et ex jure gentium, asseritur ac defenditur.* Il critiquait avec vigueur la politique de la Grande-Bretagne et des Provinces-Unies, qui, disait-il, ont violé le droit des gens en proclamant l'interdiction générale du négoce avec la France, et il démontrait le droit des Danois et des Suédois de faire le commerce.

Si le blocus est un moyen de guerre légitime, celui qui essaie de le rompre fait un acte hostile, il identifie sa cause avec celle du belligérant dont le port est bloqué. Jusqu'où s'étend le droit des belligérants et quelle pénalité entraîne toute lésion de ce droit ? Grotius essaya de poser la règle. D'après lui, lorsque la violation du blocus a causé un dommage réel, il y a obligation pour celui qui viole le blocus de réparer le dommage causé ; en conséquence, le bloquant a le droit de s'assurer, par la saisie du vaisseau et de la cargaison, la réparation du dommage. A côté de la réparation, Grotius laisse place à une poursuite criminelle, dans le cas où la puissance bloquée fait une guerre évidemment injuste. Le système était vague. Bynkershoek le complètera : la peine est encourue par la violation du blocus,

indépendamment du dommage causé et, en présence de l'impossibilité
pour le bloquant de connaître les besoins de la place bloquée, il est
défendu d'introduire n'importe quelles marchandises.

Si le droit international admet que les croiseurs belligérants
capturent les navires de leur ennemi et empêchent qu'on ne porte à
celui-ci des marchandises de contrebande, il doit admettre, comme
une condition de l'exercice de ce droit, la visite de tous les vaisseaux
autres que ceux qui appartiennent aux marines militaires des
différents États. Aussi, le droit de visite et de recherche est fort
ancien.

Déjà le *Consulat de la mer* le mentionne et les premiers règlements
maritimes de France et d'Angleterre l'adoptent. Des traités du XVe
siècle l'admettent et en bornent l'exercice à une information verbale,
confirmée sous la foi du serment. Les instructions de Henri VIII à
l'amiral de la flotte qui met à la voile, en 1512, pour l'expédition de la
Guyenne, l'ordonnent expressément. Mais c'est surtout au XVIIe siècle
qu'il assume une forme précise et qu'il se développe. Dans le traité que
l'Angleterre conclut, en 1625, avec les Hollandais et leurs alliés, il fut
convenu que l'on prierait les autres puissances intéressées à abattre la
grandeur de l'Espagne, d'interdire tout commerce avec les Espagnols
et que si elles refusaient, on visiterait les vaisseaux de leur pays pour
savoir s'ils portaient des munitions de guerre.

Il est vrai que la visite rencontrait souvent une vive opposition.
Après la paix de Vervins, rapporte Grotius, la reine Élisabeth
continuant la guerre avec l'Espagne, pria le roi de France de permettre
qu'elle fît visiter les vaisseaux français qui allaient en Espagne pour
savoir s'ils ne portaient pas de munitions de guerre cachées. On le
refusa, ajoute-t-il, par la raison que ce serait une occasion de favoriser
le pillage et de troubler le commerce. L'exactitude du récit a été
contestée. Suivant Reddie, jamais Élisabeth n'a sollicité l'autorisation
de faire visiter les navires français. Par pure condescendance pour
Henri IV, la reine permit aux navires français de faire route pour
l'Espagne, sur l'affirmation qu'ils ne transportaient pas de munitions
de guerre. Des abus ayant été constatés, Élisabeth fit connaître à la

cour de France qu'elle ne pouvait autoriser plus longtemps cette pratique.

La visite entraîne des conséquences fort gênantes, auxquelles on a essayé de remédier en faisant voyager les neutres, sous le convoi d'un vaisseau de guerre de leur pays. L'assurance donnée par le commandant du bâtiment de guerre que tous les bâtiments marchands sont neutres et n'ont pas de contrebande à bord tient lieu de visite.

Le convoi remonte fort haut. En 1353, Édouard III prend une mesure importante : les vaisseaux pour la Gascogne se réuniront à Chalceford, près de Southampton, le jour de la nativité de la Vierge, et s'en iront sous le commandement de fonctionnaires. Dans les Pays-Bas, il est fourni des escortes aux navires marchands, et quand l'escorte n'est pas suffisante, les villes maritimes arment pour leur propre compte, au moyen du produit de certaines taxes. C'est ainsi qu'en 1551, Bruges équipe différents bâtiments de guerre destinés à accompagner la marine marchande, et que vers la même époque, la gouvernante des Pays-Bas, Marie d'Autriche, propose à la ville d'Anvers de faire payer par l'État le tiers des frais d'armement des navires de guerre destinés à convoyer les vaisseaux sortis de ce port. Les sauf-conduits demandés aux belligérants et dont le prix exorbitant était acquitté par les marchands, étaient ordinairement peu respectés.

Les paroles de Wheaton que, dans l'antiquité, tout peuple qui n'était pas un allié était considéré comme un ennemi (1), s'appliquent également à la majeure partie du moyen âge. La situation étant telle, le commerce surtout souffrait. Toutefois, le développement des relations maritimes provoqua un progrès ; il était impossible que l'on permît aux belligérants d'attaquer et de saisir les vaisseaux des nations étrangères à la guerre. Le trafic de Venise, de Gênes, de Pise, de Florence, de Marseille et de Barcelone, pour ne citer que les centres commerçants les plus importants du XIIIe et du XIVe siècle, amena la formation d'usages uniformes. Les guerres que ces villes soutinrent soit entr'elles, soit avec d'autres peuples, suscitèrent également des règles d'une

---

(1) WHEATON, *Elements of international law*, édition annotée par WILLIAM BEACH LAWRENCE, p. 696.

application générale. Les droits des belligérants à l'égard des ennemis furent fixés d'une manière précise. Les maximes protectrices des *amis*, ainsi que s'expriment les coutumes de la mer, furent formellement énoncées (1). Dans le *Consulat de la mer* se trouvent indiquées les règles admises.

Le *Consulat de la mer* n'est pas un code de lois maritimes rédigé et publié par l'autorité législative d'un ou de plusieurs États (2) ; c'est une collection de coutumes de la mer appliquées par la cour consulaire de Barcelone et on peut le considérer comme résumant les usages maritimes admis dans les différentes villes riveraines de la Méditerranée. Les consuls de la mer furent établis à Barcelone dès 1279 et le *Consulat* est ainsi très ancien ; il fut imprimé pour la première fois en 1494, date à laquelle il parut à Barcelone en langue catalane. Plus tard, on le traduisit en différentes langues ; une version italienne fut publiée à Venise, en 1539 ; une édition française, à Marseille, en 1577. L'édition italienne le fit surtout connaître au dehors de l'Espagne. (3)

Le *Consulat* a spécialement en vue d'indiquer les règles applicables à la décision des litiges privés relatifs au commerce et à la navigation ; il a cependant recueilli les maximes applicables, en temps de guerre, aux navires marchands des nations belligérantes et de celles qui ne prennent aucune part aux hostilités.

Le chapitre 231 s'occupe d'abord du cas où un navire, allant ou revenant, ou étant en course, rencontre un navire marchand.

« Si ce dernier, dit-il, appartient à des ennemis, ainsi que sa cargaison, il est inutile d'en parler parce que chacun est assez instruit pour savoir ce qu'on doit faire, et dans ce cas, il n'est pas nécessaire de donner de règle. » En effet, un chapitre précédent, le chapitre 187, énonce les règles applicables à ce cas.

---

(1) KATCHENOWSKY, *Prize law, particularly with reference to the duties and obligations of belligerents and neutrals*, p. 20.

(2) PARDESSUS, *Collection des lois maritimes antérieures au XVIII⁰ siècle*, t. II, ch. XII.

(3) Nous renvoyons, pour l'histoire du *Consulat de la mer*, aux savantes introductions dont sir TRAVERS TWISS a enrichi son édition du *Blackbook of Admiralty*.

Lorsque le navire appartient à des amis, le *Consulat* autorise la confiscation des biens ennemis qui sont à bord. Le capitaine du navire ami doit être payé pour le frêt des marchandises confisquées, comme s'il les avait conduites au port de destination.

Enfin, si les marchandises amies sont transportées par un navire ennemi, elles n'encourent pas de confiscation, mais le capteur qui a conduit le navire dans un port de sa patrie peut exiger le paiement du frêt des marchandises amies, comme s'il les avait transportées au lieu de destination. (1)

En d'autres mots, les coutumes de la cour consulaire de Barcelone sanctionnent le droit de s'emparer de la propriété ennemie et consacrent le respect de la propriété neutre. Ajoutons qu'elles ne paraissent pas avoir établi de différence entre les belligérants réguliers et les pirates. (2)

Grotius nous apprend qu'en 1438, la Hollande appliqua les principes du *Consulat de la mer* dans sa guerre contre les villes hanséatiques et nous voyons ceux-ci en vigueur en Angleterre, en France et dans le nord de l'Europe.

Dès 1221, une convention intervenue entre Pise et Arles disposait que lorsqu'un navire ami avait à bord des marchandises ennemies, celles-ci pouvaient être confisquées, mais que les ennemis sur navires amis ne pouvaient être faits prisonniers (3). Plus tard, des traités restèrent en-deçà des maximes proclamées par le *Consulat de la mer*.

Les vexations dont les neutres étaient victimes soulevèrent fréquemment des protestations. En 1434, les délégués des villes hanséatiques réunies à Lubecq délibéraient au sujet des violations faites à leurs privilèges ; en 1493, les mêmes villes se plaignirent vivement des pertes que leur infligeaient les procédés du roi de Danemark et de son allié le roi d'Écosse, alors en guerre contre le roi de Suède ; ces princes avaient interdit tout commerce avec l'ennemi.

---

(1) PARDESSUS, *Collection de lois maritimes antérieures au XVIII° siècle*, t. II, ch. XII, p. 303.

(2) REDDIE, *Researches, historical and critical, in maritime international law*, t. I, p. 56.

(3) DE BOECK, *De la propriété privée ennemie sous pavillon ennemi*, p. 23.

Malheureusement, durant sa période de splendeur, de 1373 à 1494, la puissante ligue appliqua la doctrine qu'elle condamnait chez les autres peuples et dès qu'elle était engagée dans une guerre, elle prohibait tout négoce des neutres avec ses adversaires.

Au XVIᵉ siècle, la France s'écarta systématiquement des règles du *Consulat de la mer*. Les ordonnances de François Iᵉʳ, en date de 1533 et 1543, et de Henri III, en date de 1584, assujettirent à la confiscation les marchandises d'un allié chargées sur un navire ennemi, et l'ordonnance de 1543 et celle de 1584 déclarèrent de bonne prise les vaisseaux alliés chargés de marchandises ennemies. C'était l'introduction d'une maxime nouvelle : *la robe d'ennemi confisque celle d'ami* (1).

La politique dicta cette double déviation. L'ordonnance de 1543 prétextait les fraudes nombreuses dont les alliés, les neutres, se seraient rendus coupables. En réalité, François Iᵉʳ, qui préparait contre l'Angleterre l'expédition maritime qui devait aboutir à la manifestation navale de 1545, voulait encourager la course en offrant aux armateurs une riche et abondante proie. Le naïf aveu en est même fait dans l'ordonnance.

Du reste, il n'est pas inutile de l'observer, la confiscation du navire neutre ayant à bord des marchandises ennemies se justifiait par la théorie de la *vis attractiva*, mise en honneur par quelques commentateurs et d'après laquelle les biens prohibés vicient en quelque sorte les biens licites. Dans cette doctrine, le moyen de transport subit le sort des marchandises proscrites ; il y a confiscation *in consequentiam rerum*. Bartole avait enseigné que dans le transport des marchandises prohibées, la pénalité est uniquement encourue *in consequentium delicti* (2). La théorie de la *vis attractiva* l'emporta en France, où les sévères ordonnances de François Iᵉʳ et de Henri III l'appliquèrent et où Antoine Mornac la défendit (3). Mais elle fut combattue par plusieurs écrivains et notamment par un auteur allemand, Jean Marquard, dans un ouvrage remarquable par son esprit libéral (4).

---

(1) *Roba*, marchandise, dans le *Consulat de la mer*.
(2) PHILIPSON, *Over den volkenregtelijken regel : Schip is territoir*, p. 46.
(3) MORNAC, *Opera omnia*, t. I, p. 1135 et t. III, p. 943.
(4) REDDIE, *Researches, critical and historical in international law*, t. I, p. 62.

Les règles promulguées par la France soulevèrent partout d'énergiques protestations. L'Angleterre réclama ; les villes hanséatiques se firent octroyer une situation privilégiée ; les Provinces-Unies usèrent de représailles et il faut croire qu'il ne fut pas apporté beaucoup de rigueur dans l'exécution des ordonnances, car un arrêt du parlement du roi, séant à Tours, admit, en 1592, que leurs prescriptions étaient tombées en désuétude (1). Les lettres de déclaration du 2 février 1650 revinrent à des règles plus douces. Il est vrai qu'en 1681 un nouveau revirement se produisit.

Les luttes gigantesques de la seconde moitié du XVIᵉ siècle furent surtout marquées par des empiètements sur les droits des neutres. Dans certaines guerres, on alla, comme nous l'avons constaté, jusqu'à prohiber l'exercice du plus important de ces droits, le droit de commerce.

Au siècle suivant, une opinion plus favorable prévalut. Elle fut principalement représentée et défendue par les Provinces-Unies. Celles-ci s'étaient écartées des règles du *Consulat de la mer*, mais à partir du milieu du XVIIᵉ siècle, l'intérêt même de leur commerce que menaçait l'Angleterre, depuis l'Acte de navigation, les força d'adopter une ligne de conduite différente ; elles essayèrent de faire prévaloir le principe de la liberté de la marchandise ennemie sous pavillon neutre.

Auparavant déjà, en 1604, la Sublime Porte s'était obligée envers Henri IV à laisser libre la marchandise neutre sous pavillon ennemi, ainsi que la marchandise ennemie sous pavillon neutre, et en 1612, elle avait contracté un semblable engagement envers les Provinces-Unies.

Cette obligation qui, dans l'un et l'autre cas, avait été unilatérale, fut insérée dans le traité intervenu, le 18 avril 1646, entre la France et les Provinces-Unies. Il était stipulé que durant quatre années les navires trafiquant avec la patente de l'amiral des Provinces-Unies, « seraient libres et rendraient aussi toute leur charge libre, bien qu'il eût dedans de la marchandise, même des grains et légumes appartenant

(1) MARQUARD, *Tractatus politico-juridicus de jure mercatorum et commerciorum singulari*, 1662, p. 217.

aux ennemis. Les Provinces-Unies établirent la même règle dans le traité qu'elles conclurent, en 1650, avec l'Espagne, et l'Angleterre la ratifia à diverses reprises, notamment dans les traités signés, en 1654, avec le Portugal et, en 1655, avec la France. Il est même à remarquer que tous les actes conclus entre le Portugal et l'Angleterre, depuis cette date jusqu'en 1842, consacrèrent cette maxime.

La règle commençait à être universellement reçue, quand la France revint aux traditions de François Ier et de Henri III et que l'ordonnance de 1681 déclara de bonne prise tous les navires chargés d'objets appartenant à l'ennemi et toutes les marchandises des sujets et alliés du roi, à bord de bâtiments ennemis.

L'antiquité admettait que le prisonnier de guerre était réduit en esclavage, et la loi romaine disposait que le citoyen devenu prisonnier de guerre perd dans sa patrie sa qualité de citoyen et d'homme ; elle le considérait comme ennemi. Ce principe trouva des défenseurs parmi les commentateurs. Balde semble l'admettre : « *Ab origine rationabilis creaturæ omnes homines liberi nascebant, quia in natura pari Deus non fecit unum servum alterius sed pariter omnibus liberum concessit arbitrium. Postea propter nomina possessiva, meum et tuum, bella orta sunt. Ex quibus bellis processerunt servitutes.* » (1) Et il voit si bien dans la servitude une suite de la guerre que, dans un autre passage, examinant le cas de la guerre faite par l'empereur ou par le pape, il demande si le testament d'Enzio, fils naturel de l'empereur Frédéric II, mort prisonnier des Bolonais, est valide, et répond négativement parce que : « *tales captivi sunt ad instar pecudis vel alterius rei mobilis, quia de persona fit res.* »

Si, comme nous le verrons, les faits répondaient à cette conception, la théorie était plus douce et plus humaine. La notion antique était en contradiction avec la doctrine de l'Église, puisque déjà sous Alexandre III, un décret du troisième concile de Latran avait déclaré expressément que tous les chrétiens doivent être exempts de l'esclavage et puisqu'il était admis que le baptême conférait aux Sarrasins

---

(1) BALDE, *In primam Digesti veteris partem commentaria*, ad legem IV.

prisonniers de guerre le droit de transmettre leurs biens à leurs enfants
et le droit de tester. Le respect outré de la lettre de la loi devait donc
trouver des adversaires ; aussi avant Balde avait apparu dans les écrits
juridiques, une opinion que Bartole consacra de toute l'autorité de son
nom.

Bartole reconnaît que d'après l'antique droit des gens, on devrait
admettre le droit de captivité et de postliminie, mais il proclame
hautement que parmi les chrétiens, les mœurs nouvelles et une
coutume ancienne ont fait tomber en désuétude ce double droit pour
ce qui concerne les personnes ; cette coutume, il la faut observer :
« *De jure gentium antiquis moribus introducto deberet esse jus captivitatis*
et postliminii...... Sed secundum mores moderni temporis et consuetudinis
antiquitus observatœ inter Christianos, quantum ad personas hominum
non observamus jura captivitatis et postliminii, nec venduntur, nec habentur
servi captivi ; sed quantum ad res jura ista servamus. Cui consuetudini
est standum. (1) » Il fait une réserve pour les Sarrasins.

La notion de l'Empire joue ici un certain rôle. On connaît la
constitution de l'empereur Caracalla accordant le droit de cité à tous
les sujets libres de l'Empire romain. La mesure avait surtout un but
fiscal et ne fut que transitoire. Néanmoins le texte de la compilation
de Justinien « *In orbe romano qui sunt ex constitutione imperatoris*
Antonii cives romani effecti sunt » donna naissance à une des théories
favorites des docteurs du moyen âge. Le *populus romanus* fut opposé
aux *populi extranei* dont nous avons déjà parlé. Les chrétiens formaient
le *populus romanus* et Bartole qui passe en revue les différents peuples
les ramène comme suit au peuple romain : « Il y a des peuples qui
obéissent à l'empereur non pour le tout, mais *in aliquibus*, comme les
cités de Toscane et de Lombardie ; ceux-là sont du peuple romain, car
lorsque l'empereur exerce sa juridiction en un point, il la garde pour le
tout. D'autres peuples n'obéissent en aucune façon à l'empereur, mais
ils prétendent agir ainsi en vertu d'un privilège, tels sont les Vénitiens ;
ils sont également du peuple romain, car leur liberté est concédée et

---

(1) Bartole de Sassoferrato, *Commentaria in secundam Digesti novi partem, De*
captivis et postliminio reversis et redemptis ab hostibus.

précaire. D'autres encore n'obéissent en aucune façon, mais ils détiennent les provinces qu'ils occupent, en vertu d'un contrat ; c'est le cas pour les provinces de l'Église qui furent données par Constantin, en supposant que la donation soit valable et ne puisse être révoquée. Enfin, les autres princes et rois qui nient être soumis au roi des Romains, comme les rois de France et d'Angleterre, sont du peuple romain ; ils ne cessent point d'être citoyens romains bien qu'ils se soustraient au *dominium universale* par privilège ou par prescription ou encore autrement. » « *Et secundum hoc quasi omnes gentes quæ obediunt sanctæ matri Ecclesiæ sunt de populo romano* », telle est la conclusion. (1)

Cette page de Bartole, ou d'un écrivain plus ancien peut-être, car, rappelons-le, les auteurs du moyen âge ne sont que trop souvent des plagiaires, se rencontre chez une foule d'écrivains de l'époque. Jean de Legnano la reproduit textuellement et Honoré Bonet, qui la traduit dans l'*Arbre des batailles*, se contente de rompre une lance en faveur des droits du roi de France qui, selon lui, n'est point soumis à l'empereur. « Charlemaine étant roi de France fut fait empereur de Romme, ainsi aucuns dient qu'il déclara le royaulme de France non estre en rien tenu à l'Empire. Et pour ceste cause len n'a que faire en France des lois impériales. (2) »

Quoi qu'il en soit, le subtil raisonnement une fois admis produisait des conséquences importantes. L'une de ces conséquences était l'impossibilité de justifier et de maintenir l'esclavage parmi les chrétiens ; tous étaient citoyens romains, tous étaient libres ; le prisonnier de guerre n'était plus réduit en servitude. Cette idée fut bientôt unanimement adoptée par les juristes. Une autre conséquence, plus importante en un certain sens, était que toutes les guerres entre chrétiens étaient des guerres civiles ; du coup tombait le droit de butin ; théorie ingénieuse et qu'Alciat met en honneur au XVIe siècle. (3)

Dans l'exposé de sa doctrine, Alciat était irrévérencieux pour les théologiens qu'il accusait de ne débiter que des niaiseries. Peut-être

---

(1) BARTOLE DE SASSOFERRATO, *Commentaria in secundam Digesti novi partem, De captivis et postliminio reversis et redemptis ab hostibus.*
(2) HONORÉ BONET, *L'Arbre des batailles,* quatrième partie, ch. 3.
(3) ALCIAT, *De verborum signicatione libri quatuor,* Loi 118, *Hostes hi sunt.*

est-ce là le motif qui pousse Belli à attaquer si vivement la doctrine du célèbre romaniste qu'il traite d'hérésie : « *Novam conatus est hœresim inducere* » (1).

Entre chrétiens donc point de servitude, mais la captivité jusqu'au paiement d'une rançon. Belli est de cet avis. « *Videmus sœpissime hujusmodi captivos remanere liberos, imponi tamen eis jugum redemptionis quanti possunt aut quanti convenit et interim sunt apud capientes jure pignoris.* » Il déclare cependant, ô cruauté, que « *si nolunt se redimere possunt ad hoc compelli, quod faciunt milites etiam per tormenta.* » Plus humain avait été Ange de Ubaldis enseignant qu'entre chrétiens il n'y avait pour les prisonniers ni *jus captivitatis*, ni *jus postliminii,* mais quelque chose comme la *fidelitas* ou l'*homagium* féodaux.

Une situation identique à celle des chrétiens se présente-t-elle pour les infidèles ? Non. Vis-à-vis d'eux le droit romain est en vigueur, il y a servitude pour les prisonniers de guerre ; tout ce qui se rapporte aux esclaves s'applique. Les chrétiens qui combattent avec les infidèles leur sont assimilés, mais s'ils sont faits prisonniers, ils ne peuvent être vendus qu'à des chrétiens.

Balde soutient que si Sarrasins et Barbares et toutes autres nations *exterœ* se font la guerre, il n'y a lieu ni à droit de captivité, ni à droit de postliminie. Belli qui cite l'opinion de Balde la réfute : « *Neque enim video quid obstet quominus eœ gentes cum sint liberœ, jure et ipsœ gentium utantur quod est perpetuum et perenne omnium sœculorum.* »

Près de trois siècles s'écoulent. Suarez examine le cas des apostats et des hérétiques. Pour les chrétiens, il n'admet pas qu'ils deviennent esclaves, du moins dans la règle, car dans certains cas le vainqueur peut punir de mort les vaincus coupables et partant les réduire en captivité. Le privilège introduit en faveur des chrétiens s'étend-t-il aux apostats, demande l'illustre jésuite ? Il répond que non, car, dit-il, ils nient le Christ et ne doivent point dès lors jouir du bénéfice des chrétiens. S'étend-il aux hérétiques, demande-t-il encore ? Oui, car eux du moins confessent le Christ. Covarruvias avait soutenu le

---

(1) BELLI, *De re militari et de bello tractatus*, deuxième partie, titre XVIII.

contraire ; dans la guerre faite à des sujets qui ont apostasié, il n'y a pas selon lui de droit de captivité, car il n'y a pas de véritable guerre mais bien exercice de la juridiction ordinaire. Suarez lui oppose ce qui s'est fait dans la guerre de Grenade et il invoque à cette occasion l'opinion d'Ayala disant que la guerre faite aux rebelles est des plus justes (1).

La pratique est loin de répondre à la théorie humanitaire. Longtemps le vainqueur décide absolument du sort des prisonniers ; il peut les mettre à mort sur le champ de bataille ; il peut aussi les rançonner ; il peut les vendre, il peut les condamner à de rudes travaux.

A Azincourt, Henri V fait égorger 4,000 prisonniers qui l'embarrassent ; deux cents archers en assomment 1,200 à coups de masse ; il n'échappe que les seigneurs à rançon (2). A la suite d'une bataille, les Anglais et les Portugais, craignant que leurs prisonniers ne se tournent contre eux, prennent la résolution de les tuer. « Si ordonnèrent tantôt un piteux fait, car il fut commandé que quiconque avoit un prisonnier que tantôt il l'occît et nul n'y fut excepté, ni dissimulé comme vaillant, comme puissant, comme noble, comme gentil, ni comme riche qu'il fut. Là furent barons, chevaliers et écuyers qui pris estoient, en dur parti : ni prière n'y valoit rien qu'ils ne fussent morts, lesquels étoient épars en plusieurs lieux ça et là et tous désarmés et cuidoient être sauvés, mais non furent. Donc au voir dire, ce fut grand pitié, car chacun occioit le sien, et qui occire ne le vouloit on lui occioit entre les mains, et disoient Portingalaix et Anglais qui donnoient ce conseil : Il vaut mieux occire que être occis. Si nous ne les occions, ils se délivreront, et puis nous occirons, car nul ne doit avoir fiance en son ennemi. » Et Froissart trouve pour toute réflexion ces mots : « Or, regardez la grant mésaventure, car ils occirent bien ce samedi au soir de leurs prisonniers dont ils eussent eu quatre cent mille francs, l'un parmi l'autre. (3) » A la suite de la prise de Pontoise par Charles VII, les

---

(1) SUAREZ, *Opus de triplici virtute theologica, fide, spe et charitate, in tres tractatus pro ipsarum virtutum numero distributum. De charitate, Disputatio XIII, de bello, sectio VII.*

(2) R. DE MAULDE-LA-CLAVIÈRE, *La diplomatie au temps de Machiavel,* t. I, p. 207.

(3) FROISSART, *Chroniques,* L. III, ch. 20.

Anglais prisonniers furent exposés enchaînés et ceux qui ne purent payer rançon furent jetés à la Seine (1). Nombreux sont les cas de semblables atrocités. En 1434, le comte de Ligny attaqua la garnison de Laon. Il fit près de cent prisonniers et ordonna qu'ils fussent tous mis à mort; pour accoutumer à la guerre son jeune neveu, il lui en fit tuer plusieurs de sa main. « Cet enfant, dit Monstrelet, y prenait grand plaisir. (2) »

Il est une lettre abominable de Louis XI où il se vante d'avoir ordonné aux gens d'armes la *mise au butin général* des prisonniers, « afin qu'une autre fois ils tuent tout et ne prennent plus de prisonniers », n'y ayant plus un intérêt aussi direct. (3)

La réduction des prisonniers en esclavage n'est point un fait rare.

Il arrive que les prisonniers sans importance sont soumis à des travaux. Une pétition adressée en 1370 à Édouard III permet de constater le fait. Elle demande au roi de faire préciser par une loi la situation des nombreux valets de l'armée française qui ont été faits prisonniers et transportés en Angleterre, dont on ne sait s'ils doivent être considérés comme vilains ou bien être traités comme prisonniers de guerre. (4)

Dans le *Guidon des gens de guerre*, Michel d'Amboise conseille d'employer les ennemis faits prisonniers à labourer les terres, car, dit-il, « s'ils sont gardez et contraints à exercer la culture des champs, par leurs continuels labeurs on pourra cueillir et amasser grande et innumérable quantité de fruictz, ce que assez de rois ont pratiqué, et même le mahométisé prince des Turcs. » Encore au XVIIe siècle, les traités doivent stipuler qu'en cas de guerre, les prisonniers ne seront plus conduits aux galères.

Du reste, dans les guerres médiévales, il se fait plus d'une fois que les adversaires conviennent de ne point faire merci. Avant la bataille de Verneil, qui fut si funeste à la France et aux Écossais, leurs alliés, le duc de Bedford, régent de France, envoya un héraut d'armes au

---

(1) MONSTRELET, *Chronique*, année 1441.
(2) R. DE MAULDE-LA-CLAVIÈRE, *La diplomatie au temps de Machiavel*, t. I, p. 206.
(3) Ibid., p. 206. — RÉAL DE CURBAN, *La science du gouvernement*, t. V, p. 425.
(4) BARRINGTON, *Observations on the more ancient statutes*, p. 390.

comte de Douglas, chef des Français et des Écossais, pour connaître les conditions de la lutte. Celui-ci répondit qu'il ne donnerait ni n'accepterait de quartier. Il périt comme presque tous ses hommes. (1)

D'après la doctrine moderne, le prisonnier de guerre est prisonnier de l'État. Au moyen âge, des idées diverses apparaissent. L'idée primitive est que le prisonnier est prisonnier de celui qui l'a capturé ; à ce dernier appartiennent tous les droits. Ensuite s'introduit la notion que les personnages de marque faits prisonniers deviennent la propriété du roi, sauf à celui-ci à dédommager le véritable capteur ; tandis que les prisonniers sans importance sont la chose de celui qui les prend. Enfin, apparaît l'idée du droit du roi sur tous les prisonniers ; c'est de lui que le capteur acquiert à son tour son droit.

Dans la succession de ces notions diverses, il est des progrès et des reculs.

Les auteurs admettent que d'après le droit des gens, toute personne peut être faite prisonnière, mais ils admettent également que l'équité a introduit des adoucissements.

Les enfants au-dessous de douze ans sont exempts. Le point est confirmé par le droit positif. Des règlements militaires disposent en ce sens. Il arrive aussi que par conventions spéciales les belligérants règlent la question. Vieillards, femmes, et, pour les catholiques, moines et prêtres sont également à l'abri. L'étudiant est proclamé indemne par la plupart des écrivains. L'utilité publique protège, au dire des auteurs, les marchands, les agriculteurs, les trompettes.

L'institution de la rançon s'introduit. Elle n'est pas de droit pour le capturé. Des rois refusent toute rançon pour les prisonniers qui sont en leur pouvoir : la captivité de Charles d'Orléans, pris à Azincourt, dura vingt-cinq ans. Il fut mené à Londres, mais il eut beau négocier pour sa liberté, les gouvernants anglais se montrèrent inflexibles. Il dut payer ses geôliers et le roi d'Angleterre disposait de sa garde comme il eût fait d'une charge ou d'un bénéfice. En 1440 enfin, le fils de Louis d'Orléans et de Valentine de Milan recouvrit la liberté

---

(1) FRANCISQUE MICHEL, *Les Écossais en France*, année 1423.

moyennant le versement immédiat de 80,000 écus et la garantie d'un second versement de 120,000 écus à opérer six mois après. Il s'engagea pour un an et quarante jours à ne pas porter les armes contre l'Angleterre, à négocier la paix et à se reconstituer prisonnier en cas d'insuccès. Les sommes versées devaient alors lui faire retour (1).

Dans l'expédition de Henri IV contre les Écossais, une ordonnance de 1402 défend aux Anglais de libérer leurs prisonniers aussi longtemps que la défense ne sera pas levée ; mais l'ordonnance a soin d'ajouter que les droits des capteurs ne sont nullement mis en péril. (2)

En Castille, le titre 26 de la deuxième *Partida* règle en 34 lois le partage du butin. Le roi a le droit au cinquième, au *quint du roi* ; mais outre le *quint*, le roi a comme sa part dans les dépouilles : 1° le chef ennemi avec sa femme ou ses femmes, ses fils, ses serviteurs et ses biens meubles ; 2° les villes, forteresses et palais ennemis ; 3° les navires pris sur l'ennemi. Si le prix de vente d'un prisonnier de guerre atteint 1,000 maravédis ou plus, le roi peut l'acquérir pour 100 maravédis.

Quelques-unes de ces dispositions sont empruntées au droit de la guerre arabe.

En droit militaire arabe, le butin se divise en trois catégories : les choses mobilières ; les choses immobilières ; les prisonniers, hommes, femmes, enfants.

La dépouille proprement dite, c'est-à-dire l'habit, le collier, les armes, le cheval de guerre, appartient au capteur. Le butin est partagé par l'Imam ou son lieutenant. Les frais de transport du butin et les dons extraordinaires à ceux qui se sont distingués, sont d'abord prélevés ; le reste est divisé en cinq parts, dont une pour le prince, c'est-à-dire pour les besoins publics. C'est le sort qui désigne la part du prince. Une secte musulmane prétendait même que cette cinquième part devait être divisée en cinq autres parts, auxquelles avaient notamment droit les parents pauvres du Prophète, les pupilles, les orphelins, les pauvres en général et les voyageurs éloignés de leur pays.

_____

(1) R. DE MAULDE-LA-CLAVIÈRE, *Histoire de Louis XII*, t. I, p. 4 et suivantes.
(2) RYMER, *Fœdera*, t. IV, pars prima, p. 35.

Comme nous l'avons vu, l'ordonnance militaire de Henri VIII, de 1544, renferme des dispositions relatives aux prisonniers. S'ils tombent entre les mains de ses soldats, le roi de France, le fils du roi, le duc, le fils aîné du duc, le lieutenant général, le grand connétable ou le maréchal appartiennent au roi d'Angleterre, moyennant une récompense allouée au capteur. La peine de mort est comminée contre quiconque les délivre. Pour les autres prisonniers, la rançon appartient au capteur, sauf la part qu'il doit au roi comme pour tous ses autres gains de guerre.

Longtemps avant, les contrats entre les commandants et le roi stipulent généralement que le commandant a tous les prisonniers pris par lui et ses gens, « exceptez les roys et grans capitaines de sang royal et tous les lieutenans, connestables et mareschaux, pour lesquels le roi nostre seigneur fera raisonnable agreement à celui ou ceulx qui les auront pris. (1) » A en croire Pasquier, c'était la coutume en France que « toutes fois et quantes que la rançon de guerre excédait dix mille livres, le prisonnier appartenoit au roy, moyennant paiement par luy de dix mille livres au maistre du prisonnier. » (2)

Ward, qui rapporte le passage de Pasquier, ajoute qu'il est assez curieux de constater que cette somme de 10,000 livres est précisément celle qu'Édouard III paya à Denis de Morbec pour Jean, roi de France, dont la rançon finit par produire trois millions d'écus. Le *Livre des faits d'armes et de chevalerie* corrobore ce point. « Autrefois tout le butin appartenoit au roi, y est-il dit, maintenant ce qui dépasse le prix de 10,000 francs. » (3)

Honoré Bonet prêche la douceur. « A ung prisonnier, dit-il,

---

(1)   « What think you, Coz,
Of this young Percy's pride ? the prisoners,
Which he in this adventure hath surpris'd,
To his own use he keeps ; and sends me word,
I shall have none but Mordake, earl of Fife. »

Henri Percy se conformait aux usages de la guerre ; Mordake, étant de sang royal, appartenait au roi, mais le capteur pouvait disposer des autres prisonniers. SHAKESPEARE, *King Henry the fourth*, acte I, scène I.

(2) PASQUIER, *Les recherches de la France*, L. IV, ch. 12.

(3) CHRISTINE DE PISAN, *Le livre des faits d'armes et de chevalerie*, troisième partie, ch. 15.

misericorde est due et son maistre la lui doit faire, et garder que
discourtoisie ne lui soit faicte puisqu'il est en son pouvoir. Et lui doit
donner son vivre raisonnablement selon sa faculté et lui doit faire
bonne compaignie et charitable pour l'amour de nostre Seigneur et se
quittement ne le veult laisser, qu'il lui demande finance raisonnable et
courtoise et aussi possible au prisonnier de payer selon les usaiges
d'armes et du pays dont il est, et non mie lui deshereter ne sa
femme ne ses enfans ne ses parens et amis, car droit veult qu'ils
aient de quoy vivre, après ce qu'il aura payé sa finance. Et s'il fait
aultrement il n'est pas gentil ainçois est tirant et non courtois. (1) »

A l'époque de la chevalerie, la rançon s'estimait souvent d'après le
revenu annuel du prisonnier, conformément au droit de l'annuel ou du
rachat des terres nobles (2). Mais il n'y avait point de règle fixe. C'est
ainsi que l'on voit demander pour le duc de Bourbon, pour le maréchal
Boucicault, pour d'autres, des rançons si fortes qu'ils meurent en
prison, ne pouvant les payer. En 1371, Roger de Bellefort, frère du
pape Grégoire XI, est fait prisonnier par le captal de Buch, Jean de
Greli. Le pape s'adresse au roi d'Angleterre et lui demande d'intervenir
et de tâcher d'obtenir la liberté du prisonnier moyennant rançon
raisonnable, proportionnée à ses ressources.

Encore au XVIe siècle, Blaise de Montluc rappelle qu'il comptait
prendre Marc-Antoine, jeune seigneur romain, riche de 80,000 écus de
rente et en tirer une pareille somme, dont il se proposait de donner
une des moitiés à M. de La Motte, à ses capitaines et à ses soldats et
garder l'autre pour lui-même. « Il me va en l'entendement, dit-il, que
facilement je prendrais prisonnier ce seigneur et que si je le pouvais
attraper j'étais riche à jamais, car pour le moins j'en aurais 80,000
écus de rançon qui était son revenu d'une année et n'était pas
trop. (3) »

Par d'autres exemples, on voit des officiers qui paient pour leur
rançon la moitié de leurs appointements.

---

(1) HONORÉ BONET, L'Arbre des Batailles, quatrième partie, ch. 48.
(2) LA CURNE DE SAINTE PALAYE, Mémoires de la chevalerie, t. I, p. 263.
(3) MONTLUC, Mémoires, l'an 1555.

En 1581, Thomas Styward publie *The pathwaie to martiall discipline.* Nous y voyons qu'en Angleterre, la rançon de tous ceux qui sont au-dessous du grade de capitaine est d'un mois de leurs gages. Le même usage prévaut sur le continent et, en 1550, Maurice de Saxe, au début du siège de Magdebourg, stipule avec les assiégés que le salaire mensuel du prisonnier suffira pour le racheter.

A la fin du XVIe siècle, apparaît l'usage du cartel établissant les conditions pour l'échange des prisonniers dans un délai fixe et indiquant les sommes exigées pour la rançon, quand l'échange ne peut se faire. Styward, que nous venons de citer, déclare même qu'il ne faut pas négliger de renvoyer à l'ennemi les soldats mis en liberté sur parole et qui ne peuvent payer leur rançon : l'honneur le veut.

Depuis le milieu du XVIIe siècle, l'usage est de rendre la liberté à tous les prisonniers à la fin de la guerre, sans exiger de rançon.

Nous avons dit que le vainqueur pouvait refuser la liberté à son prisonnier : Enzio, le fils naturel de Frédéric II, pour qui celui-ci avait une affection particulière et qu'il avait nommé, en 1239, légat général de l'empereur en Italie, tomba entre les mains des Bolonais. Ceux-ci refusèrent de lui donner la liberté ; ils le traitèrent avec égards et le gardèrent jusqu'à sa mort, c'est-à-dire pendant vingt-trois ans. La commune fit alors faire de magnifiques funérailles et élever un splendide monument. Nous avons vu combien longue fut la captivité du duc d'Orléans. Froissart nous montre le captal de Buch amené à Paris et « mis en la Tour du Temple et là bien gardé ». A diverses reprises, le roi d'Angleterre offrit d'autres prisonniers en échange, mais « le roi de France n'en voulait rien faire, car il sentait le captal de Buch trop durement un bon capitaine de gens d'armes et un grand guerrier. (1) » Le captif mourut au bout de cinq années d'étroite garde.

A côté de ces faits attristants, il en est d'autres qui déposent en faveur de la chevalerie. Plus d'une page des chroniques du moyen âge nous fait voir une parfaite courtoisie et des sentiments de réelle

_____
(1) FROISSART, *Chroniques*, L. I, deuxième partie, ch. 388.

humanité. Froissart raconte l'histoire du jeune comte de Saint Pol qui, fait prisonnier et « donné » à Édouard III, fut « reçu sur sa foi de aller et venir parmi le châtel de Windesor où en ce temps se tenait la mère du roi Richard et sa fille, madame Mahault, la plus belle dame d'Angleterre. » « Le comte de Saint-Pol et cette dame, dit le chroniqueur, s'entraimèrent loyaument et enamourèrent l'un l'autre, et étaient ensemble à la fois en dances et en carolles et en esbatemens, tant que on s'en aperçut; et s'en découvrit la dame qui aimait le comte de Saint-Pol ardemment, à madame sa mère. Si fut adoncques traité un mariage entre le comte de Saint-Pol et madame Mahault de Holand et fut mis le comte à finance à six vingt mille francs, desquels quand il aurait épousé la dame, on lui rabattrait soixante mille. (1) »

Un usage particulier s'introduisit au moyen âge ; quand au milieu d'une bataille, l'on pouvait craindre que le prisonnier fût délivré par ses compagnons d'armes, on lui faisait contracter l'engagement que *recous ou non recous* il demeurerait prisonnier du capteur. (2)

Un autre usage était celui de la liberté sur parole, ou moyennant dation d'otage, ou à la suite d'engagements contractés. Le prisonnier qui a recouvré la liberté dans ces conditions est-il véritablement libre? Les auteurs discutent la question. Balde admet que le prisonnier se considère comme libéré, si l'exécution de la promesse ou de la convention doit entraîner un péril sérieux, « *quia etiam per dolum licet vitæ consulere* ». Paris del Pozzo enseigne que le prince ne peut relever de la promesse de retourner en prison : « *Ex ipso jure gentium et belli convenit ut jura belli serventur et princeps qui bellum suscepit obligat tam se quam suos.* » Belli énonce des idées tout opposées. Selon lui, les promesses faites au préjudice de l'État n'obligent pas. Il cite un exemple. Lors de la prise de Carignan par les Français, ceux-ci exigèrent de Colonna et des soldats allemands et espagnols, qui s'étaient rendus, la promesse de ne pas servir l'empereur pendant toute la durée de la guerre. « Ce serment est nul, dit Belli, car la dette

---

(1) FROISSART, *Chroniques*, L. II, ch. 46.
(2) WARD, *Enquiry into the foundation and history of the law of nations in Europe*, t. II, p. 213.

de fidélité envers le souverain prime tout autre engagement. » (1) Albéric Gentil énonce une doctrine identique : « *Sed ille mihi certus est casus si promissum quid est contra publicum aut militare jus, ut non sit servanda promissio.* (2) » Plus tard, la parole donnée est considérée gënéralement comme n'ayant point *vis juramenti.* Celui qui ne tient pas l'engagement est *perfidus*, non *perjurus.*

Dans les siècles de chevalerie, la parole ainsi donnée est généralement observée. Froissart fait connaître la conduite observée par le duc de Gueldre, qui, fait prisonnier et ensuite délivré par les chevaliers teutoniques, s'en alla néanmoins se remettre en la puissance de l'écuyer qui l'avait capturé et envers lequel il avait « fiancé prison par foi, obligation et serment ». (3)

Le même écrivain nous a transmis un cas de violation de promesse qui mérite d'être signalé. Les fameuses compagnies qui désolèrent si longtemps la France et le Midi de l'Europe, avaient mis des chevaliers en liberté sous promesse de payer rançon. Le pape Urbain V, « qui tant hayoit ces manières de gens que plus ne pouvoit et les avoit dès grand temps excommuniés pour leurs vilains faits », défendit de payer les rançons et accorda dispense. (4)

C'était un usage fréquent de donner des otages en garantie d'une convention. Celui qui donne des otages engage-t-il leur vie ou uniquement leur liberté ? En d'autres mots, si la convention n'est pas exécutée, l'otage peut-il être mis à mort ? Dans le fait, fréquemment, l'otage payait de son existence la violation de la convention. En théorie, l'opinion la plus générale était que la liberté de l'otage était seule engagée.

L'otage décédé doit être remplacé. « *De obsidibus vero hœc lex data est ut si unus mortuus fuerit, alter in ejus locum subrogetur.* »

L'otage devient-il esclave ? La question est posée par quelques commentateurs. Ange de Ubaldis distingue : « Ou bien l'otage est

---

(1) BELLI, *De re militari et de jure belli tractatus*, quatrième partie, tit. VIII.
(2) ALBÉRIC GENTIL, *De jure belli*, L. II, ch. XI.
(3) FROISSART, *Chroniques*, L. III, ch. 133.
(4) Ibid., L. I, première partie, ch. 210.

fourni par de véritables ennemis comme le sont les Turcs, et alors il devient esclave, ou bien, il est fourni entre gens qui ne sont qu'improprement ennemis, comme entre chrétiens, et alors il ne devient pas esclave. » (1)

Entre chrétiens, les otages sont assimulés aux prisonniers.

La plupart des auteurs examinent le point de savoir si le chef ennemi, fait prisonnier, peut être mis à mort. Le sort de Conradin est généralement rappelé. On sait comment le dernier représentant de la race héroïque des Hohenstaufen tomba, avec quelques uns de ses compagnons d'armes, au pouvoir de Charles d'Anjou, à qui le pape avait donné l'investiture du royaume de la Pouille et de Sicile. Charles souhaitait leur mort, dit un historien, mais pour ne pas se charger de de la haine de leur supplice, il voulut y observer des formalités. Il manda à Naples deux syndics de chaque ville de la terre de Labour et de la principauté de la Pouille et il les consulta pour savoir ce que le droit de la guerre permettait à l'égard des captifs. Les avis furent partagés, mais le plus grand nombre cherchant à faire sa cour au roi, décida que Conradin et ses complices étaient criminels de lèse-majesté, ennemis de l'Église, perturbateurs du repos public. (2)

La vérité est que les formalités ne furent point observées. Aux yeux du pape et des Guelfes, Conradin et ses partisans étaient des ennemis publics ; ils étaient hors la loi. En 1248, le pape n'avait-il pas déclaré que jamais il ne ferait la paix avec Frédéric II ou avec sa race de vipères. « *Viperia ejus progenies.* » ? Aussi était-il dit dans la sentence lue sur le lieu du supplice de Conradin, par le protonotaire Robert de Bari qu'on le condamnait *tanquam invasorem et alterius juris praedonem.* On rapporte, — mais ce point n'est pas éclairci — que Charles avait demandé l'avis de Clément IV et que le pontife, ennemi mortel de Conradin, avait répondu par ces paroles effrayantes dans leur concision : « *Vita Conradini, mors Caroli. Mors Conradini, vita Caroli.* (3) »

---

(1) BELLI, *De re militari et de bello tractatus.* onzième partie.
(2) BURIGNY, *Histoire générale de Sicile*, t. II, p. 173.
(3) GIANNONE, *Histoire civile du royaume de Naples*, t. II, 702.

L'exécution eut lieu, mais une protestation se fit entendre. Un jurisconsulte illustre, Guido de Suzzara, consulté par Charles d'Anjou, soutint que l'on ne pouvait mettre à mort Conradin parce qu'il ne lui manquait pas des motifs fondés, pour chercher à récupérer le royaume de Sicile et de la Pouille, conquis avec tant de succès par ses ancêtres sur les Sarrasins et sur les Grecs, et qu'il n'avait point commis de délit qui dût l'en faire priver. On alléguait que l'armée de Conradin avait saccagé les églises et les monastères. Mais on ne pouvait établir que c'était par ordre de Conradin. Puis, l'armée de Charles n'avait-elle pas fait pis et autant ?

Honoré Bonet examine la question en général. « Maintenant je demande se par aucune aventure le duc de la bataille est prins par son ennemy, se selon bonne raison et selon justice celui qui l'a prins lui doit pardonner. Et je prouve premièrement que non, car raison naturelle nous enseigne comment une chose contraire à une aultre occira à son pouvoir celle qui est contraire, si comme au feu jamais ne pardonneroit l'eaue, ne le chault au froid, ne le loup au chien, ne le chat à la souris, ne le renart aux poullastres, ne l'espervier à la quaille. Et puisque ains le veut nature pour quelle raison l'homme qui est plus raisonnable ne fera il vengeance de celui qui lui est contraire et mortel ennemi. Encore plus fort, selon la loi civile. Celui qui est prins en bataille est serf ou esclave de celui qui le prent. Pourquoy dont n'en fera-t-il à sa volonté. Mais le decret est encontre ceste raison, car il dist que depuis que ung homme est en prison, misericorde lui est deue. Comment dont puisque droit le veult, le pourroit occir celui qui l'a prins, sans lui faire tort. Encore plus fort, car ung aultre decret dist que depuis que ung homme a prins et vaincu un aultre il est tenu de lui pardonner toute iniquité. Et dont s'il en est tenu par quelle raison le doit-il occir. Or en ceste question il m'est advis que celui qui en bataille a emprisonné son ennemy et en especial le duc ou le mareschal de la bataille, vraiment selon Dieu et selon theologie et droit de decrets, il doit avoir merchy de lui, senon que par sa delivrance l'on doubtait de avoir plus grand guerres. Et ainsi le prouve le decret dessusdit. Et tout par ceste raison le bon roy de Naples fist par sentence morir Conradus, car il lui fist trenchier le chief parce que ceux du conseil disoient que s'il eschappoit la guerre ne seroit mie encore finie ne la paix ne seroit jamais au royaulme tant que celui Conradus vivroit. Toutefois selon droit de loix puisque ung homme est prins celui qui le prent en peut faire à sa volonté selon les loix dessusdites. » (1)

Martin Garat et Belli citent le supplice de Conradin sans le commenter autrement.

Albéric Gentil décide qu'il n'est pas conforme au droit de mettre à mort le chef ennemi à moins de raisons spéciales. « *Et dicimus non esse justum ut duces justorum hostium capti interficiantur : nisi causæ speciales cædem probent* ». Il invoque plusieurs exemples de générosité rapportés par l'histoire et ajoute : « *Probare nec perpetuos carceres possumus, si victor potest firmitati partæ victoriæ consulere aliter. Hic enim finis est victoriæ, ea posse frui. Et intelligentur carceres perpetui si dimittendus quis non sit nisi per intolerabile pretium aut aliter iniquas conditiones* ». La raison d'État dont les compatriotes de Gentil s'étaient constitués les défenseurs éloquents et habiles domine donc, d'après celui-ci, toute la matière. Dans le sort réservé à Conradin, il critique la forme plus que le fond ; ce qu'il désapprouve c'est que prisonnier de guerre, le jeune roi ait été traité comme un criminel ; quant au fait même, il le justifie par des considérations politiques : « *Nec videri dubium potuit quin victurus fuisset intutissimus Carolus, si Conradinus vixisset. Sunt enim Neapolitani semper Italorum omnium maxime cupidi rerum novarum et mutationum appetentissimi, ut prudentes historici contestantur* (2) ». Il convient de se rappeler qu'une autre cause célèbre venait d'être jugée très peu auparavant, en Angleterre même où Gentil écrivait ces lignes. Marie Stuart avait été condamnée à mort, et dans le cours du procès, le cas de Conradin avait été invoqué par les ennemis de la malheureuse reine pour justifier une sentence capitale.

La théorie du butin a perdu de son importance. De nos jours, dans la guerre sur terre, le butin est considéré comme un mode régulier

---

(1) HONORÉ BONET, *L'Arbre des batailles*, quatrième partie, ch. XIII.
(2) ALBÉRIC GENTIL, *De jure belli*, L. III, ch. VIII, *De ducibus hostium captis.*

d'acquisition. On y comprend les choses mobilières et corporelles enlevées soit à l'armée ennemie, soit à quelques personnes qui en font partie, soit par exception à des individus étrangers à l'armée. Dans la guerre sur mer, on y comprend les navires armés des puissances belligérantes et les navires privés des sujets [1]. On peut même affirmer que le temps est proche où la propriété privée ennemie sera respectée sur mer comme elle est respectée sur terre. Autrement larges étaient la notion antique et la notion médiévale du butin ; au fur et à mesure que progressait la civilisation, plus restreinte fut la liste des objets qui pouvaient être capturés.

Primitivement, les Romains considéraient les étrangers comme étant sans droit ; mais leur droit de la guerre se développa de bonne heure grâce à leur esprit juridique, grâce aussi à leur génie politique. Bluntschli le fait fort bien ressortir. D'une part, leur esprit juridique les rendit plus aptes à imprimer à leur droit une forme nette et précise ; la guerre fut précédée de formalités. D'autre part, leur génie politique les amena à modifier les vieux usages barbares de la guerre qui étaient incompatibles avec la réalisation de leur plan, puisqu'ils aspiraient à régner sur des contrées peuplées et riches, non sur des ruines et des déserts [2].

L'ancien droit n'était pas abandonné en principe. La formule de la *dédition* le fait connaître : L'État vaincu qui n'obtenait pas des conditions plus favorables, devait promettre de « se livrer lui-même, sa ville, ses champs, ses eaux, ses frontières, ses temples, ses richesses mobilières, tout ce qu'il possédait de choses divines et humaines, au pouvoir du peuple romain [3] ». Mais dans la pratique ce système n'était appliqué qu'exceptionnellement ; la masse de la population ne perdait que l'indépendance politique.

D'après la rigueur du droit, la propriété foncière passait à l'État romain, mais celui-ci rendait aux anciens propriétaires la possession

(1) HEFFTER, *Le droit public international de l'Europe*, § 135 et § 137.
(2) BLUNTSCHLI, *Du droit de butin en général et spécialement du droit de prise maritime. Revue de droit international et de législation comparée*, t. IX, p. 517.
(3) TITE-LIVE, *Histoire romaine*, L. I, ch. 38.

et la jouissance sinon du tout, au moins d'une partie. La propriété mobilière était laissée aux habitants. En règle générale, il n'était permis qu'aux troupes romaines de s'emparer des personnes ennemies ou des objets en leur possession. Bien plus, le butin devait être remis à l'État ; ou bien on le vendait publiquement et on partageait le produit ; ou bien il était en partie attribué au trésor public, en partie distribué entre les chefs et les soldats.

L'idée de butin, de *prœda*, prit ainsi une signification étroite ; elle comprit les personnes ennemies et les objets mobiliers réellement enlevés par les soldats et remis à l'État, qui en abandonnait une forte part aux soldats (1). Il est vrai qu'à côté du butin régulier il y avait l'éventualité du pillage, de la *disreptio*, que les généraux pouvaient permettre et qui profitait uniquement aux troupes.

Lors de l'établissement en Gaule des royaumes barbares des Burgondes et des Visigoths, les terres furent partagées. Le fisc impérial possédait de grands domaines qui, par le fait même de la conquête, passèrent aux rois barbares et que ceux-ci distribuaient. La dépossession, d'autre part, fut acceptée sans trop de regrets, parce que les établissements des Barbares mettaient fin à l'effrayante fiscalité romaine. Au surplus, les règles observées par les Romains pour le logement des troupes chez l'habitant furent partiellement suivies ; la différence fut que le cantonnement des Barbares eut un caractère définitif. (2)

Plus tard, on constate que le butin se limite aux biens mobiliers. Il y a des tempéraments : les objets sacrés, les églises, les établissements pieux sont protégés.

Comme théories, on voit apparaître l'idée que les objets pris sont au capteur ; puis l'idée qu'ils sont aux soldats, mais qu'ils doivent être exhibés au chef, qui les distribue d'après le mérite de chacun ; enfin, l'idée qu'ils sont au prince qui, s'il le veut bien, les partage entre les soldats.

L'auteur du *Jouvencel* nous apprend qu'au XVe siècle, dans les

---

(1) BLUNTSCHLI, *Du droit de butin en général et spécialement du droit de prise maritime. Revue de droit international et de législation comparée*, t. IX, p. 521.

(2) ESMEIN, *Cours élémentaire d'histoire du droit français*, p. 50.

guerres contre les Anglais, dans chaque expédition, l'on convenait si l'on serait « à butin », ou « à bonne usance », ou « au prix d'une esguillette ». Dans le premier cas, le butin et la rançon étaient partagés entre tous les gens d'armes, probablement avec certaines inégalités de répartition en faveur de ceux qui avaient pris quelque chose ; dans le second cas, chacun gardait pour soi ce qu'il avait pris ; dans le troisième cas, le butin était partagé avec la plus grande exactitude entre tous ceux qui avaient pris part à l'expédition. (1)

Les machines de guerre, les provisions, les munitions sont au prince.

Au moyen âge, la question du butin a une extrême importance : la guerre doit être lucrative, la guerre doit nourrir ; elle enrichit par le butin et par les rançons celui qui la faisait avec le plus de valeur, de vigilance et d'activité. Un chroniqueur anglais, Holinshed, rapporte que sous Richard II on ne put se résoudre à l'idée de faire la paix, parce qu'autrefois les expéditions sur le continent avaient été une source de bénéfices. (2)

A l'époque de la chevalerie, l'or, l'argent, les chevaux, les palefrois et les mulets se partagent entre les chevaliers, et on note fréquemment, dans les romans de chevalerie, que les chevaliers ne prennent ni vaches, ni brebis, qui sont abandonnées à la valetaille.

Nous avons déjà noté les dispositions des *Siete Partidas*. Elles admettent une pratique qui mérite d'être signalée : l'*encha* ou dédommagement. Tout soldat a le droit d'être dédommagé sur le butin pris à l'ennemi, des souffrances corporelles qu'il a endurées et des pertes matérielles qu'il a subies. Les blessures sont tarifées de 5 à 100 maravédis. Si le soldat meurt à la guerre, l'*encha* est de 75 ou 150 maravédis, suivant qu'il s'agit d'un fantassin ou d'un cavalier ; cette

---

(1) JEAN DE BUEIL, *Le Jouvencel*, Introduction par CAMILLE FAVRE, texte établi et annoté par LÉON LECESTRE, t. I, p. 65, note.

(2) « Nam, lit-on dans WALSINGHAM, sous l'année 1348, nullius nominis erat femina quæ non aliquid de manubiis Cadomi, Calesiæ et aliarum urbium transmarinarum, vestes, furruras, culcitras et utensilia, possidebat, mappæ mensales et monilia, cyphi murrei et argentei, lintea et lintheamina, sparsim per Angliam in singulorum domibus visebantur. »

somme est employée à exécuter les dispositions que le défunt a pu prendre pour le repos de son âme ; s'il n'y a pas de testament, le tiers de la compensation est consacré à des œuvres pies, tandis que le reste retourne aux héritiers. Avant que l'armée ne se mette en marche, il est procédé à une estimation des bêtes, des armes et des objets que le soldat emporte. Dans la règle, cette estimation sert de base à l'évaluation des compensations dues pour les pertes qui surviennent.

Les droits respectifs du souverain et de ses soldats furent fréquemment fixés. D'après l'usage anglais, le roi avait droit au tiers des gains de guerre de chaque commandant et au tiers du tiers que les hommes sous les ordres du commandant étaient généralement obligés de remettre à celui-ci. La moitié même des gains de guerre était due au capitaine lorsqu'il fournissait le matériel de guerre. Des clauses rédigées en ce sens figurent dans les contrats par lesquels les capitaines s'engagent à fournir un certain nombre de soldats.

Les règlements militaires des différents pays exercèrent sur la limitation du droit de butin d'excellents effets. Défense fut faite aux soldats de sortir en quête de butin sans autorisation préalable ou de butiner avant l'issue de la bataille. En ce sens disposent le règlement de guerre des fédérés suisses de 1393, le *Reuterbestallung* et le *Fussknechtbestallung* de l'Empire de 1570.

L'*Articul Brief* des Provinces-Unies de 1590 ordonne, en son article 63, à ceux qui ont du butin, de le faire connaître au commandant dans les trois jours, à peine de confiscation et de peines corporelles. Tout le butin doit être vendu et distribué aux hommes d'armes, proportionnellement à leur solde. Il est vrai qu'en 1671, le commentateur de l'*Articul Brief*, Pappus van Tratsberg écrit que cet article est un de ces points « que l'on n'observe plus ».

Innocent IV, enseigne que les choses mobilières acquises dans la guerre juste, deviennent la propriété du capteur, bien que, dit-il, quelques-uns soutiennent que ces choses deviennent la propriété du chef, lequel les partage entre ses hommes selon leur mérite. Albéric de Rosate examine également la question du butin. Il insiste sur ce point que, dans la guerre juste, il est nécessaire de présenter les objets pris au prince, qui en fait la distribution ; il rappelle que cet usage prévaut de son temps, bien que, dit-il, les guerres soient généralement injustes. « *Et talem contributionem vocant butinum,* » ajoute-t-il. (1)

Bartole enseigne la même théorie. « *Etiam mobilia debent publicari ; efficiuntur capientis : tamen tenetur ea assignare duci belli qui postea distribuit inter milites secundum merita..... Victo prœlio, res omnes assignantur et vocantur* el botino, *et postea venduntur et distribuuntur.*»

Balde et Jean de Legnano sont de l'avis d'Albéric de Rosate et de Bartole. Un autre auteur, Barthélemy de Saliceto, établissait une une distinction : le butin acquis sans combat appartenait, selon lui, au capteur : le butin acquis à la suite d'une bataille devait être divisé.

La question des biens, « qui sont gaigniez en fait de guerre » est délicate, au jugement d'Honoré Bonet. « Les droits — c'est-à-dire les dispositions légales — en sont troubles et non mie bien clers, mais en parlent doubteusement. Car selon une loy, il est advis que les biens meubles que ung homme peut gaingner doivent être siens, mais une aultre loy dist que se ung homme peut avoir des biens meubles en la guerre il les doit délivrer au duc de la bataille. Et quant à moy je dy que les choses que ung homme peut conquester sur ses ennemis sont à luy se nous avons consideration que paravant elles estoient à ses ennemis, car ils en ont perdu la seigneurie sur elle, mais ils ne sont mie par telle fourme à ceulx qui les ont gaingnées qu'ils ne soient tenus de les baillier au duc de la bataille et le duc les doit departir à ses gens, chascun selon la vaillance de son corps. » (2)

En un autre passage, Bonet enseigne que le « souldoier », l'homme aux gages, ne peut faire de butin par lui-même, parce qu'il n'y a pas de raison « qu'il gagne terre aux frais du roi, puisque ce qu'il fait il le fait comme procureur au nom du roi ou du seigneur qui lui paie ses gouges. (3)

Au XVIᵉ siècle, Arias dit en termes exprès : « *Bona efficiuntur capientium si sunt mobilia quia alia publicantur...... Licet ad commune*

---

(1) ALBÉRIC DE ROSATE, *Super prima parte Digesti veteris, De Statu hominum.*
(2) HONORÉ BONET, *L'Arbre des batailles,* quatrième partie, ch. 44.
(3) Ibid. ch. 14.

poni et assignari debeant capitaneo ut tribuat cuique secundum merita. »

Josse de Damhoudere, écrivant en 1570, déclare que la coutume est d'abandonner le butin aux soldats (1). Ayala s'attache à la doctrine des commentateurs et invoque l'exemple de l'Espagne. Albéric Gentil soutient que le droit de la guerre permet au vainqueur de s'emparer de la propriété immobilière des sujets ennemis, mais il recommande la pratique plus douce de leur imposer des tributs et des impôts. Il admet que le vainqueur s'empare des objets d'art, mais là il recommande d'éviter l'excès.

Les œuvres d'art, les trésors littéraires ne peuvent plus de nos jours être emportés comme butin. En 1813, un juge anglais, sir Alexandre Croke, de la cour de la vice-amirauté de Halifax, le proclamait : « Les arts et les sciences sont considérés non comme le bien particulier de telle ou telle nation, mais comme la propriété du genre humain tout entier et comme appartenant aux intérêts communs de toute l'espèce. »

Autrefois, le vainqueur s'appropriait ces œuvres et ces trésors. Un exemple fameux se présenta en 1622. Dans les premières années de la guerre de Trente ans, Ferdinand II mit au ban de l'empire plusieurs princes protestants, membres de l'Union Évangélique fondée en 1608, à laquelle s'était opposée en 1609 la Sainte Ligue. Parmi ces princes se trouvait Frédéric V, l'électeur palatin, le *roi d'hiver,* qui avait pendant quelques mois porté la couronne de Bohême. Frédéric V fut attaqué dans son électorat. Tilly, lieutenant-général du duc de Bavière et de la Sainte Ligue, s'empara de Heidelberg, qui fut mis à sac. C'était le 15 septembre 1622.

La bibliothèque des électeurs palatins était célèbre. La cour romaine la convoitait. Grégoire XV avait chargé son nonce d'amener Maximilien de Bavière, qui était l'âme de la Sainte Ligue, à en faire don au Saint-Siége, si elle tombait en son pouvoir, et dans les instructions que, le 8 décembre 1621, l'empereur avait données à Spinola, qui opérait dans le Palatinat, il était recommandé de veiller éventuellement à la conservation du riche dépôt, en attendant des ordres nouveaux.

(1) Josse de Damhoudere, *Praxis rerum criminalium,* ch. 82, nº 10.

17

Maximilien fit don de la bibliothèque au pape ; dès le 15 octobre 1622, celui-ci remercie le donataire ; dès le 25 novembre, le savant Léon Allacci arrive à Munich, avec la mission de prendre livraison des précieux ouvrages. Le 15 février 1623, l'agent pontifical quittait Heidelberg avec cinquante chariots chargés de manuscrits ; il avait une escorte de soixante mousquetaires. Plus de quatre cents manuscrits grecs, plus de dix-neuf cents manuscrits latins, plus de huit cents manuscrits allemands constituaient cette bibliothèque palatine qui fut placée au Vatican. (1)

Au siècle suivant, dans les capitulations des villes, il est généralement stipulé que les chartes, les titres et les documents publics ne seront point emportés par le vainqueur. A ce sujet, un fait vaut la peine d'être rapporté. Le 12 mars 1678, l'armée française sous le commandement de Louis XIV en personne entra dans Gand. La capitulation, accordée trois jours auparavant et signée de la main du roi, portait notamment que « les chartes, titres, comptes et enseignements concernant la ville, domaine du roi, conseil, états et pays de Flandre demeureraient en leurs archives et ne seraient pas transportés ailleurs hors ladite ville de Gand. »

Depuis 1594, la trésorerie des chartes de Flandre était gardée en la citadelle de cette ville et dans cette trésorerie reposaient les titres relatifs au comté de Flandre, les pactes de famille des souverains, les négociations et les traités avec les puissances étrangères. Colbert était un amateur passionné de manuscrits ; averti de la haute valeur des documents conservés à Gand, il tenta de profiter de l'occasion qui se présentait. Le texte de la capitulation était formel ; il le reconnaissait. Il écrivait à Denys Godefroy que « le roi ne pouvait pas faire emporter publiquement les titres gardés en la citadelle de Gand, parce que la capitulation de la ville y répugnait, mais qu'on pouvait en faire sortir adroitement le plus grand nombre qu'il serait possible. »

Le président du conseil de Flandre, Louis Errembault, seigneur de Dudzeele, avait été établi trésorier et garde des chartes de Flandre ; il permit qu'on enlevât les documents qui étaient convoités par le

---

(1) C. Bæhr, *Zur Geschichte der Wegführung der Heidelberger Bibliothek nach Rom. Heidelberger Jahrbücher der Literatur*, 1869, p. 1 et 1872, p. 481.

ministre. Denys Godefroy, alors garde des archives de l'ancienne chambre des comptes de Flandre à Lille, fit le triage, mit les actes en ordre et les expédia à Colbert, en trois envois successifs : ils remplissaient plusieurs caisses.

Le traité de Nimègue de la même année 1678 disposa que « tous les papiers, lettres et documents concernant les pays qui seraient cédés et restitués aux deux rois, seraient délivrés de bonne foi, de part et d'autre, dans les trois mois après que les ratifications du traité auraient été échangées, en quelques lieux que ces papiers et documents se pussent trouver, même ceux qui avaient été enlevés de la citadelle de Gand. » Le traité de Ryswick de 1697 reproduisit cette clause. Jamais elle ne fut exécutée. (1)

Dans certains pays, l'attribution du butin et la décision des contestations que cette attribution pourrait faire surgir, rentraient dans la compétence d'une juridiction spéciale. Cela se faisait pour le butin fait sur terre. Le butin fait sur mer rentrait dans la compétence de l'amiral.

Primitivement la validité des prises maritimes se jugeait d'une manière sommaire. Le capteur conduisait le bâtiment saisi auprès du chef de l'expédition maritime qui statuait. Le droit de juridiction du chef de la flotille ne tarda pas à être revendiqué par les souverains et, comme conséquence de la course et de la délivrance de lettres de marque, des cours furent constituées pour adjuger les bâtiments et les cargaisons saisis. Un principe prévalut : le capteur ne put considérer la prise comme sa propriété, aussi longtemps qu'elle ne lui avait pas été attribuée par le tribunal compétent.

Le mot *Amiral* dérive de l'arabe. Sous le règne de l'empereur Henri VI, apparaissent les termes *amiralius*, *ammiratus regni*. Les *Siete Partidas* définissent l'amiral, « le chef de tous ceux qui composent l'équipage des navires armés en guerre »; ils lui reconnaissent « sur la flotte qui est comme le corps d'armée principal, ou sur une

---

(1) Gachard, *La Bibliothèque nationale. Notices et extraits des manuscrits qui concernent l'histoire de Belgique*, t. I, Introduction, p. IX. — L. Delisle, *Le cabinet des manuscrits de la Bibliothèque impériale*, t. I, p. 468.

escadre qui sera détachée, le pouvoir que le roi lui-même aurait s'il y était en personne. » On voit le mot employé en Angleterre dans le dernier tiers du XIII⁰ siècle. Vers la même époque, on le rencontre en France.

Le tribunal de l'amirauté existe en Angleterre dès le règne d'Édouard III. Sous Richard II, un acte du Parlement de 1389 fixa l'étendue de sa juridiction, et un acte porté par Henri V, en 1414, obligea les vaisseaux privés qui avaient opéré des saisies, à conduire leur prise dans un port d'Angleterre et à en faire la déclaration avant d'en disposer, le tout sous peine de confiscation de la prise. Point important à noter ; dès le début, la cour de l'amirauté d'Angleterre fut une juridiction indépendante. Elle se tenait devant le lord grand amiral d'Angleterre ou son député, appelé le juge de l'amirauté. Le développement du droit maritime est d'ailleurs fort intéressant dans ce pays. Dans les tribunaux chargés de trancher les affaires maritimes, l'élément clerc pénètre de fort bonne heure. De même que des évêques prennent le commandement de la flotte du roi Richard, de même on voit des ecclésiastiques devenir de véritables autorités en droit maritime, et quand, dans la douzième année de règne d'Édouard III, se produit la décision fameuse de la question de savoir quelles règles doivent être observées en matière maritime, des ecclésiastiques figurent sur le célèbre *Roll*. Ce sont Adam de Murymouth, l'official de l'archevêché de Cantorbéry, Richard de Chadderley, le doyen des Arches, et Henry de Eddesworth, chanoine de Saint-Paul. (1)

La cour de l'amirauté procédait conformément au droit romain, et tenait ses séances, à Londres, au Collège des docteurs en droit civil. (2)

(1) Sir TRAVERS TWISS, *The Blackbook of the Admiralty*, t. II, Introduction p. XXXIV et suivantes.

(2) Le Collège des docteurs en droit, également appelé le Collège de Doctor's Commons, avait été légalement constitué en 1511 et remontait en fait au XII⁰ siècle. La société comprenait les hommes de loi qui pratiquaient d'après le droit canonique et le droit romain, ou bien siégeaient dans les tribunaux où l'un et l'autre droit était appliqué. Le Collège relevait de l'archevêque de Cantorbéry. A Doctor's Commons siégeaient notamment trois cours ecclésiastiques dépendant du siège de Cantorbéry, une cour ecclésiastique dépendant du siège de Londres et la cour de

Dans beaucoup de pays, les conseils des prises ne furent que trop souvent des commissions administratives, dépendant du pouvoir exécutif, s'inspirant de ses prétentions et de ses vues égoïstes. L'illustre lord Stowell siégeant comme juge de l'amirauté disait avec force et avec raison que son tribunal était un tribunal du droit des gens, bien qu'il siégeât sous l'autorité du roi de la Grande Bretagne ; il disait encore que les étrangers avaient le droit d'exiger de ce tribunal, l'application pure et simple du droit des gens à l'exclusion des principes dérivés de la jurisprudence anglaise.

En France, un amiral fut institué en 1373.

Dans les Pays-Bas, l'archiduc Maximilien établit, en 1487, un tribunal d'amirauté. Une ordonnance de Charles-Quint, datée de Namur, le 27 décembre 1540, reproduisait presque textuellement les dispositions édictées par Maximilien. D'après elles, l'amiral de la mer est lieutenant général et souverain officier en mer, il a juridiction sur tout ce qui se fait sur les navires de guerre, ou à l'occasion de la guerre en mer ou « ès grèves d'icelle ». Personne ne peut mettre un navire de guerre en mer sans licence de l'amiral, et les biens, prisonniers et marchandises capturés doivent être conduits devant lui ou devant son lieutenant.

Les *Siete Partidas* règlent minutieusement l'attribution des prises maritimes. Si le roi arme la flotte et fournit les navires, les vivres, les

---

l'Amirauté. Le haut amiral d'Angleterre exerçait sa juridiction par un juge qu'il choisissait parmi les avocats du Collège. En 1585, le Collège comprenait 16 ou 17 docteurs; en 1694, il en comptait 44, et à toutes les époques, ses membres rendirent d'inappréciables services. A partir d'Élisabeth, on les voit consultés dans les affaires internationales importantes. Plusieurs des membres du Collège figurent parmi nos grands auteurs. Bornons-nous à citer sir William Scott, plus tard lord Stowell, sir Robert Phillimore et le vénérable sir Travers Twiss. Le Collège de Doctor's Commons n'a plus eu sa raison d'être quand, en 1857, la juridiction des archevêques et des évêques dans les causes matrimoniales et testamentaires a été transférée aux tribunaux ordinaires du royaume et que le juge de l'amirauté a été nommé directement par le premier ministre de la couronne. En 1804, a paru à Londres un opuscule intitulé *Sketches of the lives and characters of eminent english civilians with an historical introduction relative to the College of advocates.* L'auteur paraît être l'un des membres de la société, COOTE. Quelques renseignements sur l'institution se trouvent dans la préface des *Commentaries upon international Law* de sir ROBERT PHILLIMORE et dans la notice émue que sir TRAVERS TWISS a consacrée à ce savant écrivain.

armes, l'équipage, il recueille toute la prise ; si d'autres que le roi
fournissent l'équipage, le roi a les trois quarts du butin ; si le roi ne
fournit que le navire et les armes, il reçoit la moitié de la prise ; s'il
ne fournit que le navire, il a le quart. Dans tous les autres cas, le roi
garde son droit de *quint*, son droit au cinquième du butin. L'amiral de
la flotte a toujours droit au septième de la prise. Le reste se partage
entre les capteurs conformément aux conventions faites.

Le butin enlevé à l'ennemi qui l'avait fait, doit-il être restitué à
l'ancien propriétaire ? La question, qui se pose pour la guerre sur
mer, dépend de la question de savoir si le capteur est devenu le
propriétaire du butin, à l'extinction totale des droits du premier
propriétaire.

Trois systèmes sont en présence. (1)

D'après les uns, dès le moment où la prise a été faite et avant
qu'elle ait été conduite dans un lieu de sûreté, le capteur en devient
le propriétaire.

D'après d'autres, pour achever l'occupation et pour acquérir la
propriété, il faut que la prise ait été conduite *intra præsidia*.

D'après d'autres encore, le droit de l'ancien propriétaire est éteint
et la propriété acquise au capteur lorsque la prise a été vingt-quatre
heures entre ses mains.

La règle des vingt-quatre heures l'emporta. Les auteurs qui professent
l'une des deux autres opinions, reconnaissent généralement que l'usage
est contraire à leur enseignement et Alphonse Alvarez Guerreiro, qui
déclare le droit de butin et de captivité de droit divin, et qui affirme
la nécessité de mettre le butin en lieu sûr, finit par admettre la
coutume *per unum diem* et par la justifier. « *Satis est rationabilis*, dit-
il, *quia communiter per lapsum diei videtur reponi animus recuperandi.* »
Seulement, ajoute-t-il, cette présomption qu'un laps de vingt-quatre
heures fait cesser chez l'ancien propriétaire toute idée de récupérer,
n'est point une présomption *juris et de jure*. Les *Siete Partidas*, de
leur côté, admettaient que la propriété du butin n'était acquise qu'après
la *pernoctatio* ou après la *deductio intra præsidia*.

(1) MARTENS, *Essai concernant les armateurs, les prises et surtout les reprises,*
p. 119.

La règle qui exige une détention de vingt-quatre heures dérivait, en réalité, de la loi des Lombards déterminant par ce laps de temps le moment où l'on pouvait, sans commettre de faute, s'emparer d'une bête blessée par quelque autre personne. En effet, dans l'*Edictus Langobardorum* du roi Rotharis, le chapitre 314 disposait textuellement en ces termes : « *Quamdiu fera intelligatur esse venatoris. — Si cervus aut qualibet fera ab alio homine sagittata fuerit, tamdiu illius esse intelligatur, qui eam sagittavit usque ad aliam talem horam diei aut noctis, id est horas viginti quattuor, quo eam postposuit et se turnavit. Nam qui eam post transactas prædictas horas invenerit, non sit culpabilis sed habeat sibi ipsam feram.* »

Comme nous l'avons vu, la règle s'imposa et on constate ce fait curieux qu'en 1595, la ville de Lierre ayant été prise par les Hollandais et reprise le même jour par les Espagnols, le butin fait sur les habitants leur fut rendu, parce qu'il n'avait pas été pendant vingt-quatre heures entre les mains de l'ennemi.

—⊂><⊃—

CHAPITRE XII

LA PAIX ET LES TRAITÉS DE PAIX.

La guerre est l'état exceptionnel ; la paix est l'état normal. Les auteurs médiévaux ne cessent de l'enseigner ; chez tous, se rencontrent des maximes, transmises religieusement à travers les âges, où cette pensée est indiquée. « La paix est la concorde réglée », « *Pax est ordinata concordia* », disait saint Augustin et disent, en le citant, une foule d'écrivains du moyen âge. « Le genre humain désire naturellement le bien de la paix, dit le même Père de l'Église, parce que rien dans cette vie mortelle ne peut être plus agréable et plus utile. « *Genus humanum naturaliter bonum pacis appetit quia in hoc vita mortali nihil potest esse jucundius et utilius.* » La paix est une notion essentiellement juridique ; c'est l'achèvement de l'œuvre du droit ; c'est l'harmonie ; c'est l'ordre ; c'est le droit réalisé.

Les canonistes étudièrent surtout la question au point de vue de la cessation de la guerre privée, mais vers la fin du moyen âge les développements qu'ils donnèrent à leurs théories furent appliqués à la guerre proprement dite. Le titre *De Treuga et pace* des *Décrétales de Grégoire IX* reproduisant les dispositions édictées par le concile de Latran de 1179 au sujet de la trève de Dieu, est le siége de la matière; c'est en l'expliquant, en le commentant que les auteurs font connaître leurs sentiments au sujet des conventions de paix.

Vers le milieu du XIIIᵉ siècle, Goffredo de Trani, dont la *Summa super titulis decretalium* constitua un des livres les plus importants du moyen âge pour la diffusion et la vulgarisation des idées juridiques parmi le clergé, définissait la paix, la fin de la discorde. « *Pax est discordiæ finis* (1). » La définition ne fut point admise. Octavien Velpelli en montrait l'insuffisance. « Renfermée dans ces termes, disait-il, la paix ne peut survenir qu'après cette vie puisque celle-ci est remplie de luttes. » Il préférait la définition de Bartole disant que la paix est une convention mettant fin à la discorde et à la guerre, « *pactum quo discordiæ seu belli fit finis* » et la définition de Renaud Corso, disant que le rétablissement de la paix est l'union de deux parties en désaccord. « *Repacificatio est duarum partium discordium unio* (2). »

Les auteurs établissaient une distinction entre la paix et la trève. La glose portait que la trève est la sûreté concédée aux choses et aux personnes quand le désaccord n'est point encore réglé : « *Treuga est securitas præstita rebus et personis ad tempus discordia nondum finita.* » Il était, au contraire, de la nature de la paix d'être perpétuelle ; on entendait par là qu'elle durait aussi longtemps que ta foi promise était gardée. Ces notions pénètrent même dans les *Siete Partidas*, sans caractère législatif au début mais qui ne tardèrent pas, comme nous l'avons vu, à avoir force de loi. (3) Goffredo de Trani que nous venons de citer, distingue comme ses contemporains la trève conventionnelle et la trève canonique. La trève canonique, c'est la trève de Dieu dont l'observation est surveillée par les évêques. « *Ad treugas canonicas observandas tres funiculi colliguntur..... excommunicatio dyocesanorum, confirmatio vicinorum episcoporum et auxilium a coepiscopis impendendum.* » Excommunication, confirmation et assistance des évêques voisins, tels sont les moyens d'assurer

---

(1) *Summa super titulos decretalium compilata a magistro Gaufredo de Trano dm pape subdiacono et cappellano.* Rubrica de treuga ac pace. Édition attribuée à Jean Guldenschaiff, qui professa à Cologne de 1477 à 1487.

(2) Octavianus Velpellus, *De Treuga ac pace,* dans le *Tractatus universi juris,* t. XI, première partie, fol. 406.

(3) *Las Siete Partidas,* septième partida, titre XII, *De las treugas e de la securanza et de las pazes.*

l'accomplissement des règles édictées au sujet de la protection accordée
par les conciles.

La trêve conventionnelle est entourée de garanties diverses, telles
que les otages, les gages, etc.

La paix est la jouissance tranquille de la liberté ; elle est contraire
à la guerre ; elle est la fin, la mort de la guerre. « *Pax est tranquilla
libertas bello contraria ejusque finis ac interitus.* » « Le but de la
guerre, dit le curé de Bois-le-Duc, Wilhelmus Mathiæ, est de faire
disparaître ce qui trouble la paix. »

La cause de la paix est perpétuelle, « *Pacis causa est perpetua* » ;
en d'autres termes, il se peut que la paix soit rompue, mais cette
éventualité n'entre point dans l'intention des contractants. *De pace
æterna*, tel sera le titre d'une thèse soutenue à Leipzig en 1669, sous
la présidence du théologien Valentin Alberti, professeur de dialectique
et de métaphysique, par Gottlieb Milichius. La paix, dira-t-il, est
éternelle en ce sens qu'elle est faite pour toujours, et il s'élèvera contre
les écrivains qui, tantôt sous le masque d'un pseudonyme, tantôt à
visière levée, soutiennent que les traités de 1648 qui reconnaissent la
liberté religieuse aux protestants ne sont que temporaires.

La clause d'amnistie est la renonciation réciproque aux prétentions
émises durant la guerre. Parlant de la clause d'amnistie, *lex ἀμνηστίας*
ou *lex oblivionis*, Pierre Goudelin l'appelle la substance, l'essence de la
paix ; elle y est comprise, même quand elle n'est pas nominativement
proclamée. « *In ea re consistit substantia pacis absque illa nequit esse
pax : atque adeo paci inesse ista lex intelligitur quamvis nominatim
dicta non fuerit.* » (1)

La guerre provoque fréquemment l'interposition des bons offices ;
au moyen âge, les papes interviennent souvent, et souvent aussi,
ils voient leurs efforts couronnés de succès. Les exemples abondent.
Rappelons que durant les longues et terribles guerres de l'Angleterre
et de la France, des trèves nombreuses furent conclues à la suite
des négociations du Saint-Siége. Pendant leur séjour à Avignon,

---

(1) PIERRE GOUDELIN, *De jure belli commentatio*, c. 3.

l'intervention des papes se fit surtout en faveur de la France. Le grand péril turc appelait d'ailleurs l'attention des souverains pontifes et leurs exhortations tendant à établir la paix dans la chrétienté, étaient régulièrement accompagnées des plus vives objurgations en faveur d'une croisade.

Le traité de Brétigny de 1360 fut en grande partie l'œuvre du pape. Celui-ci aida même le roi Jean II à payer sa rançon ; il lui ouvrit ses trésors, comme l'avait fait plus d'un de ses prédécesseurs.

Au siècle suivant, on voit Martin V exhorter continuellement les rois de France et d'Angleterre à cesser une lutte horrible. Si en 1435, Charles VII parvint à détacher Philippe le Bon de l'alliance anglaise et à sauver la monarchie française de la ruine, il en fut redevable à Eugène IV et au concile de Bâle qui, divisés sur tant de points, se trouvèrent d'accord pour travailler au rétablissement de la paix dans la chrétienté. Olivier de la Marche, le capitaine des gardes de Charles le Téméraire, le rappelle dans ses *Mémoires* : « Le pape Eugène IV envoya en France ses légaulx et ses embassadeurs et principalement le cardinal de Sainte-Croix qui tellement labourèrent et prouffitèrent en cette matière, que une journée fut prinse et acceptée de toutes les parties, au lieu d'Arras en Artois à laquelle journée par la grâce de Dieu fut trouvée la paix, le traictié et l'appaisement. » (1)

Le traité d'Arras de 1435 présente un vif intérêt. Les instances du pape et des Pères du concile avaient amené une entente provisoire entre le roi de France et le plus puissant allié des Anglais, le duc de Bourgogne. Il avait été arrêté : 1º que des conférences seraient ouvertes à Arras pour traiter de la paix générale avec Henri VI ; 2º que Charles VII y adresserait au roi d'Angleterre des offres convenables et que si Henri ne les acceptait pas, le duc ferait tout ce qu'il pourrait, pour rendre la paix au royaume ; 3º que dans le cas où le duc quitterait le parti du roi Henri, Charles VII lui céderait certaines villes déterminées ; 4º que Philippe engagerait le roi d'Angleterre à envoyer des plénipotentiaires à Arras et que le pape,

_____

(1) OLIVIER DE LA MARCHE, *Mémoires,* t. I. p. 203. Édition de la Société de l'histoire de France.

le concile et tous les souverains chrétiens seraient invités à se faire représenter au congrès. (1)

Le congrès s'ouvrit et ce fut, dit Henri Martin, une véritable assemblée générale de la chrétienté. Presque tous les souverains se firent représenter et on y vit figurer Hugues de Lusignan, cardinal de Chypre, ambassadeur du concile, Nicolas Albergati, cardinal du titre de Sainte-Croix, légat du pape, les envoyés de l'empereur, des rois de Castille, d'Aragon, de Navarre, de Portugal, de Naples, de Sicile, de Pologne, de Chypre, de Danemark, des ducs de Milan, de Bretagne et d'Alençon, de l'université et de la ville de Paris et de beaucoup d'autres bonnes villes et pays de France, de Bourgogne et des Pays-Bas. Les rois d'Angleterre et de France envoyèrent leurs plénipotentiaires. Philippe le Bon se présenta en personne.

Les cardinaux de Chypre et de Sainte-Croix interposèrent leurs bons offices et offrirent à chacune des parties adverses de lui transmetre les propositions et les réponses de l'autre. L'accord ne put se faire entre Anglais et Français. On travailla à réconcilier le duc de Bourgogne et Charles VII. Les engagements contractés dans le traité de Troyes de 1420 retenaient Philippe ; des consultations furent rédigées par des docteurs et des théologiens et après un débat solennel, les représentants du concile et du pape conjurèrent le duc « par les entrailles miséricordieuses de Notre Seigneur Jésus-Christ, par l'autorité de Notre saint père le pape, du saint concile assemblé à Bâle et de l'Église universelle », de faire la paix. La paix fut publiée et jurée solennellement en l'église de Saint-Waast, le 21 septembre 1435, et pour la faire connaître à tous, des copies en furent expédiées de tous côtés. « Lors fut la paix jurée, close et scellée par tous les partiz, dit Olivier de la Marche, et fut publiée par tout le royaulme de France, par les pays de monseigneur de Bourgoingne et ailleurs et tellement que lesdiz traictiez vindrent au lieu de Pourtali, ce que je veiz, et en retint le double Pierre de Saint-Moris, escuyer et l'envoya à mon père. » (2)

Le roi de France avait fait de grandes concessions, mais en revanche le duc de Bourgogne avait consenti à mettre le passé en oubli et à ne

---

(1) HENRI MARTIN. *Histoire de France,* t, VI, p. 230
(2) OLIVIER DE LA MARCHE, *Mémoires,* t. I. p. 205.

jamais traiter avec les Anglais sans le consentement du roi ; les deux parties déliaient d'avance leurs sujets du serment de fidélité envers celle qui enfreindrait « l'appointement » ; elles se soumettaient à l'excommunication en cas de parjure. Le traité devait être scellé du sceau de tous les princes du sang, prélats, barons et bonnes villes du royaume, lesquels s'en rendraient tous garants. Les deux légats relevèrent Philippe des serments prêtés aux Anglais. (1)

A l'époque médiévale quelques moyens accessoires sont employés pour s'assurer de l'observation des traités. Parmi ces moyens figurent le serment, la communion, le baiser de la croix, la garantie verbale, en d'autres termes la promesse, la garantie réelle, c'est-à-dire la remise de certains gages, la garantie personnelle, qui est ou volontaire quand les garants viennent garantir de leur propre volonté, ou forcée comme c'est le cas pour les otages.

On voit donner des hypothèques générales sur des possessions et des provinces. Ainsi fit, entre autres, Philippe V de France envers le comte de Flandre. L'empereur Louis le Bavarois mit tout l'empire en hypothèque.

Des règles du droit romain furent transplantées dans le droit public. « Tantôt on trouva à redire à la forme des stipulations, dit Neyron, tantôt on découvrit une lésion énorme ; tantôt on soutint une restitution à faire pour cause de minorité, de crainte, de fraude. » (2) De là des renonciations formelles : Philippe de Valois, dans le traité qu'il fit en 1334 avec Jean de Bohême, renonça « à toute erreur de droit et de fait et à la loi qui dit que ceux qui sont déçus outre la moitié du juste prix peuvent être rétablis au bénéfice de quatre mois donnés ou condamnés *ex l. 2. b. de resc. empt. vend.* ».

Le serment donnait nécessairement au traité un caractère religieux qui amena la Papauté à évoquer la connaissance de toute rupture de la paix.

---

(1) HENRI MARTIN, *Histoire de France*, t. VI, p, 332 et suivantes.
(2) P.-J. NEYRON, *Essai historique et politique sur les garanties et en général sur les diverses méthodes des anciens et des nations modernes de l'Europe d'assurer les traités publics.* Gœttingue, 1777, p. 70.

Les auteurs reconnurent ces prétentions. « Le pape, enseigne Martin de Lodi, peut obliger les princes à respecter la paix conclue..... (1) Le crime de rupture de paix entre les princes ressort de la justice ecclésiastique. » (2)

Les princes s'inclinèrent devant la juridiction réclamée par les souverains pontifes. Dans le traité d'Arras de 1435, Charles VII se soumit en cas de violation de la paix à « la censure, cohercion, compulsion et contrainte de nostre saint père, du saint concile et des cardinaulx et de toutes autres cours tant d'Eglise que seculières ».

Au sujet de la foi due à l'ennemi, nous avons rappelé les prétentions des papes de délier les princes du serment. Elle enleva au serment du moyen âge une grande partie de sa force. Et comment en aurait-il été autrement quand on voyait ce que faisaient certains rois et certains papes ? Chassé par le comte de Warwick du trône d'où lui-même avait fait tomber Henri VI, Édouard IV dut se réfugier sur le continent; mais grâce à l'appui de Charles le Téméraire, son beau-frère, il parvint à rentrer en Angleterre et tenta de reconquérir sa couronne. Il dut dissimuler ses projets : à York, il communia en présence des habitants et jura solennellement qu'il venait uniquement réclamer le duché d'York, son héritage, et qu'il obéirait fidèlement au représentant de la maison de Lancastre, à Henri VI. Édouard IV gagna la bataille de Barnet où Warwick périt. Puis, les partisans de Henri VI, conduits par son fils, le jeune prince Édouard, et par la reine Marguerite d'Anjou, furent écrasés à Tewkesbury. Le prince royal était mort sur le champ de bataille. Prisonnière, Marguerite orna l'entrée triomphale d'Édouard IV dans Londres et Henri VI périt, fort probablement de mort violente, dans la Tour. Le triomphe d'Édouard IV était complet : il se fit alors délivrer par le pape des lettres apostoliques le relevant de son serment par le motif qu'il l'avait « imprudemment » prêté.

A l'occasion, les rois prennent leurs précautions. Les archives de Londres possèdent un grand nombre de bulles adressées par les

---

(1) MARTIN DE LODI (MARTINUS LAUDENSIS), *De confœderationibus, pace et conventionibus principum*, question 19.

(2) Ibid., question 22.

souverains pontifes aux rois d'Angleterre. Il en est d'instructives. En 1214, Innocent III accorde à Jean sans Terre que sa personne ne sera excommuniée, ni sa chapelle interdite, si ce n'est par mandat spécial du pape. En 1231, Grégoire IX exempte la personne de Henri III de l'excommunication et sa chapelle de l'interdit. Innocent IV exempte également les chapelles royales du même prince de toute sentence d'excommunication ou d'interdit, sauf par ordre spécial du Saint-Siège. En 1306, Clément V accorde à Édouard Ier exemption d'excommunication, de suspension et d'interdit. Semblable exemption est concédée la même année au prince de Galles. En 1309, Edouard Ier se fait absoudre par le souverain pontife de toutes sentences d'excommunication pour homicide, sacrilège ou autre violence commis par lui durant la guerre qu'il a faite pour défendre l'héritage de ses ancêtres ! Cette fois donc, mesures protectrices au préalable et mesures réparatrices après coup.

En 1317, le pape Jean XXII promet au roi d'Angleterre qu'aucune sentence d'excommunication ou d'interdit ne sera promulguée contre les chapelles ou oratoires du roi, contrairement aux exemptions dont il jouit. (1)

Dans un autre sens on voit les princes insister auprès des papes pour qu'ils ne délient point un adversaire.

En 1471, Louis XI envoya un ambassadeur à Rome prier Sixte IV de maintenir le serment par lequel le duc de Guyenne s'était engagé à ne pas épouser Marie de Bourgogne (2).

D'autres fois, on voit les princes, dans les serments qu'ils échangent, jurer de ne pas se faire dispenser de leur engagement par le souverain pontife. C'est le cas pour Louis XI et Charles le Téméraire en 1477; c'est aussi le cas pour Charles-Quint et François 1er en 1526. Nous en avons parlé précédemment. (3)

Souvent le pape garantit les traités par une bulle confirmant les conventions sous peine d'excommunication. « On peut, dit Louis XI,

---

(1) Record Office, *Calendar of Papal Bulls*, B. 18.
(2) R. DE MAULDE-LA-CLAVIÈRE, *La diplomatie au temps de Machiavel*, t. I, p. 23.
(3) Voir plus haut, p. 216.

dans une instruction pour Jean d'Arçon, un de ses ambassadeurs, on peut garantir une promesse par des places fortes, mais le pape est encore le meilleur garant pour consacrer des obligations par lettres, liens divers, autorisation. » (1)

Le traité de 1514, entre les rois de France et d'Angleterre, après avoir disposé que de part et d'autre il sera soumis à la ratification et à la confirmation des trois États, prélats et clergé, nobles et communes, porte qu'il sera également soumis au pape et que les cocontractants enverront au souverain pontife des commissaires pour obtenir qu'il excommunie celui des deux qui n'observerait pas toutes les dispositions, et qu'il jette l'interdit sur son royaume. François Ier et Henri VIII renonçaient formellement aux privilèges qui, sous ce rapport, pouvaient être attachés à leur couronne.

Le 4 octobre 1518, un traité est conclu entre le roi d'Angleterre et le roi de France ; il a en vue le redressement des griefs de leurs sujets respectifs. François Ier prête serment de l'observer, dans la chapelle de Les Tournelles, à Paris, en présence des commissaires anglais.

La même année, le cardinal de Sainte-Marie, légat du pape, certifie par devant notaire que le roi de France a, en sa présence et en présence de témoins et commissaires anglais, reconnu qu'il était, ainsi que les siens, débiteur de 600,000 couronnes vis à vis du roi d'Angleterre, pour la restitution de Tournai et que le roi de France s'était soumis à la sentence d'excommunication pour le cas de non paiement. Le cardinal excommunia le roi.

Souvent des otages sont donnés. Ils comprennent fréquemment les plus grands personnages. Une des clauses du traité de Brétigny obligea le roi Jean à livrer, dans les six mois qui suivaient son départ de Calais, quatre-vingts otages : c'étaient quarante chevaliers et un nombre égal de bourgeois pris dans les principales villes de France. Parmi les nobles figurèrent plusieurs princes du sang.

Les difficultés étaient parfois aplanies grâce à une institution

_____

(1) R. DE MAULDE-LA-CLAVIÈRE, *La diplomatie au temps de Machiavel*, t. III, p. 231.

spéciale, celle des conservateurs de la paix, *conservatores pacis*. Lorsqu'un traité intervenait, on y désignait quelques personnes qui étaient chargées de veiller à son exécution. C'étaient tantôt des personnages puissants, tantôt des agents des parties signataires dont le devoir était de s'aboucher de temps en temps, dans un lieu marqué, pour épargner les infractions et arranger le différend qui pouvait naître. On voit même les principales villes des États contractants assumer ce rôle, et *donner leur scellé au traité*. Les conservateurs de la paix apparaissent dans le traité d'Arras de 1435. Il est dit dans le traité de Blois de 1505 que Louis XII de France et Ferdinand d'Aragon prieront le roi d'Angleterre de bien vouloir agréer la qualité de conservateur de leur convention. « *Rogabunt reges serenissimum regem quod hujus pacis fraternitatis et ligæ conservator existat.* »

Au conservateur revenait la charge d'amener, par ses bons offices, l'exécution des conventions et d'empêcher l'explosion de nouvelles hostilités ; comme sanction, il lui restait le droit de jeter le poids de son épée dans la balance. Dans le traité de Senlis de 1493 figurent parmi les conservateurs les villes de Paris, Rouen, Lyon, Poitiers, Tours, Angers, Orléans, Amiens et Tournai pour Charles VIII et celles de Louvain, Bruxelles, Anvers, Bois-le-Duc, Gand, Bruges, Lille, Douai, Arras, Saint-Omer, Mons, Valenciennes, Utrecht, Middelbourg et Namur pour l'empereur Maximilien et l'archiduc Philippe, son fils ; l'un des signataires, un vassal de l'empire, promet par son *scellé* d'entretenir et de faire entretenir la paix ; il jure que s'il y a contravention et que réparation n'est pas faite dans le délai de six semaines, « il abandonnera et délaissera ses seigneurs, le roi des Romains et l'archiduc, et donnera assistance au roi très chrétien. » (1)

Dans la confédération qu'il fit avec Maximilien contre les Vénitiens, Louis XII fit stipuler que « les princes électeurs d'Allemagne et tout le Saint Empire romain, devaient être pris pour conservateurs des articles conclus, de façon qu'ils auraient le droit et l'obligation de seconder de toutes leurs forces celui qui observerait les conventions stipulées, contre celui qui les violerait. »

(1) Réal de Curban, *La science du Gouvernement*, t. V. p. 656 et suivantes.

L'extradition fait l'objet, surtout dans la dernière moitié de notre siècle, de nombreuses conventions internationales. La lutte contre « l'ubiquité du crime », comme on l'a appelée, est incessante. Les crimes et les délits de droit commun sont généralement compris dans les traités ; la notion des crimes politiques est ramenée à d'étroites limites.

Au moyen âge domine le principe de l'asile territorial. Un criminaliste espagnol, Thomas Carleval, qui devient en 1626 membre de la cour suprême de Naples, formule la règle : les royaumes et les principautés soumis à des souverains distincts, sont censés constituer des asiles qui procurent la sécurité à ceux qui s'y réfugient. (1) Même au siècle dernier, un avocat général du parlement d'Aix le proclamait en ce qui concernait spécialement la France : l'étranger accusé de quelque crime qui touchait le sol de ce pays se trouvait à l'abri de toute poursuite ; la maxime était : « *Fit liber quisquis solum Galliæ cum asyli vice contigerit* » ; la personne du coupable était sacrée. Ce sont les termes dont il se sert.

Certaines considérations firent établir des exceptions à la règle. Les infractions politiques furent d'abord visées ; puis, les crimes graves et notoires donnèrent lieu à la remise du coupable.

Les exemples ne sont pas fréquents. Généralement, les auteurs les comprennent mal. Les premières conventions s'en tiennent même à l'engagement que prend chacun des contractants, de ne pas recevoir dans son territoire l'ennemi de l'autre et de l'expulser, au besoin. Il s'agit de l'exercice d'un droit de police, non d'un commencement d'action judiciaire : tout se borne à l'assistance donnée à une puissance amie.

En 1303, il est convenu entre les rois d'Angleterre et de France qu'aucun des deux princes ne recevra sur son territoire ou n'aidera en quoi que ce soit les ennemis de l'autre. Tous deux s'obligent à défendre à leurs sujets, sous peine de forfaiture de corps et d'avoir, d'assister ces ennemis ; en cas de réquisition, ils doivent expulser ces derniers dans les quarante jours.

---

(1) THOMAS CARLEVAL, *Disputationes juris variæ*, n° 847.

En 1413, le gouvernement de Charles VI demande au roi d'Angleterre de lui livrer, sous bonne escorte et pour être punis, les fauteurs des troubles de Paris.

En 1496, l'*Intercursus* est conclu entre Henri VII et Philippe le Beau. Chacune des parties contractantes s'engage à ne donner ni secours, ni conseil aux ennemis notoires de l'autre qui tenteraient une invasion, soit par terre, soit par mer, soit par les rivières. Chacune d'elles s'oblige à assister l'autre, dans la mesure de ses moyens. Ni rebelle, ni fugitif ne peuvent être accueillis. Si l'un des gouvernements apprend qu'un de ses ennemis se trouve dans le territoire de l'autre, il a le droit de lui notifier le fait. Dans le mois de la signification de l'avis, le gouvernement requis est obligé de notifier au rebelle l'ordre de quitter le pays ; si, dans les quinze jours, celui-ci n'obtempère point, il doit être proscrit et banni ; s'il ne tient pas compte de la proscription et du bannissement, il faut, d'après la rigueur du droit, le mettre à mort.

L'explication de la clause de l'*Intercursus* est facile à trouver. Marguerite d'York, la duchesse douairière de Bourgogne, la veuve de Charles le Téméraire, résidait dans les Pays-Bas et intriguait contre Henri VII ; elle suscitait contre lui l'imposteur Perkin Warbeck qui prétendait être Richard d'York, l'un des deux princes que l'on supposait avoir été assassinés, en 1483, dans la Tour de Londres. A un moment donné, de grandes difficultés avaient surgi entre le roi d'Angleterre et le duc de Bourgogne ; les négociants flamands avaient été expulsés d'Angleterre ; le commerce avec les Pays-Bas avait été prohibé ; puis, le monarque anglais avait fait la paix.

Les crimes et les délits dépourvus de caractère politique font l'objet de très rares dispositions. En 1376, Charles V conclut avec le comte de Savoie un traité par lequel les deux parties « considérant que de détestables crimes demeurent impunis, par l'asile que les coupables trouvent sur le territoire, soit du Dauphiné, soit de la Savoie, conviennent de se remettre réciproquement, à la première réquisition de part et d'autre, leurs fugitifs et leurs propres sujets qui auraient commis des crimes sur un territoire étranger. »

Des écrivains allemands du XVIᵉ siècle traitent le sujet sans grande pénétration.

Les empereurs accordaient aux villes d'Allemagne le privilège de saisir les criminels dans toute l'étendue de l'empire et de les ramener sur leur territoire. Jean Sichardt, professeur à Tubingue, examine la portée de semblable concession dans ses *Responsa juris*. (1)

Nicolas Everhardi, professeur à Ingolstadt, établit le principe. « Le juge du lieu du délit peut requérir le juge du lieu de naissance ou du domicile de saisir le délinquant et de lui remettre. « *Judex loci delicti potest requirere judicem originis vel domicilii ut reum delinquentem capiat eumque sibi remittat.* » (2)

Au XVIIᵉ siècle, Grotius insiste sur l'idée qu'un peuple ou un roi n'est pas tenu précisément de livrer les coupables, mais de les livrer ou de les punir.

Un fait est fréquemment invoqué de nos jours par les partisans de l'extradition pour crimes politiques. Charles Iᵉʳ avait été condamné à mort; lors de la Restauration, ses juges furent poursuivis avec la dernière rigueur. Ils furent mis hors la loi. Trois d'entre eux avaient séjourné dans les Provinces-Unies, puis avaient émigré vers l'Allemagne. C'étaient Miles Corbet, John Barkstead et le colonel Okey. A La Haye, était résident d'Angleterre George Downing, créature de Cromwell. Quand Charles II parvint au trône, Downing voulut gagner les bonnes grâces du roi. Il s'adressa aux États Généraux et obtint un mandat d'amener en blanc contre les « régicides » que l'on pourrait arrêter sur le territoire de la république. Les États Généraux ne se doutaient point de ce qui allait advenir. Les trois juges de Charles Iᵉʳ se croyant protégés par les lois néerlandaises, se rendirent à Delft où leurs femmes, venant d'Angleterre, devaient les rejoindre. Downing les fit arrêter. Il exigea du grand pensionnaire Jean de Witt la confirmation du mandat et il veilla à l'envoi de ses

---

(1) JEAN SICHARDT (JOHANNES SICHARDUS), *Responsa juris*. Consilium quartum criminale. *An privilegium capiendi malefactores extra territorium extendatur.*

(2) NICOLAS EVERHARDI, *Consiliorum volumen primum*. Consilium XXIV, *De captura et remissione reorum ad locum delicti ac de indiciis ad torturam.*

victimes en Angleterre. Le procès ne fut pas long ; il se réduisit à une
constatation d'identité, et les justiciers du peuple anglais furent
exécutés, le 19 avril 1662. A Londres vivait alors Samuel Pepys. Il
écrivait au jour le jour ses impressions, qui forment le *Diary* si
précieux pour l'histoire. Le jeune employé aux actes de la marine
flagelle Downing ; il déclare qu'en bonne conscience celui-ci ne pouvait
agir comme il l'avait fait ; il le traite de vil ingrat. Pepys avait raison.
Et dire cependant, que des publicistes ont transformé l'action misérable
de George Downing en un précédent, utile à invoquer, pour l'extradition
des criminels politiques.

Le 14 septembre 1662, le traité de Londres fut conclu ; il stipulait
une alliance entre la Grande-Bretagne et la république et trois de ses
articles portaient que les exilés et les rebelles ne pourraient trouver
asile dans les pays des deux puissances amies. Si l'une des parties
faisait connaître à l'autre qu'un rebelle séjournait dans ses terres,
celle-ci devait, dans les vingt-huit jours de la signification, ordonner
au rebelle de quitter son territoire et si, dans les quinze jours, ce
dernier n'obtempérait pas à l'ordre, il devait être puni de mort et de
confiscation de ses biens. Ainsi donc point d'extradition, comme le
prétendent à tort les auteurs.

CHAPITRE XIII.

LE COMMERCE.

En 1553, un navigateur anglais, Chancelor, jeté par la tempête sur les côtes des États du Tsar moscovite, Iwan Wassiliewitch, lui présentait une charte d'Édouard VI dont il était porteur. La charte était adressée « à tous les souverains résidant dans les pays septentrionaux et orientaux de par delà l'océan glacial, de même qu'à ceux de l'Inde orientale ». Il y était dit que Dieu a créé les hommes pour qu'ils vivent en communauté et qu'ils s'aiment. « Les hommes ont pour devoir, portait la charte, de dispenser des bienfaits et d'en accepter par réciprocité et parmi eux, il faut surtout traiter avec humanité et bonté les commerçants qui voyagent par tout l'univers, traversant les mers et les déserts afin de porter dans les pays les plus éloignés des objets bons et utiles qui, par grâce divine, sont produits dans leur pays, et de rapporter en retour des pays visités tout ce qu'ils pourront acquérir pour l'utilité de leur propre pays. » Le document anglais montrait même la volonté divine dans le fait du commerce, « parce que dans sa sollicitude illimitée, le Créateur des cieux et de la terre n'a pas voulu que tout se trouvât uniquement dans un seul pays quelconque (1). »

(1) Fr. de Martens, *Recueil des traités et conventions conclus par la Russie avec les puissances étrangères*, Traités avec l'Angleterre. Introduction, p. IV.

Ces honnêtes et simples paroles, paraphrase d'un passage bien connu de Libanius, le maître de saint Basile et de saint Jean Chrysostôme, résument les idées des anciens auteurs sur ce qu'ils appellent la liberté du commerce des nations, et qui est la faculté pour les étrangers d'entrer, de séjourner et de faire le commerce dans un pays. L'évolution de la liberté du commerce ainsi entendue apparaît nettement dans de multiples actes et traités. Lettres de sauf-conduit pour les commerçants, liberté pour le commerce pendant les foires, monopole pour le commerce de tel ou tel État, de telle ou telle ville, telles sont les phases primitives. Puis, vient l'idée de la liberté d'entrée et de séjour des étrangers, qui triomphe, si pas complètement en fait, du moins dans la théorie. Enfin, apparaît l'idée de la liberté du commerce entre les États, mais d'une liberté non complète et qu'entourent de restrictifs arrangements. Tantôt certaines places ou provinces sont fermées au commerce étranger, tantôt celui-ci doit se confiner dans certaines places ou certaines provinces. Il se fait aussi que les modes d'importation et d'exportation sont fixés. D'autres fois, l'importation et l'exportation de marchandises déterminées sont prohibées. Des taxes spéciales, des droits de douane sont établis. Il arrive que des avantages sont accordés à telle ou telle nation (1).

Assez longtemps, il se manifesta dans l'Église un courant hostile au commerce.

L'idée fondamentale était l'assimilation de tout gain à l'usure, à la *pravitas usuraria*. Or, dans l'Ancien comme dans le Nouveau Testament, disait-on, le prêt à intérêt était défendu. Les Pères de l'Église l'avaient prohibé. Les canons des conciles comminèrent des peines : pour les ecclésiastiques la suspension, pour les laïques l'excommunication avec ses conséquences, le refus d'audience devant les tribunaux, le refus de sépulture. Et ces dispositions s'édictaient encore aux conciles de Lyon, en 1274, et de Vienne, en 1311.

Certains auteurs développent avec une impitoyable rigueur la théorie qui condamne la spéculation sous quelque forme qu'elle se fasse.

---

(1) G.-F. DE MARTENS, *Cours diplomatique*, t. III. *Tableau des relations extérieures des puissances de l'Europe.*

Dans un écrit des premières années du XIIIe siècle, tout marchand est traité d'usurier, tout fils de marchand enrichi est stigmatisé comme vivant d'un bien mal acquis. « Il faut un remède au mal, dit l'auteur qui semble être un Anglais, Robert de Courçon, chanoine de Noyon, puis cardinal, et ce remède est la réunion d'un concile général, où évêques et princes décréteraient la suppression de tous les riches, de tous les oisifs, ne laissant plus dans le monde chrétien que des prêtres et des mercenaires, vivant les uns et les autres du salaire de leurs travaux spirituels et temporels. »

Saint Thomas d'Aquin réagit contre ces violences. Si, à ses yeux, le commerce avait quelque chose de honteux en soi, parce qu'il n'impliquait pas essentiellement une fin honnête, mais bien un gain particulier, le grand scolastique reconnaissait cependant que le gain procuré par le négoce pouvait recevoir une destination légitime, auquel cas le négoce était licite. Les auteurs le suivirent : ainsi fut approuvé le commerce du blé, du vin, de tous les objets nécessaires à la subsistance. La condition était que le gain fût modéré.

Il y eut plus. Dans l'École, la conception aristotélicienne, la stérilité de la monnaie, avait longtemps prévalu : longtemps, nulle distinction n'était faite entre l'usure et le prêt à intérêt. Un moment vint cependant où des écrivains estimèrent que la loi naturelle ne réprouve pas d'une manière absolue le prêt à intérêt. C'est notamment l'opinion de François de Mayronis. C'est aussi l'opinion de Gerson, qui, sans absoudre le prêt à intérêt, absout le législateur qui l'autorise.

Les faits, du reste, condamnaient les anciennes théories. Les gouvernements italiens créaient des institutions financières, où l'usure était pratiquée dans un intérêt national, et l'on voyait les papes autoriser des évêques et des monastères à emprunter. (1)

Une conception inspire toute la politique commerciale du moyen âge, c'est que toute opération de commerce international devait se liquider par un selde versé en monnaie. Les gouvernements cherchaient

---

(1) CHARLES JOURDAIN, *Excursions historiques et philosophiques à travers le moyen âge*, p. 423 et suivantes.

donc à retenir la monnaie dans le pays qu'ils administraient (1). Cette conception dicte une foule des mesures vexatoires que prennent les gouvernements. Elle est fausse, mais comme Rogers le montre, elle avait une apparence de vérité. Le marchand proprement dit n'a aucun intérêt à garder par devers lui la monnaie qu'il reçoit, monnaie qui ne rapporte rien par elle-même et dont le seul avantage est de fournir un instrument d'échange précis et d'une valeur relativement stable. Avec l'affermissement de la civilisation, l'avantage de la stabilité de valeur se fait de moins en moins sentir et le marchand proprement dit a tout intérêt à abandonner au négociant en métaux précieux le soin de pourvoir aux besoins du marché monétaire. Mais le cas est différent pour les gouvernements, surtout au moyen âge. « Comme le gouvernement, quelque nécessaire et quelque indispensable qu'il soit, dit Rogers, ne produit rien et qu'il ne fait que dépenser, l'acquisition et la conservation d'une réserve de monnaie est pour lui une source de force et de sécurité. Comme le répétait Louis XIV pour se consoler de ses revers, c'est toujours la dernière pistole qui l'emporte. (2) »

Assez longtemps dans le haut moyen âge, les Byzantins conservèrent dans la Méditerranée la suprématie maritime. Maîtres des côtes auxquelles venaient aboutir les routes commerciales de l'Asie, ils possédaient l'Égypte, où la mer Rouge amenait les marchandises du Levant ; la Syrie où venaient les caravanes parties du golfe Arabique, du golfe Persique ou du centre de l'Asie ; enfin, sur la mer Noire, différents centre commerciaux. Les Arabes firent au VIIe siècle irruption hors de leur pays et conquirent au pas de course d'une part la Syrie, la Mésopotamie, la Perse, d'autre part l'Égypte. (3)

Déjà avant Mahomet, les Arabes se livraient au trafic. Après Mahomet, les pèlerinages à la Mecque multiplièrent les échanges et plus la domination de l'islamisme s'étendit, plus aussi s'élargit le cercle

---

(I) James E. Thorold Rogers, *Interprétation économique de l'histoire,* traduit par E. Castelot, p. 92.

(2) Ibid., p. 93.

(3) W. Heyd. *Histoire du commerce du Levant au moyen âge,* édition française, publiée par Furcy Raynaud, t. I, p. 24.

des pays dont les croyants allaient visiter les sanctuaires et porter
aux foires de la ville sainte les produits de la nature et de l'industrie
manufacturière.

Si au début des conquêtes mahométanes le commerce souffrit,
quand la période constructive des califats s'ouvrit, le négoce prospéra.
Damas était un des centres principaux des caravanes qui voyageaient
entre l'Asie mineure, l'Arabie et l'Égypte ; Bagdad avait été construit
sur les deux rives du Tigre ; des colonies avaient été fondées dans les
villes de l'Inde ; tout le long de la côte septentrionale d'Afrique, en
Sicile, en Espagne, avaient été créés des royaumes. Multiples
devinrent les relations, qui ne tardèrent pas, du reste, de s'étendre
aux chrétiens.

Le commerce international se développe déjà au Xᵉ et au XIᵉ siècle.
Le bassin de la Méditerranée est important. Les villes italiennes et
catalanes sont des centres actifs de négoce. Nous avons vu les routes
vers l'Asie. Semblables routes se forment en Europe par les Alpes,
vers le Rhin et le Haut Danube. De nombreuses villes prennent ainsi
une grande situation.

Le commerce italien surtout devient florissant. François Balducci
Pegolotti, qui écrivait au commencement du XIVᵉ siècle sur les usages
commerciaux et sur les règles à suivre en voyage par les marchands,
nous apprend que les Florentins étendaient leurs relations en
Angleterre, au Maroc, dans tout le Levant et jusqu'en Chine [1]. Gênes
et Venise s'emparèrent du commerce de l'Orient. Gênes possédait en
Crimée la colonie de Caffa, organisée comme la métropole et, le long
des côtes de la mer Noire, des établissements que surveillait la colonie
gênoise de Pera. A Gênes, fut créée, en 1407, la *Casa* ou *ufficio di santo
Giorgio*, qui prit, en 1673, le titre de *Banca di san Giorgio*. Des
créanciers de la république avaient obtenu la concession de certains
revenus ; ils se formèrent en société pour l'exploitation de la
concession ; la société prêta bientôt à l'État, reçut de nouvelles
concessions de taxes et de droits, fit le commerce et finit par régner
sur de nombreux territoires du Levant.

Venise devint toute puissante ; elle avait des îles nombreuses, des

_____

(1) César Cantu, *Histoire universelle*, 13ᵉ époque, ch. 22.

possessions sur le littoral. Son commerce était énorme. Il employait, du reste, la marine de l'État. L'exportation et l'importation des marchandises occupaient plus de trois mille bâtiments; le gouvernement, de son côté, envoyait tous les ans dans les ports principaux des escadres de quatre ou six grosses galères, qui recevaient les marchandises que les particuliers avaient à envoyer ou à faire venir. Ces galères ne trafiquaient point pour le compte de la république; elles étaient louées à des spéculateurs pour le voyage, seulement le gouvernement choisissait les commandants. (1)

La politique commerciale de Venise était fort hostile aux étrangers : aucun négociant étranger ne pouvait être reçu sur un navire vénitien ; l'étranger payait des droits de douane deux fois plus forts que les nationaux. Vaisseaux, patrons, propriétaires, tout devait être vénitien. Point de société entre nationaux et étrangers : les privilèges, la protection étaient assurés aux Vénitiens seuls et spécialement aux citadins.

Les sujets de la république n'étaient pas traités avec plus de faveur ; longtemps les villes de la terre-ferme ne purent expédier leurs marchandises qu'en les faisant passer par Venise où elles payaient un droit. (2)

Le commerce, à l'époque médiévale, se développe au dehors grâce surtout à l'obtention d'un quartier, comprenant les bâtiments destinés aux autorités, les constructions à l'usage commun de la colonie et les constructions particulières. Cela se fait dans les royaumes fondés par les croisés, dans l'empire byzantin, dans les royaumes musulmans. Un des éléments essentiels de ces établissements est constitué par les échelles, c'est-à-dire par les escaliers de débarquement, établissant la communication entre le quartier et les navires qui viennent jeter l'ancre.

Les croisades amenèrent un considérable développement du négoce. Dans ce mouvement immense, les villes italiennes remplirent un rôle important. Leurs navires transportèrent fréquemment les croisés

---

(1) DARU, *Histoire de Venise*, L. XIX.
(2) Ibid.

ou permirent à ceux-ci de consolider leurs conquêtes. Leurs services furent rémunérés par la concession de très grands privilèges. Les trois puissances maritimes de la péninsule, Venise, Gênes et Pise, se virent octroyer soit des quartiers, soit des ports dans les villes des royaumes latins. Venise notamment fut favorisée : dans le royaume de Jérusalem, elle eut droit à une part de chaque ville, lors même qu'elle n'avait pas contribué à la prendre. Les marchands de Marseille obtinrent, en 1117, une charte qui leur permit de tracer les limites de leur quartier dans la ville de Jérusalem, de telle sorte qu'aucun étranger ne s'y pût loger.

Quand les croisés s'emparèrent, en 1204, de Constantinople, les Vénitiens, qui avaient fait dévier l'entreprise de son but primitif, la conquête de l'Égypte, et qui avaient provoqué l'expédition contre l'empire grec, se firent attribuer l'Épire, l'Acarnanie, l'Étolie, les îles Ioniennes, le Péloponèse, les îles du midi et de l'ouest de l'Archipel, une série de villes échelonnées le long de la côte européenne du détroit des Dardanelles et de la mer de Marmara, quelques villes de l'intérieur de la Thrace. (1)

La rivalité commerciale des villes maritimes fit naître plus d'une fois de sanglantes querelles, et l'on vit même les flottes des chrétiens se livrer d'acharnées batailles. En 1352, dans un de ces engagements, la flotte génoise se trouva diminuée de treize galères ; les adversaires, Vénitiens et Catalans, perdirent vingt-six vaisseaux.

Nous avons parlé déjà des prohibitions qui frappèrent le commerce des chrétiens avec les Sarrasins.

Le concile de Latran de 1179 avait résumé les défenses antérieures : point de vente d'armes, de fer, de bois de construction, de tout ce qui peut servir à la guerre ; sinon excommunication et réduction en esclavage.

Les villes maritimes, nous l'avons vu, ne se laissèrent point arrêter par ces menaces. Elles violèrent les lois ecclésiastiques et continuèrent leur trafic. Venise, notamment, éluda la défense, d'une part en faisant

---

(1) W. HEYD, ouvrage cité, t. I, p. 131 et suivantes.

de la factorerie de Tana, sur la mer d'Azof, le centre de ses opérations, d'autre part en provoquant le commerce de nouveaux articles.

Les papes interdirent alors toute exportation indistinctement. Ces nouvelles défenses furent également violées. En 1307, Clément V prohiba tout commerce avec les infidèles, sous peine d'une amende égale à la valeur des marchandises exportées, amende qui devait être payée à la chambre apostolique. Les Vénitiens ne tenaient point compte de la défense, mais beaucoup d'entre eux, à l'article de la mort, n'obtenaient l'absolution qu'en se reconnaissant débiteurs. Le gouvernement vénitien défendit à son tour le payement des amendes, et lorsqu'en 1322, le rapace Jean XXII envoya deux nonces pour recueillir les pénitences posthumes ou excommunier ceux qui les retenaient, la seigneurie leur enjoignit de sortir du territoire. Plus tard, Benoit XII accorda à quelques maisons de Venise des licences spéciales qui furent suivies, en 1345, d'une dispense générale pour le corps des marchands de la république. Dans le dernier tiers du XIVᵉ siècle, Urbain V accorda à la ville de Montpellier la permission de commercer avec les infidèles au moyen d'un seul navire et, vers le milieu du siècle suivant, Eugène IV et Nicolas V autorisèrent Jacques Cœur aux mêmes fins.

Il y a plus. A la fin du XVIᵉ siècle, Clément VIII essaya de reprendre, en l'exagérant, la politique de ses prédécesseurs. Par une bulle de 1595, il défendit à tous les Italiens d'aller trafiquer dans un pays où le culte de la religion catholique ne s'exerçait pas publiquement, à moins qu'ils n'en eussent obtenu la permission du Saint-Office, et qu'ils ne se soumissent à justifier tous les ans de l'observation du devoir pascal. Ceux qui manquaient à l'une ou l'autre de ces obligations devaient être traduits devant le tribunal de l'Inquisition. (1)

Les auteurs avaient de bonne heure établi des distinctions habiles et c'est ainsi que Goffredo de Trani distingue entre les marchandises qui ne peuvent jamais être transportées vers les infidèles, telles que les armes, le fer et les bois, et celles qui peuvent leur être livrées en temps de trève, ajoutant que jamais les chrétiens ne peuvent vendre

---

(1) Daru, *Histoire de Venise*, L. XIX.

des navires aux infidèles, ni commander des navires des infidèles ni aider ceux-ci de leurs conseils dans les affaires de Terre Sainte.

Durant cette période, des privilèges sont obtenus, des conventions sont conclues dans la plupart des pays. Les premières stipulations ont souvent en vue l'abolition du prétendu droit de naufrage en vertu duquel étaient confisqués les débris des navires naufragés et les marchandises que la tempête jetait sur le rivage. Le droit de séjour est accordé. Dans le nord, s'était constituée la Ligue hanséatique, comprenant les villes libres de la Baltique et de la mer du Nord, unies en vue de se défendre les unes les autres et de protéger leur commerce. Ces villes avaient en Suède la totalité du commerce et parmi leurs droits figurait celui d'entrer pour moitié dans la composition des conseils communaux des villes maritimes.

Le groupement de compatriotes établis à l'étranger est un fait tout naturel. Au moyen âge, il constitue partout la règle : dans toutes les villes importantes, de petites colonies se forment, qui tentent de s'administrer elles-mêmes et de faire reconnaître leur droit à l'autonomie. Dans le sud, le consul, dans le nord l'*alderman* étaient non des représentants des gouvernements, mais des chefs reconnus par leurs administrés. (1)

Les navires étaient censés naviguer sous la juridiction de la nation dont ils portaient le pavillon ; leurs voyages étaient généralement longs ; ils avaient à bord un magistrat. (2) Quand les navires abordaient au port, il était logique que ceux qui le montaient essayassent de conserver leur juridiction nationale. Et quand les marchands s'établissaient, il était plus logique encore qu'ils cherchassent à s'assurer leurs tribunaux et leurs lois propres. L'institution consulaire, sous des noms divers, s'introduisit.

Des privilèges sont concédés nombre de fois à cet effet ; fréquentes sont les conventions. Du reste, à une époque fort éloignée apparaît un

---

(1) R. DE MAULDE-LA-CLAVIÈRE, *La diplomatie au temps de Machiavel*, t. III, p. 296.

(2) SIR TRAVERS TWISS, *The exterritoriality of public ships of war. Law Magazine and Review*, février 1876.

texte législatif important. La *Lex antiqua*, fragment d'un recueil de lois visigothiques, remonte à Reccared Ier qui régna de 586 à 601. Un passage s'occupe des marchands d'outre-mer. Il dispose en ces termes : « *Cum transmarini negociatores inter se causam haberent, nullus de sedibus nostris eos audire præsumat, nisi tantummodo suis legibus audiantur apud telenarios suos.* » Il leur accorde en réalité l'exterritorialité ; il leur permet d'être jugés par leurs juges d'après leurs lois. Le *Fuero juzgo* est la traduction castillane du *Forum judicum*, recueil fait dans la deuxième moitié du VIIe siècle. Or, dans le *Fuero juzgo*, la loi concernant les marchands étrangers est conservée et la traduction castillane ne laisse point de doute sur le sens du mot *telonarii* ; il s'agit bien des juges et non point des receveurs des douanes. (1)

Au XVe siècle, se produisent les premières grandes découvertes. Les Portugais créent successivement des établissements : Madère, les îles du Cap vert, les Açores, la Guinée, le Congo, sont autant d'étapes. En 1486, Barthélemy Diaz dépassa le cap de Bonne-Espérance et plus tard, Vasco de Gama, puis Almeida, Alburquerque parvinrent jusqu'aux Indes. Christophe Colomb avait découvert le nouveau monde en 1492. En 1500, un Portugais, Pierre Alvarez Cabral, envoyé pour visiter les nouvelles contrées de l'Inde orientale, découvrit une terre inconnue : c'était le Brésil.

La suprématie des Turcs avait déjà porté un coup mortel au commerce de Venise et de Gênes. Un même coup atteignit tout le commerce de la Méditerranée, quand au XVIe siècle, les Turcs envahirent l'Égypte et une partie du Nord de l'Afrique et couvrirent les mers de leurs pirates. La conquête de l'Égypte par Sélim Ier fut surtout funeste, car ce pays était la dernière grand'route de l'Hindoustan, dont l'accès était désormais impossible. (2) Au commencement du XIVe siècle, un noble vénitien, Marino Sanuto, avait écrit les *Secreta*

---

(1) *Forus antiquus gothorum regum Hispaniæ, olim Liber judicum, hodiè Fuero juzgo nuncupatus.* L'annotateur est ALPHONSE DE VILLADIEGO. Madrid, 1600. Le passage cité figure au L. XI, tit. III, 1. 2.

(2) JAMES E. THOROLD ROGERS, *Interprétation économique de l'histoire*, traduit par E. CASTELOT, p. 21.

fidelium crucis, où il exhortait ses compatriotes à s'emparer de l'Égypte et à se rendre ainsi maîtres du commerce de l'Orient, puisque la communication de l'Inde avec la Méditerranée par la mer Rouge était la plus courte, et où il faisait resssortir quelle riche matière l'Afrique elle-même offrait au commerce, par son or et son ivoire. (1)

La prospérité des républiques italiennes croulait, mais d'autres États se lançaient dans la gigantesque lutte.

Leur politique coloniale fut protectionniste. Conséquence nécessaire, les traités de commerce ne sont point si nombreux au XVIe siècle que dans les deux siècles précédents. C'est seulement au XVIIe siècle, à la fin de la guerre de Trente ans et plus particulièrement à la paix des Pyrénées que les intérêts du négoce font de nouveau l'objet de la sollicitude des puissances ; les traités d'Utrecht, du commencement du XVIIIe siècle, sont même les premiers grands traités où se posent les questions maritimes et commerciales.

Des actes importants datent de la fin du XVe siècle.

Henri VII, monté sur le trône d'Angleterre, consacra, nous l'avons vu, les premières années de son règne à se défendre contre les intrigues de la Maison d'York et à tâcher de relever l'Angleterre appauvrie, divisée contre elle-même, isolée. De là des traités sages et libéraux, conclus en février 1496, avec Philippe le Beau, duc de Bourgogne, et en octobre de la même année, avec Ferdinand d'Aragon et Isabelle de Castille.

Le premier de ces traités fut appelé par les Flamands l'*Intercursus magnus*, le *grand entrecourse*, comme ils appelèrent *Intercursus malus*, *mauvais entrecourse*, le traité défavorable de 1506.

Les dispositions sont intéressantes : il y a liberté du commerce entre les deux pays moyennant une licence ou passeport ; les navires marchands peuvent être armés en guerre ; les pêcheurs des Pays-Bas ont le droit de pêche dans les eaux que les Anglais s'étaient jusqu'alors réservées ; les ports des deux nations devaient être fermés aux

---

(1) Daru, *Histoire de Venise*, L. XIX.

corsaires, mais rester ouverts aux bâtiments de commerce en détresse ; les marchandises ennemies étaient prohibées ; les lois réglant le sauvetage des naufragés étaient adoucies ; les négociants flamands étaient autorisés à résider en Angleterre et les négociants anglais dans les Pays-Bas ; les représailles étaient abolies ; le commerce des métaux précieux était déclaré libre.

Au témoignage de Rogers, assurément compétent, la sagesse et la largeur de vues de ce traité, qui sur bien des points est de quatre siècles en avance sur son époque, ont de quoi nous surprendre. L'étonnement est moindre si l'on songe aux rapports qui existaient entre les deux pays. Comme Rogers le rappelle, les cités flamandes s'enrichissaient par le travail des toiles et des lainages ; or, l'Angleterre seule en Europe produisait la laine, du XIII° au XVI° siècle, non seulement à cause de son sol et de son climat, mais parce que la sécurité régnait dans le royaume et que les Anglais pouvaient posséder des moutons. La Flandre avait un intérêt majeur à être en bons termes avec l'Angleterre et les rois anglais, dans leurs guerres avec la France, cultivaient avec sollicitude les bonnes dispositions des Flamands et de leurs gouvernants. (1)

Des conventions monétaires furent conclues entre l'Angleterre et la Flandre.

En 1339, Édouard III prit le titre de roi de France. Il est convenu, dans les traités qu'il fait avec les communes flamandes, qu'une monnaie d'or et d'argent de même poids et de même aloi sera faite en France, en Flandre et en Brabant et aura cours en Angleterre. En 1343, la question est discutée au parlement. Accordé est « de faire une monoie d'or en Engleterre et en Flandres, et si les Flemmyngs le voillent qui avera son cours en Engleterre et en Flandres, de tieu pois, aloye et value, comme serra ordeïgnez par le roi et son conseil. Et que totes autres monoies d'or soient defendues en Engleterre et en Flandres et soient portez à l'eschange en Engleterre et en Flandres et illocques mys au billion ». Et de même pour la monnaie d'argent.

(1) JAMES E. THOROLD ROGERS, *Interprétation économique de l'histoire*. Traduction de É. CASTELOT, p. 20 et 97.

Au siècle suivant, Édouard IV, le *Merchant King,* et Charles le Téméraire, son beau-frère, s'accordèrent pour réunir à Bruges une conférence en vue d'étendre autant que possible la circulation de leur numéraire respectif et de supprimer le change. Ils voulaient à la fois augmenter les bénéfices de leur monnayage et faciliter les transactions commerciales. (1)

Les délégués eurent pour mission de fixer le rapport existant entre les systèmes monétaires anglais et flamand, d'équipoller la valeur coursable de toutes les monnaies circulant légalement dans les deux pays, et de rechercher, enfin, s'il était possible d'établir des livres de compte équivalentes d'après lesquelles se règleraient dans l'avenir tous les marchés conclus soit en Angleterre, soit dans les Pays-Bas. Les officiers généraux des monnaies devaient prendre part aux réunions à titre consultatif.

La conférence aboutit, le 23 août 1469, à l'élaboration d'un projet de convention monétaire. Une unité de poids, commune aux deux pays, fut adoptée et un barème fut établi. La monnaie anglaise était à la monnaie de Flandre dans le rapport de 1 à 4, c'est-à-dire quatre fois plus forte. L'entente ne put s'établir en ce qui concernait l'établissement de livres de compte équivalentes. Le duc de Bourgogne proposa la libre entrée et la libre sortie de ses monnaies dans les possessions continentales et les états d' « ultra mare » du roi d'Angleterre, comme aussi la libre entrée et la libre sortie des monnaies anglaises dans les pays soumis à son pouvoir. Mais les délégués d'Édouard IV déclarèrent vouloir en référer au roi et à son conseil. La détermination du quantum de perte au poids, occasionnée par le frai et qui devait faire déclarer billon une monnaie, fut aussi réservée de commun accord.

Deux autres conventions monétaires intervinrent entre les souverains des Pays-Bas et les rois d'Angleterre. La première date de 1499 ; son texte ne nous est pas parvenu, mais son existence est rappelée dans la convention de 1523.

La situation monétaire était trouble aux Pays-Bas ; un premier

---

(1) ALPHONSE DE WITTE, *Conférence monétaire internationale tenue à Bruges, en 1469.*

remède se trouvait dans la réduction des évaluations exagérées des ordonnances antérieures concernant les monnaies nationales ou étrangères, et ainsi se réunit à Calais une conférence de délégués belges et de délégués anglais ; la valeur en sterling des monnaies nouvellement émises par Charles-Quint fut fixée. (1)

En 1529, Charles-Quint tenta une œuvre plus importante. Une délibération du Conseil d'État, donnée comme instruction à Jean Caulier, président du Conseil privé, au sujet de l'envoi de négociateurs en France, le prouve : « Item diront au roy François que pour le bien commun des subjets et marchands de France, d'Angleterre et de par deçà et afin que lesdits marchands puissent tant mieulx faire leur négociation nous semble serait bien et nécessaire de réformer le désordre des monnoyes desdicts royaumes et pays et les réduire et faire évaluer et forger sur un pris et pied, et que pour ce faire, il conviendrait que les généraulx de monnoyes de chacun côté se assemblassent en quelque lieu pour ce convenable et le plus tot que faire se pourrait. » Mais le programme ne put être exécuté. (2)

En Angleterre, notons-le en passant, l'altération systématique de la monnaie n'a été perpétrée sciemment que sous le règne de Henri VIII. (3) Il en fut tout autrement en France. Nicole Oresme, chapelain de Charles V, puis évêque de Lisieux, qui traduisit en français les *Politiques* et les *Économiques* d'Aristote, a montré les désastreux effets de l'instabilité de la monnaie. Il fait connaître la façon dont les rois s'y prenaient en France. Trois modes étaient employés : « la mutacion de l'appellation », c'était le changement du cours légal, la modification du rapport légal établi entre la valeur de circulation des espèces monnayées et la valeur de la livre de compte ; « la mutacion du poids », c'était l'affaiblissement du poids ou du titre des

---

(1) ALPHONSE DE WITTE, *Notes touchant les relations monétaires entre la France et l'Angleterre jusqu'au XVIIᵉ siècle. Revue de droit international et de législation comparée*, t. XXVI, p. 91.

(2) Ibid., p. 92.

(3) JAMES E. THOROLD ROGERS, *Interprétation économique de l'histoire*. Traduction de É. CASTELOT, p. 176.

espèces sans que leur cours fût proportionnellement diminué ; « la mutacion de la matière », c'était l'altération du titre. (1)

La question de la monnaie était importante. Saint Thomas d'Aquin y avait consacré tout un chapitre de son *De regimine principum*. Il se référait à l'opinion exprimée par Aristote, opinion que le jurisconsulte Paul avait reproduite. (2) Saint Thomas d'Aquin n'admet pas que la monnaie soit un signe conventionnel, dépendant de l'autorité, que le souverain qui l'a créé peut modifier ; il montre que son caractère véritable est celui d'un instrument servant de mesure ; il accepte que le prince puisse trouver un bénéfice léger dans sa fabrication, mais il veut qu'il use avec modération de la faculté de changer ou de diminuer soit le poids, soit le titre. « C'est, conclut-il, un dommage pour les peuples puisque la monnaie est la mesure des choses. » (3)

Lorsqu'ils s'établirent en Europe, les Turcs firent disparaître l'organisation administrative et la hiérarchie byzantines ; mais ils s'abstinrent d'imposer à leurs nouveaux sujets leurs institutions gouvernementales et les lois civiles inscrites dans le Coran. Ils ne cherchaient point la fusion des groupes ethniques. Campés, pour ainsi dire, au milieu des chrétiens numériquement prépondérants, ils maintenaient vis-à-vis d'eux le *Djihad* ou état de guerre. C'est ainsi, notamment, que Mahomet II fit du patriarche de Constantinople

---

(1) Vuitry, *Études sur le régime financier de la France avant la Révolution de 1789.* Nouvelle série, t. II, p. 327.

(2) Rappelant l'observation de Cousin que la scolastique était tout entière sortie d'une phrase de Porphyre, traduite par Boèce, sur les notions universelles d'espèce et de genre, Jourdain remarque à son tour que les premières controverses du moyen âge sur les questions économiques ont été suggérées par quelques textes de la *Morale à Nicomaque* et de la *Politique* d'Aristote. Ces textes ont trait à la monnaie. « On convint, dit Aristote, au livre 1er, chapitre III, de ce dernier ouvrage, de donner, de recevoir dans les échanges une matière qui, utile par elle-même, fût aisément maniable dans les usages habituels de la vie. Ce fut du fer, par exemple, de l'argent ou telle autre substance dont on détermina d'abord les dimensions et le poids et qu'enfin, pour se délivrer des embarras de continuels mesurages, on marqua d'une empreinte particulière, signe de sa valeur ». Le texte du jurisconsulte Paul se trouve à la loi I du livre 18, titre I du Digeste.

(3) Vuitry, *Études sur le régime financier de la France avant la Révolution de 1789,* p. 445.

un chef de nation en le rendant responsable de la fidélité de ses coreligionnaires. Le clergé chrétien devint ainsi un véritable corps de fonctionnaires munis de pouvoirs administratifs et judiciaires très étendus, chaque communauté étant d'ailleurs chargée de répartir les impôts et d'en verser le produit au trésor impérial. (1) Antérieurement à la prise de Constantinople, les Turcs avaient été en rapports avec les Vénitiens et les Génois. En 1384, une ambassade turque arriva à Venise. En 1387, les Génois envoyèrent des plénipotentiaires à Péra. Lors de la prise de Constantinople, le *baile*, l'administrateur de la colonie vénitienne, fut mis à mort ; 500 vénitiens furent faits prisonniers. La république vit menacés de destruction complète les intérêts immenses que ses sujets avaient en Orient. Elle négocia et fut autorisée à continuer d'avoir un baile chargé de l'administration et de la juridiction. Tout était bien changé, cependant. Venise perdait sa situation privilégiée, la franchise de douanes qu'elle avait eue trois siècles durant. En 1453, Mahomet II avait renouvelé les priviléges dont les marchands génois avaient joui jusqu'à cette époque.

Les rapports des Turcs avec les divers États européens finirent par être réglés par les capitulations. Le mot est probablement d'origine italienne ; la *capitulazione* est la convention, le contrat. Il est douteux qu'il fût usité avant 1535, quand intervint entre François Ier et Soliman II, un traité d'alliance et de commerce, ayant pour base que les ambassadeurs, consuls, interprètes, négociants et autres sujets de la France fussent protégés et maintenus en tout repos et tranquillité. Le traité accordait au seul pavillon français le droit de commercer dans les États de la Porte. Les autres nations européennes, comme les Anglais, les Catalans, les Ragusais, les Siciliens, les Génois, les Portugais, etc., dont les gouvernements n'étaient pas liés avec la Porte par des traités d'amitié, pouvaient naviguer sous le pavillon français et trafiquer sous la protection de la France. Un article réservait au pape, au roi d'Angleterre et au roi d'Écosse d'accéder au traité, si bon leur semblait, dans les huit mois.

Le traité de 1535 expira à la mort de Soliman II, mais jusqu'au

---

(1) ED. ENGELHARDT, *Considérations historiques et juridiques sur les protectorats. Revue de droit international et de législation comparée*, t. XXIII, p. 348.

traité de 1740 qui est encore en vigueur, il fut renouvelé onze fois.
Les autres États obtinrent à leur tour des capitulations. (1)

Des traités intervinrent à partir du XVIIe siècle entre les
dépendances de la Porte sur les côtes barbaresques et les puissances
européennes. Alger, Tunis et Tripoli constituaient des régences héréditaires. Ils reconnaissaient la souveraineté de la Porte qui avait aussi
l'Égypte comme province tributaire. La conquête de l'Afrique que visaient
les Portugais devint un des objectifs de la politique espagnole à partir de
l'anéantissement de la puissance maure en 1492. Dans son testament,
Isabelle la Catholique recommandait avec instance aux Espagnols de
ne pas abandonner cette conquête et de combattre pour la foi contre
les infidèles. La propagation du christianisme n'était point le seul
mobile ; il fallait assurer la sécurité des côtes de l'Espagne, il fallait
grouper en un seul empire l'Espagne et la Barbarie pour lesquelles la
Méditerranée n'eût été qu'un lac. (2) Mais les invasions échouèrent
finalement en 1579. Le Maroc devint menaçant par ses pirateries. Au
XVIIe siècle l'Espagne, comme les autres pays, négocia avec le Maroc,
avec Alger, avec Tunis et avec Tripoli. L'article essentiel des traités
que les Européens tentaient de contracter, était que les vaisseaux
seraient libres de saisie, moyennant production des passeports
convenus et que les sujets rencontrés comme passagers sur des navires
ennemis conserveraient la liberté. D'autres stipulations avaient trait
aux consuls et aux droits à payer. (3)

---

(1) FÉRAUD-GIRAUD, *De la juridiction française dans les Échelles du Levant et
de Barbarie*, t. I., p. 26. — Sir TRAVERS TWISS, *Le droit des gens ou des nations
considérées comme des communautés politiques indépendantes*, t. I, p. 430.

(2) TORRES CAMPOS, *L'Espagne en Afrique. Revue de droit international et de
législation comparée*, t. XXIV, p. 414.

(3) G. F. MARTENS, *Cours diplomatique*, t. III. *Tableau des relations extérieures
des puissances de l'Europe.*

CHAPITRE XIV

LA DIPLOMATIE ET LES AMBASSADES
PERMANENTES.

Au XVᵉ siècle, s'achève presque simultanément le travail
d'unification de trois grands États européens. La France sort
victorieuse des guerres contre l'étranger qui foulait son sol. La
monarchie espagnole s'établit, grâce aux laborieux efforts de
Ferdinand et d'Isabelle. L'Angleterre, que des luttes intestines ont
tant affaiblie, reprend, sous l'action des Tudors, une nouvelle
vigueur. Si trois nations importantes parviennent ainsi à se constituer,
si, désormais sûres d'elles-mêmes et conscientes de leur rôle, elles
peuvent accomplir leur mission civilisatrice, il est d'autres peuples
qui cherchent encore en tâtonnant comment diriger leurs pas. Les
tentatives de la maison de Bourgogne échouent ; le Saint Empire
romain paraît dépourvu de toute cohésion ; le travail qui s'opère dans
les pays septentrionaux est trop lent pour sortir des effets immédiats ;
l'Italie se désagrège de plus en plus ; l'Empire grec, décrépit, devient
la proie des Turcs dont la redoutable puissance menace les États
chrétiens de l'Europe centrale.

Un phénomène naturel se produit. Les entités nationales parvenues
à leur complet développement prétendent exercer au dehors une

influence prépondérante, et cette tendance d'expansion produit dans le monde une activité et un mouvement extraordinaires. La conquête se trouve souvent au bout des efforts tentés ; quelquefois cependant ceux-ci ont simplement en vue l'affermissement de l'œuvre accomplie ; ils sont inspirés par la volonté légitime et respectable de se protéger contre les empiètements d'une puissance voisine ; le but de la politique est, plus qu'on ne serait tenté de le croire à première vue, la consolidation de l'unité nationale. L'isolement était la loi de l'antiquité et du haut moyen âge ; le rapprochement des peuples sera la marque caractéristique de la période moderne. Les relations internationales seront bientôt incessantes et, somme toute, elles seront fructueuses. Une vie nouvelle commencera pour l'humanité (1).

L'époque dont nous nous occupons est avant tout dynastique. Ce sont les maisons souveraines qui forment et façonnent les nouveaux États. Des individualités puissantes, Louis XI de France, Henri VII d'Angleterre, Ferdinand d'Aragon (Bacon les appelle les trois mages), impriment aux peuples la marque d'un génie qu'attestent les siècles suivants. Les princes sont souvent assistés de ministres de grand talent. D'un autre côté, au principal rang des facteurs qui amènent la transformation de l'Europe, figure la diplomatie.

« La diplomatie est vieille comme le monde et ne périra qu'avec lui », dit fort bien l'auteur du beau livre *La diplomatie au temps de Machiavel*. Mais si les peuples, à l'exception de quelques tribus sauvages, ont correspondu de tout temps par le moyen de personnes chargées de les représenter, si la religion et plus tard un droit reconnu firent dès les temps les plus anciens envisager les envoyés comme inviolables, néanmoins la diplomatie comme organisme n'apparaît que dans la dernière moitié du moyen âge.

Ses premiers développements remontent au XIIIe siècle et depuis lors, elle n'a cessé de croître en importance. On ne voit d'abord que des ambassades courtes et transitoires ; mais bientôt se montre une organisation plus stable, l'employé séjourne un temps plus ou moins

---

(1) E. Nys, *Les origines de la diplomatie et le droit d'ambassade avant Grotius. Revue de droit international et de légalisation comparée*, t. XV, p. 577 et t. XVI, p. 85 et 167.

long auprès du prince auquel il est accrédité, il ne quitte pas son poste pendant la durée de la liaison contractée ; plus tard enfin, apparaissent les ambassades permanentes, dont l'introduction est suivie de près, dans les grands pays, par la création d'un office des affaires étrangères.

Les villes italiennes avaient donné l'exemple. Sur un terrain relativement étroit s'étaient déroulés de véritables drames politiques dont les acteurs avaient déployé une hardiesse étonnante, et dans lesquels le génie diplomatique avait été mis à même de donner toute sa mesure. Les alliances étaient faites et défaites, déplaçant successivement l'hégémonie, élevant une cité, abaissant l'autre, tendant surtout à établir un système d'équilibre entre les forces des princes et des républiques de la Péninsule. La guerre jouait aussi un rôle important dans ces complications, mais, plus encore que la guerre, la diplomatie était féconde en résultats. Il n'est pas une ville italienne qui ne puisse se montrer fière de ses habiles négociateurs. Quelques-unes de ces républiques ont produit des hommes d'État comme l'histoire n'en montre point de meilleurs. Florence, qui, au XIIIᵉ et au XIVᵉ siècle, compte Brunetto Latini, Dante, Pétrarque, Boccace parmi ses envoyés, possède plus tard des agents tels que les Capponi, les Vettori, les Guicciardini, les Machiavel [1]. Venise, dont on a pu dire qu'elle était « l'école et la pierre de touche des ambassadeurs [2] », remplit dans l'histoire du droit d'ambassade un rôle considérable. Rome a été de tout temps féconde en diplomates ; là, du reste, se produit un mouvement d'autant plus intense que le Saint-Siége parvient à faire admettre, comme un devoir des souverains, l'envoi d'ambassades d'obédience. « *Papæ præstiterunt obedientiam prout bonos Christianos decet* », dit Burchard, le maître des cérémonies, parlant des Génois et d'Innocent VIII.

L'organisation de la diplomatie vénitienne mérite d'être étudiée, d'autant plus qu'elle fonctionnait régulièrement alors que dans le

---

(I) REUMONT, *Della diplomazia italienna dal secolo* XIII *al* XVI. p. 11.
(2) AMELOT DE LA HOUSSAYE, *Histoire du gouvernement de Venise.*

reste de l'Europe, l'institution était encore informe. On constate en effet, que dès le XIIIᵉ siècle, un des grands soins de la république est de prendre une série de mesures propres à protéger l'intérêt public dans les affaires d'ambassades. En 1236, un décret du grand conseil défend aux envoyés près la cour de Rome de procurer, à qui que ce soit, un bénéfice quelconque sans l'ordre du doge et du petit conseil. En 1268, il est ordonné que les ambassadeurs consigneront, à leur retour, les dons qu'ils auront reçus (1). Un autre décret leur impose le serment de traiter les affaires à l'honneur et à l'avantage de la république (2).

Vers la même époque, il est décidé que les agents diplomatiques feront à leur retour un rapport écrit sur leur mission : « *Oratores in reditu dent in nota ea quæ sunt utilia dominio.* » Une loi de 1288 décrète, dans le même ordre d'idées, que les envoyés en ambassade solennelle seront tenus de déposer par écrit, dans les quinze jours de leur retour, les réponses qui leur auront été faites pendant leur mission, ainsi que tout ce qu'ils auront noté et ce qu'ils auront entendu dire à l'honneur et dans l'intérêt de Venise. Ces dernières dispositions furent renouvelées, dans la suite, à diverses reprises, notamment en 1296, en 1425 et en 1533, et c'est à cette mesure prise par le gouvernement que sont dues les fameuses relations qui porteront à jamais un éclatant témoignage de la perspicacité, de l'habileté et du prodigieux esprit politique des ambassadeurs vénitiens.

Une série d'autres statuts relatifs aux règlements des ambassades datent également du XIIIᵉ siècle. Tous sont marqués au coin d'une prudence consommée, et c'est ainsi qu'il est établi que nul Vénitien ne peut aller en ambassade dans un pays où il a des possessions et que nul envoyé ne peut s'éloigner un seul jour de son poste. Suivant le mot de Gachard, « dans un temps où presque partout en Europe,

---

(1) REUMONT. *Della diplomazia italiana dal secolo XIII al XVI*, p. 65 et suivantes.

(2) ALBÉRI, *Relazioni degli ambasciatori veneti al senato*, 1ʳᵉ série, t. I. ROMANIN, *Storia documentata di Venezia*, t. II. p. 353. — BASCHET, *La diplomatie vénitienne, — Les princes de l'Europe au XVIᵉ siècle. François I, Philippe II, Catherine de Médicis, les Sultans,* etc., p. 17.

l'administration était livrée encore à la confusion et à l'anarchie, où la science politique était dans l'enfance, le grand conseil de Venise avait déjà déterminé, par des règlements précis, les devoirs de ceux que la république choisissait pour les envoyer en mission au dehors (1). » La durée des ambassades est fixée. Au XIIIᵉ siècle, trois ou quatre mois pour une légation semblaient déjà longs ; au XVᵉ siècle, il est décidé qu'un ambassadeur ne restera pas en fonctions auprès de la même cour pendant plus de deux ans, et vers la fin du XVIᵉ siècle, ce terme est porté à trois ans. En 1480, il est défendu aux envoyés de conférer avec les étrangers des affaires de la république et de rien écrire sur des questions politiques à des personnes qui ne font pas partie du gouvernement ; on les oblige à s'abstenir de toute communication de leurs lettres, à moins d'une autorisation expresse. Des précautions minutieuses sont prises pour empêcher les indiscrétions. Un décret du conseil des Dix, de 1481, commine la peine de bannissement et une amende de 2,000 ducats contre quiconque s'entretient des affaires de l'État avec un ministre étranger ; un autre décret prononce la peine de mort contre les révélateurs, et le tribunal des inquisiteurs de l'État, *Inquisitori de' secreti,* est spécialement institué pour empêcher ou punir la divulgation des secrets d'État (2).

L'envoi des agents diplomatiques est un attribut du conseil des *Pregadi,* et depuis 1497, du sénat. L'élection se fait à la majorité des voix. L'élu doit se préparer à partir dans les quatorze mois ; mais pour se mettre en route, il est obligé d'attendre un ordre exprès. Avant de quitter Venise, il reçoit du *Collegio* ou cabinet des ministres sa commission, qui est à la fois la lettre patente de nomination et une instruction générale indiquant à l'ambassadeur les premières démarches à faire, la durée du séjour, le chiffre du salaire et le mode d'agir. A la commission sont jointes les lettres du doge pour le souverain. Les lettres de crédit sont rédigées avec la plus grande

(1) GACHARD. *Les monuments de la diplomatie vénitienne considérés sous le point de vue de l'histoire moderne en général et de l'histoire de Belgique en particulier,* t. XXVII, in-4º (1853) des *Mémoires de l'Académie royale de Belgique.*

(2) ROMANIN, *Storia documentata di Venezia,* t. VI, p. 116. — ZELLER, *La diplomatie française vers le milieu du XVIᶜ siècle, d'après la correspondance de Guillaume Pellicier,* p. 52.

simplicité. Dès la seconde moitié du XIVᵉ siècle, l'italien est employé concurremment avec le latin.

Tantôt l'ambassade se compose de plusieurs ambassadeurs accompagnés de chevaliers d'honneur et de valets, tantôt elle comprend un seul envoyé accompagné d'attachés. L'agent diplomatique peut emmener avec lui autant de gentilshommes qu'il veut. Chaque ambassadeur a d'ailleurs un ou plusieurs secrétaires pris dans les familles nobles de deuxième rang et qui, par un usage particulier à la diplomatie vénitienne, interviennent aux conférences des ambassadeurs avec les souverains étrangers. Il est à remarquer que les envoyés suivent presque partout la cour du prince auprès duquel ils sont accrédités.

Les communications étaient difficiles et, néanmoins, l'expédition de dépêches était fréquente. Cette expédition se faisait par des courriers et, à partir du XVIᵉ siècle, par la poste ordinaire. Les envoyés florentins employaient souvent la correspondance des maisons de commerce et de banque et contribuaient aux frais de port. (1) Durant sa légation de France, Machiavel a recours, à plusieurs reprises, à l'intermédiaire de la maison Dei, firme florentine établie à Lyon, et les postscripts de ses dépêches mentionnent la participation de l'ambassadeur à la moitié de la dépense nécessitée par l'expédition. (2) La célérité des courriers d'ambassade était, du reste, très grande, grâce aux relais de chevaux placés de distance en distance le long de la route. En avril 1474, un courrier, expédié au roi de France par le cardinal de Rouen, promet de parcourir en treize jours la distance de Rome à Paris, et, en 1509, des lettres expédiées de Blois, le 7 février, parviennent à Venise le 14 au matin. (3) Quand les envoyés diplomatiques se servaient de moyens de communication privés, ils joignaient à leur dépêche une copie de la dépêche précédente, et quand ils craignaient que les dépêches ne tombassent en des mains étrangères, ils employaient un chiffre, soit pour toute la dépêche, soit pour ses

---

(1) Reumont, *Della diplomazia italiana dal secolo XIII al XVI.* p. 216.

(2) Machiavel, *Œuvres. Légations et missions. Légations à la cour de France.* Lettre XIV.

(3) Gingins la Sarra, *Dépêches des ambassadeurs milanais sur les campagnes de Charles le Hardi.* Avant-propos, p. 11.

parties essentielles seulement. Quand l'ambassade comprenait plusieurs envoyés, les dépêches étaient collectives ; il arrive aussi que des dépêches sont l'œuvre de l'ambassadeur ordinaire et de l'ambassadeur extraordinaire.

On tâchait assez souvent de se soustraire aux fonctions d'ambassadeur. Dès le début, des amendes furent comminées contre ceux qui n'acceptaient pas la mission à laquelle on les nommait, ou qui, après l'avoir acceptée, refusaient de se rendre à leur poste. L'amende est de 20 *soldi* d'après un décret de 1271 ; en 1286, il est statué qu'une maladie grave peut seule constituer un motif d'excuse ; en 1360, il est décidé que ceux qui refuseront de partir après avoir accepté ne pourront, durant une année, revêtir une charge publique ni jouir d'un bénéfice. Un décret de 1572, concernant l'ambassade d'Espagne, dispose que le nouvel élu doit accepter dans les huit jours, et s'il est titulaire d'un autre poste, dans le mois. (1)

Les dépenses d'un envoyé étaient hors de proportion avec sa rétribution, et les frais atteignaient trois et même quatre fois l'indemnité allouée. Nombre de dépêches et de relations signalent ce point, et plus d'un ambassadeur se répand en amères récriminations. « Messieurs, lit-on dans la relation de Marino Cavalli prononcée en 1546, si vous ne le savez pas encore, apprenez-le moi : de tous les envoyés des grandes puissances comme des petites, les ambassadeurs de Venise sont dans la plus piètre position ; ceux du pape ont ordinairement 10 écus par jour, et, quand ils ne les ont pas, comme ils sont en même temps légats pontificaux, ils les gagnent par les collations et les dispenses ecclésiastiques et par d'autres ressources semblables ; tout cela leur rapporte autre chose que des compliments à eux et à leurs familles. Avant même d'être envoyés en ambassade, ils sont nommés évêques ; à leur retour, on les gratifie non pas d'un vain titre, mais d'un revenu de 2,000 à 3,000 écus par an. Enfin, tout ce qu'ils ont, ils le tiennent de leur prince, le pape. Les ambassadeurs de l'empereur, ceux de France, d'Angleterre et de Portugal, ont aussi 8 à 10 écus par jour ; puis, ils ont sur les affaires des particuliers 2 à 3

(1) BAROZZI et BERCHET, *Relazioni degli stati europei lette al senato dagli ambasciatori veneti nel secolo decimo settimo*, série I, t. 1, p. 16.

pour cent. L'ambassadeur impérial gagne plus de 3,000 écus de la sorte. Ensuite, leurs princes leur donnent des abbayes, des évêchés, des charges à vie, dont la rente est de 4,000 à 10,000 écus (tels sont les évêques de Tanger, d'Ajaccio, de Ferrare, Mgr de Saint-Maurice et l'envoyé de Florence) ; tandis que nous autres nous vivons avec cinq ducats par jour. Je dis que ce sont des ducats et non pas des écus, car je n'en ai jamais touché en France, qui m'aient rapporté plus de 7 livres et 12 sous chacun. Avec ce traitement, il faut s'entretenir de tout point, avoir table ouverte, rémunérer les serviteurs, payer les salaires, supporter toutes les dépenses extraordinaires : il est impossible d'y tenir. Encore si l'on ne faisait que travailler sans émoluments, en laissant dormir un capital de 3,000 écus en argent, en fourrures, en habits, en chevaux et en autres choses semblables ; mais on entame le capital lui-même. C'est pourquoi il ne faut pas s'étonner si plusieurs citoyens aiment mieux rester à Venise et y vivre en simples particuliers que d'aller en ambassade dans les pays étrangers. (1) »

Les dépêches de Machiavel ne sont pas moins explicites sur cet objet ; elles prouvent que Florence exige de ses serviteurs pour le moins autant de sacrifices que Venise en impose aux siens. « Nous vous supplions, écrivent Machiavel et François della Casa, de nous envoyer sans délai l'argent nécessaire pour subvenir à nos besoins pendant que vous nous retiendrez ici tous les deux ou l'un de nous seulement. Pensez que notre fortune et notre crédit ne nous permettent pas, comme à beaucoup d'ambassadeurs, de vivre ici pendant plusieurs semaines à nos dépens et sans recevoir les secours que nous attendons de votre bienveillance. » « Nous sommes déjà au 2 septembre, dit une autre lettre, et nous n'avons pas encore fait partir les lettres précédentes, ne voulant pas les envoyer au hasard et n'ayant pas le moyen d'expédier un courrier. Nous ne pouvons suffire même aux premiers besoins de la vie. Nous serons forcés de renoncer à notre mission si vous ne nous faites point passer de secours. Il nous en coûte chaque jour un écu et demi. Nous avons dépensé plus de cent écus

---

(1) Tommasseo, *Relations des ambassadeurs vénitiens sur les affaires de France au XVIe siècle*, t. I, p. 361.

chacun pour acheter des vêtements et les autres objets qui nous
étaient nécessaires. Il ne nous reste plus un denier (1) » Vers la même
époque, Puebla, le ministre de Ferdinand et d'Isabelle auprès de
Henri VII, se plaignait continuellement du manque d'argent ; son
traitement était suffisamment élevé, mais on ne le payait guère, et
Puebla rapporte, dans une dépêche, que l'ambassadeur du roi des
Romains est dans une situation plus pénible encore : une saisie a été
pratiquée sur ses biens et lui-même a failli être jeté en prison pour
dettes. (2)

Venise cependant savait récompenser les services rendus, et les
anciens diplomates pouvaient refaire leur fortune ébréchée par les
dépenses d'une mission, dans les charges administratives et surtout
dans les postes lucratifs des possessions du Levant.

Nous avons vu que la durée des missions ne dépassait pas trois ans.
Il y avait à cela plus d'un avantage. Les fonctions diplomatiques étaient
ainsi accessibles à tous les membres des grandes familles et, en outre,
l'envoyé ne devenait jamais étranger à son pays. Lorsqu'il n'était pas
absent depuis deux années, l'ambassadeur ne pouvait être autorisé à
rentrer que pour une cause légitime et avec l'assentiment de la
majorité de tous les ordres de l'État. (3) En aucun cas, il ne pouvait
quitter sa résidence avant l'arrivée de son successeur. Le jour où un
ambassadeur rentrait dans Venise, il était obligé de se rendre à la
chancellerie et d'y consigner la nouvelle de son arrivée dans un
registre dont le grand chancelier était détenteur. Dans les quinze jours
de cette date, il devait lire à la tribune, en séance solennelle du sénat
présidé par le doge et par le ministère, la relation de son voyage. Un
décret l'obligeait, en outre, à présenter aux trésoriers l'état des
sommes dont, aux termes de sa commission, il lui était enjoint de
rendre compte. Le chiffre des dépenses officielles, non secrètes, de

---

(1) MACHIAVEL, Œuvres. Légations et missions. Légation à la cour de France.
Lettres XIII et XIV.
(2) BERGENROTH, Calendar of letters, despatches and state papers relating to the
negotiations between England and Spain preserved in the archives at Simancas and
elsewhere, t. I, introduction, p. XXIX.
(3) GACHARD, Les monuments de la diplomatie vénitienne, p. 15. — BASCHET,
La diplomatie vénitienne, p. 26.

certains ambassadeurs, nous est connu. A la fin du XVIᵉ siècle, un envoyé vénitien à Paris dépense environ 87,879 francs pour deux années ; un autre envoyé dépense environ 110,868 francs. Sous Louis XIV, la dépense est de 400 ducats par mois.

Les relations vénitiennes acquirent rapidement une grande renommée, et il est curieux de constater que plusieurs d'entre elles reçurent de la publicité ; elles circulaient en manuscrit et étaient même imprimées. Il existe une copie d'une relation de Francesco Contarini, ambassadeur en Angleterre en 1609, laquelle porte une note écrite de la main même de Contarini, qui reconnaît l'avoir achetée à Rome et déclare que, sans être absolument exacte, elle se rapproche beaucoup de l'original. (1)

Les princes étrangers essayaient, en effet, par tous les moyens, d'avoir communication des relations qui les concernaient, et l'événement démontre qu'ils parvinrent souvent à leurs fins. On ne saurait cependant admettre, avec Gachard, que le sénat ait, dans le principe, autorisé la divulgation des rapports et qu'il n'ait pas garanti aux agents de la république le secret de leurs aperçus et de leurs communications. (2) Mais il est à remarquer que les dépêches des envoyés étaient gardées avec plus de soin que leurs relations et mieux protégées que celles-ci contre d'intempestives révélations. Les dépêches ne passaient pas par d'autres mains que celles du *collegio* ou cabinet des ministres ; elles étaient conservées à la chancellerie secrète, que gardait un secrétaire du sénat. (3)

Les relations diplomatiques de Venise s'étendirent assez vite au-delà des frontières de l'Italie. Les croisades mirent la puissante république en contact avec l'Occident et avec l'Orient ; positive et pratique comme elle l'était, nullement encline à l'idéalisme politique, elle sut tirer, nous l'avons fréquemment constaté dans ces pages, des guerres contre les infidèles les plus grands avantages.

---

(1) RAWDON-BROWN, *Four years at the court of Henri VIII*, t. I, introduction.
(2) BASCHET, *Les archives de Venise. Histoire de la chancellerie secrète, le sénat, le cabinet des ministres, le conseil des Dix et les inquisiteurs d'État dans leurs rapports avec la France*, p. 353.
(3) Ibid., p. 40.

Ville-Hardouin raconte les négociations des six « messagers » qui se rendirent à Venise, au mois de février 1201, avec pleins pouvoirs des chefs de la croisade, pour obtenir que la flotte vénitienne transportât l'armée des croisés vers la Terre-Sainte (1). Les envoyés étaient munis de « bonnes chartes, avec sceaux pendants, comme quoi les comtes et les barons qui étaient croisés tiendraient fermement toutes les conventions que les six feraient par tous les ports de mer, en quelque lieu qu'ils allassent ». Le chroniqueur ajoute comment les six tinrent conseil et comment ils reconnurent qu'à Venise ils trouveraient une plus grande quantité de vaisseaux qu'à nul autre port. Arrivés auprès du doge, Henri Dandolo, « les messagers baillèrent les lettres de leurs seigneurs. Les lettres étaient de créance, et les comtes disaient qu'on les crût autant qu'eux en personne et qu'ils tiendraient pour fait ce que les messagers feraient. » Des conventions en due forme furent conclues ; la république promit, moyennant un prix stipulé, de transporter l'armée et de lui fournir des vivres pendant neuf mois ; bien plus, elle s'engagea à fournir « cinquante galères armées pour l'amour de Dieu, à condition que tant que la société durerait, de toute conquête faite en terre ou en argent par mer ou par terre, Venise en aurait la moitié et les croisés l'autre » (2).

Les ambassades des Vénitiens en France ne datent, à vrai dire, que du règne de Louis XI. On voit la république envoyer des agents vers saint Louis, Philippe le Hardi, Philippe le Bel, Philippe VI, Jean II, Charles V, Charles VI et Charles VII ; mais toutes ces missions sont très courtes et suscitées surtout par des affaires commerciales (3). Avec Louis XI commença une période nouvelle. Alors qu'il n'était que Dauphin, il avait déjà compris toute l'utilité des négociations diplomatiques ; du Dauphiné, où il exerçait une réelle souveraineté, il intriguait avec les républiques et les principautés italiennes. Devenu roi, il s'appliqua à

---

(1) Geoffroi de Ville-Hardouin. *La conquête de Constantinople.* Texte original accompagné d'une traduction par M. Natalis de Wailly. Chapitres IV et suivants.

(2) Ibid., chapitre XXIII.

(3) Baschet, *La diplomatie vénitienne*, p. 287 et suivantes.

entretenir des relations partout où il pouvait y trouver quelque profit, et on le voit se plaindre à un envoyé vénitien, nouvellement venu à sa cour, de ce que la république lui adressait si rarement des ambassadeurs, tandis qu'elle en avait presque toujours à la cour des ducs de Bourgogne. L'agent répondit que les soins de ses intérêts commerciaux guidaient Venise (1). Les affaires de Milan ne tardèrent pas à amener le gouvernement ducal à donner satisfaction aux vœux du roi. Venise, en lutte ouverte avec les Sforza, voulut se rapprocher de la cour de France ; les ambassadeurs extraordinaires se succédèrent et à partir de 1479, il y eut à Paris une ambassade ordinaire. Bertucci Gabriel de Giacomo en fut le premier titulaire. Il y eut une interruption à la suite de la ligue de Cambrai de 1508, quand la république eut contre elle le Pape, le roi de France et Maximilien, qu'elle perdit ses plus belles possessions et qu'elle vit un moment ses frontières réduites à ses lagunes ; mais à partir de 1513, année où le traité de Blois consacra la réconciliation politique des deux puissances, leurs rapports diplomatiques se maintinrent dans un loyal accord jusqu'aux derniers moments du XVIIIe siècle (2).

Les relations de Venise et des ducs de Bourgogne, qui portaient ombrage à Louis XI, remontaient au milieu du XVe siècle. Auparavant déjà, il y avait des communications fréquentes entre la grande cité commerçante de l'Adriatique et nos provinces ; dès le XIVe siècle, les *galères de Flandre* partaient tous les ans de Venise, et en 1399, on voit Philippe le Hardi recevoir des ambassadeurs de la république (3). Du règne de Philippe le Bon datent les rapports suivis.

La prise de Constantinople par Mahomet II provoqua un mouvement en faveur de l'union de toutes les forces chrétiennes. Ni l'empire, à la tête duquel se trouvait Frédéric III, ni la France, n'étaient en mesure de conduire l'entreprise ; un seul prince semblait assez puissant pour être le chef d'une nouvelle croisade : c'était Philippe le

---

(1) LE MÊME, *Les Archives de Venise*, p. 293.
(2) CHARRIÈRE, *Négociations de la France dans le Levant*, t. 1, introduction, p. XXX. — BASCHET, *Les archives de Venise*, p. 370.
(3) GACHARD, *Les monuments de la diplomatie vénitienne*, p. 11.

Bon. A un moment donné, le duc de Bourgogne reçut des ambassades de tous les États menacés par les victoires du mahométisme. Nicolas V lui envoya un légat *a latere* ; les princes chrétiens d'Orient lui adressèrent une députation conduite par le patriarche d'Antioche, et quelque temps après, Pie II dont tous les efforts tendaient à combattre les Turcs, amena les Vénitiens à conclure une alliance étroite avec le duc de Bourgogne (1). La croisade n'eut pas lieu, les opérations militaires se bornèrent à l'envoi d'une flotte dans la Méditerranée, mais les négociations eurent pour résultat d'amener l'établissement de rapports réguliers entre la cour de Bourgogne et la république vénitienne.

A la mort de Philippe le Bon, survenue en 1467, Antonio Dandolo vint complimenter son successeur, Charles le Téméraire ; deux années plus tard, arriva à Gand, en qualité d'ambassadeur ordinaire, Bernardo Bembo, qui se trouvait encore à la cour du duc en avril 1474. De son côté, le duc envoya Antoine de Montjeu à la sérénissime république pour renouveler le traité d'alliance qui était sur le point d'expirer. Les événements du Milanais eurent également de l'influence, et la cour de Milan entra en relations avec la cour de Bourgogne (2).

En 1478, Marc-Antoine Morosini fut envoyé par Venise vers l'archiduc Maximilien d'Autriche, époux de Marie de Bourgogne. En 1485, Nicolas Foscari arriva dans les Pays-Bas, également en qualité d'ambassadeur. Les relations furent tout aussi amicales sous Philippe le Beau et elles devinrent très fréquentes sous Charles-Quint, qui, à l'âge de seize ans, réunissait déjà la souveraineté des provinces belgiques, les couronnes d'Espagne et des Deux-Siciles et les possessions des Indes, et qui allait ceindre, à l'âge de dix-neuf ans, la couronne impériale (3). La seigneurie accrédita successivement auprès du puissant monarque douze ambassadeurs ordinaires et elle lui envoya huit ambassades extraordinaires.

---

(1) GINGINS LA SARRA, *Dépêches des ambassadeurs milanais sur les campagnes de Charles le Hardi*, avant propos, p. V.

(2) Ibid.

(3) GACHARD, *Les monuments de la diplomatie vénitienne*, p. 12.

Les rapports de Venise et des princes de Savoie devinrent permanents depuis le traité de Cateau-Cambrésis, sous Emmanuel-Philibert.

Déjà, sous le règne d'Édouard II, on constate des relations entre l'Angleterre et la république. En 1340, Édouard III adresse au doge et à la seigneurie un agent chargé d'exposer les droits de son maître à la couronne de France et de demander l'appui des navires vénitiens ; à son tour, la république, au fort de la lutte contre Gênes, demande, en 1379, l'assistance non de la couronne, mais des nobles d'Angleterre, et si elle subit un refus de la part de sir John Hawkwood, qui fut longtemps l'arbitre de la puissance des républiques italiennes, elle est plus heureuse auprès d'autres aventuriers (1). Néanmoins, on lit dans les *Diari* de Marino Sanuto, qu'en 1496 encore, le sénat, prenant en considération la difficulté des communications avec l'Angleterre, ne veut pas y envoyer d'ambassadeurs, et charge deux négociants établis à Londres de se présenter au roi, en qualité de sous-ambassadeurs *(suboratores)*, pour l'engager à entrer dans la ligue qui s'ourdit contre la France. Il est vrai qu'en juin 1497, Andrea Trevisan est accrédité auprès de Henri VII et que les ambassadeurs se succèdent bientôt régulièrement. (2)

Les démêlés que Henri VIII eut avec la papauté créèrent une situation délicate. La république essaya de conserver les bonnes relations existantes et de sauvegarder sa situation à la fois vis-à-vis de Rome et vis-à-vis de l'Angleterre ; mais, à la fin, elle dut céder, en apparence du moins, aux exigences papales et, en 1535, ordre fut donné à l'envoyé Carlo Cappello de rentrer dans son pays « pour affaires particulières et urgentes ». Le secrétaire de l'ambassade fut maintenu à son poste ; Henri VIII, de son côté, ne cessa d'être représenté à Venise, et il insista même vivement pour que la république reprit des rapports réguliers. La mort du roi permit au sénat de ne pas répondre à cette légitime demande.

De semblables difficultés surgirent à l'avènement d'Élisabeth, qui ne

---

(1) Rawdon Brown, *Four years at the court of Henry VIII*, t. I, introduction.

(2) Rawdon Brown, *Archivio di Venezia con riguardo speciale alla storia inglese,* p. 128.

reçut d'ambassadeur vénitien que vers la fin de son règne. Il est
à remarquer que, durant toute cette interruption du service,
l'ambassadeur vénitien en France avait ordre de renseigner le
gouvernement sur les affaires d'Angleterre. C'était là une application
d'une règle généralement observée ; ainsi, Milan renseignait sur les
événements de Savoie quand le poste de Turin était sans titulaire, et
Vienne, qui donnait des informations pour l'Allemagne, renseignait
sur la Pologne, lorsqu'il n'y avait pas d'agent à Cracovie.

L'Espagne fut constamment l'ennemie secrète ou avouée de Venise.
On peut dire qu'à aucune époque de leur histoire, les deux
puissances ne cessèrent de se combattre. La république avait des
ambassadeurs à Madrid et des résidents à Milan et à Naples, mais ces
rapports sont postérieurs au règne de Charles-Quint.

Les relations de Venise et des Provinces-Unies furent difficiles dans
le début ; Rome et Madrid travaillaient également à les empêcher ;
mais elles finirent par s'établir, sans produire toutefois de bien
importants résultats (1). En effet, d'une part, le rôle de Venise et de sa
diplomatie allait singulièrement diminuer ; à partir de la paix de
Westphalie, il ne fait plus que décroître ; d'autre part, la politique
commerciale de la république, qui avait pour base le monopole, devait
empêcher la conclusion de traités de commerce, que désiraient
vivement les hommes d'État hollandais.

Rome fut longtemps le centre des affaires diplomatiques et politiques
du monde. Au IXe siècle déjà, Venise adresse au Saint-Siége des
ambassades. La seigneurie, qui sut toujours contenir son clergé,
qu'elle voulait riche, à la condition qu'il fût soumis et qu'il
demeurât totalement étranger à la politique, parvint également à
conserver son indépendance vis-à-vis de la curie. Une seule fois, elle
lui fit des concessions importantes ; ce fut pour détacher Jules II de
la ligue de Cambrai, qui menaçait la république dans son existence (2).
Le gouvernement était d'une défiance extrême, et l'on peut citer ce
trait caractéristique que chaque fois que le sénat avait à s'occuper

---

(1) J.-G. DE JONGE, *Nederland en Venetie.*
(2) DARU, *Histoire de Venise,* livre XXVIII.

d'affaires concernant Rome, le grand chancelier prononçait l'exclusion momentanée des sénateurs qui étaient connus pour être partisans avoués du Saint-Siége ou qui lui étaient attachés soit par intérêt, soit par des liens de parenté avec des personnages influents de la curie (1). En dehors des ambassades ordinaires envoyées au pape, il nous faut signaler ici les ambassades d'obédience chargées, à chaque avènement, de saluer le nouveau pontife. Composées de quatre ambassadeurs, elles déployaient toujours une pompe et un luxe extraordinaires.

Au temps de sa grandeur, Venise n'avait guère de rapports d'affaires avec les princes de l'empire ni avec l'empereur. A partir de la fin du XVᵉ siècle, cependant, on constate qu'elle a en Allemagne des ambassadeurs permanents. (2)

Les intérêts de Venise dans le Levant étaient considérables. Dès une époque reculée, il y eut des relations amicales entre la république et l'empire grec. La décadence de Ravenne rendit Venise maîtresse de l'Adriatique et elle ne tarda pas à prendre une situation prépondérante en Orient. Les croisades surtout ajoutèrent à sa puissance et, en 1204, lors de la prise de Constantinople par les croisés, les Vénitiens obtinrent, comme nous l'avons signalé, une partie importante du nouvel empire que les conquérants avaient constitué sur la base du système féodal. Cinquante-sept ans plus tard, l'édifice construit par les Latins croula, et Michel Paléologue fit son entrée dans la capitale ; mais les Vénitiens furent assez habiles et assez forts pour se maintenir dans leurs possessions de Candie, d'Eubée et de Chypre. Ils négocièrent avec les Grecs et, depuis cette époque, ils eurent à Constantinople un agent diplomatique qui s'appelait le baile, *bailo, bajulus*, mot dont le sens primitif est pédagogue, tuteur, défenseur. Pendant quelque temps, le baile fut sur le pied d'un souverain. Il commandait tout un quartier de Constantinople, il paraissait en public entouré de gardes, il exerçait sur la colonie une pleine juridiction, et même, quand plus tard il se vit réduit à n'être qu'ambassadeur, il continua de prendre sous sa

---

(1) BASCHET, *La diplomatie vénitienne*, p. 165.
(2) KRAUSKE, *Die Entwickelung der ständigen Diplomatie*, p. 37.

protection beaucoup d'habitants étrangers à la république, notamment des Arméniens et des Juifs, qui payaient par des tributs l'avantage de n'obéir qu'à lui. (1)

Quand les Turcs s'emparèrent de Constantinople, l'intérêt poussa les Vénitiens à envoyer auprès du sultan un ambassadeur chargé de négocier un traité de commerce qui portait, entre autres dispositions, que la seigneurie pourrait, à son gré, adresser à Constantinople un baile avec sa suite accoutumée, lequel exercerait l'autorité civile sur tous les Vénitiens et leur administrerait la justice, le sultan s'obligeant à lui accorder protection et à lui faire donner assistance sur sa réquisition. (2)

La paix ne fut pas de longue durée ; les Turcs attaquèrent les possessions vénitiennes du Péloponèse ; mais, en 1479, au prix de territoires considérables, la république obtint enfin des conditions avantageuses pour ses comptoirs du Levant. Un envoyé du sultan vint recevoir à Venise le serment de paix du doge. (3)

Le baile était ambassadeur ordinaire ; dans des cas particuliers, la seigneurie députait, en outre, au sultan, des ambassadeurs extraordinaires. Durant le XVI⁰ siècle, on compte trente-trois bailes et vingt-sept ambassadeurs extraordinaires.

Le poste était très important ; longtemps même, il fut l'emploi diplomatique le plus élevé qu'un noble pût ambitionner, et les membres des plus grandes familles y étaient seuls admis. Les élus furent en général à la hauteur de leur mission et l'on a dit avec raison que nulle part, peut-être, la célèbre diplomatie vénitienne n'a fait preuve d'autant de vigilance, d'habileté et de science que sur le terrain de Constantinople.

Au commencement du XVII⁰ siècle, un ambassadeur d'Espagne adresse à Philippe III un rapport sur les affaires de Venise ; il parle des relations de la république avec la Sublime Porte et il insiste sur le talent, la dextérité des ministres vénitiens à Constantinople. Ceux-ci

---

(1) DARU, *Histoire de Venise*, L. XIX.
(2) Ibid., L. XVI.
(3) KLACZKO, *Les évolutions du problème oriental. Revue des Deux Mondes*, 15 octobre 1878.

ont à leur disposition des sommes d'argent considérables, qui sous le nom de libéralité, les mettent à même d'exercer la corruption. L'ambassadeur signale, du reste, qu'un autre moyen dont les Vénitiens se servent pour être bien avec la Porte, c'est de la brouiller avec tous les princes chrétiens et de se montrer seuls zélés pour ses intérêts.

L'importance politique du *Bailaggio* décrut cependant et celui-ci finit par n'être plus qu'un moyen de faire de gros bénéfices. En effet, l'envoyé de Constantinople tirait des profits considérables du commerce et des droits à payer. Rappelons qu'il exerçait la juridiction sur tous les sujets de la république qui se trouvaient dans le Levant et qu'il jugeait les affaires civiles entre Turcs et Vénitiens. C'était de lui, en outre, que relevaient les consuls de Smyrne, de Salonique, de la Canée et de Rhodes (1).

Au XVIᵉ siècle, Venise était représentée dans la plupart des pays de l'Europe. Son personnel comprenait des ambassadeurs et des résidents, les premiers choisis parmi les patriciens, les seconds parmi les secrétaires. Il y avait des ambassadeurs ordinaires à Vienne, à Paris, à Madrid et à Rome ; l'empereur, les rois de France et d'Espagne entretenaient, de leur côté, un ambassadeur à Venise, tandis que le pape y envoyait un nonce. Des résidents étaient accrédités aux cours de Naples, de Turin, de Milan et de Londres, ainsi qu'auprès des Cantons suisses. A Constantinople se trouvait un baile. Il arrivait aussi que la seigneurie envoyait des ambassades dans des pays lointains, comme, par exemple, en Égypte et en Perse. Enfin, elle avait ses représentants dans les grandes réunions internationales, aux congrès et aux conciles (2).

L'organisation de la diplomatie passa d'Italie dans le reste de l'Europe. Nous n'avons pas à exposer comment l'axe du mouvement politique se trouva assez longtemps en Italie et de quelle manière les intérêts des États qui dirigeaient l'Europe, se trouvèrent en conflit dans la Péninsule. Louis XI comprenait l'importance de l'Italie et,

---

(1) ROMANIN, *Storia documentata di Venezia*, t. VIII, p. 392.
(2) ALBÉRI, *Relazioni degli ambasciatori veneti al senato*. 1ʳᵉ série, t. 1. — BASCHET, *Les Archives de Venise*, p. 268.

durant tout son règne, il eut avec les villes et les principautés italiennes d'étroits rapports, réclamant Gênes, intervenant dans les affaires de Florence et de Venise, demeurant l'allié de François Sforza et de Laurent de Médicis. Les archives de Gênes, de Rome, de Naples, de Florence, de Venise, de Milan et de Turin attestent son incessante action (1). Un autre profond génie politique, Ferdinand le Catholique, choisit également l'Italie pour théâtre de ses combinaisons diplomatiques. La fin du XVe siècle et le commencement du XVIe furent ainsi remplis de luttes dont les États italiens, la France, l'Espagne, l'Empire, l'Angleterre, furent les principaux acteurs. Le système de l'équilibre avait trouvé son application dans la péninsule ; l'Italie initiait ainsi le monde à la vie internationale.

L'institution des ambassades resta néanmoins assez longtemps indécise et mal définie. Il n'y avait ni régularité, ni idée d'ensemble, et, fait à noter, les rois qui aimaient le plus à envoyer leurs agents à l'étranger voyaient avec ombrage et avec défiance les autres princes leur adresser des légations. Ce sentiment se constate chez Ferdinand le Catholique et chez Henri VII. Ferdinand le Catholique suscitait aux envoyés étrangers de continuelles difficultés ; il les considérait comme des espions et des intrigants ; il n'aimait pas qu'ils séjournassent longtemps dans ses États (2). Il en était de même de Henri VII.

Commines nous fait connaître ses idées personnelles, qui ne s'éloignent sans doute pas de celles de Louis XI, son maître et son ami. « Ce n'est pas chose trop sûre de tant d'allées et venues d'ambassades, dit-il, car bien souvent s'y traitent de mauvaises choses ; toutefois, il est nécessaire d'en envoyer et d'en recevoir. Ceux qui viennent de vrais amis et où il n'y a point de matière de suspicion, je

---

(1) *Archives des missions scientifiques et littéraires. Choix de rapports et d'instructions publié sous les auspices du Ministère de l'instruction publique et des beaux arts*, 3e série, t. VII. *Rapport sur les lettres de Louis XI et sur les documents concernant ce prince conservés dans les archives de l'Italie, adressé à M. le Ministre de l'instruction publique, par* ETIENNE CHARAVAY, p. 437 à 474.

(2) BERGENROTH, *Calendar of letters, despatches and state papers*, t. 1, introduction, p. XXV.

serais d'avis qu'on leur fît bonne chère et eussent permission de voir
le prince assez souvent. Et quand il faut le voir, qu'il soit bien
informé de ce qu'il doit dire. Si les ambassadeurs viennent de par
princes où la haine soit continuelle, en nul temps n'y a grande
sûreté, selon mon avis. On les doit bien traiter et honorablement
recueillir, comme envoyer au-devant d'eux et les faire bien loger,
et ordonner gens sûrs et sages pour les accompagner ; par là on sait
ceux qui vont vers eux et garde-t-on les gens légers et malcontents de
leur porter nouvelles, car en nulle maison tout n'est content.
Davantage je les voudrais tôt ouïr et dépêcher, car ce me semble
très mauvaise chose que tenir des ennemis chez soi. Et pour un
ambassadeur qu'ils m'enverraient, je leur en enverrais deux ; et
encore qu'ils s'en ennuyassent, disant qu'on n'y renvoyât plus, si
voudrais-je y renvoyer quand j'en verrais opportunité et le moyen.
Car vous ne sauriez envoyer espion si bon et si sûr ni qui eût si bien
loi de voir et d'entendre (1) ».

On voit la diplomatie à l'œuvre dans la plupart des pays.
Ferdinand et Isabelle entretiennent une correspondance fréquente
avec les agents qu'ils ont à l'étranger. Des secrétaires sont chargés
de la rédaction des dépêches. A cette époque, le rôle du ministre ne
se borne nullement à conférer avec le souverain et à donner des
ordres ; il doit composer, écrire et chiffrer de sa main une quantité
d'instructions, lire et déchiffrer les réponses des ambassadeurs (2).

Le gouvernement anglais a fait publier les dépêches et les documents
relatifs aux négociations entre l'Angleterre et l'Espagne. On y voit les
noms des principaux auxiliaires de Ferdinand et d'Isabelle. Fernan
Alvarez, Juan Coloma, De la Para et Miguel Perez Almazan furent
successivement les secrétaires des deux souverains. Coloma, Italien
d'origine, fut également employé aux négociations avec la France et
il mena avec une habileté consommée la conclusion du traité de

---

(1) COMMINES, *Mémoires*, L. III, ch. VIII.
(2) BERGENROTH, *Calendar of letters, despatches and state papers*, t. 1, introduction
p. XVII.

Barcelone, qui donna à l'Espagne le Roussilon et la Cerdagne. Miguel Perez Almazan fut le plus capable des collaborateurs des rois catholiques. Plusieurs de ses dépêches sont des chefs-d'œuvre (1).

Les ambassadeurs espagnols employés en Angleterre furent Puebla, Ayala, le duc de Estrada, Fuensalida et Catherine, princesse de Galles.

La figure la plus originale est celle de Puebla. Docteur en droit civil et en droit canonique, Roderic Gonzalve de Puebla s'était fait remarquer par Ferdinand quand il était corregidor d'Ecija, petite ville de l'Andalousie. Vers la fin de 1487 ou au commencement de 1488, le roi l'envoya, en même temps que Juan de Sepulveda, pour négocier le mariage de Catherine d'Aragon et d'Arthur, prince de Galles. A Londres, il s'insinua dans les bonnes grâces de Henri VII, dont il devint le meilleur ami. Famélique et besoigneux, il représentait ses souverains sans la moindre dignité et, comme il exerçait la profession d'avocat, il donnait prise aux plaintes par la manière indélicate dont il traitait ceux qui devaient recourir à son ministère. En 1498, Ferdinand et Isabelle envoyèrent en Angleterre deux commissaires chargés d'ouvrir une enquête secrète sur les faits et gestes de l'ambassadeur. Les pièces de l'enquête prouvent que les plaintes n'étaient que trop fondées. Puebla s'était rendu coupable de véritables exactions au préjudice de marchands espagnols. L'information amena encore d'autres résultats et il fut constaté que, depuis trois années, le représentant de deux puissants monarques vivait au prix de deux pence par jour, dans une misérable auberge, refuge de femmes de mauvaise vie, prenant ses repas en compagnie de ces femmes et des apprentis de son hôte, un tailleur de pierres. Là venaient, attirés par l'espoir d'obtenir des renseignements, les espions de différents pays, que le propriétaire de l'auberge rançonnait sans vergogne, sûr qu'il était de trouver en Puebla un défenseur et un protecteur. L'enquête n'aboutit cependant à aucune mesure désagréable pour celui qui en avait été l'objet; Puebla s'était si bien acquis l'amitié de Henri VII, qu'il en était devenu le véritable ministre pour les affaires d'Espagne. Aussi Ferdinand et Isabelle jugèrent-ils bon de se

---

(1) Ibid., t. I, introduction, p. XVIII.

contenter d'adjoindre à leur ambassadeur l'évêque don Pedro de
Ayala, qui venait d'accomplir une mission importante en Écosse (1).

La régularité des rapports diplomatiques entre la plupart des États
européens date du commencement du XVIe siècle. François Ier,
Wolsey, l'illustre ministre dirigeant d'Angleterre, et Charles-Quint
tirèrent de l'admirable instrument tous les avantages possibles.

François Ier assit la diplomatie française sur de solides bases. Il
avait formé un conseil secret avec lequel il discutait les questions de
politique extérieure et dont un envoyé vénitien nous fait connaître la
composition dans sa relation de 1512. « Sa Majesté a un conseil secret
que l'on appelle le conseil des affaires. La sérénissime reine de Navarre
en fait partie et est obligée, pour ce motif, de se trouver partout où va
le roi, ce qui est aussi assujettissant et incommode que possible. Le
sérénissime roi de Navarre y assiste lorsqu'il se trouve à la cour,
ainsi que monseigneur l'amiral, monseigneur d'Annebaut, le
révérendissime cardinal de Lorraine et monseigneur le dauphin. Il
n'y a pas de secrétaire. Toutes les affaires, petites et grandes, y
étaient traitées, pendant tout le temps de mon séjour en France, dans
un si grand secret que je ne pourrais pas le croire si je n'en avais fait
l'épreuve. (2) »

Le roi organisa sérieusement le personnel diplomatique. Ses
prédécesseurs immédiats se contentaient de se faire représenter par
six ou sept évêques, abbés ou magistrats, dans les cours avec lesquelles
ils avaient des intérêts à régler ; François Ier augmenta le nombre de
ses agents ; il en envoya, pour la première fois, à Constantinople, en
Hongrie, en Pologne, en Danemark et en Suède ; il en accrédita
auprès des diètes de l'empire et même auprès des souverains de second
ordre. (3) Le premier département des secrétaires d'État, organisé en 1547,
au début du règne de Henri III, nous montre que quatre secrétaires des

---

(1) BERGENROTH, Calendar of letters, despatches and state papers, t. I,
introduction, p. XVIII et p. 164 et suivantes.

(2) ZELLER, La diplomatie française vers le milieu du XVIe siècle, introduction
p. 7 et suivantes.

(3) BASCHET, Histoire du dépôt des archives étrangères, p. 11.

commandements et des finances du roi ont la charge des affaires ; ils doivent, chacun en son département, s'occuper à la fois des provinces de France et de pays étrangers dont le nom et le nombre étaient déterminés par le roi. L'un d'eux avait en ses attributions l'Écosse et l'Angleterre, avec la Normandie, la Picardie et la Flandre ; le deuxième, la Savoie, l'Allemagne et les Suisses, avec la Champagne, la Bourgogne et la Bresse ; le troisième, l'Espagne et le Portugal avec là Provence, le Languedoc et la Guyenne ; le quatrième, le Piémont, Rome, Venise et le Levant, avec Lyon et le Dauphiné.

François Ier, lui aussi, utilisait. mais surtout dans les missions lointaines, l'assistance d'étrangers. Tantôt revêtus d'un titre officiel, tantôt agissant comme agents secrets, un aventurier espagnol comme Antoine Rincon, un réfugié polonais comme Gérôme Laski, un conspirateur hongrois comme Frangipani, d'autres encore, rendaient à la France d'inappréciables services. Les empereurs remplissent eux aussi leur diplomatie d'exilés italiens, milanais ou napolitains, « victimes plus ou moins volontaires des occupations française et espagnole. (1) » La hiérarchie n'était pas encore réglée ; quelquefois, on voyait à la même cour deux ambassadeurs pour la même négociation ; quelquefois aussi un ambassadeur extraordinaire venait s'adjoindre, pour quelque temps, au ministre résident. (2) Les titres n'étaient pas toujours bien définis, mais à mesure que l'institution se développait, le mot *ambassadeur* fut réservé pour les fonctions supérieures, et le mot *résident* servit à qualifier les positions inférieures. (3)

Le mot *ambaxador* était apparu au milieu du XIIIe siècle ; le terme français le plus souvent employé au XIVe siècle avait été celui de messagés, messaigé, messager, messagier ; l'ambassade s'appelait aussi message, messagerie.

Il y a des divergences profondes entre la terminologie et la substance des anciens documents et la terminologie et la substance des documents plus récents. D'après les plus anciennes pièces, c'était

---

(1) R. DE MAULDE-LA-CLAVIÈRE, *La diplomatie au temps de Machiavel*, t. I. p. 360.
(2) CHARRIÈRE, *Négociations de la France dans le Levant*, t. I, introduction p. XXXII.
(3) R. DE MAULDE-LA-CLAVIÈRE, *La diplomatie au temps de Machiavel*, t. I. p. 300.

une commission qu'on remplissait et non pas une mission, et les dénominations de *commis*, de *commissaire* et de *député* prévalaient ; elles étaient rendues, dans les documents latins, par les mots *commissarius* et *orator*. Les missions se réduisaient très souvent à un seul rapport, rédigé au retour, sous la forme d'un mémoire ; d'autres fois, les conférences se prolongaient et provoquaient une correspondance. (1)

Sous Henri VIII, la diplomatie anglaise étend son champ d'opération. Wolsey s'occupe presque exlusivement de politique étrangère. Ses envoyés sont nombreux ; volumineuse est leur correspondance. A l'exemple de Henri VII, ce n'est point dans les classes supérieures qu'il choisit son personnel. Il craint d'employer les membres des familles puissantes en qui il ne trouve pas toute la souplesse requise et qu'il peut y avoir du danger à mécontenter. Quelques uns de ses envoyés sont des hommes sans rang et sans éducation, tel l'ambassadeur à Madrid, John Stile ; d'autres sont des négociants comme Thomas Spinelli, résident anglais en Flandre. Brewer a esquissé leur portrait, il les montre tenaces et prudents, pas facilement en proie à l'émotion, envisageant les choses avec une apparente lourdeur réelle ou feinte. (2) Ils avaient la réputation d'être aisément dupés ; les Espagnols et les Français les tenaient en médiocre estime, et cependant la plupart d'entre eux étaient d'une grande habileté et leurs dépêches se distinguaient par l'exactitude, la précision, la minutie.

Sous le règne de Charles-Quint, les affaires politiques étaient généralement débattues au sein du conseil d'État ; les conseillers donnaient leur avis écrit, et quand la question avait été suffisamment discutée, le ministre dirigeant conférait avec l'empereur et prenait une décision. (3) L'homme de confiance de Charles-Quint fut assez

(1) CHARRIÈRE, *Négociations de la France dans le Levant*, t. I, introduction p. XXXIV.

(2) *Letters and papers, foreign and domestic, of the reign of Henri VIII*, arranged and catalogued by J-S. BREWER, t. I, préface, p. 14.

(3) BERGEROTH, *Calendar of letters, despatches and state papers*, t. II, introduction p. CII.

longtemps Mercurin Arborio, comte de Gattinara, Piémontais de
naissance, d'abord conseiller à la cour de Savoie, ensuite chargé
d'affaires importantes par Marguerite d'Autriche et par Maximilien,
enfin appelé par Charles-Quint aux hautes fonctions de chancelier.
C'était un ennemi acharné de la France, tandis que son prédécesseur,
Chièvres, avait été partisan de l'alliance française. Gattinara
mourut en 1530, à l'âge de 65 ans. A sa mort, Nicolas Perrenot,
sieur de Granvelle, ancien ambassadeur à Paris, fut nommé premier
conseiller de l'empereur et garde des sceaux des royaumes de Naples
et de Sicile. Au vieux Perrenot succéda son fils, le célèbre cardinal
de Granvelle. Un autre collaborateur de l'empereur était Francisco de
las Covos, plus spécialement chargé des affaires italiennes et
espagnoles, tandis que [les affaires de l'Allemagne, de la Bourgogne
et des Pays-Bas rentraient surtout dans la compétence de Nicolas
Perrenot.

Les ambassadeurs au service de Charles-Quint appartenaient aux
nombreuses nationalités qui composaient le vaste empire. Plusieurs,
et des meilleurs, sont originaires des Pays-Bas. Guillaume de
Chièvres, le gouverneur du jeune prince, dirigea avec talent et succès
de grandes négociations ; Charles de Lannoy fut vice-roi de Naples et
se trouva mêlé aux affaires les plus importantes ; Louis de Bruges,
seigneur de Praet, fut envoyé à Londres et à Paris ; Adrien de Croy
s'acquitta avec honneur de missions délicates en Italie ; Louis van Schore,
président du conseil privé, fut chargé de négociations en Espagne ;
François van Dilft fut ambassadeur à Londres ; Hannaert de
Liedekerke fut accrédité à la cour de France. Corneille de Schepper,
Welwyck, Busbec, Rym, résidèrent à Constantinople. (1) Nous ne
pouvons signaler ici tous les hommes remarquables qui firent partie
de la diplomatie du puissant monarque. Citons cependant Simon
Renard « un homme fort habile, ardent, beau parleur, mais railleur
et turbulent », qui occupa le poste de Londres avec un rare talent, et
dans un autre poste important, celui de Rome, le duc de Sessa,

---

(1) BARON DE SAINT GENOIS et G.-A. YSSEL SCHEPPER, *Mission diplomatique de
Corneille Duplicius de Schepper*, introduction.

Miguel de Herrera et Hurtado, qui défendirent habilement les intérêts de l'empereur. (1)

L'institution des ambassades permanentes suppose la réciprocité. Il est à noter cependant que les Turcs qui admettaient chez eux les ministres des autres États, n'avaient point de représentants permanents auprès de ceux-ci. Wicquefort en fait connaître le motif ; la Porte considérait l'envoi d'ambassadeurs comme un hommage que lui rendaient les princes chrétiens. Les hommes d'État musulmans se montraient, du reste, fort défiants; dans leur esprit, les diplomates européens avaient pour unique but de les tromper. Une autre conviction bien arrêtée chez les Turcs, c'est que les agents étrangers ne cédaient que devant la peur ; aussi les voyait-on essayer constamment d'épouvanter les ministres accrédités à Constantinople.

Les représentants du roi de France échappèrent assez longtemps aux mauvais procédés, mais pénible était la situation créée aux représentants des autres souverains (2). On ne leur épargnait aucune mortification ; on les surveillait étroitement ; on leur défendait de se visiter entre eux et de s'aboucher ; ils étaient exposés aux injures et aux insultes de la populace, et quand le gouvernement le jugeait utile, il les faisait jeter en prison et les menaçait des plus cruels traitements. Busbec, qui fut l'ambassadeur de trois empereurs auprès du Sultan, passa une partie de sa première ambassade enfermé au château des Sept-Tours et conçut, à un moment donné, des craintes sérieuses pour son nez et ses oreilles. Il convient d'ajouter que la Porte avait en mépris le Saint Empire romain qu'elle avait attaqué avec tant de succès et qu'elle avait obligé à promettre un tribut annuel. Un fait est du reste éloquent : les traités conclus au XVIe et même au commencement du XVIIe siècle, entre le sultan et l'empereur, disposent que les contractants procèderont entre eux humainement et qu'on n'emprisonnera plus les

---

(1) Pascual de Gayangos, *Calendar of letters, despatches and state papers relating to the negotiations between England and Spain preserved in the archives at Simancas and elsewhere,* introduction, p. XVI et suivantes.

(2) Klaczko, *Les évolutions du problème oriental. Revue des Deux Mondes,* 15 octobre 1878.

ambassadeurs, chargés d'affaires, agents et leur suite, même en cas
de rupture de paix. Les Turcs avaient, du reste, une notion spéciale. En
1495, l'envoyé de Venise à Constantinople, André Zancani, fit les
conventions entre la république et Bajazet II. Elles étaient écrites en
latin. André Gritti, qui fut depuis doge, l'avertit que les Turcs ne se
croyaient pas liés par les traités qui n'étaient pas rédigés en leur langue.
L'envoyé vénitien demanda que les pièces qu'on venait de signer
fussent écrites en turc. Les Turcs refusèrent et n'exécutèrent rien.

L'ambassade permanente n'excluait point l'ambassade temporaire.
Il y avait des missions d'apparat, des ambassades solennelles, des
ambassades circulaires (1). En 1445, l'ambassade en Angleterre
réunissait diverses ambassades de France et d'Espagne, qui firent une
entrée solennelle à Londres où elles travaillèrent à mettre fin à la
guerre de Cent ans.

Pour le choix de l'ambassadeur, point de règles fixes. M. de Maulde
en fait la juste observation : on considérait la diplomatie comme
absolument élastique ; elle pouvait, elle devait se rétrécir, s'élargir,
suivant les besoins de chaque jour, et s'adapter aux formes les plus
subtiles, les plus variables. On s'ingéniait à choisir des hommes
d'un caractère sûr, ce que Philippe de Commines appelait « de
bonnes gens et sages, intimement connues du roi, souples et pratiques,
gens complaisants et qui passent toutes choses et toutes paroles pour
venir à la fin de leur mission ». Les villes italiennes fréquemment
employaient des juristes. Les grands professeurs de droit du XIVe et du
XVe siècle ont presque tous été mêlés à des négociations diplomatiques.

La diplomatie exigeait des connaissances variées. Le diplomate
devait savoir l'histoire, « cette grande maîtresse, selon Commines,
de toutes les fraudes, tromperies et parjures. » L'homme d'épée
n'était point préféré. Les gens d'Église étaient fréquemment choisis.
Au XIIIe et au XIVe siècle, les envoyés sont généralement accompagnés
d'un chapelain. Il y a dans la diplomatie, assez longtemps, un
caractère religieux. C'est dans les églises que se réunissent les

---

(1) R. DE MAULDE-LA-CLAVIÈRE, *La diplomatie au temps de Machiavel*, t. I, p. 382.

députés. La négociation et la conclusion des conventions donnent lieu
à des cérémonies religieuses (1). Les ambassades renferment souvent
à côté d'un laïque de haut rang, un évêque et un homme de
loi. Mountague Bernard l'observe, en Angleterre avant la Réforme,
considérable est le nombre d'hommes qui après avoir reçu les
saints ordres, passent de la pratique du droit romain et du droit
canonique au service de l'État. (2)

Fréquemment, les actes sont revêtus d'un caractère authentique; ils
sont reçus par les notaires, qui, au moyen âge, instrumentent en droit
public aussi bien qu'en droit privé. Les notaires tiennent leurs pouvoirs
soit du pape, soit de l'empereur, soit de l'autorité souveraine du pays
où ils exercent leur ministère. Une des prétentions des partisans de la
Papauté ou de l'Empire est même que, dans aucune contrée, un notaire
public ne serait admis à remplir son office et ne pourrait donner la
force et le caractère de l'autorité publique aux documents qu'il
rédigerait, aussi longtemps qu'il n'aurait obtenu un diplôme du pape
ou de l'empereur. (3)

Les notaires apostoliques, nommés par le pape ou par les personnes
à qui le pape accordait le privilège de nommer des notaires, jouent
surtout un grand rôle. Ils font les procès-verbaux des enquêtes ; ils
reçoivent les notes diplomatiques auxquelles on veut donner un
caractère d'ultimatum ; ils constatent la rupture des négociations. (4)

A la cour de Rome, aux réceptions solennelles, quand les souverains
étrangers ou leurs ministres prêtent le serment d'obéissance, des
notaires apostoliques assistent à la cérémonie et rédigent un
procès-verbal.

Des traités se passent devant notaires et en présence de témoins.
C'est le cas pour le traité de Tordesillas de 1494.

(1) F. Funck-Brentano, *Le caractère religieux de la diplomatie au moyen âge.*
Revue d'histoire diplomatique, 1887, p. 106.

(2) Mountague Bernard, *Four lectures on subjects connected with diplomacy,*.
p. 140.

(3) James Bryce, *Le Saint Empire romain germanique et l'Empire actuel.*
d'Allemagne. Traduction de Émile Domergue, p. 243.

(4) R. de Maulde-la-Clavière, *La diplomatie au temps de Machiavel*, t. III,
p. 201.

L'époque médiévale tout entière transporte dans le domaine de la politique les formalités du droit privé. Presque tous les hommes d'État dirigeants étaient, sinon des jurisconsultes de grande valeur, du moins des hommes versés dans la science du droit ; ils traitaient les affaires publiques comme l'homme de loi traite les affaires privées. De là, dans l'application, un incessant souci de la preuve et surtout de la preuve écrite. De là, dans la direction générale, une cauteleuse prudence. On ne voit guère recourir à la politique d'aventure ; les rois et leurs conseillers sont, dans la règle, sages et circonspects, sans que l'on puisse leur reprocher de la timidité ; comme les hommes rompus aux questions juridiques, ils savent où ils vont, ils connaissent le terrain sur lequel ils opèrent. Il faut bien le dire, parfois apparaît le revers de la médaille, la manie conservatrice, et, pis que cela, la platitude, la lâcheté.

Rappelons également à ce sujet que souvent les hommes d'État dirigeants sont des prêtres. Longue est la liste des conseillers des rois qui furent gens d'Église. En Angleterre, le chancelier est originairement le principal secrétaire du roi ; c'est un évêque ; il est à la tête de la chapelle royale ; il est le gardien de la conscience du roi, le *Keeper of the king's conscience ;* il est, en effet, son confesseur.

Quand des actes officiels ne peuvent être invoqués, les chroniqueurs se chargent de fournir des éléments sur lesquels les prétentions des souverains s'appuieront. En 1438, Guillebert de Metz compose la *Description de la ville de Paris.* (1) Il copie textuellement le commentaire joint par Raoul de Presles à la traduction française de la *Cité de Dieu ;* il ajoute une page importante. Charlemagne, selon lui, a conquis la majeure partie de l'Europe, il a soumis l'Espagne, il a recouvré le Saint Sépulcre, il s'est emparé de l'Angleterre. Guillebert de Metz cite son auteur : « Maistre Guillaume de Laigny, historiographe très esprouvé, écrit-il, en parle en ceste manière : un compagnon d'armes à Charlemaine, appelé Guy, qui gardoit la marche d'Engleterre, y entra à grant puissance, à qui toute Engleterre se rendy. Et les armes des roys et des ducs qui s'estoient rendus inscrits, il présenta les noms de

---

(1) La Bibliothèque royale de Bruxelles possède le manuscrit. Le texte a été publié par LE ROUX DE LINCY, Paris, 1855.

chascun à Charlemaine. Et ainsi lors premièrement fut conquise
Engleterre des Francs. » Innombrables sont les exemples.

Le témoignage sert également à la preuve. En 1530, Charles-Quint.
est à Bologne, où le pape Clément VII doit le couronner. Le souverain
pontife fait entendre qu'il ne conste ni à lui, ni au siège apostolique,
qu'il ait été vraiment élu roi des Romains. Sur le champ, le comte de
Nassau, le protonotaire Caraccioli, Andrea del Borgo, ambassadeur du
roi de Hongrie, et Alexandre, secrétaire de Sa Majesté, attestent, sous
la foi du serment, qu'en leur présence, ce Charles, roi d'Espagne, avait
été élu par les électeurs de l'Empire, roi des Romains. (1)

Dans la période moderne, on voit en France des savants s'atteler à
la besogne d'étayer par des preuves, les prétentions royales. Sous
Richelieu, se fit ce que Michelet appelle l'inventaire des droits de la
monarchie. Le grand ministre faisait, en vertu de l'ordonnance du
31 juillet 1626, raser les châteaux ; mais il en rassemblait les titres. Les
Du Puy, les Godefroy, les Galand, les Marca poursuivirent son œuvre, et
leur érudition servait le travail d'unification. « L'archiviste conquérant,
dit Michelet, marchait devant les armées. Ainsi, quand on voulut
mettre la main sur la Lorraine, Du Puy fut envoyé aux archives des
Trois-Évêchés ; puis le duc fut sommé de montrer ses titres. Le
Languedoc fut de même défié par Galand de prouver par écrit son
droit de franc-alleu, de propriété libre. On alléguait en vain les droits
des anciens, la tradition, la possession immémoriale ; nos archivistes
voulaient des écrits. (2) »

Le caractère national établissait parmi les diplomates des
distinctions typiques. A l'Allemand, on reprochait la morgue ; le
diplomate Italien était perfide et dangereux ; l'agent Bourguignon
passait pour très intelligent ; le Français n'avait pas toujours
réputation d'habileté, mais il était honnête. Nous avons parlé déjà du
type anglais. Le ministre espagnol était impénétrable, mais la
diplomatie espagnole avait comme marque distinctive la lenteur. Sous

---

(1) GACHARD, *La Bibliothèque nationale*. *Notices et extraits des manuscrits qui*
concernent l'histoire de Belgique, t. I, p. 463.

(2) MICHELET, *Histoire de France*, L. V, *Éclaircissements*.

Philippe II surtout apparaît ce reproche. « Dans cette cour, écrit quelqu'un de la suite du nonce extraordinaire que Clément VIII envoie auprès du roi d'Espagne en 1594, on ne tient nul compte du temps ; la moindre affaire exige des années pour être conclue ». Et il cite un propos plaisant tenu par un carme disant que les ministres royaux auraient été de bons officiers de l'éternité, parce qu'ils s'efforçaient constamment de faire traîner les choses en longueur. Cela rappelle le mot d'un des principaux seigneurs de l'entourage de don Juan d'Autriche, que « les lenteurs des ministres espagnols causeraient un jour la ruine du monde », et le mot de don Pedro de Tolède, vice-roi de Naples sous Charles-Quint, « qu'il aurait souhaité que la mort vînt d'Espagne parce qu'il aurait été sûr de vivre longtemps (1) ».

Au commencement du XVIᵉ siècle, apparaissent des écoles diplomatiques. Wolsey, Gattinara, Selve, Perrenot sont les chefs, les fondateurs de véritables méthodes. Wolsey et Perrenot surtout rompent avec le formalisme et le pédantisme. Au surplus on remarque que, dans certains pays monarchiques, la carrière diplomatique devient l'apanage de quelques grandes familles. Il n'y a d'exclusion pour aucun talent, mais on voit de véritables dynasties se transmettre de père en fils l'art de négocier (2).

Un historien remarque que la quantité d'écrits que l'on attendait d'un agent diplomatique vénitien serait, de nos jours, considérée comme énorme. Cette observation peut s'appliquer à tous les diplomates du XVIᵉ siècle ; elle est vraie des envoyés français comme des envoyés espagnols, des envoyés anglais comme des ambassadeurs de Charles-Quint. Bacon dit de Henri VII qu'il avait soin d'obtenir des renseignements exacts concernant l'étranger. Il utilisait dans ce but les ambassadeurs accrédités en Angleterre, ses partisans à l'étranger,

---

(1) GACHARD, La Bibliothèque nationale. Notices et extraits des manuscrits qui concernent l'histoire de Belgique, t. I, p. 237. Le même, Relations des ambassadeurs vénitiens sur Charles-Quint et Philippe II, p. 204.

(2) FISCHER, Geschichte der auswärtigen Politik and Diplomatie, p. 206.

les agents qu'il avait dans les autres cours. Ses instructions étaient
très détaillées ; elles renfermaient plutôt des points d'information
et de recherche que des sujets de négociations, et il demandait à ses
envoyés des réponses minutieuses à chacune de ses questions.
L'exactitude de ce jugement est prouvée par la lecture des documents
tirés aujourd'hui de la poussière des archives. On ne doit d'ailleurs
pas perdre de vue que, comme l'observe M. Pradier - Fodéré,
« autrefois il s'agissait moins pour le ministre public accrédité à
l'étranger de faciliter les relations internationales, qui sont l'une des
conditions du progrès de l'humanité, que de scruter les secrets du
cours, d'opposer les intrigues aux intrigues ».

Dans les relations pacifiques se présentaient des questions qui ne
sont point sans intérêt.

Nous avons vu les prétentions de la Papauté et de l'Empire.
Dans le domaine de l'organisation internationale, l'empereur réclamait
le droit d'élever les princes chrétiens à la dignité royale et le pape, de
son côté, soutenait avoir seul semblable privilège. Même en 1701, le
pape se plaignait de ce que l'empereur avait conféré la dignité royale
à l'électeur de Brandebourg « sans considérer qu'il n'appartenait
qu'au Saint-Siége de faire des rois ».

L'empereur se réserve longtemps le titre de *Majesté* et donne aux
rois le titre de *Sérénité*. Gustave-Adolphe reçoit, en 1630, une lettre
de l'empereur Ferdinand II, où il est traité de *Sérénité* et appelé
Cousin et *Ami* et non *Frère*. Le roi de Suède répond sur le même ton,
en se servant des mêmes qualifications que Ferdinand avait employées,
le traitant de *Sérénité* et ne l'appelant que son *Cousin*.

Sous le règne de Charles VII de France, s'était placé le changement
d'idée survenu à la formule *par la grâce de Dieu*. Ce qui provoqua ce
changement, c'est qu'après la bataille d'Azincourt livrée en 1415, le
duc Jean V de Bretagne avait cru que ce titre donnerait à son duché
un nouveau relief de souveraineté. En 1448, Philippe le Bon eut
la même idée ; Charles VII exigea une déclaration par laquelle il
reconnaissait qu'il ne prétendait point par là donner atteinte aux

droits de la couronne de France. En 1445, le duc François Ier d'Orléans avait pris le même qualificatif ; il fallait le ménager, les Anglais étaient encore maîtres de la Normandie ; on ne lui fit point d'observations ; plus tard, Louis XI défendit vainement à François II, duc de Bretagne, d'employer la formule. La fille du duc François II, Anne de Bretagne, ne céda pas non plus.

Le titre de *très chrétien* a été donné aux empereurs de Constantinople, aux rois d'Angleterre, aux rois des Bulgares et en général à tous les princes devenus enfants de l'Église. Puis, il a été réservé aux rois de France. On a dit que cette qualification avait été concédée comme une prérogative spéciale par Paul II, en 1469. Mais elle apparaît antérieurement déjà. Le traducteur français de la *Cité de Dieu*, Raoul de Presles, s'adressant dans le prologue de sa traduction à Charles V, lui dit : « Vous êtes et devez être le principal protecteur et défenseur de l'Église, comme l'ont été vos devanciers ; et ce tient le Siége de Rome qui a accoustumé à escrire à vos devanciers et à vous singulièrement des lettres au Très Chrétien des princes. » Au concile de Bâle, l'évêque de Tours, parlant de Charles VII, dit : « *Nobilissimum Ecclesiæ membrum... adeo ut inter cunctos seculi Reges christianissimi nomine merueris insigniri.* » Pie II, écrivant à Charles VII, constate qu'il a fortifié le nom très chrétien que portaient ses prédécesseurs.

Les titres des autres rois sont connus. Le roi d'Angleterre est *défenseur de la foi*, depuis que Léon X a conféré ce titre religieux à Henri VIII, qui avait écrit contre Luther ; le roi d'Espagne est *roi catholique*. Au XVIIIe siècle, le roi de Hongrie devient le *roi apostolique* et le roi de Portugal, le *roi très fidèle*.

Bodin admet, sous le prince absolument souverain, six degrés de « subjection ». (1)

1° Le prince tributaire qui est moindre au traité que celui auquel il doit tribut. Il retient néanmoins tout droit de souveraineté.

2° Le prince qui est en protection ou advovaison.

_____

(1) Jean Bodin, *Les six livres de la République*, L. I, ch. IX.

3° Le prince souverain d'un pays, vassal d'un autre prince pour lequel il doit l'honneur et le service.

4° Le vassal simple qui n'est pas sujet de celui duquel il tient le fief.

5° Le vassal lige d'un prince souverain duquel il n'est pas le sujet naturel.

6° Le sujet naturel.

Il est à remarquer que tous ces rapports sont enchevêtrés.

Au commencement du XVIII° siècle, l'auteur du *Theatrum præcedentiæ* rappelle que « San Marino, une *republichetta* que Venise traite de *Carissima sorella*, a les *Jura suprematus*, est souveraine, et a droit aux honneurs, rang et dignités. » Raguse également est *inter liberos status Europæ*.

Fréquemment, l'empereur donne des lettres de protection aux États ou aux électeurs. Puis des conventions spéciales se concluent; ainsi, en 1297, à Spire, entre l'empereur Adolphe et les villes impériales de Worms et de Spire. Il y a le *Schutzbrief* accordé par l'empereur; en 1338, l'empereur Louis IV accorde sa protection à Rodolphe, comte palatin et duc de Bavière, et à tout son territoire. Plus tard, les princes allemands s'adressent à Henri II de France; ils demandent son patronage. Le roi prend le titre de *Protecteur et défenseur de la liberté germanique*. L'empereur protège d'autres princes; en 1542, protection est accordée à Antoine de Lorraine, du consentement des Électeurs, princes et ordres du Saint Empire réunis à Nuremberg. Le patronage est tantôt perpétuel, tantôt pour un temps limité. Spire est reçu par l'électeur Philippe pour douze ans, en 1488. A la même ville, l'empereur Robert avait accordé, en 1408, sa protection pour aussi longtemps qu'il vivrait. Tantôt, il y a un but spécial; tantôt, un but général. Il y a aussi des engagements très précis. Henri II fournira autant pour les États de l'Empire, et si la guerre continue, autant. (1) A cela s'ajoute le *liber transitus* dans le territoire. Puis, le droit d'avoir des dépôts de poudre. C'est dans ce but que Louis XIV prit sous sa protection perpétuelle le duché de Parme. Autre chose : le

_____

(1) F.-E. BERG, *De fœderibus patrocinii ex historia et jure publico atque gentium illustratis*. Utrecht, 1824.

libre commerce. Ainsi, entre le marquis de Mantoue et Louis XII.
Ainsi, entre Henri III et Genève. Les guerres communes se terminent
de consentement commun. La majesté, la *dignitas alicujus populi* ne
diminue pas pour cela : le peuple n'est pas soumis. L'*amplitudo civitatis*,
pour employer le mot de Cicéron, ne subit aucune restriction. Mais
le contraire peut être stipulé ; le droit de garnison, par exemple, peut
être exigé.

En Italie, quand les factions qui se partagent la république sont
épuisées par leurs luttes fratricides, fréquemment elles concluent
une sorte de trêve et se placent sous la dépendance d'une puissance
étrangère. Elles conservent leur existence propre comme État ;
elles conservent les principaux attributs de la souveraineté ;
elles abandonnent en partie la libre direction des relations
extérieures, mais il n'y a rien d'absolu dans le renoncement.

Des conventions défèrent successivement la seigneurie de Gênes à
l'empereur Henri VII, en 1311 ; au roi de Naples Robert, en 1331 ; à
l'archevêque de Milan, Jean Visconti, puis à ses neveux, en 1354 et
1355. (I)

En 1396, la tutelle française paraît plus utile. Deux ambassadeurs
sont envoyés à Charles VI pour lui offrir la seigneurie de la ville et
de son territoire : le roi pouvait nommer un gouverneur français ;
il ne pouvait imposer aucune charge à la république ; les Génois
s'obligeaient à avoir pour ennemis et à combattre les ennemis du roi,
sans préjudice toutefois des engagements qu'ils pouvaient avoir
contractés vis-à-vis de l'empereur grec et du roi de Chypre ; d'autre
part, le roi s'obligeait à défendre les Génois et à récupérer, dans le
délai de quatre mois, toutes les forteresses et toutes les juridictions
qui leur avaient été enlevées.

En 1410, changement : la république offre pour un an « la capitanerie
et la présidence » au marquis de Montferrat ; puis, l'institution des
doges indigènes est rétablie ; puis, la seigneurie du duc de Milan est
restaurée. Cela continue. En 1456, la république retourne à la France,

---

(1) ENGELHARDT, *Considérations historiques et juridiques sur les protectorats. Revue
de droit international et de législation comparée*, t. **XXV**, p. 230.

sous Charles VII ; huit ans plus tard, au duc de Milan, auquel elle est cédée en fief par Louis XI et qui la transmet à son fils Galéas.

Au commencement du XVIe siècle, l'union directe qui subordonne la république à la France devient plus étroite. François Ier continue cette tradition. L'Espagne, ensuite l'Autriche, dominent Gênes jusqu'à la fin du XVIe siècle. Le mot de Goffredo Lomellini était exact : la république ligurienne était comme une balle qui passe d'une main dans une autre, ne sachant ni garder la liberté, ni supporter la servitude.

Il y a en Italie d'autres types de protectorat : Monaco, Saint Marin et les deux républiques dalmato-vénitiennes de Pogglizza et de Rogosnizza. (1)

La politique extérieure de Monaco présente des coïncidences avec celle de la république de Gênes. La seigneurie des Grimaldi forme des pactes de courte durée, qualifiés d'*adherentia* ou de *recommandatio*, qui excluent l'idée d'une dépendance féodale antérieure et prennent fin soit à une échéance fixe, soit après la guerre ou la négociation en vue de laquelle ils avaient été conclus. En 1424, Jean Grimaldi « est reçu dans la recommandation » de Florence. Il s'engage à avoir les mêmes amis et les mêmes ennemis que la république. La république, de son côté, s'oblige à l'aider et protéger et à le comprendre nominativement dans tout traité de paix ou de guerre. (2)

Des conflits de précédence ou de préséance éclataient fréquemment.

Le principe de la précédence a été posé par Martin de Lodi au commencement du XVe siècle : l'envoyé du plus grand prince doit précéder l'envoyé du plus petit. Mais en quoi consiste la véritable grandeur ?

Différents arguments étaient invoqués. En 1493, Ludovic Bracci, ambassadeur du roi des Romains, avait revendiqué pour son maître une place au-dessus de tous les ambassadeurs royaux. Alexandre VI était hésitant. Ludovic Bracci produisit un long mémoire où il faisait

---

(1) Ibid., p. 238.
(2) Ibid., t. XXV, p. 466.

ressortir que le roi des Romains, canoniquement élu et reconnu comme roi par l'Église, devait avoir la préférence sur les autres rois, parce qu'il était l'avocat et le défenseur du Saint-Siége et que celui-ci le couronnait.

Au début du XVIIᵉ siècle, Diégo de Valdez, dans son *De dignitate regum regnorumque Hispaniæ ac honoratiori loco eis seu eorum legatis a conciliis necnon Romana Sede jure debito*, fait valoir des arguments nombreux qui militent en faveur de l'Espagne, et répondant à Charles Grassalio qui, au siècle précédent, avait prôné les mérites de la France, il montre l'Espagne convertie la première au christianisme et ayant de plus nombreux et de plus glorieux martyrs.

Les auteurs tirent aussi argument, tantôt de l'ancienneté de la couronne, tantôt de la longue possession de l'absolue indépendance. Les exploits belliqueux, l'amour de la nation pour la liberté, la richesse, le faste de la cour, la diversité des langues, la puissance offensive et défensive sur terre et sur mer, sont également indiqués comme autant de marques de suprématie. C'est la thèse exposée par James Howell, dans son intéressant livre Προεδρία βασιλική, *A discourse concerning the precedency of Kings*, où il examine les titres de trois grands princes, le roi d'Angleterre, le roi de France et le roi d'Espagne. L'antiquité du trône était invoquée notamment par les publicistes partisans des couronnes de Danemark, de Norvège et de Suède, qui faisaient observer que l'Espagne et le Portugal n'étaient que « des filles et des colonies gothiques. »

En 1623, Émeric Crucé publia le *Nouveau Cynée*. Il y proposait une union universelle embrassant tous les pays et il examinait les questions du rang et de la préséance. Sans rien imposer, il suggérait une solution qui vaut la peine d'être reproduite. En premier lieu venait le pape ; puis l'empereur des Turcs ; puis se succédaient l'empereur chrétien, le roi de France, le roi d'Espagne. Les places suivantes étaient à débattre entre les rois de Perse, de Chine, le prêtre Jean, le Precop (sic) de Tartarie et le grand duc de Moscovie. Les rois de la Grande-Bretagne, de Pologne, de Danemark, de Suède, du Japon, du Maroc, le Grand Mogol et les autres monarques des Indes et d'Afrique pouvaient contester également au sujet de la préséance. Crucé leur

conseillait de s'en rapporter au jugement des autres princes, et s'il y
·avait balance égale, il proposait de remettre la décision finale aux
agents des républiques. Il signalait, du reste, d'autres expédients et
proposait notamment d'attribuer la première place au premier arrivé,
·ou bien au plus ancien, ou bien encore à tour de rôle.

Il est un passage de Georges-Frédéric de Martens qui reparaît avec
·certaines modifications de forme, mais une complète identité de fond,
dans beaucoup de manuels de droit des gens. « Autrefois, y est-il dit,
les conciles surtout, où tant de souverains paraissaient en personne
ou par leurs représentants, offraient un vaste champ aux disputes sur
le rang, et fournissaient aux papes le prétexte de s'en mêler et de
·donner des règlements de préséance, entre lesquels celui de Jules II,
·de l'an 1504, est le plus mémorable. » Georges-Frédéric de Martens
n'invente pas ; il cite même sa source, c'est l'*Europäisches Völkerrecht
in'Friedenszeiten*, publié en 1787 par K.-G. Günther, conseiller aulique
·de la Saxe électorale. Günther, à son tour, peut citer ses auteurs, car
le règlement de 1504 a été fréquemment invoqué. De nombreux
écrivains du XVIIe et du XVIIIe siècle se sont occupés de la préséance;
la plupart citent le *Ceremoniale romanum*, qu'ils disent avoir été
imprimé à Rome en 1504 et être l'œuvre de Paris de Grassis et
·où se trouve, selon eux, le fameux règlement dans lequel Jules II
avait fixé le rang des souverains.

La vérité est que Jules II n'a point fixé le rang des souverains.
Seulement en tête du journal, du *Diarium* de Paris de Grassis, figure une
liste dans laquelle des écrivains ont vu le règlement destiné à écarter
tous les conflits de préséance (1). Maître des cérémonies, collègue de
·Jean Burchard à qui nous devons le *Diarium* qui constitue la grande
·source de renseignements pour le pontificat d'Alexandre VI, Paris de
·Grassis rédigeait pour son usage personnel des listes qui dénotent même
un manque de connaissances assez étonnant (2). Dans son journal, du

(1) British Museum, *Additional mss*, nos 8440-8444.
(2) Voici le texte du manuscrit du Bristish Museum :

ORDO REGUM CHRISTIANORUM.

Imperator Cæsar,
Rex Romanorum,

reste, comme dans ceux des autres maîtres des cérémonies, apparaissent
à chaque instant de véritables querelles de préséance. Sans doute les
papes prenaient leurs précautions pour prévenir ou apaiser ce que
Firmano, le maître des cérémonies de Pie V, appelait *maledictas*

Rex Franciæ,
Rex Hispaniæ,
Rex Aragoniæ,
Rex Portugalliæ,
Rex Angliæ, cum tribus discors prædictis,
Rex Siciliæ, discors cum rege Portugalliæ,
Rex Scotiæ et Rex Ungariæ inter se discordes,
Rex Navarræ,
Rex Cipri,
Rex Bohemiæ,
Rex Poloniæ,
Rex Daniæ.

Ordo Ducum.

Dux Britanniæ,
Dux Burgundiæ,
Dux Bavariæ, Comes Palatinus,
Dux Saxoniæ,
Marchio Brandeburgensis,
Dux Austriæ,
Dux Sabaudiæ,
Dux Mediolani,
Dux Venetiarum,
Duces Bavariæ.
Duces Franciæ et Lotharingiæ,
Dux Borboniæ,
Dux Aurelianensis. Isti quatuor non præstant obedientiam Sedi Apostolicæ quia
    subditi Imperatoris sunt,
Dux Januæ,
Dux Ferrariæ.

D'après BRÉQUIGNY qui a consacré à Paris de Grassis et à son *Diaire* une étude
dans le t. II des *Notices et extraits des manuscrits de la Bibliothèque du roi*, le
manuscrit du journal de Paris de Grassis qui est conservé au Vatican, renferme de
plus une autre liste que voici :

Reges Christianorum XXVII.

Rex Jerosolamitanus ungitur feudatarius Ecclesiæ Romanæ,
Francorum ungitur feudatarius Ecclesiæ Romanæ.
Angliæ ungitur feudatarius Ecclesiæ Romanæ,

difficultates præcedentiæ, malignarum querelarum occasiones, mais ils ne prenaient pas, ils ne pouvaient pas prendre une règle fixe, immuable. Les auteurs se sont trompés. (1)

La carrière diplomatique avait ses désagréments. Nous avons vu que les envoyés sont peu payés et que leurs dépêches fourmillent de réclamations et de plaintes. « Nous ne pouvons suffire même aux premiers besoins de la vie, écrit Machiavel, il nous en coûte chaque jour un écu et demi. Il ne nous reste plus un denier. » Ce doit avoir été pis antérieurement. Les juristes du XIIIe siècle s'occupent de la situation des envoyés. A chaque instant apparaissent des déclarations qui prévoient le cas où le *legatus* serait pauvre. Guillaume Duranti, le

---

Castellæ,
Legionis,
Portugalliæ,
Aragoniæ, feudatarius,
Majoricensis,
Navarræ,
Dac:æ,
Novergiæ,
Suessiæ,
Iberniæ,
Scotiæ,
Poloniæ,
Ungariæ,
Boemiæ,
Armeniæ,
Cipri,
Sorhiæ,
Sardiniæ, feudatarius Rom. Eccl.,
Cemadriæ,
Annuana,
Ulthonie,
Colex,
Manuæ alias Colin,
Siciliæ.

Il y a là certains noms pour le moins étranges !

(1) La question du règlement de rang de Jules II est des plus amusantes. Elle fait songer au mot quelque peu impertinent d'Arthur Duck : « On compare avec raison nos juristes à des grues ou à des oiseaux qui vont toujours à la suite des premiers. » Voir *Revue de droit international et de législation comparée,* t. **XXV,** p. 513.

Spéculateur, l'assimile, non seulement au soldat pauvre, mais au pauvre enfermé en prison. « *Legatus pauper, miles pauper et decurio pariter pauper et pauper qui est in carcere sunt alendi de re publica.* »

L'époque ne brillait précisément point par l'incorruptibilité. On voit les hommes d'État recevoir des rois étrangers des sommes parfois fort élevées. Un des principaux ressorts dont usait Louis XI, c'était la corruption, que Commines appelle la libéralité. L'argent jouait surtout un rôle considérable dans les négociations avec les Turcs. « L'argent, déclare dans un rapport de 1587 l'ambassadeur vénitien Lorenzo Bernardo, l'argent est comme le vin : les médecins le recommandent également à l'homme bien portant et au malade ; il faut donner des cadeaux aux Turcs alors que nos relations avec lui sont bonnes ; il faut en donner encore alors qu'elles sont en souffrance. » Le comte de Bedmar, le fameux envoyé d'Espagne à Venise en 1619, estimait à 400,000 ducats les sommes annuellement distribuées à Constantinople.

On connaît la définition de l'ambassadeur par sir Henry Wotton. « *Legatus est vir bonus peregre missus ad mentiendum reipublicæ causa* » « L'ambassadeur est un honnête homme envoyé à l'étranger pour mentir dans l'intérêt de son pays », avait-il écrit sur les blanches pages de l'album de son ami Fleckamer. (1) La définition lui coûta les venimeuses attaques de Scioppius ; et cependant elle n'était qu'une boutade. Quoiqu'il en soit, des hommes de premier ordre ont considéré que le rôle de la diplomatie n'excluait nullement la tromperie. On connaît les instructions de Louis XI, envoyant aux ducs de Guyenne et de Bretagne les sieurs du Bouchage et de Solliers : « S'ils vous mentent, mentez-leur encore plus. » Plus tard un ambassadeur d'Espagne partant en mission disait : « S'ils mentent, je leur mentirai deux cent fois plus. »

A côté de la diplomatie officielle, se trouvait souvent une véritable diplomatie secrète. A Venise, l'évêque de Lavaux et l'évêque de Rodez,

---

(1) E. Nys, *La définition de l'ambassadeur par sir Henry Wotton. Revue de droit international et de législation comparée*, t. XXI, p. 388.

ambassadeurs de François Ier, l'un de 1533 à 1536, l'autre de 1536 à 1538, établirent un personnel d'agents secrets dont l'action s'étendit même au delà du territoire de la république. Ces « bons serviteurs du roy » comme les dépêches diplomatiques du temps les appellent, étaient très utiles. Ils comprenaient dans leurs rangs des fonctionnaires de tout grade, d'obscurs aventuriers, des hommes d'Église, des grands seigneurs et même des membres de l'aristocratie.

En Italie, Charles-Quint utilisait comme espions les membres des ordres religieux. Le général des Mineurs de l'observance, Vincent Lanello, qui était sujet de l'empereur, servait les intérêts de son souverain et plusieurs de ses religieux étaient des agents impériaux. (1)

A Rome, Alfonse, moine espagnol de l'ordre des Franciscains, était fort employé par le pape ; c'est de lui que l'ambassadeur vénitien tenait le mot de Jules II sur le roi de France « *Iste gallus vult omnes gallinas pro se.* » (2)

Les banques italiennes établies à l'étranger, constituent pour leurs pays d'origine des agences politiques autant que financières. (3)

Les femmes sont employées en diverses négociations. La fille de Ferdinand et d'Isabelle était formellement accréditée comme agent diplomatique auprès de son beau-père Henri VII.

On cite comme négociatrices, Lucrezia, femme de Pierre de Médicis, qui, en 1467, alla à Rome, chargée d'une mission et Isabelle d'Este que Ludovic Sforza, son mari, chargea en 1493 d'une mission secrète pour dénoncer les projets des Français sur Naples. (4)

En 1508, la ligue de Cambrai fut conclue, et signée par Marguerite d'Autriche au nom de son neveu Charles. Le 5 août 1529, la même princesse et Louise de Savoie, mère de François Ier, signèrent dans la même ville le traité de paix qui fut nommé pour cette raison le *Traité des dames.* James Howell, dans son livre sur la préséance,

---

(1) ZELLER, *La diplomatie française vers le milieu du XVIe siècle.* p. 78.
(2) MARINO SANUTO, *J Diari,* t. X, p. 540. — R. DE MAULDE-LA-CLAVIÈRE, *La Diplomatie au temps de Machiavel,* t. I. p. 450.
(3) R. DE MAULDE-LA-CLAVIÈRE, *La diplomatie au temps de Machiavel,* t. I. p. 451.
(4) KRAUSKE, *Die Entwickelung der ständigen Diplomatie,* p. 229.

rappelle le cas de dame Sardaus, qui fit fréquemment vers 1648, le voyage entre Bruxelles et La Haye et que l'on appela « l'entremetteuse de la paix ». « Ce qui, dit-il, *was not disgrace to her.* » En 1645, la maréchale de Guébriant fut nommée ambassadrice de France, pour conduire à Varsovie la princesse de Gonzague, mariée au roi de Pologne. La comtesse de Flesselles de Brégi remplaça son mari en Pologne et en Suède dans les fonctions d'ambassadeur, et elle correspondit en cette qualité avec Louis XIV. La duchesse de Chevreuse fut chargée seule des négociations de la Fronde à Bruxelles. La duchesse d'Orléans négocia, comme plénipotentiaire, le traité qui devait détacher l'Angleterre de la Hollande.

Au fur et à mesure que nous avançons, la diplomatie se développe. Le XVIIe siècle sera son époque la plus florissante. Dans les différents pays s'est constitué un office chargé des affaires étrangères, qu'on peut, selon l'expression de Flassan, regarder comme la partie pensante des gouvernements (1) ; au dehors, les États ont leurs représentants officiels ; en même temps ils reçoivent les agents des autres pays. La conception de la balance politique, l'idée que le développement hors de proportion d'un État forme un danger pour tous les autres, pénètrent de plus en plus dans la politique générale. Les luttes entre Charles-Quint et François Ier, entre la France et l'Espagne, entre la France et l'Angleterre occupent de longues pages de l'histoire. Il y a un croisement incroyable de négociations, d'intrigues, d'alliances, dans lesquelles se complaît l'habileté des hommes d'État. Ce qui distingue surtout la politique des derniers siècles, c'est l'idée de l'opposition des intérêts des puissances. Dans un *Discours sur ce que les guerres et divisions sont permises de Dieu pour le châtiment et des princes et des peuples mauvais*, Commines exposait déjà les larges lignes de cette théorie de la *contrariété*, quand il montrait que partout en Europe, Dieu a placé un ennemi à côté de chaque roi ou nation. « Ainsi, dit-il, au royaume de France, il a donné pour opposite les Anglais, et aux Anglais les Écossais ; au

---

(1) FLASSAN, *Histoire de la diplomatie française*, t. II, p. 52.

22

royaume d'Espagne, Portugal. Pour l'Allemagne, vous avez vu et de tout temps, les maisons d'Autriche et de Bavière contraires (1). » Avec un semblable programme, la diplomatie devait avoir beau jeu.

Les théoriciens du droit d'ambassade sont peu nombreux au moyen âge, et leurs conceptions sont rudimentaires. Un premier point est affirmé, c'est que le droit d'ambassade n'appartient qu'à celui qui exerce l'autorité suprême : le prince, ou le peuple libre qui a puissance de prince, *princeps vel populus liber qui habet auctoritatem principis*, peuvent seuls avoir des envoyés diplomatiques. Le droit d'ambassade est ainsi corrélatif du droit de la guerre.

Dans le domaine des faits, il se produit en France une situation curieuse. Louis d'Orléans que Jean sans Peur fit assassiner en 1407, avait des relations diplomatiques étendues et traitait d'égal à égal avec les souverains. Après sa mort, la diplomatie orléanaise amoindrie, subsiste néanmoins. (2) Même Louis XI a à lutter contre elle et avant de mourir, il exige du duc d'Orléans le serment formel de ne s'allier à aucun prince contre son successeur. Sous la minorité de Charles VIII, on n'en voit pas moins le duc d'Orléans négocier à l'étranger (3). La Bretagne tient également à affirmer son indépendance internationale ; jusqu'à la fin du XVe siècle elle envoie des ambassadeurs. D'autres grands seigneurs avaient fait de même : tels le duc de Lorraine, René d'Anjou, Jean et Nicolas de Calabre, le comte de Foix, le duc d'Albret (4).

Dès l'antiquité il est reconnu que le caractère des envoyés doit être respecté et Bynkershoek a beau jeu pour railler les auteurs qui s'étendent longuement à faire voir, par des témoignages des Grecs et des Romains, que les ambassadeurs sont des personnes sacrées et inviolables. Sacré, rappelons-le, c'est ce qui est mis à couvert de toutes injures et de toutes insultes de la part des hommes. « Plus ces

---

(1) COMMINES, *Mémoires*, L. V. ch. 18.
(2) R. DE MAULDE-LA-CLAVIÈRE, *La diplomatie au temps de Machiavel*, t. I, p. 163.
(3) Ibid. p. 174.
(4) Ibid. p. 184.

écrivains ont eu d'érudition, dit-il, plus ils ont étalé ici un tas d'autorités pour prouver une chose que personne ne nie (1). »

Le droit romain proclamait l'inviolabilité de l'ambassadeur. Le droit canonique faisait de même et, dans la définition du droit des gens, insérée par Gratien dans sa *Concorde des canons discordants*, se trouvait énumérée la coutume de respecter les envoyés : « *Jus gentium est sedium occupatio..... legatorum non violandorum religio* ». A un autre passage de Gratien, sont excommuniés ceux qui maltraitent les orateurs, les envoyés, aussi bien que ceux qui maltraitent les prêtres, les moines, les femmes, les pauvres gens sans armes.

Les glossateurs et les commentateurs de l'un et de l'autre droit développèrent ces maximes fondamentales. Ils enseignaient que les envoyés doivent pouvoir cheminer en toute sécurité. « *Legati habent immunitatem a lege ut possint ire securè etiam ad hostes.* » L'injure qui leur était faite était censée faite à celui qui les envoyait. « *Injuria illata nuntio principis dicitur illata principi* », et c'est ainsi qu'à l'occasion des représailles, on les voit tous, sans exception, soustraire les ambassadeurs à cette mesure. Alphonse X, copiant le droit romain, déclarait formellement, dans les *Siete Partidas*, que tout envoyé venant en Castille, soit chrétien, soit mahométan, devait être en sûreté ; personne ne pouvait lui occasionner du mal ni à sa personne, ni à ses biens ; si l'envoyé étranger était débiteur en vertu d'une obligation contractée antérieurement à la mission, il n'était permis ni de l'arrêter, ni de le poursuivre en justice ; mais les poursuites étaient autorisées pour les dettes contractées pendant le séjour. Le langage de Christine de Pisan, dans le *Livre des faits d'armes et de chevalerie*, composé sous l'influence d'Honoré Bonet, n'était pas moins explicite. « Je te dy ainsi que de droit escript, les ambassadeurs ou legaulx ont partout privilège d'aler seurement eulx et leurs choses et, depuis que au roy vont, n'appartient à nul homme des siens les empeschier (2) ». Il y a plus. Des auteurs donnent aux

---

(1) BYNKERSHOEK, *Traité du juge compétent des ambassadeurs*. Traduction de BARBEYRAC, chap. V, § 1.

(2) CHRISTINE DE PISAN, *Le livre des faits d'armes et de chevalerie*. Troisième partie, chap. XXII.

envoyés un caractère religieux si prononcé que ceux qui les lèsent se rendent coupables de sacrilège : « *Legati appellantur sancti ; inferentes eis injurias incidunt in sacrilegium* ». Si quelqu'un met obstacle à la mission d'un envoyé, dit un autre texte, d'après la loi religieuse il est excommunié, d'après le droit séculier il est livré à l'ennemi qui en peut faire son esclave. « *Si quis legatum vel hostium vel amicorum impedit, secundum canones excommunicatur sed secundum leges traditur hostibus ut sit servus eorum.* »

En règle générale, la pratique se conformait à la théorie ; l'inviolabilité de l'envoyé ennemi était même reconnue dans les guerres contre les infidèles, et l'histoire des croisades nous fournit des cas nombreux où nous voyons les ambassadeurs des Sarrasins traités avec une réelle courtoisie. Il nous faut cependant signaler un trait particulier rapporté par Joinville : « Or est tex (telle) la coustume entre les chrestiens et les Sarrasins, dit le chroniqueur, que quand li roys ou li soudans meurt, cil qui sont en messagerie, soit en paennime ou en chrestientei, sont prisonniers et esclaves ; et pour ce que li soudans qui avoit donnei la seurtei au patriarche fu mors, li diz patriarches fu prisonnier aussi comme nous fumes (1) ». Ainsi donc, l'inviolabilité des ambassadeurs entre musulmans et chrétiens ne reposait pas, au XIIIe siècle, sur un principe de droit, mais seulement sur la parole donnée. Si le prince qui avait promis protection mourait, les ambassadeurs étaient prisonniers (2).

Si l'inviolabilité des ambassadeurs était généralement reconnue, il n'en était pas de même de leur indépendance.

Longtemps la question de l'indépendance de l'ambassadeur put se ramener à celle de l'immunité de la juridiction civile et criminelle ; et sur ce point l'accord fut loin de s'établir. La plupart des auteurs accueillirent même une opinion contraire à toute idée d'exemption et qui semblait avoir pour elle l'autorité des jurisconsultes romains, dont le système se résumait, dans ses grandes lignes, comme suit. En

---

(1) JOINVILLE, *Histoire de Saint Louis*, ch. LXXI.
(2) R. DE MAULDE-LA-CLAVIÈRE, *La diplomatie au temps de Machiavel*, t. II, p. 43, note 3.

matière civile, ils accordaient aux *legati* le droit de demander le renvoi devant les juges du lieu de leur domicile pour les affaires contractées avant qu'ils fussent en ambassade ; ils les soumettaient aux juges de Rome à l'égard des affaires contractées durant leur mission. En matière criminelle, si le crime avait été commis pendant le temps de l'ambassade, ils les obligeaient également à répondre en justice à Rome. Mais en appliquant ces dispositions aux ambassadeurs, les écrivains du moyen âge versaient dans une grande erreur ; les *legati* du droit romain différaient complètement des ambassadeurs du droit des gens, le terme latin désignant simplement les députés de quelque province ou de quelque ville de l'empire qui étaient adressés à l'empereur pour exécuter les commissions de la province ou de la ville.

Plus tard, deux fictions, celle de la représentation du monarque par l'ambassadeur et celle de l'exterritorialité du ministre public contribuent à une exagération des privilèges des ministres publics, exagération qui trouve peut-être une justification historique dans la considération que l'imperfection des autorités locales nécessitait une solide protection contre les désordres populaires ou contre les caprices du despotisme. (1)

De nos jours, la théorie la plus favorable aux agents diplomatiques leur accorde, outre le droit au cérémonial, l'inviolabilité et l'indépendance. L'inviolabilité, c'est la sûreté absolue, complète, c'est le droit à la protection la plus vigilante, la plus efficace. (2) L'indépendance, c'est la prérogative du ministère public qui consiste dans le droit et dans le fait de ne point être placé sous la juridiction et sous l'autorité de l'État où il réside, de n'être soumis à aucune juridiction, à aucune autorité étrangère. (3)

A l'indépendance de l'agent diplomatique, on a donné pour base la fiction de l'exterritorialité, d'après laquelle un ministre public

---

(1) PRADIER-FODÉRÉ, *Cours de droit diplomatique*, t. I. p. 272.—ROLIN-JACQUEMYNS, *Consultation dans l'affaire Arnim*, p. 123.
(2) PRADIER-FODÉRÉ, ouvrage cité, t. II. p. 11
(3) Ibid., t. II. p. 39.

doit être regardé comme résidant toujours dans le pays d'où il est venu et par conséquent hors du territoire de la nation où il a été envoyé, quoiqu'il y soit matériellement.

Grotius croit pleinement qu'il a plu aux nations que la commune coutume, qui soumet à la loi du lieu quiconque se trouve sur le territoire d'autrui, souffrit exception pour les ambassadeurs et que, de même que par une sorte de fiction, ils sont pris pour les personnes de ceux qui les envoient, de même par une fiction semblable, ils sont réputés aussi comme étant hors du territoire : de là vient qu'ils ne sont pas régis par le droit civil du peuple chez lequel ils vivent. « ..... *ita etiam fictione simili constituerentur quasi extra territorium...* ». (1) Des corollaires nombreux dérivèrent de cette fiction poussée à l'extrême et c'est ainsi que l'on vit apparaître l'immunité des impôts et l'exemption des droits de douane ; la franchise de l'hôtel qui entraînait le droit d'asile et la franchise des quartiers ; l'exemption de la juridiction de la police ; l'immunité de la juridiction civile et de la juridiction criminelle, que Grotius défend par ce très mauvais argument que les ambassadeurs sont les mandataires de l'adversaire, de l'ennemi du souverain auquel ils sont accrédités ; la juridiction et la surveillance sur la suite ; le droit de culte domestique ; le droit de tenir des boutiques publiques pour la vente de certaines marchandises, comme cela se faisait notamment à Madrid. Il n'est pas un de ces privilèges qui ne fût réclamé en fait, et qui ne trouvât des défenseurs sur le terrain de la théorie.

L'exagération du droit d'ambassade apparaît surtout au XVIIe siècle ; elle coïncide avec l'époque la plus florissante de la diplomatie et, en ce qui concerne la doctrine, elle est postérieure à Grotius, qui exerça en ce point une influence qu'il faut déplorer.

Bynkershoek exagéra l'indépendance du ministre public : il voulait l'immunité complète ; au sujet de la juridiction territoriale du souverain, l'envoyé devait être regardé comme n'étant pas dans le pays où il résidait. Le terme exterritorialité même n'était point encore employé et c'est lord Stowell qui, le premier, dans un

---

(1) GROTIUS, *Le droit de la guerre et de la paix.* Traduction de PRADIER-FODÉRÉ L. II. ch. XVIII § 4, n° 8.

jugement célèbre, déclara que les Européens ne sont point admis dans le corps général de la société des nations asiatiques, qu'ils continuent d'être des étrangers, qu'ils séjournent simplement dans le pays, qu'ils forment en fait une communauté *extraterritoriale* qui n'acquiert point un caractère national (1).

Les ministres publics prétendaient autrefois au droit d'asile pour leur hôtel. Ils prétendaient même, dans plusieurs cours, étendre le privilège d'asile aux quartiers qui environnaient leur demeure. Dans certains pays, ce dernier point était reconnu ; ainsi, à Lisbonne, à Madrid, à Venise, à Rome, à Francfort-sur-le-Mein, durant l'élection et le couronnement de l'empereur. A Rome, les palais des cardinaux et des ambassadeurs, et même les maisons et les rues voisines échappaient à la juridiction temporelle du souverain pontife. Des papes essayèrent de mettre un terme à ces abus et Innocent XI, élevé au pontificat en 1676, fit part de sa résolution aux différentes cours catholiques. Des princes et surtout le roi de France résolurent de s'y opposer.

Le duc d'Estrées, ambassadeur de France, étant venu à mourir, le pape envoya, immédiatement après l'enterrement, les sbires dans la place Farnèse, où le ministre avait habité. Il fit exercer quelques actes de juridiction. Mais Louis XIV envoya comme ambassadeur le marquis de Lavardin. Le pape eut beau publier une bulle par laquelle il renouvelait, avec la clause de l'excommunication, les constitutions de plusieurs de ses prédécesseurs abolissant toute franchise des quartiers, Lavardin fit son entrée à Rome avec une escorte de 800 hommes armés. La bulle fut, du reste, déclarée abusive et nulle par le parlement de Paris, à la suite d'un réquisitoire dans lequel l'avocat général Talon se fondait spécialement sur ce que « les rois de France n'avaient point perdu le droit de commander dans Rome ».

Le droit d'exercer dans l'hôtel de l'ambassade le culte de la nation du ministre, quand ce culte n'était point pratiqué dans la ville de la résidence, s'appuyait, selon certains auteurs, sur l'exterritorialité,

---

(1) Sir Travers Twiss, *The exterritoriality of public ships of war in foreign waters. Law Magazine and Review*, février 1876.

selon d'autres, sur l'usage. Quoiqu'il en soit, une réclamation relative
à ce droit se produit dès 1565. Elle émane d'Élisabeth d'Angleterre et
s'adresse à Philippe II d'Espagne.

John Man, doyen de Glocester, master de Merton College à Oxford,
avait été envoyé comme ministre à Madrid, en 1565. Les affaires à
régler étaient surtout relatives aux réclamations des sujets anglais,
dont les navires étaient fréquemment capturés par les Espagnols, tout
comme les navires espagnols, du reste, étaient fréquemment capturés
par les Anglais. Man n'était point habile diplomate ; il manquait de
tact et d'intelligence, et, au point de vue de l'histoire, le fait est
regrettable, car il séjournait à Madrid précisément à un moment
important : la guerre de Flandre se préparait et, dans l'entourage
immédiat du roi, allait se passer le drame qui devait aboutir à la
mort de don Carlos.

Rien d'anormal ne se serait produit dans les rapports internationaux,
si Man n'avait eu, aux yeux de Philippe, l'immense tort d'appartenir
au clergé anglican et d'être marié. C'est le gouvernement anglais qui
souleva la grande difficulté, savoir si son ministre se verrait dénier
le privilège que l'ambassadeur d'Espagne avait à Londres, de
pratiquer son culte dans l'enceinte de la légation. Man fut chargé
d'insister. Il le fit ; mais le gouvernement espagnol tarda à
répondre. Puis, une première considération fut émise par les
conseillers du roi, c'est que celui-ci ne voulait pas entendre parler du
privilège de liberté de religion : l'un des motifs était que, comme
tous ses sujets, Philippe II relevait de la Sainte Inquisition. En vain,
Man invoqua-t-il une promesse du duc d'Albe. Il lui fut répondu que
le duc s'était trompé et que le roi prétendait ne concéder au ministre
d'Angleterre d'autres droits que ceux que possédaient ses prédécesseurs
auprès de la cour d'Espagne.

Le 23 avril 1568, l'échange de vues fut clôturé : le roi demanda à la
reine de rappeler son envoyé, qu'il fit aussitôt interner à Barajas. Le
prétexte donné par Philippe fut que Man avait déplu à certains
personnages et le gouvernement anglais accueillit la version qu'un

Anglais lui transmit de Madrid, d'après laquelle le ministre d'Angleterre s'était créé des ennemis, même parmi ses nationaux.

La question de principe ne reçut point de solution. En effet, Man ne fut pas officiellement remplacé : le service d'information fut fait par des particuliers, Olivier King, ancien officier qui avait été au service de la France et qui cherchait service en Espagne, et Robert Huggins, négociant anglais dont les lettres étaient envoyées à Cecil par l'intermédiaire de l'ambassadeur anglais en France. Huggins finit même par être arrêté ; mais il s'échappa de prison.

Parmi les auteurs qui exposent plus ou moins systématiquement le droit d'ambassade figure, le premier dans l'ordre chronologique, Martin de Lodi. Son traité *De legatis maximè principum* comprend trente neuf propositions, qui sont autant d'extraits des glossateurs et des commentateurs. (1)

Gonzalve de Villadiego consacre au droit d'ambassade la deuxième partie de son *Tractatus de legato* (2). Il résout affirmativement la question de savoir si les clercs et les prélats peuvent être envoyés en qualité d'ambassadeurs de princes séculiers ; il examine quel doit être le nombre des envoyés — d'après lui, trois suffisent — et il demande si, en cas de mort de l'un des agents, les autres peuvent exécuter la mission. Au sujet des excuses et du remplacement, il invoque les dispositions du droit romain.

L'auteur discute aussi deux questions qui avaient surgi en Italie, celle de savoir à qui appartiennent les dons remis aux envoyés et celle de savoir à qui incombe le dommage subi par ceux-ci. En ce qui concerne la juridiction, il adopte le système du droit romain que nous avons indiqué. Il proclame l'inviolabilité de l'envoyé et il rappelle que, d'après Henri de Suse et Jean d'Andrea, lorsqu'un ambassadeur adressé au pape est excommunié, le pape a coutume de le relever de la censure pendant toute la durée de la mission, de façon cependant que

---

(1) MARTINUS LAUDENSIS, *De legatis maxime principum. Tractatus universi juris,* t. XVI, fol. 212 verso.

(2) GONZALVE DE VILLADIEGO, *Tractatus de legato. Tractatus universi juris,* t. XIII, deuxième partie, fol. 258.

l'excommunication reprend force et vigueur une fois l'ambassade terminée.

Le sujet entraîne même l'écrivain sur le terrain du droit public ; traitant de l'autorité compétente pour choisir les ambassadeurs, Gonzalve de Villadiego cite les discussions des canonistes et des civilistes sur la composition de l'*adunantia* ou *magnum et generale consilium* de la cité. Innocent IV admettait à l'*adunantia* tous les citoyens, hommes et femmes, âgés de plus de quatorze ans, (1) tandis que d'autres publicistes excluaient les femmes et admettaient seulement — c'est notamment l'opinion de Bartole — les citoyens mâles agés de plus de vingt-cinq ans.

L'infortuné Étienne Dolet a écrit l'ouvrage intitulé : *Liber unus de officio legati quem vulgo ambassiatorem vocant. Et item alter de immunitate legatorum. Et item alius de legationibus Joannis Langiachi, Episcopi Lemovicencis.* Le livre est rare : nous n'avons pu le lire. Les biographes de Dolet donnent quelques renseignements. L'un d'eux rapporte que la troisième partie qui traite des ambassades de l'évêque Jean du Bellay, seigneur de Langey, est écrite en vers hexamètres ; l'auteur avait composé son petit poème durant son séjour à Venise, mais quand il le publia, en 1541, il y fit quelques changements et il écrivit en prose les deux traités qui le précèdent. (2) D'après un autre écrivain, le livre de Dolet ne manquerait ni de finesse ni de malice ; c'est ainsi qu'il recommanderait aux ambassadeurs de s'entourer de domestiques taciturnes, de se servir d'espions vigilants et de mettre en œuvre toutes sortes de fictions, surtout en négociant avec la cour de Rome ou avec les princes italiens. (3).

Sans importance est le *Tractatus de oratoribus seu legatis principum et de eorum fide et officio* de Jules Ferretti. Le traité *De legatis regum principum et communitatum seu civitatum* qui se trouve à la suite des *Tractatus varii* de Pierre Rebuffe, n'est que la reproduction pure et simple du traité de Martin de Lodi.

---

(1) INNOCENT IV, *In quinque libros decretalium apparatus*, Liv. V, tit. XXXII, ch. 11.
(2) *Vie d'Étienne Dolet, imprimeur à Lyon dans le seizième siècle*, Paris 1777, p. 114.
(3) FERRARI, *Histoire de la raison d'État*, p. 296.

Volumineux est l'ouvrage de Conrad Braun, *De legationibus libri quinque.* Sa valeur est loin d'être grande. Le chanoine d'Augsbourg n'a pas même la notion exacte du caractère de l'ambassadeur, qu'il ne parvient pas à considérer comme l'envoyé d'un souverain. Dans ses diffus développements, il se contente de généralités. En un point, son opinion offre de l'intérêt ; il n'admet, en effet, le privilège de l'inviolabilité que pour les envoyés qui s'acquittent honnêtement de leur mission.

Octavien Maggi écrit, en 1566, le *De legato* où il enseigne que l'envoyé ne peut être poursuivi en justice, au civil et au criminel, qu'après son retour (1).

Pierre Ayrault s'est occupé du droit d'ambassade dans son livre intitulé : *L'ordre, formalité et instruction judiciaire dont les anciens Grecs et Romains ont usé ès accusations publiques (sinon qu'ils ayent commencé à l'exécution), conferé au stil et usage de nostre France.* L'ouvrage parut pour la première fois en 1576 ; l'auteur en fit des éditions augmentées.

Esprit méthodique, Ayrault dégage d'abord la matière des ambiguïtés dans lesquelles ses prédécesseurs l'avaient laissée : « Or, afin que nous ne nous abusions point, ce n'est pas *de legatis magistratuum* (car ils estoient jurisdiciables de leur consul ou de leur préteur), ni *de legatis provinciarum* que nous entendons parler icy (car ils estoient subjects ou citoyens comme les autres), mais *de legatis hostium aut sociorum* qu'en France nous appelons spécialement *Heraux d'armes* ou *Ambassadeurs.* ». Le terrain déblayé, l'auteur demande si l'ambassadeur jouit de l'inviolabilité et, comme conséquence de cette inviolabilité, de l'immunité de la juridiction civile et criminelle.

La réponse est affirmative. « Puisqu'il y a une parenté et consanguinité entre les hommes, à plus forte raison que de toute espèce à espèce entre les bestes brutes, il ne faut pas que nos inimitiez soient immortelles. Il faut que nous nous reconcilions quelquefois comme font parens et concitoyens et quand bien nous ne le voudrions

---

(1) Catellani, *Ottaviano Maggi. Revue de droit international et de législation comparée,* t. XV, p. 410.

faire, il y a une vicissitude et révolution nécessaires en toutes choses, conséquemment aussi de la paix et de la guerre, qui nous y force et contraint le plus souvent. Or, pour y parvenir, il estoit donc très nécessaire que ceux, lesquels au milieu des armées et entre le feu et le sang, iroient et viendroient d'un party à autre pour traicter et manier cette paix, eussent telle seureté et privilège qu'on ne les peust toucher ne violer non plus que les saincts et sacrez dieux. Autrement qui voudroit entreprendre charge si dangereuse ? » Ayrault proclame donc que l'on ne peut rien exécuter ni entreprendre contre les envoyés étrangers, qu'on ne les peut pas même « traiter en justice pour crime qu'ils aient commis ». Un autre argument qu'il fait valoir, c'est que l'ambassadeur représente la personne du prince « qui est sacrée ». « Le punissant, vous puniriez aucunement le prince en la personne de son agent, lequel de son chef n'a toutefois point délinqué, et où il l'auroit faict, *solutus est legibus*, et ne peut estre puny, traitté, ni convenu par devant juge quelconque, si ce n'est luy ». Nouvelle considération : « Jaçoit que l'ambassadeur soit avec nous pour les affaires de son office, toutefois en tous autres actes qui le pourroient obliger, il est tenu et réputé pour absent. Il teste ; laisse des héritiers, ce que le simple estranger ne feroit pas ; il est libre ; la guerre ouverte, il retourne en son pays *suo jure non jure postliminii*. Il ne faut donc pas dire qu'en cas de crime on pourroit bien lui faire son procès, car il est absent ou tenu pour tel ». Ayrault ajoute qu'admettre que l'ambassadeur n'est point inviolable, permettre de le poursuivre pour crime, serait ouvrir la porte à toute espèce d'abus. Que n'imputerait-on pas à l'envoyé étranger, étant donnée la facilité de se procurer contre lui des témoins et de disposer des juges ? Plus l'ambassadeur serait « homme de service et d'entendement », plus il serait exposé, car l'ennemi aurait intérêt à le perdre (1). L'idée défendue par Ayrault trouva, en 1616, un défenseur dans Antoine de Mornac, qui enseigna que les ambassadeurs sont tellement sous la protection du droit des gens qu'on ne peut les contraindre à se

---

(1) AYRAULT, *L'ordre, formalité et instruction judiciaire*. Liv. I, quatrième partie, n° 12, p. 72 et suivantes.

défendre en justice, eux ou leurs, soit en matière civile, soit en matière criminelle (1).

En 1579, un autre ouvrage voit le jour. C'est le *Legatus seu de legatione legatorumque privilegiis, officio ac munere libellus ad tit. Dig. et Cod., Philippo Huralto Vicecomiti Chevernio, Galliæ Procancellario dicatus, F. Le Vayer J. C. et in suprema curia advocato authore.* Le travail de Félix de la Mothe Le Vayer est fort court ; il comprend trente-trois pages, où il est traité, en douze chapitres, des qualités de corps et d'esprit des ambassadeurs, de leur office, de leur suite, de leur retour dans la patrie. Les envoyés sont, dit l'auteur « *inter arma hostium sacrosancti et inviolabiles* ». Au début de son étude, il explique qu'il ne fera pas l'histoire des ambassadeurs, car il admet : « *Legatos tunc primum aut non multum post institutos fuisse cum Pandora malorum omnium semina in hunc mundum tanquam in feracem ac bene subactum agrum demisit.* »

Le *Discours des estats et offices tant du gouvernement que de la justice et des finances de France, contenant une briefve description de l'autorité, jurisdiction et cognoissance de la charge particulière de chacun d'iceux,* par Charles de Figon, renferme plusieurs pages au sujet du droit d'ambassade. Ce n'est pas au point de vue juridique que l'auteur se place, et nous pourrions le passer sous silence s'il n'exposait quelques idées qui méritent d'être signalées.

D'après Figon, « les effets de la justice s'estendent pour la conservation de l'estat public du royaume aussi bien au dehors comme dans les limites d'icelui. A ceste fin et tout aussi comme aux provinces limitrophes sont ordonnez et establis des gouverneurs et lieutenans généraux de la Majesté, entre autres choses pour avoir l'œil au déportement des princes estrangers qui sont voisins des provinces qu'ils ont en charge et gouvernement, et obvier à ce qu'ils ne machinent ni entreprennent aucunement sur icelles, le roy a accoustumé d'envoyer devers les roys et plus grands princes ses voisins avec lesquels il a bonne paix, amitié, alliance et confédération, et tenir auprès d'eux des ambassadeurs, à cest effet d'eslire et choisir

---

(1) MORNAC, *Observationes in Digestum, ad tit. De judiciis,* leg. II, § 3.

des personnages qui soient de la qualité et suffisance requise, gens entendus et experimentez pour se manier et composer envers lesdits princes où ils sont envoyez l'amitié selon l'estat et la disposition des affaires et le deu du service du roy ». Les ambassadeurs doivent, selon Figon, travailler à maintenir la paix entre les princes, obvier aux entreprises qui pourraient troubler l'amitié, avertir le roi de tout ce qui se passe. Il rappelle que « l'on a accoustumé de commettre et députer le plus souvent des membres du conseil d'Estat ou d'autres grands personnages » et il montre les princes étrangers envoyant à leur tour des *résidents* auprès du roi de France. Ces résidents « sont volontiers triennaires et, leur terme parachevé, en sont envoyez d'autres en leur lieu qu'ils attendent avant leur partement pour les instruire et dresser particulièrement selon les derniers erremens et estat de leurs charges. »

Balthazar de Ayala, l'auteur du *De jure belli et officiis bellicis et disciplina militari* ne traite qu'incidemment des envoyés; il s'en occupe au chapitre IX du premier livre, mais uniquement au point de vue des envoyés en temps de guerre.

Le livre d'Albéric Gentil, le plus important de l'époque sur la matière, a été diversement apprécié; louanges et critiques ont été également exagérées, et il convient de dire que si le livre de l'illustre professeur d'Oxford n'est pas précisément un chef-d'œuvre, c'est du moins le premier travail systématique sérieux qui ait paru. Les *De legationibus libri tres* furent édités en 1585 et forment un volume de 146 pages.

Le premier livre comprend vingt chapitres. Gentil indique d'abord les diverses espèces de légations. Il établit une première distinction d'après les personnes qui envoient l'ambassade; il énumère ainsi la légation de l'État ou du prince libre vers l'État ou le prince libre, celle de l'État ou du prince non-libre vers l'État ou le prince non-libre, enfin, la légation mixte ou, en d'autres termes, celle de l'État ou du prince non-libre vers l'État ou le prince libre et réciproquement. Une deuxième distinction se base sur l'objet de l'ambassade; celle-ci peut avoir en vue l'intérêt public; dans ce cas, elle est publique; elle peut avoir pour but l'intérêt privé; dans ce cas, elle est libre; c'est la *legatio libera* du droit romain. Enfin, la légation peut avoir en vue la paix ou la guerre.

Gentil définit les ambassadeurs permanents. « *Legatos temporis sive temporarios*, écrit-il, *eos dico qui ad non definitum certumque negotium, sed ad tempus sive certum sive incertum ita mittuntur, ut dum in legatione degunt omnia tractent faciantque quæ e re mittentis toto illo tempore esse contingant.* »

Il s'étend sur les solennités de l'ambassade, sur les fétiaux, etc.; nous nous retrouvons ici en plein droit romain. Il s'occupe des origines du droit d'ambassade, mais, sur ce point, son travail n'offre rien de particulier.

Le livre II compte vingt-trois chapitres. L'auteur insiste sur le respect dont l'antiquité entourait les envoyés; il proclame ensuite que les ambassadeurs ne sont ambassadeurs que pour ceux vers qui ils sont envoyés, et qu'ils ne jouissent nullement du droit de légation chez les autres peuples. Un prince peut refuser de recevoir des ambassadeurs, mais son refus doit avoir une cause. Gentil établit diverses propositions; celui qui porte atteinte aux ambassadeurs d'autrui ne doit pas espérer qu'on respectera lès siens; les rebelles n'ont pas le droit d'ambassade, pas plus que les pirates ni les brigands. Au chapitre XI, l'auteur examine une question intéressante, celle de savoir si les excommuniés ont le droit de légation. Le cas s'était présenté pour les Vénitiens, excommuniés par Jules II, et qui n'en avaient pas moins continué leurs relations diplomatiques avec les États chrétiens, et l'on pouvait invoquer d'autre part, en faveur d'une solution affirmative, l'exemple des princes catholiques conservant des rapports avec les princes protestants. On devine la réponse de Gentil, qui est protestant. Celui-ci résout aussi affirmativement la question de savoir s'il est permis d'entretenir des relations avec les Turcs; il proclame que le droit d'ambassade demeure debout malgré tous les différends religieux.

Aux chapitres XIII et suivants, l'auteur s'occupe de la situation juridique des ambassadeurs accueillis par le prince; ceux-ci sont inviolables; si la guerre éclate, il les faut respecter. L'opinion de Gentil n'est cependant pas absolue, et dans un cas spécial, celui où l'ambassadeur conspire contre le prince auquel il est accrédité, il enseigne que la *Lex Julia majestatis* ne s'applique point, parce que la mort de l'ambassadeur dépasserait le but, qu'elle n'est nullement nécessaire et qu'il suffit de renvoyer à son maître l'agent coupable.

Une année auparavant, un cas célèbre s'était présenté en Angleterre. Wicquefort l'expose en quelques mots : « Don Bernardin de Mendoza, ambassadeur d'Espagne auprès de la reine Élisabeth, dit-il, faisait des cabales continuelles contre sa personne et contre son État... Il avait eu part à la conspiration que Throgmorton avait faite contre la vie de la reine et il avait eu la direction de plusieurs autres intrigues très dangereuses. Le conseil, l'ayant fait venir, lui fit des reproches fort aigres de sa conduite et lui dit qu'il eût à sortir du royaume au plus tôt, et d'autant qu'il ne se hâtait pas beaucoup, on le fit embarquer dans le vaisseau du capitaine Hawkins, qui le transporta à Calais. (1) » Or, Albéric Gentil avait été consulté par le gouvernement en même temps que Jean Hotman, l'auteur du livre *De la charge et dignité de l'ambassadeur*, qui avait été incorporé à l'université d'Oxford le même jour que lui. Gentil et Hotman avaient conseillé de ne pas mettre l'ambassadeur à mort, mais de le renvoyer à son prince. L'opinion que Gentil émet dans son traité ne fait donc que confirmer l'avis qu'il avait émis dans une circonstance solennelle.

Le livre III compte vingt-deux chapitres consacrés surtout aux qualités morales, intellectuelles, physiques, que doit réunir un bon ambassadeur. L'auteur exige les dons de la fortune et de la nature, et des connaissances sérieuses, bien que la grande science soit inutile. L'envoyé doit manier la parole avec aisance ; il faut qu'il ait une notion de la langue du pays ; il doit connaître l'histoire et surtout « cette partie de la philosophie qui traite des mœurs et du gouvernement ». En une page remarquable, Gentil fait ici l'éloge de Machiavel, tant décrié à la fin du XVIe siècle, et il défend les écrits de l'homme qu'il appelle le panégyriste et le champion de la démocratie. « Machiavel, dit-il, hait la tyrannie ; ce qu'il veut, c'est dévoiler les plans et les secrets du tyran, et non pas instruire et former ce dernier. »

---

(1) WICQUEFORT, *Mémoires touchant les ambassadeurs*, p. 141.

Il nous faut noter ici l'activité des grands fonctionnaires anglais. Nulle époque n'a subi l'influence des juristes comme le moyen âge. Cela est apparent partout, mais surtout en Angleterre, dont les institutions actuelles reposent sur les assises massives établies par les hommes du droit. En ce pays, considérable fut l'influence de l'élément juridique romain, au point de vue politique.

Vers le milieu du XIIᵉ siècle, sous le règne d'Étienne, grâce à Théobald, archevêque de Cantorbéry, Vacarius fut appelé à enseigner le droit romain à Oxford. Dès cette époque reculée, on voit plusieurs écrivains familiarisés avec le droit romain. Ainsi, Jean de Salisbury, dans son *Polycratique* et dans ses *Lettres* ; ainsi, Pierre de Blois, archidiacre de Londres et doyen de Wolverhampton. Thomas Becket, avait étudié le droit à Bologne. Ranulphe de Glanville, Bracton et l'auteur de *Fleta* subirent l'influence des compilations de Justinien. D'ailleurs les principes et les formes du droit romain trouvèrent leur application dans plusieurs tribunaux ; ainsi, dans les cours de chancellerie, dans les tribunaux des universités, dans la cour du connétable et du maréchal et dans la cour de l'amirauté.

Les fonctionnaires anglais ont apporté leur part de collaboration au droit international. C'est scientifiquement qu'ils traitaient les questions qui leur étaient soumises. Le gouvernement favorisait la culture juridique. Nous l'avons vu, Henri VIII eut même l'idée de fonder une école de droit des gens et de diplomatie. Thomas Denton, Nicolas Bacon et Robert Cary, rédigèrent le projet. L'instruction devait comprendre également le latin et le français. (1)

L'utilité du droit romain au point de vue des relations diplomatiques, est affirmée sous le règne d'Édouard VI par le duc de Somerset, protecteur du royaume. Il écrit à l'évêque Ridley, qui, chargé de visiter l'université de Cambridge, se montre peu empressé à favoriser le droit romain aux dépens de la théologie, qu'il ignore sans doute combien cette étude est nécessaire pour la négociation des traités avec les étrangers. (2) Francis Bacon devait rendre le même

---

(1) Voir plus haut, p. 135.
(2) Sir Robert Phillimore, *Commentaries upon international law*. Préface de la 1ʳᵉ édition, p. 58 et suivantes.

témoignage. « Et bien que je professe le droit commun, écrit-il au futur duc de Buckingham à qui il rappelle les devoirs d'un premier ministre, je suis assez ami de mon pays, de la vérité et de la science, pour vous conseiller très sérieusement d'encourager ceux qui font profession du droit romain ; autrement nous pourrions nous trouver dans un grand embarras, faute de docteurs instruits, si nous venions à avoir affaire avec la France ou un État étranger. »

Il n'est pas sans intérêt de rappeler les services que rendit la société formée à Londres parmi ceux qui pratiquaient d'après le droit canonique et le droit romain, ou bien siégeaient dans les tribunaux où l'un ou l'autre droit était appliqué. (1)

Si l'on parcourt les volumes du *Calendar of State papers*, on constate qu'avant l'époque où le droit des gens prit de grands développements, le gouvernement anglais était pénétré de la nécessité des études et des travaux juridiques touchant les questions internationales ; on voit qu'il savait à merveille utiliser les talents de ses fonctionnaires. Parmi les mémoires rédigés par ces derniers, les uns ressemblent à de véritables dissertations académiques, comme, par exemple, la réponse de Valentin Dale au sujet 'des guerres anciennes et modernes qui ont été entreprises illégalement et sans cause (2); d'autres sont absolument pratiques, tel l'avis touchant ceux qui prêtent assistance aux pirates (3) ; d'autres encore présentent un intérêt brûlant d'actualité, comme l'examen que le savant civiliste fit, à la demande de lord Burghley, du livre dans lequel don Antonio avait défendu ses droits au trône de Portugal, qui étaient contestés par Philippe II. (4) A sa réponse à lord Burghley, Dale ajoute une note du traité de Bartole *De dignitatibus*, au sujet de la situation d'un prince hors de son territoire.

Quelques-uns des cas qui donnèrent lieu aux consultations sont célèbres. L'affaire de Lesley est rapportée par Wicquefort. « Jean Lesley, évêque de Ross, était, dit Wicquefort, ambassadeur

---

(1) Voir plus haut, p. 262.
(2) *Calendar of State papers*, Domestic series of the reign of Elisabeth, 1581-1590, p. 251.
(3) British Museum, *Harleian Mss.*, p. 168.
(4) *Calendar of State papers*, volume cité, p. 63.

ordinaire de Marie Stuart, même avant sa détention, auprès de la reine Élisabeth d'Angleterre... Il ne se fit point d'intrigue en Angleterre contre le repos du royaume, ni de conspiration même contre la vie de la reine Elisabeth, dont il ne fût l'auteur ou un des principaux complices. Les preuves en étaient si évidentes, que le conseil l'ayant fait venir, il en confessa assez pour le faire condamner, sans le privilège de son caractère, dont il réclama la protection.....
Les membres du conseil demandèrent l'avis des plus savants jurisconsultes de Londres (1) ». Ces jurisconsultes, David Lewes, Valentin Dale, William Drurye, William Awbrey et Henri Jones furent appelés à répondre à diverses questions, et, conformément à leurs réponses, l'évêque de Ross fut envoyé prisonnier dans l'île d'Ely, d'où il fut transféré dans la Tour de Londres (2).

Le cas de Marie Stuart fut également soumis à l'avis de Dale et les notes qu'il rédigea à ce sujet ont été conservées (3).

Dans une première note, Dale invoque une affaire fameuse, le cas de Robert II, roi de Naples. L'empereur Henri VII avait porté, le 25 avril 1313, contre Robert, une sentence, par laquelle il le déclarait vassal traître et rebelle, le privait de ses États, le mettait au ban de l'empire et le condamnait à perdre la vie. L'empereur mourut le 24 août suivant. Le pape Clément V, par une constitution du 14 mars 1314, avait déclaré nulle la sentence prononcée contre le roi Robert, parce que celui-ci n'avait pas été légalement cité et ne pouvait se présenter en sûreté à Pise, où se trouvait l'Empereur. Mais le pape admettait la compétence de la juridiction impériale, notamment dans le cas où quelqu'un se serait rendu coupable sur le territoire impérial et y aurait été arrêté (4). Dale se retranche derrière cet argument pour confirmer lord Burghley dans l'opinion de la légalité de la procédure entamée contre la reine d'Écosse ; il s'exprime avec la plus

---

(1) WICQUEFORT, *Mémoires touchant les ambassadeurs*, p. 140.
(2) David Lewes († 1584), juge de l'amirauté ; Valentin Dale († 1589), maître des requêtes, qui fut employé fréquemment dans d'importantes missions ; William Drurye († 1589). juge ; William Awbrey († 1595), professeur de droit romain à Oxford, furent tous membres du collège de Doctors' Commons.
(3) STRYPE, *Annals of the Reformation*, vol. III, part I, p. 530, et part II, p. 398.
(4) CLÉMENTINES, *Pastoralis*, II, p. 11, 2.

grande assurance et déclare que rien n'est plus certain que la proposition qu'il avance. Une autre note s'attache à réfuter certaines objections, comme celle qui est tirée de la dignité royale : « *Par in parem non habet imperium* ».

En 1587, parut à Oxford un opuscule de 14 pages in-8°, sous le titre : *De legato et absoluto principe perduellionis reo.* Les lignes initiales du travail indiquent la question et la solution ; il s'agit de savoir si l'ambassadeur d'un prince, ou le prince lui-même, peut être mis à mort s'il conspire dans un autre État contre la vie du souverain ou contre l'État lui-même. La réponse est affirmative. La date montre suffisamment que l'auteur vise le cas de Mendoza, ambassadeur de Philippe II, et celui de Marie Stuart.

Rien ne permet de reconnaître l'auteur de l'étude, qui n'est d'ailleurs citée nulle part. Il semble probable, comme l'a suggéré M. T. E. Holland, que la dissertation est l'œuvre de l'un des récipiendaires au grade de docteur en droit en 1587 ; ceux-ci furent au nombre de trois : William Wood, Francis James et William Bird ; le travail aurait servi de thèse pour l'obtention du grade et Gentil aurait fourni les arguments.

Charles Paschal est l'auteur du *Legatus* dont la première édition remonte à 1598. Wicquefort l'appelle un fort savant homme, mais un ministre des plus médiocres. De fait, son livre jouit longtemps d'une grande réputation, et cependant, à la lecture des 87 chapitres qui le composent, on se demande quel a bien pu être le fondement de cette renommée. Bynkershoek, bon juge en la matière, a sévèrement apprécié Paschal, auquel il reproche d'avoir plus d'érudition fastueuse et de grands mots que de jugement et d'exactitude. (1)

En ordre de date, vient le *De legato et legatione* de Christophe Warszewicki, *Christophorus Varsevicius*, dont la première édition date de 1595 et dont le titre nous fait connaître la qualité et la nationalité de l'auteur : « *Eques Polonus* ». Jean Hotman, un contemporain, cite Warszewicki et l'appelle « un très docte gentilhomme polonois et souvent employé en légation pour le roi de Pologne ». Le

---

(1) BYNKERSHOEK, *Traité du juge compétent des ambassadeurs.* Traduction de BARBEYRAC, ch. XX, § 57.

livre n'est guère important ; l'auteur innove en ce qu'il donne des exemples modernes au lieu de se contenter des exemples tirés de l'histoire ancienne, comme faisaient presque tous les prédécesseurs. Jérémie Setzer est l'auteur d'une dissertation *De officio legatorum*, paru en 1600, suivant Kamptz, en 1603, suivant Ompteda. En 1598, il avait publié un traité *De consiliis et consiliariis*.

En 1603, fut imprimé à Paris le traité de Jean Hotman : *L'Ambassadeur*, qui parut revu et augmenté sous le titre de : *De la charge et dignité de l'ambassadeur*. S'occupant des privilèges de l'ambassadeur et de son inviolabilité, Hotman examine le cas où l'ambassadeur conspire contre le souverain auprès duquel il est accrédité et il passe en revue les théories qui avaient cours à son époque. D'après les uns, il fallait distinguer s'il n'y avait eu que simple donnée ou conjuration sans exécution, ou bien s'il y avait eu exécution, le droit des gens ne mettant pas sur la même ligne le délit commis et le délit projeté et ne punissant pas la simple pensée, comme le faisait la loi romaine en matière de crime de lèse-majesté. D'après les autres, on devait établir une distinction suivant que l'ambassadeur était ou non avoué par son maître.

Nous avons vu que le cas s'était présenté en Angleterre. Lors de la conspiration de Mendoza, avons-nous dit, Hotman fut consulté en même temps qu'Albéric Gentil. Son avis fut le même que celui du savant professeur d'Oxford.

Le *Legatus ejusque jura, dignitas et officium duobus libris explicata*, ouvrage de Herman Kirchner, paru en 1603, n'a guère d'importance.

Signalons une dissertation anonyme publiée à Strasbourg en 1606, réimprimée la même année à Paris, sous le titre : *Quæstio vetus et nova an legatum adversus principem vel rempublicam ad quam missus est, delinquentem salvo jure gentium capere, retinere ac punire liceat ?* L'auteur permet de punir l'ambassadeur qui se rend coupable envers le prince auquel il est accrédité, mais il recommande la prudence.

Viennent ensuite, en ordre de date, Wolffang Heider, auteur d'une dissertation *De legatis et legationibus*, imprimée en 1610; Martin Bort, qui écrit en 1611 le *De legationibus et legatis*, que Dominique van Arum, auteur lui-même d'un *Discursus an legatus in principem ad quem missus est conjurans puniri possit*, reproduit dans ses *Discursus academici de jure publico*, ainsi qu'une dissertation *De legatis* soutenue à Iéna par Georges Schubhard, sous la présidence de Jean Griepenkerl *(Gryphiander)*, professeur à l'université.

La dissertation de Bort est politique plutôt que juridique, tout comme la thèse de Schubhard ou, pour être plus exact, de son maître Gryphiander. Toutes deux invoquent les travaux de Gentil, de Kirchner, de Warszewicki, de Heider, et citent fréquemment un écrivain aujourd'hui tombé dans un oubli complet, mais qui jouit au XVIIe siècle d'une grande réputation, Frédéric Furius Ceriolanus, moraliste et homme d'État espagnol, auteur du traité *Del consejo y consejero*, qui fut traduit plusieurs fois en latin. Nous signalerons, à cette occasion, un autre écrivain qui eut également son heure de célébrité, Pierre-André Canonhieri, qui publia, en 1614, à Anvers, l'*Introduzione alla politica, alla ragione di stato ed alla pratica del buon governo*, dont le troisième livre est consacré aux ambassades et qui composa, en 1614, un traité *De legato*.

En 1618, parut à Anvers, sous le titre de Κηρύκειον *sive legationum insigne in duos libros distributum*, en 251 pages in-8°, un livre d'un vaniteux personnage, Frédéric de Marselaer. Le livre, notablement augmenté, porta dans les éditions suivantes le titre de *Legatus*.

Quelques petits traités se suivent assez rapidement. De 1619 date le *De inscriptionibus, salutationibus, literis credentialibus legationis,* d'André Jonas ; de 1620, l'*El Embaxador* de Jean-Antoine de Vera et Figueroa, avec l'adjonction de Cunniga, qu'il tenait de sa mère; de 1620 également, la dissertation *De legatis et legationibus*, de Reinhard Koenig. En 1622, parurent les *Themata juridico-politica de legatis et legationibus*, thèses soutenues à Tubingue sous la présidence de Christophe Besold. Charles Krembergh est l'auteur d'une dissertation *De legationibus et legatis*, et il existe deux dissertations de Jean Gerhard portant comme titre : *An legati mandati fines transgredi liceat ?* et *An legati munera accipere possint ?*

De 1624 datent le *Tractatus de legato* de Jean de Chokier et un important travail de Christophe Besold. Ce dernier auteur, un des plus illustres représentants de la science juridique et politique au XVIIe siècle, a écrit deux dissertations sur le droit d'ambassade et une *Dissertatio politico-juridica de fœderum jure ubi in simul de patrocinio et clientela ac item de neutralitate disputatur succincte.*

L'étude dont nous avons à nous occuper est intitulée : *De legatis eorumque jure.* Après avoir suivi, dans la première de ses dissertations sur les ambassadeurs, la distinction du droit romain, Besold propose, dans son écrit de 1624, une autre distinction par rapport à la juridiction criminelle. Il distingue entre le devoir de l'homme, *officium hominis*, et le devoir de l'ambassadeur, *officium legati*; si l'ambassadeur pêche contre le droit de l'homme, Besold admet qu'on le punisse ; s'il pêche contre le devoir de l'ambassadeur et qu'il y a lieu de croire que celui qui a envoyé l'ambassadeur ne le punira pas, il demande si l'on peut punir soi-même l'ambassadeur comme ennemi ; mais, dit Bynkershoek, après avoir rapporté là-dessus différentes opinions de divers auteurs, il ne détermine rien lui-même.

Sous le règne de Jacques Ier, la question des privilèges des ambassadeurs fut agitée en Angleterre. Le roi suivait une politique que condamnait l'immense majorité du peuple. Il recherchait une alliance de famille avec l'Espagne par le mariage du prince de Galles, depuis Charles Ier, avec l'infante Isabelle, sœur de Philippe IV.

La cour de Madrid se montra favorable au projet du monarque anglais, et en 1623, le prince de Galles, accompagné du duc de Buckingham, se rendit à Madrid. Il est inutile de retracer les phases diverses des négociations, le retour de Charles en Angleterre et la rupture finale. L'échec des négociations dont la nouvelle avait été accueillie avec de grandes démonstrations de joie, fut attribué au duc de Buckingham, que les ambassadeurs espagnols, don Carlos de Colonna et le marquis d'Inijosa, jurèrent de perdre dans l'esprit du roi.

En effet, ils firent courir le bruit que Buckingham, de l'assentiment du prince de Galles, songeait à retenir le roi prisonnier au château de Theobald et à faire couronner le prince de Galles. Bientôt, le bruit prit de la consistance et parvint aux oreilles de Jacques. Inijosa crut frapper un grand coup en se rendant auprès du roi et en lui signalant la conspiration.

Le roi fut effrayé. Il fit cependant part de la communication au prince de Galles et au duc de Buckingham, et ceux-ci, pour le rassurer, durent amener un grand nombre de conseillers privés et de pairs à affirmer, sous la foi du serment, que les accusations étaient dénuées de tout fondement. Jacques interrogea de nouveau les ambassadeurs, qui furent moins affirmatifs et se contentèrent de dire que Buckingham voulait flatter le parlement. C'était maintenant au tour de Buckingham et du parti antiespagnol à prendre l'offensive. Au conseil privé on se demanda s'il n'était pas possible de punir les ambassadeurs, de les traduire devant la chambre des lords et de les condamner à mort. L'affaire fut traitée très secrètement, mais les avis des jurisconsultes que l'on avait consultés étant favorables, on en informa le roi. Il hésita, et une lettre conservée aux Archives de Londres nous fait connaître la réponse qu'il fit à ses conseillers, après avoir examiné les arguments invoqués : « Ces raisonnements, dit-il, ont fait trancher la tête à ma mère. » Les poursuites ne furent pas entamées, mais l'opinion publique reçut une satisfaction ; les ambassadeurs furent congédiés et on leur refusa l'escorte d'honneur accoutumée.

Parmi les avis donnés au conseil figure une consultation de sir Robert Cotton. Celui-ci était fréquemment interrogé sur des points délicats, et on ne l'oublia pas dans la présente affaire. Il avait été lui-même victime, quelque dix ans auparavant, des manœuvres d'un ministre d'Espagne. Son avis est favorable à la thèse des poursuites. Il invoque divers précédents, remonte aux légats du pape sous Henri II et Henri III, cite l'incident de Louis de Praet, ministre de Charles-Quint, signale la pratique suivie en Espagne et rappelle le cas de l'évêque de Ross et celui de Mendoza. [1]

Il existe également des notes de sir Julius Cæsar, qui était alors maître des rôles, et un projet de consultation de William Welwod. [2]

Welwod a probablement adressé sa note, ou plutôt son projet de note à sir Julius Cæsar. En tête se trouve le mot *Præparatoria*. Le principe de l'inviolabilité de l'ambassadeur est énoncé, mais Welwod a

---

(1) British Museum, *Harleian Mss.*, vol. 304,
(2) British Museum, *Additional Mss.*, n° 12496.

soin de dire qu'il ne faut point l'exagérer ; « *Aliud est officio rite obire, aliud abuti.* » L'obligation de respecter l'ambassadeur, ajoute-t-il, ne dure qu'aussi longtemps qu'il respecte lui-même le droit d'ambassade ; or, celui-ci peut être violé par la sédition directe, par la conspiration, par les machinations *contra personas principi conjunctas*, tous faits qui constituent le crime de calomnie tout comme la calomnie dirigée contre les mêmes personnages.

La diplomatie papale revêt un caractère spécial.

Au point de vue disciplinaire, l'usage d'envoyer aux diverses Églises des représentants du souverain pontife remonte fort haut. Le concile de Sardique nous fournit même un texte formel. « *Quod si is qui rogat causam suam iterum audiri deprecatione sua moverit episcopum romanum ut de latere suo presbyteros mittat, erit in potestate ejus....* (1) »

Des délégations religieuses furent fréquentes ; on ne les refusa généralement qu'en Orient.

Il y eut assez longtemps auprès des empereurs de Constantinople des *apocrisiaires*, dont le caractère n'était nullement représentatif. Ils avaient, en effet, pour mission de soutenir auprès des empereurs les intérêts, non pas du pontife romain mais du diocèse qu'ils représentaient. (2)

Au moyen âge apparurent les légats.

Les premiers légats sont envoyés *ad visitandas ecclesias* par Léon IX et Victor II. A partir de Grégoire VII, leurs missions se multiplient et leurs exactions, leurs scandaleux abus forment un des chapitres les plus sombres de l'histoire du catholicisme. Leur arrogance, leur hauteur insultante soulevèrent partout des protestations et il n'est pas un prince, peut-être, qui n'ait stipulé que les légats ne pourraient entrer dans ses États sans sa permission. Les rois de France et d'Angleterre défendirent leurs droits de souveraineté avec une véritable opiniâtreté. Guillaume le Conquérant conclut même avec Urbain II une convention d'après laquelle le pape n'enverrait d'autre légat que celui

---

(1) E. Nys, *Le droit international et la papauté. Revue du droit international et de législation comparée*, t. X, p. 555.

(2) R. Bompard, *Le pape et le droit des gens*, p. 10.

que le roi choisirait. Henri III maintint cette prérogative que l'on avait vu reconnaître pour l'Écosse dès 1187. En Allemagne, les Hohenstaufen furent également énergiques.

D'après le droit canonique, les légats se subdivisent en trois classes : les *legati a latere*, les *legati missi* ou *nuncii apostolici*, les *legáti nati*. (1)

Les légats *a latere* sont *ordinaires* ou *extraordinaires*, suivant qu'ils sont envoyés dans une province ou seulement lors d'une circonstance extraordinaire. Siégeant à côté *(latus)* du pape, ils s'en éloignent pour remplir une mission. Investis de toute judiriction, ils sont, comme on les appelle, les ordinaires des ordinaires dans les provinces qui leur sont commises ; ils ont tous les pouvoirs des patriarches, primats, archevêques, évêques et autres ordinaires ; ils n'ont pas les pouvoirs formellement réservés au pape. Le concile de Trente leur défend expressément, ainsi qu'aux autres légats de troubler les évêques dans l'exercice de leur juridiction, dans les causes qui sont du for ecclésiastique, et de procéder contre des clercs, sans la réquisition des évêques, à moins que l'évêque ne néglige de punir. Mais des prétentions curieuses s'étaient produites. Des auteurs enseignaient que le légat *a latere* est véritablement un vice-pape, qu'il a *merum et mixtum imperium*, à moins de réserve formelle.

Les *legati missi* se divisent en *legati primi ordinis* et *legati secundi ordinis*.

La dignité de *legatus natus* était attachée au siège, non au prélat.

D'après les prescriptions canoniques, tous les légats ont une juridiction ordinaire dans les provinces qui leur sont confiées, mais le *legatus missus* a des droits moins étendus que le *legatus a latere*.

La littérature concernant les légats est assez abondante. Martin de Lodi s'était occupé du sujet et Gonsalve de Villadiego écrivit dans la dernière moitié du XVᵉ siècle le *Tractatus de legato*, dont la première

---

(1) THOMASSIN, *Vetus ac nova Ecclesiæ disciplina.* Pars I, L. II, c. 117. — FERRARIS, *Bibliotheca Canonica*, Vᵒ *Legatus.* — HERZOG, *Real-Encyclopüdie für protestantiche Theologie und Kirche, Vis Legaten* et *Nuntien.* — MORONI, *Dizionario di eruditione storico-ecclesiastica*, Vᵒ *Nunzio apostolico.*

partie est consacrée aux envoyés du Saint-Siége. André de Barbatia composa le *Tractatus de cardinalibus legatis a latere.*

Au début du siècle suivant, Pierre André Gambaro ou de Gambarinis écrivit le *Tractatus de officio atque auctoritate legati a latere,* Enée dei Falconi publia le *Tractatus de legato a latere.* Puis, vinrent le *Tractatus de potestate legati a latere in Gallia* de Nicolas Bohier et le *Tractatus de dignitate et potestate legati* de Jean Bruneau. Au milieu du XVIe siècle parut le traité de *De legato pontificio* de Raphaël Cyllenius. (1)

Il n'est guère dans ces différents écrits de théories dignes d'attention.

Le légat de l'époque médiévale fait place à un fonctionnaire papal autrement redoutable. La Réforme survient. Elle marche d'abord de triomphe en triomphe. Dans les années qui suivent la paix de religion d'Augsbourg de 1555, le protestantisme semble vainqueur partout. Le nord et le centre de l'Allemagne lui appartiennent. Le sud lui paraît assuré. Les états d'Autriche, de Styrie et de la Carinthie lui sont acquis. Le mouvement hussite de Bohême et de Moravie se joint dans ces pays au mouvement réformé. Toutes les villes impériales sont protestantes. En Suisse, la supériorité de la religion nouvelle est incontestable. La noblesse et le peuple de Pologne sont détachés de Rome. La Suède et la Norvège offrent le même spectacle. En Angleterre, l'œuvre de Henri VIII et d'Édouard VI, est définitivement couronnée de succès. Les Pays-Bas sont le théâtre d'une propagande courageuse et active. En France, les huguenots obtiennent par la force la paix de Saint-Germain. L'Italie voit se former des communautés calvinistes.

Or, que se produit-il ? Au bout de quelque temps, le catholicisme regagne une partie du terrain perdu. Une réforme de la discipline, une affirmation nouvelle de principes, une action incessante contre l'ennemi, tels sont les facteurs de la réaction. Le concile de Trente accomplit une partie de l'œuvre. Les papes, les princes catholiques et surtout la compagnie de Jésus font le reste.

---

(1) Ces traités se trouvent pour la plupart dans le *Tractatus universi juris* de Ziletti, t. XIII, deuxième partie.

Nous l'avons dit, l'Église catholique prétend avoir juridiction sur
tous ceux qui ont reçu le baptême. La papauté partage, en conséquence,
le monde en deux parties. Rome distingue les *Provincie che dependano
dalla santa congregazione di Propaganda di Fe* des *Provincie che
dependano dalla Santa Sede.* Dans la partie fidèle au Saint-Siége,
s'applique le droit normal de la chrétienté ; dans la partie hostile au
Saint-Siége s'applique un droit modifié suivant les circonstances (1). Dans
les *Provinces du Saint-Siége,* tous les efforts de la papauté tendent à
conserver la foi intacte ; dans les *Provinces de la Propagande,* dans
les *missions,* Rome n'a qu'un but, établir la religion chrétienne.

Au moyen âge déjà, l'évêque exerce l'inquisition ; il est l'*Inquisitor
natus,* comme l'appelle le droit canonique. A côté de cette inquisition,
se place l'inquisition des délégués spéciaux de la papauté. Vient
ensuite, dans quelques pays, une inquisition spéciale.

Quand la Réforme semble menacer l'Église catholique dans son
existence, Paul III institue une congrégation spéciale pour
l'inquisition, congrégation que le Pape préside de droit et dont
Pie IV, Pie V et Sixte-Quint augmentent la compétence. Seulement
l'inquisition n'est qu'un tribunal ecclésiastique ; il lui faut l'assistance
du bras séculier. Or, lorsque l'État n'est point catholique, il s'agit de
le ramener à la vraie foi, de l'attacher à Rome par tous les moyens.
Une nouvelle congrégation est organisée dans ce but, c'est la
congrégation de la Propagande. Elle existe déjà en germe sous
Grégoire XIII. Plus tard on voit un moine espagnol proposer au pape
Paul V d'instituer un vaste bureau d'où partirait une action uniforme
contre les non-catholiques. L'idée fut réalisée par Grégoire XV. La
bulle d'érection de la congrégation de la Propagande est du 21 juin
1622. Deux autres décrets complètent l'institution et Urbain VIII
achève l'œuvre de son prédécesseur.

Les fonctionnaires de la Propagande sont notamment les préfets et
les vicaires apostoliques. Ces derniers sont envoyés là où la hiérarchie
épiscopale n'est pas admise, *ubi sedes episcoporum impeditæ sunt.*

---

(1) O. Mejer, *Die Propaganda,* t. I. p. 93 et suivantes.

Parmi les agents et les auxiliaires de la Propagande figurent également les nonces et surtout les nonces permanents. Le fait ne saurait être révoqué en doute. Les instructions données aux nonces, la manière dont elles sont exécutées, le langage de la cour de Rome l'établissent complètement (1).

Le double caractère des nonces, qui sont à la fois des agents de la propagation du catholicisme et des représentants diplomatiques du Saint-Siége, apparaît manifestement dans les nonciatures permanentes qui ont été instituées au XVIe siècle. Chargés de faire la guerre au protestantisme, les nonces de Vienne, de Lucerne, de Cologne, de Varsovie et de Bruxelles s'acquittèrent avec zèle de leur mission.

La nonciature de Vienne remontait à 1513, mais ce ne fut, à vrai dire, que soixante ans plus tard que le poste devint important. La nonciature de Cologne fut érigée en 1580. Auparavant, l'Allemagne et la Belgique étaient rattachées à la nonciature de Vienne. Au poste nouvellement créé à Cologne fut remis le soin des affaires de Belgique, qui eut ainsi successivement comme nonces Jean-François Buonomini, évêque de Verceil et Octave Frangipani, évêque de Cajazo. Ce dernier avait été nommé, en 1588, nonce pour la Germanie inférieure et supérieure.

Il rentra en Italie en 1606 et les archiducs Albert et Isabelle obtinrent de Paul V, la nomination en qualité de nonce à Bruxelles de Decius Caraffa, archevêque de Damas. Guy Bentivoglio, Ascanio Gesualdi, Luce de Mora, Luce Sansevereni, Lelius Falconeri, Fabius de Lagonissa occupèrent successivement le poste.

En 1633, à la mort d'Isabelle, le Saint-Siége ne voulut plus envoyer à Bruxelles que des internonces parce que la Belgique n'avait plus que des gouverneurs généraux sous le sceptre de l'Espagne, mais les internonces avaient toutes les facultés des nonces, ils étaient nommés *cum facultatibus nuncii* (2).

Avec Richard Paul Stravius commença la série des internonces que devait brusquement rompre, en 1787, le renvoi par Joseph II, d'Antoine Félix Zondadari.

(1) O. MEJER, *Die Propaganda*, t. I, p. 23 et suivantes.
(2) Bibliothèque royale de Bruxelles, *Notitia variarum personarum*, ms. 11709.

Chaque nonciature avait sous sa juridiction une partie des pays protestants avoisinants. Cologne dominait le Danemark, Hambourg, Lubeck, une grande partie de l'Allemagne et les autres parties de l'Empire. Bruxelles avait action sur les Provinces-Unies, l'Angleterre et l'Irlande ; Lucerne, sur la Suisse et le sud de l'Allemagne ; Varsovie, sur la Suède et la Norvège. Voilà comment était délimité le champ d'opération. Quant aux instructions, on les devine sans peine. Le nonce de Lucerne, Ladislas d'Aquin, évêque de Venafro, écrit au commencement du XVIIe siècle que le but de la Propagande était le maintien du catholicisme. Déjà, Sixte-Quint avait écrit à un nonce que sa mission était de convertir les hérétiques.

CHAPITRE XV.

LES DÉCOUVERTES.

« La nature, dit Heffter, ne défend pas aux nations d'étendre leur empire sur la terre. Mais elle ne donne pas le droit à une seule d'entre elles d'établir sa domination partout où cela lui convient. La propagande de la civilisation, le développement des intérêts commerciaux et industriels, la mise en activité de valeurs improductives, ne le justifient pas non plus. Tout ce qu'on peut accorder à ce sujet, c'est que dans un intérêt de conservation du genre humain, il sera permis aux nations de se réunir pour se faire ouvrir d'un commun accord les ports d'un pays fermé hermétiquement à leur commerce... » « L'occupation, dit le même auteur, ne s'applique qu'aux biens qui, quoique susceptibles d'être possédés, n'ont pas de maître. Elle ne s'étend pas aux personnes, qui ne peuvent être l'objet que d'une soumission soit volontaire soit forcée. L'occupation s'applique notamment aux contrées ou aux îles non habitées ou non occupées entièrement, mais aucune puissance sur la terre n'a le droit d'imposer ses lois à des peuples errants ou sauvages même. Ses sujets peuvent chercher à nouer des relations commerciales avec ces derniers, séjourner chez eux en cas de nécessité, leur demander les objets et les vivres indispensables, et même négocier avec eux la cession volontaire d'une portion de territoire destinée à être colonisée. » (1)

Toute différente était la nation qui prédominait au XVIᵉ siècle. Celle-ci peut se résumer en deux mots : les pays occupés par des païens et par des infidèles appartiennent à la nation chrétienne qui les découvre. Les gouvernements l'invoquaient pour justifier la prise de possession et l'occupation.

La patente délivrée, le 5 mai 1496, par Henri VII à Jean Cabotto et à ses fils est instructive. Jean Cabotto, citoyen de Venise, comme ils s'intitulait, et ses trois fils avaient demandé au roi des lettres patentes' les autorisant à naviguer pour la découverte d'îles et de contrées jusqu'alors inconnues.

Henri VII accorda à Cabotto et à ses fils, ainsi qu'à leurs héritiers le droit de naviguer avec cinq vaisseaux vers toutes les régions de la mer orientale, occidentale et septentrionale, sous pavillon royal, en vue de découvrir les îles, pays, provinces des gentils et des infidèles dans n'importe quelle partie du monde ; il les autorisait à y planter le drapeau royal ; il leur attribuait, comme vassaux et lieutenants du roi, les conquêtes qu'ils feraient, s'en réservant seulement la souveraineté. A la couronne devait revenir le cinquième du profit, lors de la rentrée à Bristol, seul port affecté aux expéditions de l'espèce. Les marchandises rapportées de pays lointains ne devaient payer ni douanes ni impôts. Cabotto et ses fils avaient le monopole du commerce et, sans leur autorisation, aucun sujet du roi d'Angleterre ne pouvait aborder dans les contrées découvertes, sous peine de la perte du navire et de la cargaison. Impossible de proclamer d'une façon plus brutale le droit d'occupation que dans les termes même de la patente :

« *Ad inveniendum, discooperiendum et investigandum quascunque insulas, patrias, regiones sive provincias gentilitium et infidelium in quacunque parte mundi positas quæ Christianis omnibus ante hæc tempora fuerunt incognitæ.* » (2)

Cette idée était partagée par les Portugais et par les Espagnols. Un auteur la combattit, François de Vitoria. Du haut de la chaire de théologie de l'université de Salamanque, il affirma, appuyé sur saint

(1) Heffter, *Le droit international public de l'Europe*, § 70.
(2) Rymer, *Fœdera*, t. V, pars quarta, p. 89.

Thomas d'Aquin, que, s'ils n'ont point été provoqués, les chrétiens, laïques ou ecclésiastiques, ne peuvent priver de la puissance civile et du principat les infidèles pour cela seul qu'ils sont infidèles ; il proclama que les Espagnols n'avaient pas plus de droit sur les Indiens que ceux-ci n'en auraient eu sur les Espagnols, s'ils étaient venus en Espagne. Généreuse était sa doctrine ; il enseignait que les causes les plus plausibles de la guerre contre les Américains seraient le refus de séjour, le refus de participation à ces choses qui, en vertu du droit des gens et de la coutume générale, sont communes à tous, le refus de faire le commerce.

Outre la priorité de la découverte des terres des infidèles, un titre fréquemment était produit, c'était l'attribution faite par le pape.

L'attribution papale se basait à la fois sur la prétendue souveraineté générale du pape et sur la donation de Constantin.

« En donnant à saint Pierre le droit souverain de lier et de délier dans le ciel et sur la terre, écrivait Grégoire VII, Dieu n'a excepté personne, n'a rien soustrait à sa puissance. Il lui a soumis toutes les principautés, toutes les dominations de l'univers. Il l'a établi seigneur des royaumes de ce monde. » Le pape comme successeur de saint Pierre était donc le maître du monde, il l'était par droit divin.

Dans la donation de Constantin étaient mentionnées les îles. (1)

Le droit sur les îles est revendiqué par Urbain II. « *Quia religiosi imperatoris Constantini privilegio in jus proprium beato Petro ejusque successoribus occidentales omnes insulæ condonatæ sunt* », dispose une bulle de 1091. Il est rappelé par Jean de Salisbury, qui fit partie de l'ambassade que Henri II d'Angleterre envoya à Rome pour complimenter Adrien IV, à son avènement. Adrien IV était

---

(1) Les décrétales pseudo-isidoriennes donnaient le texte que voici : « Quibus (ecclesiis beatorum apostolorum Petri et Pauli) pro concignatione luminariorum possessionum prædia contulimus et rebus diversis eas ditavimus, et per nostram imperialem jussionem sacram tam in Oriente quam in Occidente vel etiam septentrionali et meridiana plaga, videlicet in Indea, Gretia, Asia, Tracia, Africa et Italia vel diversis insulis nostra largitate eis concessimus, ea prorsus ratione ut per manus beatissimi patris nostri Sylvestri pontificis successorumque omnia disponantur. » *Decretales pseudo-isidorianæ et capitula Angilramni*. Édition HINSCHIUS, p. 252.

24

Anglais et Jean de Salisbury rapporte dans son *Metalogicus* qu'à sa demande, le pape concéda au roi l'Hibernie, car de droit ancien, ajoute-t-il, en vertu de la donation de Constantin, toutes les îles appartiennent à l'Église romaine. Plus tard, dans l'appel qu'il adresse aux rois et aux princes de la terre pour qu'ils l'assistent dans la défense des droits temporels, Frédéric II fait allusion aux prétentions du Saint-Siège relativement aux îles.

Les écrits des jurisconsultes reflétaient les idées papales. Dans son *Tractatus de insula*, Bartole, tout en penchant selon son habitude, — il est impérialiste, — vers la théorie qui attribue à l'empereur la juridiction sur les îles non situées dans le voisinage immédiat d'un pays déterminé, parce que l'empereur est le maître de toutes choses, constate cependant que l'on peut concéder sur ces îles un *jus occupandi*, et il rappelle que fréquemment les souverains pontifes l'ont fait.

En fait, à diverses reprises, les papes usèrent de leur prétendu droit. En 1344, Clément VI accorda à Louis de la Cerda, moyennant un tribut annuel, la souveraineté des îles Fortunées, découvertes un demi-siècle auparavant. Au XVe siècle, le roi de Portugal demanda à Martin V l'investiture des découvertes ; le pape lui concéda tous les pays à découvrir, du cap Bojador et du cap Noun jusqu'aux Indes, et il accorda l'indulgence à quiconque périrait dans le trajet qui devait gagner au ciel tant d'âmes. En 1452, Nicolas V accorda à Alphonse de Portugal, en vertu de son autorité apostolique, la faculté d'attaquer, de subjuguer, de réduire en servitude perpétuelle les Sarrasins, les païens et les autres infidèles ennemis du Christ ; il lui permit de saisir leurs biens et de se les attribuer. En 1454, il confirma sa bulle et lui donna une portée plus large : les découvertes faites et à faire sur la côte occidentale de l'Afrique étaient attribuées au roi et à ses successeurs. Dans cet ordre d'idées, on rencontre des documents apocryphes. Pour étayer leurs prétentions sur la Sardaigne, les Pisans invoquèrent des concessions papales, de 1016 et de 1049, qui étaient tout simplement fausses.

Il est des bulles fameuses, celles par lesquelles Alexandre VI fait don à Ferdinand et à Isabelle des pays qu'ils ont découverts et de ceux qu'ils découvriront, et trace la ligne du pôle arctique au pôle antarctique. Ces actes ont été l'objet d'appréciations bien diverses. Les uns y ont vu d'abominables usurpations ; les autres les ont célébrés comme un imposant arbitrage. Il faut, pour comprendre l'importance que Ferdinand et Isabelle eux-mêmes y attachaient, bien se pénétrer de la politique de ces souverains.

Lors de l'expédition de Drake, l'ambassadeur de Philippe II, Mendoza, fit des remontrances à la reine Élisabeth. Celle-ci répondit qu'elle ne comprenait pas pourquoi ses sujets ou ceux de toute autre puissance de l'Europe seraient privés de faire le commerce aux Indes ; elle ajouta qu'elle ne reconnaissait aux Espagnols aucun titre en vertu de la donation de l'évêque de Rome, ni aucun droit sur d'autres lieux que ceux dont ils avaient actuellement la possession. En réalité, un siècle avant, Ferdinand et Isabelle avaient jugé de même. Lors de la découverte de San Salvador, Christophe Colomb prit possession de l'île au nom de la reine de Castille, sans se préoccuper du point de savoir s'il agissait au mépris des concessions faites antérieurement par les papes aux Portugais et, dans la demande que Ferdinand et Isabelle adressèrent au chef de l'Église, ils eurent soin de proclamer que de savants jurisconsultes étaient d'avis qu'aucune confirmation de leurs droits n'était nécessaire, et que s'ils s'adressaient au pape, c'était pour lui témoigner leur déférence et leur obéissance.

Les Portugais avaient reçu de plusieurs papes des concessions concernant les découvertes. Une première bulle du 3 mai 1493 accorde aux Espagnols des droits analogues à ceux qu'avaient les Portugais. Une deuxième bulle, du 4 mai 1493, reproduit d'abord les termes de la première, puis détermine où commencera la part des Espagnols : une ligne est tracée du pôle arctique au pôle antarctique, à cent lieues des Açores et du cap Vert ; tout pays découvert par les Espagnols à l'ouest de la ligne de partage et dont aucune puissance chrétienne n'aurait pris possession avant le jour de Noël de 1492, serait adjugé à l'Espagne, de même que tout pays découvert à l'est de cette ligne appartiendrait à la couronne de Portugal.

Est-ce à la demande de l'ambassadeur d'Espagne à Rome que la nouvelle bulle fit le partage entre les deux peuples rivaux ? Cela

parait peu probable, l'intérèt commandant plutôt le maintien de la
rédaction vague de la bulle du 3 mai. De son côté, le roi de Portugal
fut d'autant moins satisfait que peu d'années auparavant, Ferdinand
et Isabelle s'étaient engagés à respecter la bulle de Martin V. Jean II
prépara même une expédition, dont le but avoué était l'Afrique, mais
qui, en réalité, devait se diriger vers les terres découvertes par
Christophe Colomb. Mais des négociations s'ouvrirent et le traité de
Tordesillas du 7 juin 1494 recula la ligne de démarcation à trois cent
soixante et dix lieues à l'ouest des iles du cap Vert. Tout ce qui serait
à l'ouest de cette ligne devait appartenir à l'Espagne, tout ce qui
serait à l'est devenait la propriété du Portugal.

Sans trop appuyer sur le fait que la décision papale fut modifiée par
Ferdinand et Isabelle, on peut affirmer que ceux-ci n'avaient et ne
pouvaient avoir, touchant le droit de conquête sur les infidèles,
d'autre opinion que celle de leur ami Henri VII d'Angleterre qui, sans
se soucier de la papauté, accordait, comme nous l'avons dit,
l'autorisation de planter le drapeau royal « dans les îles, pays,
provinces des gentils et des infidèles ». Il s'agissait, pour les
souverains d'Aragon et de Castille, de courir au plus pressé, de se
procurer un titre analogue à celui des Portugais, car ce titre, eût-on
même l'intime conviction qu'il était nul, permettait de gagner du temps,
de faire de la procédure et même de la chicane. Ici encore, nous nous
trouvons devant une manifestation de ce respect — réel ou apparent,
— du droit, qui est le trait caractéristique de l'époque médiévale.

On ne peut objecter que de prétendus jurisconsultes et historiens
ont rédigé, de l'assentiment de Ferdinand et d'Isabelle, à l'usage
des *Conquistadores*, une formule générale sommant les peuplades
nouvellement découvertes de reconnaitre l'autorité des rois d'Espagne,
et invoquant comme base de cette autorité la donation d'Alexandre VI.
Les termes mêmes de la formule telle qu'elle est rapportée par
l'historien Herrera, les idées qu'elle expose, sont en contradiction
absolue avec les doctrines enseignées au XVIe siècle par les
jurisconsultes et par les théologiens les plus autorisés. (1)

_____

(1) ROBERTSON donne la formule dans son *Histoire d'Amérique*, t. **I**, note 26.

Longtemps, toute la politique coloniale des peuples européens fut une politique de monopole ; à la mère-patrie seule devait appartenir le droit de navigation et le droit de commerce.

La colonisation espagnole comprenait un triple élément : les aventuriers, le clergé séculier et régulier, la couronne. (1) La couronne propriétaire de tout le sol de l'Amérique, tel était le principe fondamental ; celle-ci faisait cependant de nombreuses libéralités et créait de considérables majorats. Les Indiens, traités d'abord comme de véritables esclaves, virent régulariser leur situation ; ils furent mis en minorité légale. Leur sort, horrible dans les débuts de la conquête, s'adoucit, surtout quand la politique d'isolation fut appliquée et que les fonctionnaires de la couronne et plus tard les missions, fondées pour la plupart au XVIIe siècle, tentèrent d'empêcher les blancs d'avoir accès dans les districts des indigènes.

L'étranger était exclu ; les Espagnols traitaient en criminel l'équipage étranger qui entrait dans les eaux des colonies. Le national lui-même ne pouvait, depuis Charles-Quint, aller aux Indes sans une permission expresse de la couronne, permission donnée, en général, pour un terme de deux ans et que l'on n'obtenait qu'en justifiant d'un motif. (2)

Au Mexique notamment, le monopole à outrance fut introduit par le gouvernement espagnol ; le rôle unique des populations indigènes était d'enrichir le fisc et le commerce. M. Élisée Reclus fait la saisissante description de ce triste état de choses. « Toute contravention aux lois fiscales était sévèrement punie et souvent entraînait la mort. Il était interdit sous peine capitale d'avoir des relations avec les étrangers ; même les naufragés étaient mis en prison, parfois même exécutés, de peur qu'ils n'entamassent avec les indigènes des négociations commerciales ; les chemins qui se dirigeaient vers la mer étaient systématiquement abandonnés et le vide se faisait sur le littoral mexicain..... On en vint à ne laisser partir de Vera-Cruz la flotte à destination d'Espagne, qu'une fois tous les trois ans, et c'eût

_____

(1) PAUL LEROY-BEAULIEU, *De la colonisation chez les peuples modernes*, p. 4 et suivantes.

(2) Ibid.

été un crime contre l'État d'aborder dans un autre port que Séville ou Cadix (1) ». La recherche des mines de mercure était prohibée, et jusqu'en 1803 la culture de la vigne et de l'olivier fut interdite ; tout cela pour ne pas léser les privilèges des Espagnols.

Le but des Portugais était également de s'assurer le monopole du commerce de l'Orient ; ils voulaient exclure l'étranger. (2) Lisbonne devint le marché général des contrées sur lesquelles ils exerçaient leur domination, au moyen d'une chaîne de comptoirs et de forteresses, et d'où les carraques, vaisseaux de guerre, apportaient les produits précieux.

Après d'infructueuses tentatives pour découvrir un passage au Nord qui menât au Japon et à la Chine, les Hollandais prirent la route du Cap. (3) En 1602, fut créée la *Compagnie des Indes*, qui obtint le privilège du commerce au-delà du cap Magellan, le droit de faire la guerre et la paix avec les puissances d'Orient, d'assurer la défense militaire, de rendre la justice. Ici encore, rien que monopole, rien qu'exploitation des populations indigènes.

La royauté française commit au XVIe siècle une grande faute. Avant l'Angleterre, avant les Provinces-Unies, elle aurait pu se lancer dans la politique coloniale. C'était le programme calviniste et les conseils ne firent point défaut. Dans les premières années du règne de Henri III, un homme de génie, Philippe de Mornay, prônait l'expansion de la patrie, la guerre à l'ennemi héréditaire, la conquête des possessions extra-européennes de la monarchie de Philippe II, l'agrandissement au-dehors par le commerce et par les colonies. L'avis ne fut pas écouté. La persécution des huguenots sembla constituer une tâche plus noble. Tout fut sacrifié au maintien de l'unité dans la foi catholique.

Au début du XVIe siècle, il y avait eu quelques faibles tentatives. Dès 1518, deux Français, de Lery et Saint-Just, proposèrent un plan pour la colonisation des terres de l'Amérique du Nord ; le résultat fut nul.

En 1524, un Florentin, Verazzani, naviguant sous pavillon français,

---

(1) Élisée Reclus, *Nouvelle géographie universelle*, t. XVII, p. 113.
(2) Paul Leroy-Beaulieu, *De la colonisation chez les peuples modernes*, p. 44.
(3) Ibid., p. 61.

longea les côtes de l'Amérique du Nord entre l'Acadie et la Floride. Les terres découvertes furent appelées la Nouvelle-France. En 1534, Jacques Cartier explora les côtes de ce qui fut plus tard Terre-Neuve, la Nouvelle-Écosse et le Nouveau-Brunswick. Il prit notamment possession, au nom de François Ier, des lieux où depuis s'élevèrent Québec et Montréal. A son retour en France, il proposa au roi un plan complet et, le 15 octobre 1534, celui-ci lui confia le commandement de trois navires armés et équipés pour quinze mois. Le voyage s'accomplit et François Ier se décida à fonder des établissements dans les pays découverts. La Canada actuel en faisait partie. L'entreprise échoua. En 1603, il y eut, au nom de la France, une entreprise nouvelle ; Laurent de Champlain fonda Québec ; plus tard, en 1641, Montréal fut créé. Quelque vingt ans après, Colbert donnait à la colonie des institutions stables.

Les huguenots français prêchaient la politique de colonisation, ils la prêchaient même d'exemple. Dès 1555, des réformés, sous les ordres de Nicolas Durand de Villegagnon, s'établirent sur les côtes de Brésil et construisirent, dans une petite île de la baie de Janvier, le fort Coligny. Deux expéditions se dirigèrent vers la Floride. La France était en paix avec l'Espagne, mais Philippe II résolut de ruiner une colonie dont presque tous les habitants étaient hérétiques. Pedro Menendez de Abila fut choisi pour exécuter les desseins royaux : il reçut l'autorisation de transporter en Amérique 500 soldats, des laboureurs, des prêtres et des jésuites ; il s'engagea à conquérir, en trois ans, le pays où se développaient les établissements français. Le gouvernement français eut vent du projet. Catherine de Médicis interpella l'ambassadeur d'Espagne à Paris. « Nous avons estimé, dit-elle, que le commerce est libre entre les sujets des amis. » Cela n'empêcha point Philippe de poursuivre froidement son plan et d'anéantir l'œuvre conçue par Coligny.

La politique coloniale faisait partie du grand plan calviniste. Elle répondait au caractère constructif des adhérents de Calvin ; elle était une des conséquences de la haine que les calvinistes nourrissaient pour l'Espagne, l'exécutrice des hautes œuvres de Rome. A ce point de vue, on peut noter que le legs de haine envers l'Espagne que Calvin

semblait avoir fait aux huguenots, fut recueilli par les Hollandais et
par les Anglais.

L'Angleterre se lança assez tard dans les entreprises coloniales.
A Élisabeth surtout remonte la responsabilité. Elle ne fit point pour
la marine tout ce qu'elle aurait dû faire ; elle négligea même
de prêter aide et assistance aux *private adventurers* qui exposaient
pour leur patrie leur santé et leur vie. Les grands services rendus par
les Drake, les Hawkins, les Frobisher ne furent point reconnus. Et
cependant, ici non plus ne manquaient les conseils. Il existe d'excellents
mémoires de sir Humphrey Gilbert, de George Peckham, de Carlisle,
du mathématicien Harriot, de sir Walter Raleigh, mémoires dont les
conclusions furent adoptées plus tard et qui, s'ils avaient été suivis
immédiatement, auraient donné à la race anglo-saxonne, cinquante
années d'avance dans la voie du progrès. Le vice de la politique
coloniale de l'Espagne était que toute cette politique était inspirée par
la soif de l'or ; il fallait des mines d'or ou d'argent. A la fin du XVIe
siècle déjà, d'éminents Anglais démontraient l'absurdité de cette théorie.
Harriot que sir Walter Raleigh avait chargé de faire rapport sur la
situation de la première colonie anglaise faisait ressortir dans un
document officiel, daté de 1587, que l'or et l'argent ne sont pas tout
pour une colonie, que le pays le plus riche est celui qui nourrit
le plus d'hommes, et que toute politique coloniale doit avoir pour
but de rechercher de nouveaux champs de travail, d'employer la
population superflue, de procurer des articles d'échange et
d'augmenter la marine.

Sous Élisabeth, diverses patentes pareilles à celle qui avait été
accordée à Cabotto furent concédées. En 1578, la reine accorde à sir
Humphrey Gilbert des lettres patentes l'autorisant à découvrir toutes
les contrées païennes et barbares non possédées par des princes ou des
peuples chrétiens, et à les occuper : « *To discover, finde, search out and
view such remote, heathen and barbarous lands, contries and territories,
not actually possessed of any christian prince or people, as to him, his
heires and assignes, and to every or any of them, shall seeme goode ; and
the same to have, hold, occupie and enjoy, to him, his heires and assignes*

for ever, with all commodities, jurisdictions and royalties, both by sea and by land (1) ».

Une justice est à rendre cependant au gouvernement d'Élisabeth. En 1582, les lords du conseil donnent des instructions à Fenton, pour l'expédition qu'il se prépare à faire aux Indes orientales et en Chine ; ordre est donné de ne point dépouiller les chrétiens et de ne rien leur prendre sans payer, mais ordre est également donné d'agir avec courtoisie, en bon et honnête marchand, envers les païens comme envers les chrétiens.

L'incorporation de la Compagnie des Indes orientales fut un des grands actes du règne. Des demandes tendant à l'obtention d'une charte d'incorporation avaient été déjà soumises à Élisabeth, mais elles avaient toujours été rejetées, parce que la reine négociait à ce moment la paix avec le roi d'Espagne, qui avait réuni à sa couronne la couronne de Portugal. En 1599, les *merchant adventurers* de Londres qui sollicitaient la constitution de la Compagnie firent rédiger, à l'appui de leur demande, un mémoire qui rencontra l'objection tirée des droits des Portugais et des Espagnols, donna la liste des possessions de ceux-ci en Orient et la liste si longue des riches royaumes soustraits à leur souveraineté et à la souveraineté de tout autre peuple, royaumes qui ne demandaient qu'à accueillir les commerçants.

Le mémoire est fait avec soin et indique les autorités sur lesquelles les allégations produites s'appuient. Ce sont, ou bien les écrits de voyageurs portugais, espagnols, italiens, anglais, hollandais, ou bien les témoignages oraux d'explorateurs, dont les noms sont indiqués, ou bien encore des pièces officielles, parmi lesquelles figure un registre portugais du gouvernement de l'Inde orientale, intercepté en 1592.

La charte fut accordée le 31 décembre 1600.

Sous Jacques Ier, la charte du 10 avril 1606 fut accordée à un groupe entreprenant qui s'était constitué pour exploiter les terres que Barthélemy Gosnold venait de découvrir. L'acte divisait les associés en deux conseils ou compagnies, l'une formée de gens de Londres et des environs, l'autre de gens de l'ouest, particulièrement d'habitants de

---

(1) HACKLUYT, *The principal navigations, traffiques and discoveries of the english nation*, t. III. p. 135.

Bristol, d'Exeter et de Plymouth ; l'une et l'autre comprenait des nobles, des chevaliers et des marchands. Cette charte ne servit réellement qu'à la fondation d'une seule colonie, que la compagnie de Londres créa.

Puis, s'ouvrit une période d'activité coloniale considérable. Seulement, tout comme dans les colonies des autres nations, la politique était protectioniste. N'était pas libre qui voulait, d'habiter les colonies ; il fallait être sujet du roi ou accepter et promettre de le devenir. (1)

---

(1) A. GOULD, *Les chartes coloniales et les constitutions des États-Unis de l'Amérique du Nord*, t. I, p. 11.

CHAPITRE XVI.

LA LIBERTÉ DES MERS.

Le droit romain range la mer parmi les choses qui, en vertu du droit naturel, sont communes à tous. Au moyen âge, dès que le commerce maritime prend de l'importance, dès qu'il devient l'un des grands facteurs de la richesse publique, apparaissent les prétentions des gouvernements sur certaines mers.

Venise prélève un impôt considérable sur tous les vaisseaux naviguant dans l'Adriatique, au nord du cap de Ravenne d'un côté, et du golfe de Fiume de l'autre. Les habitants de Trévise, de Padoue, de Ferrare, de Ravenne, d'Ancône, sont frappés aussi bien que les Génois, les Pisans, les Siciliens, les Levantins. Bologne proteste et appuie par les armes ses justes revendications ; elle est vaincue et la première condition de la paix est le paiement du tribut. Ancône implore l'autorité du pape ; Ancône vaincue est obligée de reconnaître cette conséquence que Venise devait tirer du fait même de l'établissement d'un impôt, savoir la souveraineté de la seigneurie sur l'Adriatique.

Cette souveraineté s'appuyait d'ailleurs sur une prétendue libéralité d'Alexandre III. La république avait soutenu le pape contre Frédéric Barberousse et comme témoignage de sa reconnaissance, le pape avait donné au doge un anneau comme une marque de l'empire de la mer.

Des villes demandèrent l'exemption du péage ; elles sollicitèrent une protection spéciale pour leurs vaisseaux ; c'était admettre la suprématie. Venise veillait surtout à ce que les bâtiments de guerre étrangers ne pénétrassent point dans l'Adriatique ; elle refusa à Pie II l'autorisation d'envoyer des galères à Ancône, prétendant qu'elle avait la mission de défendre le golfe.

Gènes et Pise font respectivement valoir des prétentions à la domination exclusive sur la mer Ligurienne et sur la mer Tyrrhénienne.

De bonne heure, le droit public anglais admet la théorie de la souveraineté de la couronne sur les mers adjacentes. Henri de Bracton mentionne les quatre mers d'Angleterre sur lesquelles s'étend la juridiction de la couronne.

A la suite de la découverte du passage du cap de Bonne-Espérance, les Portugais se prétendent les maîtres des mers de Guinée et de celles des Indes Orientales. Les Espagnols à leur tour, se prétendent les maîtres des mers d'Amérique.

Les rois de Danemark et de Norvége soutiennent également qu'ils ont un droit exclusif sur les mers qui baignent leurs pays.

Toutes ces prétentions rencontrent chez les publicistes des défenseurs ardents. Au XIV⁰ siècle, les droits des Vénitiens sont implicitement reconnus par plusieurs jurisconsultes de l'École des commentateurs. Au XV⁰ siècle, Barthélemy Cæpolla admet en termes exprès qu'ils ont le droit d'exiger le tribut « *quia tantam jurisdictionem habent in mari, quantam in civitate Venetiarum* ». En 1442, Raphaël Fulgose et Raphaël de Curris composent le *Consilium per quod declarant gulphum esse dominorum Venetum.*

Au XVII⁰ siècle, assez nombreuses sont les dissertations qu'écrivent pour leurs cités respectives les écrivains italiens. Parmi les principales figurent celle de Marc-Antoine Peregrino, professeur à Padoue, qui se trouva mêlé, comme avocat, dans un procès intenté à Londres et où Albéric Gentil fut son adversaire (1). Citons aussi les travaux de

---

(1) E. Nys, *Les manuscrits de sir Julius Cæsar. Revue de droit international et de législation comparée*, t. XIX, p. 466.

Corneille Francipano et deux écrits de frà Paolo Sarpi, l'un italien, l'autre latin, paru celui-ci sous le nom de Franciscus de Ingenuis. Ces trois auteurs défendent les prétentions de Venise sur l'Adriatique. Pierre-Baptiste Borgo défend les prétentions de Gênes sur la mer Ligurienne.

Il est cependant à remarquer que le principe de la liberté de la mer trouva des défenseurs. Ange de Ubaldis, commentant un traité conclu entre Venise et Gênes, proclamait au XIVe siècle, que « la mer et ses rivages sont communs comme l'eau et l'air, en vertu du droit de la nature et du droit des gens. » Il admettait seulement que par suite d'une longue occupation elle pouvait faire objet d'une quasi-possession (I).

Nicolas Everardi, le président illustre du grand conseil de Malines, a publié, en 1516, les *Topica juris sive loci argumentorum legales* et il a écrit les *Consilia sive responsa juris*, qui ont été imprimés après sa mort. (2) Au sujet d'un procès pendant entre la ville de Ziericzee en Zélande et le receveur du comte de Hollande et de Zélande, Nicolas Everardi proclame la liberté de navigation dans toutes les mers et dans tous les fleuves; il n'admet l'imposition de taxes de navigation ou la perception de droits d'entrée que dans des cas fort rares; il exige pour cela l'autorité soit du pape, soit de l'empereur, soit du roi des Romains, soit d'un concile œcuménique, soit d'une antique coutume; il enseigne,

---

(1) Ange de Ubaldis, *Consilia*, *Consilium* 280.

(2) Nicolas Everardi (Nicolas, fils d'Éverard) était né à Middelbourg. Il appartenait à la noble lignée des Grypskerke, que la tradition faisait remonter à un chef de Normands. Presque tous ses fils se distinguèrent dans l'administration, dans la diplomatie, dans le droit et dans les lettres. Éverard Nicolai occupa le siège de président du grand conseil de Malines; Grudius, qui était un excellent poète, accomplit pour Charles-Quint de délicates missions; Adrien Marius Nicolai, qui composa la *Cymba amoris*, fut chancelier du duché de Gueldre et du comté de Zutphen; Jean Second est l'auteur des voluptueux *Basia*. Les petits-fils et les arrière petits-fils de Nicolas Everardi se montrèrent dignes de leur origine; pendant longtemps on peut noter dans les cours de justice du midi catholique et du nord protestant, l'action de la noble famille. A la fin du XVIe et au commencement du XVIIe siècle, une branche de la famille fournit à Ingolstadt de savants professeurs et donne aux ducs de Bavière de prudents conseillers. Puis, plus rien. Tel le chêne, longtemps orgueil de la forêt, frappé par l'âge, faiblit, s'épuise, meurt.

enfin, que même dans ces cas, la liberté peut être acquise par prescription, et que le droit de percevoir des taxes sur les marins ou leurs marchandises vient à tomber si, pendant un certain temps, l'autorité s'abstient de l'exercer.

Au XVIᵉ siècle, un moine franciscain, François Alphonse de Castro, soutenait dans son *De potestate legis pœnalis* que « suspecte est l'opinion de ceux qui disent que les Génois et même les Vénitiens peuvent empêcher les autres peuples de naviguer dans le golfe de Gênes ou dans l'Adriatique, parce qu'ils ont prescrit les flots. » (1) « Cette opinion, dit-il, est contraire non seulement aux lois, mais au droit même de la nature, au droit primitif des gens, qui est immuable. » François Alphonse de Castro combat également l'opinion des auteurs portugais disant que leur roi a prescrit la navigation des Indes orientales, et celle des auteurs espagnols soutenant la même thèse en ce qui concerne leur souverain et les Indes occidentales. Ici, ajoute-t-il, le fait n'a point d'importance : « *Esse enim debet differentia inter agentem et patientem.* »

A la même époque, Ferdinand Vasquez Menchaca développe, lui aussi, les vrais principes ; il enseigne qu'il est contraire au droit de la nature et à l'immuable droit des gens primitif que les mers et les flots puissent devenir la propriété de quelqu'un. « Les mers et toutes choses immobilières, dit-il, en reproduisant ce qu'avait dit François Alphonse de Castro, ont été primitivement communes. Si cela est changé pour les terres, cela n'est point changé pour les mers. » (2)

La question de la liberté des mers fut soulevée par Grotius. En 1597, une flottille hollandaise avait pénétré pour la première fois dans les mers des Indes orientales d'où les Portugais prétendaient exclure les autres nations. Les Provinces-Unies étaient en guerre avec Philippe II roi d'Espagne, mais bien que celui-ci, invoquant les droits de sa mère Isabelle, se fût fait couronner roi de Portugal en 1580, elles n'étaient point en guerre avec les Portugais. Uniquement appuyés sur leur prétendue domination exclusive, les Portugais traitèrent les marins hollandais en pirates, et quand la Compagnie

---

(1) FRANÇOIS ALPHONSE DE CASTRO, *De potestate legis pœnalis*, L. II, ch. 14.
(2) FERDINAND VASQUEZ MENCHACA, *Controversiæ illustres*, L. II, ch. 89, § 30.

hollandaise des Indes orientales commença, en 1602, ses opérations, elle fut, impliquée dans des difficultés sans nombre. Seulement, ses navires prirent l'offensive, et des prises considérables furent faites sur les Portugais.

Des membres de la Compagnie eurent des scrupules ; ils refusèrent de participer à des bénéfices qu'ils croyaient injustes et la controverse qui surgit, amena Grotius à écrire un traité sur le droit de prise. C'est le *De jure prædæ* qu'il ne publia du reste pas, et qui parut, pour la première fois, en 1868.

En 1608, s'ouvrirent les négociations qui devaient aboutir à la trêve d'Anvers du 9 avril 1609. L'Espagne prétendait faire renoncer les Provinces-Unies au commerce dans les Indes orientales et dans les Indes occidentales. La compagnie hollandaise des Indes voulut agir sur l'opinion publique et Grotius à sa demande, détacha de son travail le chapitre relatif à la liberté des mers. L'opuscule parut sans nom d'auteur sous le titre de *Mare liberum sive de jure quod Batavis competit ad Indicana commercia dissertatio.* Il passa inaperçu ; au moment de sa publication, la trêve de douze ans venait d'être conclue et la navigation dans la mer des Indes venait d'être assurée.

Un autre motif fit que le travail de Grotius ne devint point d'abord l'objet d'une réfutation de la part des Espagnols ou des Portugais ; le gouvernement de Philippe III refusa d'autoriser l'impression d'écrits destinés à combattre les prétentions des Hollandais. Mais, sous le règne de Philippe IV, parut, en 1625, dédié à ce prince, un livre de Séraphin de Freitas, *De justo imperio Lusitanorum asiatico adversus Grotii Mare liberum.*

L'ouvrage est remarquable ; l'auteur défend avec un rare talent une mauvaise cause. Freitas emploie toutes les ressources d'une dialectique subtile et il invoque à l'appui de ses raisonnements de nombreuses citations d'écrivains.

Le *Mare liberum* s'occupait uniquement des prétentions des Portugais et des Espagnols ; or, ce fut l'Angleterre qui, par ses protestations, donna au petit livre toute sa célébrité.

La doctrine de la souveraineté et de la propriété de la couronne dans les mers entourant le pays avait entraîné cette conséquence que

le droit de pêche était un droit régalien. Des traités cependant avaient
parfois concédé aux étrangers « d'aler paisiblement partout sur mer,
pour peschier et gaignier leur vie. » Ainsi disposait un traité conclu
au début du XVe siècle avec le duc de Bourgogne ; ainsi disposait
l'*Intercursus magnus* que nous avons déjà analysé.

Des contestations devaient s'élever. Vers le milieu du XVe siècle, un
poète anglais proclamait, dans le *Libel of english policy*, la grande
vérité politique que la force de l'Angleterre est sur mer plutôt que sur
terre ; il engageait ses compatriotes à s'emparer d'un empire qui leur
revenait de droit. Le conseil finit par être entendu ; après des phases
diverses, la marine anglaise prit une importance considérable. Les
corsaires surtout assuraient la puissance navale du pays ; de là des
luttes sanglantes dans lesquelles sans doute l'esprit de lucre animait
les combattants, mais dans lesquelles aussi le patriotisme inspirait de
courageux exploits.

Aux Indes, les Anglais s'attaquent aux Portugais, aux Espagnols et
aux Hollandais ; bientôt, en Europe, la question de la pêche amène
entre les marins anglais et les marins hollandais les plus graves
dissentiments.

Dès 1580, des Anglais clairvoyants avaient soutenu qu'il était de
toute nécessité de développer la pêche nationale. La politique
protectionniste suscita une série de mesures ; en 1609, une
proclamation royale défendit aux étrangers de se livrer à la pêche
dans les mers et le long des côtes des trois royaumes d'Angleterre,
d'Écosse et d'Irlande.

Le coup était dur pour les Hollandais. Des négociations furent
ouvertes ; des commissaires se rendirent à Londres à deux reprises ;
Grotius prit part à la deuxième conférence. En 1615, la querelle
s'envenima. Dans le Spitzberg et dans le Groenland, tout comme dans
les Indes, les Hollandais réclamaient ce droit exclusif, ce monopole
dont ils révoquaient en doute la légitimité dès que les Portugais ou les
Espagnols prétendaient le posséder. Les querelles n'aboutirent point à
la guerre ; seulement elles offrent pour l'étude du droit des gens une
assez grande importance, car elles provoquèrent la publication de
nombreux écrits.

En 1613, l'Écossais William Welwod avait protesté dans son *Abridgement of all Sea-Lawes* contre la théorie de Grotius et avait établi une distinction entre la liberté de la navigation et la liberté de la pêche. Grotius s'était préparé à réfuter ces critiques. (1) En 1615, William Welwod était revenu à la charge dans le *De dominio maris jurisbusque ad dominium precipuè spectantibus assertio brevis ac methodica.*

A l'avènement de Charles Ier, de nouvelles difficultés avaient surgi. Le plan du nouveau roi était d'assurer la complète suprématie de l'Angleterre sur les mers. Deux écrits reflétèrent l'orgueilleuse théorie : l'un est le travail intitulé *The sovereignty of the Britisch Seas proved by records, history. and the municipal laws of this Kingdom,* l'autre est le *Mare clausum.* Le premier écrit, œuvre de sir John Boroughs, ne fut imprimé qu'en 1653 ; le second écrit, œuvre de John Selden, avait été commencé en 1618, et fut imprimé en 1635 par ordre de Charles Ier.

Le *Mare clausum* était destiné à établir qu'en vertu du droit naturel, du droit des gens et du consentement des nations, les mers qui entourent l'Angleterre font partie intégrante du domaine et de la souveraineté de la Grande-Bretagne, et que les bornes en sont établies au sud et à l'est par les côtes des États voisins, tandis qu'elles sont encore à fixer dans l'océan septentrional et occidental. Comme corollaire de cette proposition, personne ne pouvait faire le commerce ni naviguer dans ces mers sans l'assentiment du roi et celui-ci y exerçait la juridiction et la garde.

Le *Mare clausum* est diffus, le style est dur ; mais on ne peut s'empêcher d'admirer la grande érudition de l'auteur, qui, ici aussi, se montre suivant le mot de Wood « *The great dictator of learning in the english nation.* » La thèse était fausse, mais elle était mieux défendue que la thèse vraie et juste n'avait été défendue par Ferdinand Vasquez Manchaca et par Grotius. Il est à remarquer du reste que la doctrine

---

(1) Le manuscrit de Grotius est à la bibliothèque de l'université de Leyde. M. M.-F. MULLER l'a reproduit *in extenso* dans son travail : *Mare clausum. Bijdrage tot de geschiedenis van de rivaliteit van England en Nederland in de zeventiende eeuw.* Amsterdam, 1872.

de Grotius allait à l'encontre des nécessités de l'époque. Son mérite n'en est pas moindre, sans doute, mais ce fait explique son échec. La politique commerciale en était à la maxime *Cujus regio ejus commercium*, comme la politique ecclésiastique en était un principe *Cujus regio ejus religio*.

Le livre de Selden, dédié au roi, portait une orgueilleuse épigraphe : « *Pontus quoque serviet illi* » « La mer aussi lui obéira ». Charles Ier voulait faire de la prédiction une réalité ; le *Mare clausum* devint un véritable manifeste ; un exemplaire en fut déposé dans la cour de l'Échiquier et dans la cour de l'Amirauté, et un troisième exemplaire fut conservé pour l'usage du conseil privé comme « un fidèle et solide temoignage de droit de souveraineté dans les mers britanniques ». Le 10 mai 1636, une proclamation, renouvelant la proclamation de Jacques Ier de 1609, défendit aux étrangers de se livrer à la pêche dans les mers qui entourent l'Angleterre, à moins d'autorisation préalable.

Le roi chargea sa marine de réaliser les principes exposés dans le *Mare clausum*, mais le succès ne répondit pas à ses efforts. Ses prétentions furent reprises par Cromwell et, en 1654, les Hollandais, par l'article 4 du traité de Westminster, souscrivirent aux exigences du Protecteur relatives au salut dû, en signe d'hommage, au pavillon de la république d'Angleterre, d'Écosse et d'Irlande, dans les mers qui entourent ces pays.

Pour répondre au *Mare clausum*, les États Généraux s'étaient adressés à un philologue, Pierre Van der Cun. Plus tard, un jeune parent de Grotius, Thierry Graswinckel composa les *Maris liberi vindiciæ adversus virum clarissimum Johannem Seldenum* ; mais les États n'osèrent autoriser l'impression du travail ; ils décidèrent de le conserver en manuscrit, sauf à l'envoyer éventuellement aux ambassadeurs qui auraient à traiter la question de la liberté des mers. Isaac Pontanus entra en scène en 1637 et écrivit l'ouvrage intitulé *Discussionum historicarum libri duo quibus præcipue quatenus et quodnam mare liberum vel non liberum clausumque accipiendum dispicitur expenditurque*. Graswinckel défendit de nouveau la liberté des mers, en 1652, lorsque Pierre-Baptiste Borgo se fût posé en champion des prétentions des Gènois sur la mer de Ligurie. Son livre, *Vindiciæ Maris Liberi adversus Petrum Baptistam Burgum Reipublicæ Genuensis in Mare ligusticum dominii assertorem*, provoqua de la part de Selden une violente réplique, parce que Graswinckel avait incidemment attaqué le *Mare clausum*, alléguant que Selden l'avait composé pour plaire au roi et sortir de la prison où le roi l'avait fait enfermer, pour le punir de l'opposition qu'il avait faite au sein de la chambre des communes.

La question de liberté des mers n'était point résolue. Dans la plupart des pays, les publicistes continuèrent à s'en occuper et même au commencement du XVIIIe siècle, il se produisit un débat important, quand l'empereur Charles VI songea à ériger, en vue du commerce des Indes, une compagnie privilégiée et quand les États Généraux prétendirent qu'il n'avait pas le droit de permettre aux négociants belges d'exercer le commerce avec des États indépendants et des puissances libres.

CHAPITRE XVII.

LES IRÉNISTES (1).

Le moyen âge fournit un beau chapitre à l'intéressant sujet de l'idéal de la paix dans l'histoire. Déjà nous avons constaté que l'Église était favorable à la paix entre chrétiens et qu'à chaque instant elle s'efforçait de mettre un terme aux hostilités. Quelques-uns des efforts tentés sont célèbres, tel l'établissement de la *Trève de Dieu*.

Des courants mystiques traversent la période médiévale, et des mouvements importants se manifestent dans le sens pacifique.

A la fin du XIIe siècle, la confrérie des *Frères de la paix*, fondée sous l'inspiration d'un humble charpentier, se donna pour mission de faire observer la paix ; elle se répandit dans la France entière. Puis, on vit se produire un mouvement curieux dans l'Italie livrée aux luttes de cités rivales. Un dominicain Jean de Vicence convoqua, en 1233, une

---

(1) Le mot est de Charles-Irénée Castel de Saint-Pierre, qui l'emploie dans une lettre adressée à sir Hans Sloane, secrétaire de la Société royale des sciences de Londres, pour désigner ceux qui croient à la possibilité de la paix perpétuelle. Le mot nouveau dérive, tout comme le deuxième prénom du bon abbé, du grec Εἰρήνη, paix. La lettre adressée à Sir Hans Sloane est conservée au British Museum.

Il est inutile de faire observer qu'iréniste n'est pas synonyme d'utopiste, puisque d'après l'étymologie du mot, l'utopiste croit en quelque chose d'imaginaire.

assemblée solennelle où toutes les villes de Lombardie furent représentées et où fut rédigé un acte de pacification générale ; tous ceux qui violeraient l'engagement seraient voués aux tourments de l'enfer.

Les ordres des dominicains et des franciscains peuvent d'ailleurs se glorifier d'avoir produit à cette époque nombre d'hommes généreux, qui consacrèrent leur existence à mettre fin aux brigandages, aux querelles, aux intestines dissensions.

Les sectes hérétiques, elles aussi, avaient des tendances irénistes. La plupart proclamaient la guerre une chose abominable et voyaient en elle une des faces du péché.

Le mouvement des *Pénitents blancs* est au fond hérétique. Originaire d'Espagne, suppose-t-on, il passe en France et en Italie. Hommes, femmes, enfants couverts de vêtements blancs pèlerinaient en implorant sur la terre la miséricorde divine. La plupart des villes d'Italie furent le théâtre de semblables manifestations qui prirent seulement fin lorsque le pape les eût formellement condamnées.

Des publicistes prêchent la paix. A la fin du XI⁰ siècle, Ives de Chartres écrit aux évêques de France que Jésus-Christ est venu non seulement pour établir la paix spirituelle, mais aussi pour établir la paix temporelle, afin que tous les chrétiens ne forment qu'un seul esprit et un seul corps. « Dans le royaume du Christ, dit-il, il ne doit plus y avoir de discorde; les âmes doivent être pures de tout vice et les mains de toute œuvre vicieuse. »

Au milieu du XII⁰ siècle, Gerhoch, prévôt de Reichersberg, soutient que l'autorisation de l'Église est une condition indispensable de la légitimité d'une guerre. C'était instituer le souverain pontife juge suprême de toutes les contestations, mais c'était aussi, dans l'esprit de Gerhoch, préparer le règne de la paix. Il appartenait aux prêtres d'examiner, dans chaque cas, de quel côté était la justice ; la sentence rendue, les trompettes sacrées devaient animer le courage des combattants et la communion sainte devait fortifier ceux-ci. Quiconque résistait injustement, quiconque refusait d'acquiescer au pacte était frappé d'anathème et privé de la sépulture chrétienne. (1)

(1) *Expositio in psalmum CXIV sive liber de corrupto Ecclesiæ statu*, dans les *Miscellanea* de BALUZE, t. V, p. 117.

« Le Christ, écrivait vers la même époque un prêtre, le Christ est la paix et la paix est l'héritage de l'Église. Jérusalem est debout ; elle est notre mère à tous ; elle est la vision de la paix. Celui qui agit contre la paix agit contre le Christ et contre l'Église. Il se rend coupable de péché. »

« Tout roi, devait écrire plus tard Nicolas de Cues, tout roi, tout empereur remplit un office public institué pour l'utilité publique ; l'utilité publique est la paix. »

C'était la grande mission de l'empereur de maintenir la paix. « *Imperator pacificus* », tel était le plus ancien, le plus beau de ses titres. (1)

Selon le mot de Michelet, de toutes les œuvres royales, la plus royale était la paix : « Chier fils, porte l'instruction de saint Louis à son fils, je t'enseigne que les guerres et les contens qui seront en ta terre ou entre tes hommes, que tu mettes peine de l'apaiser à ton pouvoir ; car c'est une chose qui moult plest à Nostre Seigneur, et messire Saint Martin nous a donné moult grand exemple, car il alla pour metre paix entre les clercs qui estoient en son archevêché, au temps qu'il savoit par Nostre Seigneur qu'il devoit mourir, et il sembla qu'il metoit bonne fin en sa vie en ce fere. »

L'avènement de l'humanisme se produit à la fin du XVe siècle. La rénovation de l'hellénisme avait commencé en Italie, dès la seconde moitié du XIVe siècle. Palla Strozzi en avait été l'âme. Il avait appelé à Florence Manuel Chrysoloras, l'élève de Gémiste Pléthon, et, à la mort de Chrysoloras, des disciples dignes de lui avaient assuré le succès de l'œuvre. Guarini, Grégoire de Tiferno, François Philelphe, George de Trébizonde, Théodore Gozo figurent au premier rang de ces civilisateurs. (2) La prise de Constantinople par les Turcs donna au mouvement une impulsion plus forte encore. Laurent rappelle que les hommes de la Renaissance sont tous partisans de la paix et se distinguent par leur humanité. « Pour comprendre le génie pacifique de

---

(1) JAMES BRYCE, *Le Saint Empire romain germanique et l'empire actuel d'Allemagne*, traduit par EMILE DOMERGUE, p. 321.
(2) AMBROISE FIRMIN DIDOT, *Alde Manuce et l'hellénisme à Venise*.

la Renaissance, écrit-il, il faut se rappeler les derniers travaux de la philosophie ancienne et surtout le stoïcisme, il faut se rappeler la *Paix romaine* et l'enthousiasme qu'elle inspire aux peuples et aux poètes de l'empire. Ce sont les sentiments et les idées de l'antiquité, au moment où elle va faire place à une ère nouvelle, qui inspirent les humanistes du XVIᵉ siècle ; ils parlent bien de la charité chrétienne, mais c'est Sénèque, plutôt que l'évangile, qui est leur livre saint ; les invectives de Juvénal contre les conquérants les touchent plus que les paroles d'amour de saint Jean. C'est un mouvement tout littéraire, voilà pourquoi il tient peu compte des exigences de la réalité (1). »

Nous avons noté déjà quelle influence les idées de Wycliffe, adversaire intransigeant de la thèse de la légitimité de la guerre, eurent sur le mouvement humaniste anglais, dont John Colet, Thomas More et Érasme furent les représentants éminents.

Deux jeunes maîtres d'Oxford, Grocyn et Linacre, qui avaient puisé en Italie, aux sources mêmes, la connaissance de la philosophie et de la littérature grecques, introduisirent l'hellénisme à Oxford. Colet suivit leurs leçons; à son tour, il se rendit en Italie et il est probable qu'à Florence il subit l'influence de Savonarole. Ce qui séduisit Colet dans l'hellénisme, ce fut moins la littérature que la philosophie ; pour lui le problème important fut toujours la conciliation des doctrines de Platon avec le christianisme.

Colet exerça un réel ascendant dans ce milieu d'Oxford où figuraient des hommes comme Grocyn, Linacre, Latimer, Thomas More, fort jeune alors, mais certainement le représentant le plus distingué de la génération nouvelle, enfin, un écrivain déjà célèbre, Érasme, qui venait d'arriver en Angleterre avec son pupille lord Mountjoy.

Esprits sincères et honnêtes, les réformateurs d'Oxford, comme on les a appelés avec quelque exagération, rêvaient des modifications dans l'Église et dans la société civile. Un côté de leur activité est particulièrement intéressant. « Croyant en la fraternité chrétienne et en la fraternité des nations, dit M. Seebohm, tous trois ne se contentèrent pas de condamner les guerres égoïstes des princes, ils

---

(1) LAURENT, *Etudes sur l'histoire de l'humanité*, t. X, *Les nationalités*, p. 394.

demandèrent que la perfidie fût remplacée dans la politique internationale, par la règle d'or, le précepte chrétien : Ne faites pas à autrui ce que vous ne voudriez pas qu'on vous fît. (1) »

Colet ne cessa de combattre la politique belliqueuse de Henri VIII ; sa critique amère de la guerre apparut surtout dans ses sermons dont le texte ne nous est pas parvenu, mais qui ont été analysés par Érasme et par l'archevêque Parker. Doyen de Saint-Paul, Colet prêcha à diverses reprises devant le roi. En 1511, il s'éleva contre les projets de guerre de Henri VIII qui, avec Jules II, l'empereur Maximilien et Ferdinand d'Aragon, avait formé une ligue contre Louis XII. En 1513, il fut non moins énergique quand le roi voulut envahir le nord de la France. « Il prêcha admirablement sur la victoire du Christ, rapporte Érasme, et il exhorta les chrétiens à combattre et à vaincre sous sa bannière. Il montra que lorsque par haine et ambition des hommes méchants s'attaquent et se détruisent les uns les autres, ils combattent non sous la bannière du Christ, mais sous celle du démon. Il rappela combien c'est chose difficile de mourir de mort chrétienne sur le champ de bataille, combien ils sont nombreux ceux qui n'entreprennent la guerre que par haine et par ambition et combien aussi pour tous ceux qui ont réellement en eux cet amour fraternel sans lequel on ne peut voir le Seigneur, il est dur de teindre leur épée du sang de leur frère. Il termina en disant qu'au lieu d'imiter les César et les Alexandre, le chrétien devrait plutôt suivre l'exemple tracé par son divin maître. »

Nombreux sont les passages dans lesquels Érasme exprime ses sentiments pacifiques. « Selon Platon, écrit-il au roi Sigismond de Pologne, la guerre que se font les Grecs est une guerre civile ; or, le chrétien est plus étroitement lié au chrétien que le citoyen au citoyen, qu'un frère à son frère. » « La guerre peut être faite, porte une lettre à François Ier, mais c'est seulement quand tout le reste a été tenté en vain et que la nécessité est là. » « Il aimait la paix, dit Bayle, parlant d'Érasme, et en connaissait l'importance. » Érasme se proclame lui-même l'homme de la paix ; la guerre est un état contre nature ; elle est en

---

(1) FREDERIC SEEBOHM, *The Oxford Reformers, John Colet, Erasmus and Thomas More, being a history of their fellow work.*

opposition avec le christianisme évangélique : « Le Christ dit et repète que son enseignement se résume dans la charité, et qu'y a-t-il de plus contraire à la charité que la guerre ? Le Christ dit plus : il veut que tous les hommes soient un en Dieu, et comment pourraient-ils être un s'ils sont divisés au point de s'entretuer ! La doctrine évangélique ne laisse aux hommes aucun motif qui puisse justifier ou excuser leurs sanglantes discussions. Ce sont les mauvaises passions, la cupidité, l'ambition, la vengeance qui allument les guerres. Mettons même qu'il s'agisse de revendiquer un droit ; Jésus-Christ ne nous dit-il pas que le chrétien parfait ne doit pas poursuivre son droit, qu'à l'injure il doit répondre par l'abnégation ? Ceux qui prennent le christianisme au sérieux doivent réprouver la guerre aussi bien que les procès. »

Thomas More, lui aussi, est un amant passionné de la paix et dans l'*Utopie*, il montre les Utopiens ayant la guerre en abomination, comme une chose brutalement animale et que l'homme néanmoins commet plus fréquemment qu'aucune espèce de bête féroce.

Jean Louis Vivès, le précepteur de la princesse Marie, fille de Henri VIII, attaquait également la guerre et ses lettres à Henri VIII, à François Ier et au pape Adrien VI témoignent de ses sentiments : « Ne dites pas, écrivait-il au pape, que vous êtes dans l'impuissance de faire la paix entre les princes. Ayez le courage de ne pas chercher comme tant de papes et tant de savants, des prétextes pour défendre la légitimité de la guerre. Dites que la guerre entre chrétiens est criminelle et malfaisante ; blâmez-la absolument comme une dispute entre des membres du même corps puisqu'il n'y a dans le Christ ni Espagnols ni Français. »

Un génie bizarre, Guillaume Postel, rêve également la paix perpétuelle. Pour lui, le monde entier devait se convertir à la religion chrétienne, et les trois ennemis de la vérité, les juifs, les mahométans et les idolâtres, devaient disparaître. Aux rois de France revenait la domination universelle ; des fils de Noé, Japhet devait gouverner, Sem était pontife et Cham était soumis à ses frères ; or, l'aîné de Japhet était Gomerus, le père des Gaulois. Si les rois de France abandonnaient le dessein de la réunion de toutes les sociétés, ils pécheraient envers

Dieu et envers leur pays. Ce langage, Postel le tint à François Ier, à Henri II, à François II.

Dans la *Civitas solis*, Thomas Campanella admet la légitimité de la guerre; il signale chez les Solariens l'institution du *Forensis*, personnage revêtu du caractère sacerdotal et qui est députe vers les ennemis pour leur demander soit la restitution du butin, soit la cessation de toute hostilité envers leurs alliés, soit la délivrance des villes opprimées, et pour leur déclarer la guerre s'ils refusent d'accéder à sa demande. Mais dans la *Monarchia Messiæ*, il se montre iréniste. « Le siècle d'or renaîtrait, écrit-il, si le monde était régi par un seul homme, à la fois roi et prêtre, n'ayant point de supérieur, et s'il n'existait qu'une seule religion, la vraie, l'unique religion, s'adressant à un Dieu. Les maux qui attristent le globe proviennent de la guerre, de la peste, de la famine, d'une opinion contraire à la religion existante : ces maux disparaîtraient. Il n'y aurait plus d'hérésie, il n'y aurait plus de guerre. » Et comment donc atteindre ce but ? Campanella rencontre l'opinion d'après laquelle un seul homme ne saurait gouverner le monde, parce que la terreur de son nom ne parviendrait pas à toutes les nations. Il combat aussi Soto, qui a eu le tort de suivre Aristote et qui, s'il admet que le pape a le *dominium*, ne lui concède celui-ci que dans les choses spirituelles. Il veut la primauté pontificale; or, cette primauté existe, dit-il, car le Messie est venu en ce monde pour rétablir l'âge d'or, il a fondé sa loi éternelle, il a établi une autorité universelle dont les princes dépendent en vertu du droit divin et humain, au temporel comme au spirituel.

Dans la théorie de l'auteur de la *Monarchia Messiæ*, l'unité du principat papal ne détruit nullement les royaumes et les républiques ; elle les confirme ; elle les rend meilleurs, puisqu'elle les unit. Les États forment une république dont le pape est le chef ; ils sont ainsi devenus invincibles devant l'ennemi et pacifiques entre eux ; les princes ne sont point les feudataires du pape, mais ils sont devant lui comme des fils soumis devant un père, ils sont comme des disciples devant un maître, ils sont comme des agneaux devant leur pasteur.

Dans le premier tiers du XVIIe siècle se manifeste en Europe un considérable mouvement de l'opinion. L'idée d'une alliance des chrétiens contre les Turcs, d'une guerre pouvant libérer les populations chrétiennes et aboutir, en fin de compte, au règne de la paix en Europe, apparaît chez d'excellents esprits et est partagée par de grands hommes d'État. « Que pleust à Dieu, écrivait vers 1626 un humble pèlerin, qu'il y eust une parfaite union, une bonne et chrestienne intelligence entre les princes de la chrestienté, que l'ambition, la deffiance fussent bannies de leurs cœurs pour unir les courages et leurs communes armes à la défense du nom chrestien. (1) »

Parmi les hommes d'État, l'esprit de solidarité chrétienne anime évidemment Richelieu et surtout François Le Clerc du Tremblay, qui, devenu capucin sous le nom de Père Joseph, fut l'habile conseiller du grand ministre. (2) Avant eux, Henri IV avait-il eu la même notion ? Un fait est certain, c'est qu'en 1610, à la veille de l'assassinat du roi, l'idée générale était que tout se disposait à quelque immense événement. A cela se rattache le *grand dessein.*

Maximilien de Béthune, baron de Rosny, puis duc de Sully, a composé les *Mémoires des sages et royales œconomies d'estat, domestiques, politiques et militaires de Henry le Grand.* Il commença à dicter l'ouvrage à ses secrétaires, peu de temps après la mort de Henri IV. Les deux premiers volumes seuls furent écrits de son vivant et imprimés au château de Sully en 1638. Ils vont de 1570 à 1605. Après la mort du duc, ils furent continués par deux de ses secrétaires et par Jean Laboureur. Au XVIIIe siècle, l'abbé de l'Écluse des Loges tranforma les *Œconomies royales* en *Mémoires de Sully.* (3)

Dans un projet attribué par Sully à Henri IV, la « république monarchie très chrétienne » devait se composer de « quinze dominations, les unes plus, les autres moins souveraines, à sçavoir de cinq royales électives, de six royales héréditaires et de quatre en forme de républiques de diverses natures ». Les cinq dominations électives devaient être le pape, l'empereur, les rois de Pologne, de Hongrie et de Bohême. Les six dominations héréditaires étaient

---

(1) T. KÜGELHAUS, *Der Ursprung des Planes vom ewigen Frieden in den Memoiren des Herzogs von Sully.*

(2) FAGNIER, *Le Père Joseph et Richelieu. Revue des questions historiques,* t. XXXVI, p. 79.

(3) DESCLOZEAUX, *Revue historique,* t. XXXIII, p. 245.

celles de France, d'Espagne, d'Angleterre, de Danemark, de Suède et de Lombardie. Les quatre républiques souveraines étaient la république vénitienne, avec le titre seigneurial ; la république ducale, comprenant notamment les duchés de Gênes, de Florence, de Mantoue, de Parme, de Modène ; la république confélérée des Suisses et de leurs anciens alliés, auxquels s'ajoutaient trois États voisins ; la république provinciale, réunissant les dix-sept provinces des Pays-Bas et plusieurs autres. Tous ces États étaient soumis à un conseil général de soixante députés désignés par chaque État, proportionnellement à son importance. Une guerre générale contre les Turcs complétait le plan, parce que les États chrétiens avaient pour mission d'expulser les infidèles de l'Europe.

La lettre au roi « touchant ses magnifiques desseins » signale le but qui était poursuivi. « L'un des plus solides fondements de tous les grands et magnifiques desseins du roy consiste à rendre tous les quinze grands potentats de l'Europe chrétienne à peu près d'une même égalité de puissance, royaume, richesses, étendue et dominations, et de donner à icelles des bornes et limites si bien ajustées et contempérées, qu'il ne puisse venir à ceux qui seraient les plus grands et ambitieux, des désirs et aviditez de s'accroistre, ny aux autres ombrages, jalousies, ny crainte d'en estre opprimez. (1) »

Longtemps les historiens ont cru à l'authenticité du plan. Il est vrai que Marbaulx, le secrétaire de Philippe de Mornay, écrivit sa critique des *Œconomies royales* entre 1656 et 1662 ; il est vrai aussi que Voltaire appela le fameux plan une chimère ; mais, en règle générale, les écrivains se gardèrent de révoquer en doute les projets que Sully prétendait avoir été conçus par son maître. La démonstration complète est maintenant faite. Un écrivain français a dit avec trop de sévérité peut-être que « Sully ne songeait qu'à faire plier les évènements à sa volonté pour donner satisfaction à sa vanité sénile, ne reculant pas, au besoin, devant l'altération ou la supposition de documents pour tromper la postérité (2) ».

---

(1) SULLY, *Œconomies royales*, édition Petitot, t. VII, p. 94.
(2) DESCLOZEAUX, *Revue historique*, t. XXXIII, p. 24.

Eméric·Crucé composa le *Nouveau Cynée ou discours d'Etat représentant les occasions et moyens d'establir une paix géneralle et la liberté du commerce par tout le monde*. L'ouvrage dédié « aux monarques et princes souverains de ce temps » parut à Paris en 1623. Le titre est significatif. « L'on sait, écrivait Leibnitz à l'abbé de Saint-Pierre, que Cynée était un confident du roy Pyrrhus qui lui conseilla de se reposer d'abord, puisqu'aussi bien c'étoit son but, comme il le confessoit, quand il auroit vaincu la Sicile, la Calabre, Rome et Carthage ».

Adversaire de la guerre, Crucé ne cessa de prôner les avantages de la paix, de prêcher l'amour de l'humanité, d'insister sur l'obligation de travailler au bien-être général. Il montre dans les mauvaises passions des princes les causes véritables des conflits sanglants ; il veut la liberté du commerce et le développement de l'industrie. Il expose la nécessité absolue de la tolérance religieuse.

La paix générale est-elle possible ? Crucé résout la question affirmativement. Les obstacles intérieurs peuvent disparaître et ni diversité de nation ni différence de religion ne constituent des causes légitimes de guerre. Seulement il faut travailler au maintien de cette paix : « Les volontez sont muables et les actions des hommes de ce temps n'obligent point les successeurs ».

L'auteur du *Nouveau Cynée* rappelle que les causes de guerre ne sont pas considérables, mais il reconnaît que des inconvénients peuvent se présenter et qu'il faut y obvier. Il suggère comme remède de « désigner une ville où tous les souverains auraient perpétuellement leurs ambassadeurs, afin que les différends qui pourraient subvenir fussent vuidez par le jugement de toute l'assemblée. Les ambassadeurs de ceux qui seraient intéressez exposeraient les plaintes de leurs maîtres et les autres députez en jugeraient sans passion. Et pour authoriser davantage le jugement, on prendrait advis des grandes républiques qui auraient aussi en ce même endroit leurs agents. Que si quelqu'un contrevenait à l'arret d'une si notable compagnie, il encourrait la disgrâce de tous les autres princes qui auraient bien le moyen de le faire venir à la raison. »

Comme siège de ce conseil, Crucé suggère Venise, parce que « cet État est neutre et indifférent à tous princes et parce qu'il occupe une situation centrale. » Son plan embrasse tous les pays, y compris la Perse, la Chine, l'Éthiopie, les Indes occidentales et orientales. Il ne se cache pas que si quelqu'un n'en prend l'initiative, les projets de paix perpétuelle et de liberté commerciale ne sauront jamais se réaliser. A son avis, deux hommes peuvent prendre les devants auprès des chefs d'État : le pape pour les princes chrétiens et le roi de France pour les mahométans, car celui-ci a seul crédit et réputation auprès de ces derniers.

Grotius est certainement partisan de la paix, mais on ne peut le ranger parmi les irénistes. En un passage du *De jure belli ac pacis*, il s'inspire évidemment du *Nouveau Cynée* ; il y prône l'union et les congrès de souverains. « Pour la raison dont je viens de parler, écrit-il, il serait utile et en quelque sorte nécessaire que les puissances chrétiennes fissent entre elles quelque espèce de corps, dans les assemblées duquel les démêlés de chacune se terminassent par le jugement des autres non intéressées et que l'on cherchât même les moyens de contraindre les parties à s'accommoder sous des conditions raisonnables. »

Un prince allemand, le landgrave Ernest de Hesse-Rheinfels, peut être placé à côté d'Émeric Crucé. En 1660, il publia un livre, *Der so wahrhafte als ganz aufrichtliche und discret gesinnte Katholik*, « le catholique véridique et discret », où il propose la création d'un tribunal de la société des souverains, tribunal qui devait avoir son siége à Lucerne. Mais un autre ouvrage devait être appelé à un plus grand retentissement, c'était la *Paix perpétuelle*, publiée en 1703 par un homme excellent qu'animait l'amour de l'humanité.

Charles-Irénée Castel de Saint-Pierre plaçait son travail sous le patronage de Henri IV et il proposait la formation du *Corps Européen*. Les puissances alliées devaient renoncer au droit de faire la guerre les unes aux autres et accepter la médiation et l'arbitrage de l'assemblée générale de la ligue. C'était assurément un beau rêve, un rêve d'un homme de bien, comme on l'a dit, mais il ne faut point perdre de vue que l'auteur du plan ne se perdait pas dans de folles illusions. Il avait foi dans le progrès, mais il avait aussi le sens de la réalité. Une lettre d'envoi était jointe à l'ouvrage. « C'est un projet, y lit-on, dont

peut-être ni vous ni moi ne verrons jamais un fruit ; mais par
reconnaissance de ce que nous avons reçu de bien de nos ancêtres, ne
devons-nous pas tâcher d'en procurer encore plus grands à notre
postérité ? » Noble affirmation non point seulement de la continuité
du progrès, mais du devoir pour tout homme de travailler à ce
développement des forces de l'humanité, qu'au début du XIV⁰ siècle,
Dante entrevoyait et qu'il appelait de ce beau mot, *civilitas*, la
civilisation.

CONCLUSION.

Dans sa belle *Histoire de la philosophie de l'histoire*, M. Robert Flint remarque que c'est à une date relativement tardive qu'une science se sépare définitivement des champs contigus de la connaissance, pour assumer une forme indépendante. L'homme de génie que l'on appelle le fondateur d'une science ne fait que rattacher ses éléments déjà existants ; il se borne à réunir ses membres épars, à leur insuffler le souffle de la vie. (1)

Nous avons passé en revue les efforts tentés pendant plusieurs siècles, en vue d'assurer dans les relations des peuples la domination du droit. L'observation de M. Robert Flint s'applique avec une saisissante vérité au *De jure belli ac pacis* de Hugues Grotius.

La famille du célèbre écrivain était originaire de Bourgogne. Son arrière grand-père, Corneille Cornets, avait épousé la fille de Thierry de Groot van Kraayenburg et, d'après la volonté expresse de celui-ci, qui ne laissait pas de postérité mâle, les enfants issus du mariage avaient pris le nom maternel. L'aîné des enfants de Corneille Cornets, Hugues de Groot, eut deux fils, l'un Corneille, l'autre Jean Hugues, père de l'illustre publiciste.

La carrière de Grotius s'ouvrit sous les auspices les plus favorables; l'histoire nous fournit peu d'exemples d'un talent aussi précoce.

_____

(1) ROBERT FLINT, *History of the philosophy of history*, t. I, p. 28.

A neuf ans, il composait d'excellents vers latins ; à onze ans, il était immatriculé à l'université. Il fut attaché à l'ambassade que les États Généraux adressèrent, en 1598, à Henri IV ; le roi, charmé de sa distinction et de ses talents, le présenta à la cour en l'appelant le *prodige de la Hollande*.

A dix-sept ans, Grotius était avocat ; à vingt-deux ans, il écrivait son *Commentarius de jure prœdœ* qui devait demeurer inédit pendant deux siècles et demi. A vingt-trois ans, il fut nommé avocat fiscal de Hollande. Bientôt après, on le voit pensionnaire de la ville de Rotterdam, chargé de missions importantes en Angleterre, membre des États de Hollande et des États Généraux, lancé dans les luttes politiques et religieuses de son pays.

Les temps étaient troubles et agités. Les querelles religieuses et l'ambition de Maurice de Nassau avaient créé une situation violente. Une première fois, le grand Oldenbarneveld avait traversé les projets ambitieux du prince ; les disputes des Arminiens et des Gomaristes fournirent à ce dernier l'occasion de prendre sa revanche. Les Arminiens, les Remontrants, comme on les appelait aussi, voulaient atténuer la doctrine de Calvin sur la prédestination. Leurs idées trouvaient surtout des adhérents dans les classes éclairées. Oldenbarneveld les partageait. Maurice de Nassau embrassa le parti des Gomaristes. La bataille fut longue ; mais l'astuce du prince l'emporta. Appuyé sur le peuple, il accusa les Arminiens d'être vendus à l'Espagne ; il fit condamner leurs opinions religieuses par le synode de Dordrecht et il manœuvra si bien que Oldenbarneveld, Hugues Grotius, Hogerbeets et Ledenbergh furent arrêtés sous l'accusation de trahison.

Le procès des accusés fut instruit séparément. On connaît l'inique sentence prononcée contre Oldenbarneveld. Le 13 mai 1619, le bourreau trancha la tête de l'homme qui, après le Taciturne, avait le plus fait pour la liberté de la patrie. Grotius et Hogerbeets furent condamnés à la détention à perpétuité. Ledenbergh s'était suicidé.

L'attitude de Grotius dans la forteresse de Loevestein où il avait été transféré pour subir sa peine, fut admirable. Supérieur à la fortune, il se soumit sans murmurer à tous ses caprices. Il se livra au travail. D'excellentes traductions de classiques grecs, l'*Introduction à la connaissance du droit hollandais*, le *Traité sur la vérité de la religion chrétienne*, livre destiné aux humbles et aux petits, le *Commentaire des quatre Évangiles*, telles sont les principales œuvres de sa captivité.

Près de deux années se passèrent quand, le 22 mars 1621, il parvint à s'échapper de prison. Il gagna Anvers, puis la France, et il trouva à Paris un ferme appui auprès du président Jeannin, de Peiresc, du prince de Condé et du garde des sceaux du Vair.

L'étude fut la consolation de Grotius exilé comme elle avait été la consolation de Grotius prisonnier d'État. Sur le conseil de Peiresc, il se mit à composer le *De jure belli ac pacis* : « Recevez des vers écrits par votre ordre, disait Virgile, ainsi s'exprime Grotius dans une lettre au célèbre conseiller au parlement d'Aix ; pour moi, illustre Peiresc, je vous envoie, non des vers, mais un livre commencé à vos exhortations et sous vos auspices. »

Peu d'ouvrages ont rempli dans l'histoire de la civilisation un rôle comparable à celui du *Droit de la guerre et de la paix* ; il n'y a certes point de témérité à affirmer qu'il restera, aussi longtemps qu'il se trouvera un homme voulant la justice et le droit.

L'illustre publiciste néerlandais a rendu à l'humanité des services éminents. Jamais, proclamons-le hautement, on ne pourra compter les bienfaits dont le monde lui est redevable. On l'a dit avec raison, ce sont les idées qui gouvernent. Les idées de Grotius ont pénétré dans une sphère où elles ont exercé l'influence la plus bienfaisante. Elles ont aidé à faire triompher l'équité dans les relations pacifiques des peuples. Elles ont contribué à l'adoucissement des cruautés de la guerre ; dans cette direction, il n'est pas une mesure d'humanité qui ne puisse être ramenée jusqu'au grand écrivain et qui ne doive, en partie du moins, lui être attribuée.

Le *De jure belli ac pacis* obtint un succès dont les causes sont faciles à saisir. Le sujet était important et le livre réunissait des conditions qui, à l'époque où il parut, devaient lui assurer un accueil favorable. L'érudition classique s'y développait majestueusement ; un esprit religieux l'animait ; de copieuses citations de la Bible et des Pères de l'Église répondaient au goût général ; l'ouvrage avait un caractère casuistique très accentué, et l'auteur exaltait les prérogatives des princes. (1)

Ce n'est pas que le livre fût sans défauts. Nous venons d'en indiquer. On pouvait aussi lui reprocher d'être dépourvu de solide charpente, de multiplier les exemples sans appuyer suffisamment sur les principes. Néanmoins, Dugald Stewart, qui n'aime point Grotius, le constate : c'est de Grotius et de Pufendorf qui se rattache directement à lui, que procèdent nombre de bons écrivains sur le droit naturel, sur le droit des gens, sur l'éthique, sur l'économie politique. (2)

Dans le cours du XVII⁸ siècle, le *De jure belli ac pacis* fut traduit en suédois, en néerlandais, en anglais, en français et en allemand. Dans le même siècle, il fut lu, étudié, commenté dans plusieurs pays. Pour décrire la marche triomphale du noble ouvrage, il faudrait faire l'histoire littéraire du droit international. (3)

En Allemagne, considérable fut le mouvement scientifique qu'il provoqua. Un ami de Pierre Bayle, Étienne Chauvin, notait déjà ce point à la fin du XVII⁸ siècle ; il montrait Jean-Henri Bœcler, Philippe Müller, Gaspar Ziegler, Jean-Georges Simon, David Mevius, Jean Tesmar prenant le livre du penseur néerlandais comme base de leurs publications ; il rappelait que l'électeur palatin, Charles Louis, avait ordonné qu'on expliquât publiquement le *De jure belli ac pacis* en l'université de Heidelberg et avait fondé la première chaire de droit de la nature et des gens à laquelle fut appelé Samuel Pufendorf. (4) De nombreuses dissertations s'ajoutèrent aux travaux importants ; dans les universités, des centaines de thèses furent consacrées à des points spéciaux du droit des gens, et ces thèses

---

(1) *Edinburgh Review*, octobre 1860, p. 386.

(2) DUGALD STEWART, *Dissertation exhibiting the progress of methaphysical, ethical and political philosophy, since the revival of letters in Europe.* Édition de sir WILLIAM HAMILTON, t. I, p. 71 et suivantes.

(3) Les ouvrages à consulter sont : OMPTEDA, *Literatur des gesammten sowohl natürlichen als positiven Völkerrechts*, 1785 ; KAMPTZ, *Neue Literatur des Völkerrechts*, 1817. et surtout le savant travail de M. ALPHONSE RIVIER, *Esquisse d'une histoire littéraire des systèmes du droit des gens depuis Grotius jusqu'à nos jours*, paru dans le *Handbuch des Völkerrechts* de M. DE HOLTZENDORFF et dans *l'Introduction au droit des gens* du même publiciste.

(4) *Journal des savans dressé à Berlin*, 1696, p. 220 et suivantes.

ont de la valeur ; on sait que généralement le professeur les composait et que l'étudiant se bornait à les défendre.

En Angleterre, les publicistes du droit des gens rendirent à l'écrivain néerlandais l'hommage le plus sincère.

En France, il faut bien le dire, la fin du XVIIᵉ siècle ne vit point paraître de traités de droit international : l'époque fut marquée par des écrits absolument négateurs du droit des gens ; devant l'Europe, la royauté française fit défendre la thèse de l'empire indissolublement uni à la couronne de France. Absolutiste à l'intérieur, elle niait dans sa politique extérieure les droits des autres États.

Nous n'avons point à retracer les développements du droit international au XVIIIᵉ et au XIXᵉ siècle. Au XVIIIᵉ siècle, la science s'enrichit, dans la plupart des pays, de remarquables travaux. Ici encore, c'est l'enseignement de Grotius qui inspire les écrivains. Mais à cette époque, les faits sont attristants. La politique royale fait triompher l'esprit d'intrigue et la mauvaise foi. Si on en excepte les jours glorieux, où l'Assemblée constituante salue l'avènement du règne de la justice dans les relations des peuples, la duplicité l'emporte dans la politique générale.

Au XIXᵉ siècle, l'ascendant du droit des gens est, somme toute, réel. La seconde moitié a vu son épanouissement dans le domaine de la théorie ; sur le terrain des faits, elle a assisté à la création d'une série d'institutions au caractère général, destinées à compléter de plus en plus l'administration internationale. Sans doute, la guerre a sévi, mais les lois de la guerre sont plus respectées que jadis, et la guerre elle-même ne s'appuie plus, nous l'avons déjà noté, sur ces barbares institutions qui en augmentaient l'horreur, sur les représailles, sur la course, sur le droit illimité de butin, sur la servitude des prisonniers. On peut même se demander si, privée de ces auxiliaires longtemps considérés comme ses appuis indispensables, elle ne disparaîtra pas un jour comme un mode de la constatation du droit.

L'avenir nous est caché ; mais du passé et du présent nous pouvons conclure à ce qui se produira ; or, le passé et le présent sont consolants ; ils permettent de dire que non seulement l'œuvre de ces esprits généreux dont nous avons retracé les travaux ne sera point détruite, mais qu'elle se complètera et s'achèvera.

Dans la doctrine de Hegel, au-dessus de l'Esprit national se place l'Esprit du monde ; tout peuple vit d'une vie double, l'une individuelle, l'autre générale, alimentant et complétant la première. L'Esprit du monde doit absorber un jour l'Esprit national : l'État universel surgit et le droit international disparaît. Si cette hypothèse doit se réaliser, la guerre sera impossible, l'unité l'empêchera.

Que si l'État universel ne se constitue point, que si les États particuliers continuent à avoir leur raison d'être, il n'en est pas moins permis d'attendre qu'un jour viendra où le recours à la force ne se produira plus, où le sang innocent de milliers d'hommes ne sera plus versé. Dans sa lettre célèbre à Bluntschli, le feld-maréchal général de Moltke célébrait les avantages de la guerre. La phrase était belle, mais ce n'était qu'une phrase, empruntée presque textuellement, hâtons-nous de le dire, à Ancillon, l'auteur du *Tableau des révolutions du système politique en Europe*. Ne l'oublions point, trois grandes idées dominent le monde, l'idée de progrès, l'idée de liberté, l'idée d'humanité, et ces idées, contre lesquelles rien ne prévaut, fortifient la foi au mieux-être, la croyance au développement continu ; elles permettent d'espérer, elles permettent de croire qu'il arrivera une époque où s'accomplira la parole éclatante que Mirabeau lançait, il y a plus de cent ans, du haut de la tribune de l'Assemblée constituante : « Le droit est le souverain du monde, Mars en est le tyran ! »

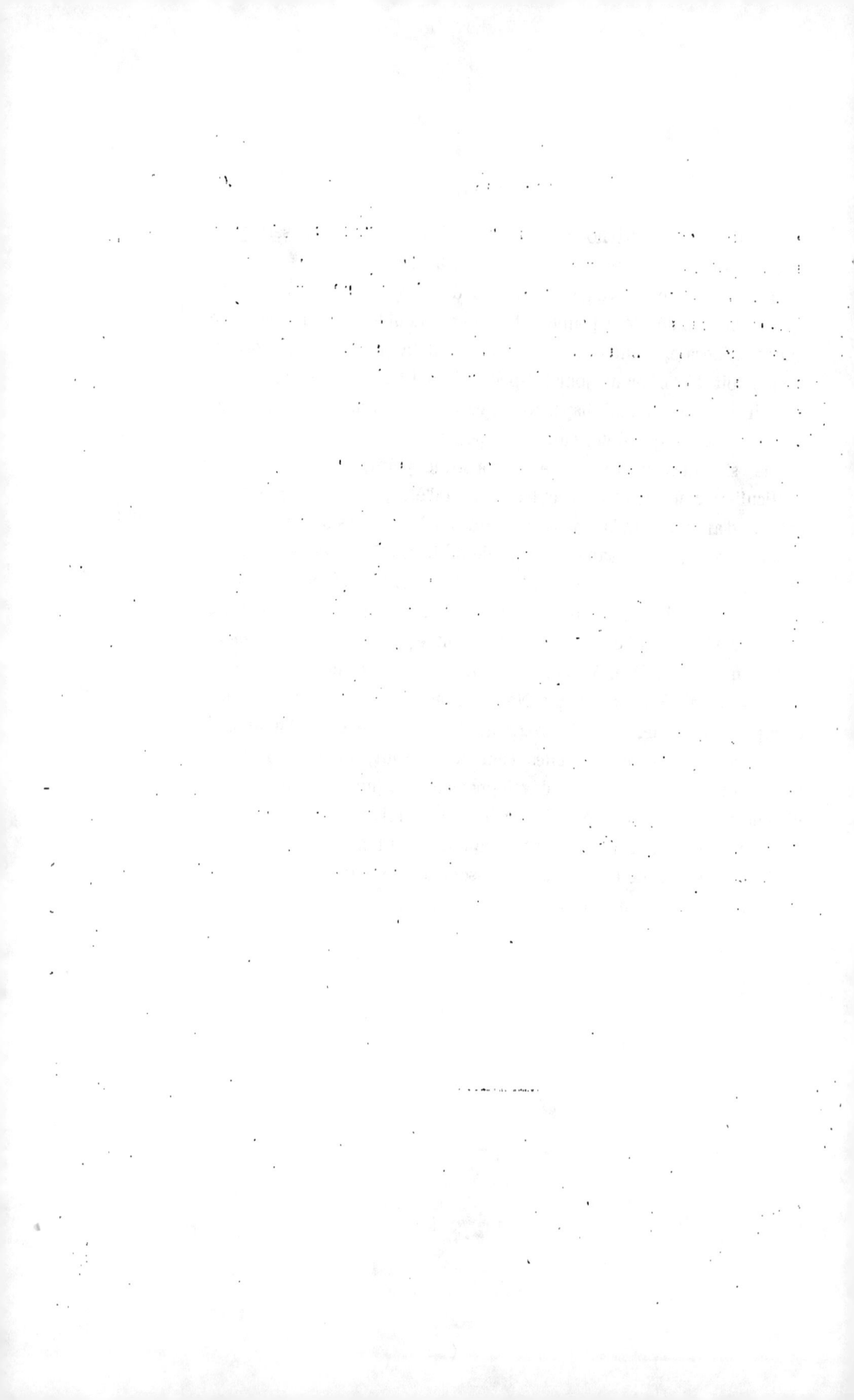

TABLE DES MATIÈRES.

~~~~~~~~

Chapitre VII. — LA GUERRE CONTRE LES INFIDÈLES
ET CONTRE LES HÉRÉTIQUES.

L'Église et les Mahométans. Les ordres militaires. La légitimité de la guerre contre les infidèles proclamée par les juristes médiévaux. Les deux opinions : Innocent IV et Henri de Suse. Oldrade de Ponte. Jean d'Andrea. Bartole. Jean de Legnano. Balde. Honoré Bonet. John Wycliffe et la théorie de la souveraineté. Paul Wladimir de Brudzewo et la question du droit des infidèles devant le concile de Constance. Pierre

Chapitre XI. — LA GUERRE.

Chapitre XV. — LES DÉCOUVERTES.

Le principe moderne et la notion médiévale. La thèse de François

PRINCIPALES PUBLICATIONS DU MÊME AUTEUR.

The Papacy considered in relation to International Law. *Traduction par le Rév. Ponsonby A. Lyons. Londres, 1879.*

La guerre maritime. Étude de droit international. *Bruxelles, 1881.*

Le droit de la guerre et les précurseurs de Grotius. *Bruxelles, 1882.*

L'Arbre des batailles d'Honoré Bonet. *Bruxelles, 1883.*

Les commencements de la diplomatie. *Bruxelles, 1884.*

Principes de droit international, par J. Lorimer. *Traduit de l'anglais. Bruxelles, 1885.*

François Laurent, sa vie, ses œuvres. *Bruxelles, 1887.*

Notes inédites de Bentham. *Bruxelles, 1887.*

Notes sur l'histoire dogmatique et littéraire du droit international en Angleterre. *Bruxelles, 1888.*

Thomas Campanella. *Bruxelles, 1889.*

Les droits des Indiens et les publicistes espagnols. *Bruxelles, 1890.*

L'esclavage noir devant les jurisconsultes et les cours de justice. *Bruxelles, 1890.*

Les initiateurs du droit public moderne. *Bruxelles, 1890.*

Principes de droit naturel, par J. Lorimer. *Traduit de l'anglais. 2 volumes. Paris, 1890.*

Les théories politiques et le droit international en France jusqu'au XVIIIe siècle. *Paris, 1891.*

Les Bentham papers du British Museum. *Bruxelles, 1891.*

Les théories politiques en Angleterre. *Bruxelles, 1892.*

www.ingramcontent.com/pod-product-compliance
Lightning Source LLC
Chambersburg PA
CBHW060955220326
41599CB00023B/3718